苏雪林
年谱长编

SUXUELIN NIANPU CHANGBIAN

沈 晖 ◆ 编著

时代出版传媒股份有限公司
安徽文艺出版社

图书在版编目(CIP)数据

苏雪林年谱长编/沈晖编著.—合肥:安徽文艺出版社,2017.
ISBN 978-7-5396-5708-0

Ⅰ.①苏… Ⅱ.①沈… Ⅲ.①苏雪林(1897~1999)–年谱 Ⅳ.①K825.6

中国版本图书馆CIP数据核字(2016)第069059号

出 版 人:朱寒冬

责任编辑:秦 雯　　　　　　　　　装帧设计:徐 睿

出版发行:时代出版传媒股份有限公司　www.press-mart.com
　　　　　安徽文艺出版社　www.awpub.com
地　　址:合肥市翡翠路1118号　邮政编码:230071
营 销 部:(0551)63533889
印　　制:合肥创新印务有限公司　(0551)64456946

开本:787×1092　1/16　印张:25.25　字数:500千字
版次:2017年1月第1版　2017年1月第1次印刷
定价:48.00元

(如发现印装质量问题,影响阅读,请与出版社联系调换)

版权所有,侵权必究

目 录

序言／1

年谱正文／1

附记／391

附录

苏雪林著作一览／395

序　言

苏雪林(1897—1999)，原名苏梅，字雪林，安徽太平岭下(今黄山市黄山区永丰乡)人。早年求学于安徽省立第一女子师范，1919年升学进入北京女子高等师范国文系，列胡适、周作人、李大钊、陈钟凡、顾震福、赵丽莲、吴贻芳等名师门墙受业。毕业前一年，以优异成绩考取李石曾、蔡元培、吴稚晖创办之海外中法大学，1921年赴法国里昂国立艺术学院深造。苏雪林1925年回国后，先后任教于苏州东吴大学、上海沪江大学、安庆省立安徽大学。其间她一面教学，一面勤奋地从事新文学创作与学术研究。

1927年苏雪林出版《李义山恋爱事迹考》，开现代学人研究唐代诗人李商隐之先河，并揭示出李商隐许多《无题》诗其实是其一生恋爱的奥秘。这一发现，被沪上文坛名宿曾朴先生誉为"故纸堆里的神探""学术界的福尔摩斯"。

1928年苏雪林创作的散文集《绿天》、1929年出版的长篇小说《棘心》，奠定了她在新文学第一个十年的不朽地位，使她成为五四新文学时期五大知名女作家(冰心、丁玲、苏雪林、凌叔华、黄庐隐)之一。

1931年至1948年苏雪林受聘在国立武汉大学任教，1949年赴香港真理学会担任编辑，1950年，已五十三岁的苏雪林再度赴法，在巴黎大学旁听著名汉学家戴密微(Demieville)教授"英德法汉学家研究屈赋"课，在法兰西学院旁听ED. Horme教授的"巴比伦文化"课，潜心研究东西方比较神话学与比较宗教学。1952年受王世杰(原国立武汉大学校长、时任台湾"总统府"秘书长)先生之邀，由法国返中国台湾，就任台湾省立师范学院教授。1956年由台北转至台南成功大学中文系任教。1964年至1966年利用教授学术假期，赴新加坡南洋大学中文系讲学一年半，1973年自成功大学退休。

苏雪林终生以教师为职志，在国内外多所大学任教近半个世纪，在一百零二年的人生之旅中,以丰沛的才情、非凡的睿智、顽强的毅力与飞蛾扑火般的执着,抒写自己一生的光辉篇章,也为中国20世纪的文坛和学林留下了非常可观的文学遗产。在长达八十年的创作、教学及学术研究生涯中,苏雪林共结集出版小说、散文、诗歌、戏剧、翻译及学术著作近70种,连同15巨册《苏雪林作品集·日记卷》及大量书信与佚文,总字数逾两千万言。令人惊诧的是,上述的这些学术成果都是她在教学之余,牺牲休息或利用寒暑假,日积月累取得的。试问,20世纪中国女作家、女学者群中,像苏雪林这样既进行文学创作又教研双栖,而且还在诸多学术领域有如此多建树者能有几人?恐无人比肩也!

《苏雪林年谱长编》,自苏雪林清光绪二十三年(1897)农历二月二十四日出生至1999年4月21日病逝,以编年体事录注的方式,逐年逐月逐日撮其重要事迹,忠实记录苏雪林的人生之旅。

笔者在撰写苏雪林年谱之前,曾花费较长时间,查阅她一生活动轨迹的第一手资料,通读了她所有已出版的著作,并搜集了相当多的书信(800余函)及大量佚文,对年谱中的一些重大历史事件、接触到的有关知名人物、教学与研究中的重要成果、学术上的重大发现,都一一查找当时背景资料,核定史实,细致梳理,以注解的方式,简要做出交代,目的是凸显这位几乎要跨越三个世纪的知名作家、资深教授、著名学者丰富而传奇的一生。

苏雪林生活的时代,是中国近现代历史发生急剧变化的时代,其间很多重要的历史瞬间,她都曾是参与者与见证者;无论是早年在大陆,还是晚年在中国台湾及海外,她所接触到的当时的一些知名人物,都一一在注解中说明事件的来龙去脉、交代与各色人等交往的疏密关系和时代背景,展现她生活的那个时代的历史风貌及她的生活轨迹与内心世界的历史真实。笔者个人认为这大概就是本书的价值所在吧。尽管笔者在撰写年谱的过程中,为做注释查找资料费尽心血,但却乐此不疲,并感到十分欣慰。近年出版的一些名人年谱,主要侧重于记录年谱主人公的事功(如著述等),对于年谱主人公接触、交往的人物及重要事件,皆没有注解,这样就给读者阅读名人年谱带来如要详细了解原委,还须再去检索资料或查找相关书籍的麻烦。

《苏雪林年谱长编》撰写长达六年。稍稍感到遗憾的是,苏雪林第一次留法时,存世的资料较少,内容略嫌薄弱;其次是抗战八年,苏雪林避居四川乐山期间,她将此间所写的日记、讲稿、文稿、著述收藏于一特制大木箱中,1949年赴香港时,放置于丈夫张宝龄上海的家中。"文革"期间,其养子张卫害怕引起祸端,将其木箱中庋藏物都付之一炬,殊觉可惜,其中就有书稿数部。苏雪林晚年慨叹:"中年时精力充沛而成之著述,今岁晚,再也写不出来了!"

沈 晖
2015年6月

年谱正文

1897 年　一岁

　　苏雪林在《我的生活·儿时影事》一章中自述:"我的籍贯虽是安徽省太平县,但出生于浙江,直到光复后三年才回岭下故乡……我是在祖父署瑞安县丞衙门里出世的,所以幼时小名'瑞奴'。"

　　江浙一带,旧时重男轻女之风甚炽,那时妇女多以"奴"名,如话本小说中女人常自言"奴家"。她因出生在瑞安,家里就简而便之呼为"瑞奴"。她稍稍懂事后,讨厌这个"奴"字,自己改作"瑞庐",但是家中长辈们却习惯称她为"小妹"(因她上有两位兄长、一个姐姐)。1914 年她到安庆第一女师读书时,嫌"小妹"这个名字太土太俗,在注册时取谐音名"小梅",但在读书期间发表文章时,却用笔名"苏筱梅"。1919 年她到北京女高师读书时,又去掉"小"字,改学名为"苏梅"。国内多种散文选本在介绍苏雪林出生年时,有说 1898 年,有说 1899 年,此二说皆误。苏雪林先生在 1994 年 9 月 6 日致笔者函中云:"我生于清光绪二十三年丁酉,阴历二月二十四日[①],属鸡,公元一八九七年。"

　　苏雪林出生数月后,祖父苏文开(字运卿,号锦霞)由瑞安县丞改署浙江兰溪县令,长子苏锡爵(苏雪林之父)携妻杜浣青、长女淑孟及次女瑞奴随父亲至兰溪赴任。其时襁褓中的苏雪林仅四个月大,但按中国人习惯以虚岁计算年龄,出生不论年头年尾,都算一岁。

1898—1900 年　二至四岁

　　在百日维新的大背景下,时局动荡,官吏调任频繁,祖父苏文开在兰溪任上未及一年,改调金华。苏雪林随父母及祖父母居金华县衙,因祖父署的是实缺,在金华居住整整三年。苏雪林幼年时即被迫缠足。

---

① 检索《万年历》,阴历二月二十四日,为阳历 3 月 26 日。

"那个时代中国人崇拜金莲,尚在狂热。我祖母因幼时逃太平军侵皖之难,随家人往江西,脚未缠得极小,引为一生恨事。她并不爱我们孙女,却想在孙女脚上求得补偿。因嫌我野,叫我母亲在我四岁时便开始给我缠足。母亲去山东五年,祖母便亲自缠,日也缠,夜也缠,终于把我的脚缠到她理想的标准了。可是使我成为'形残',终身不能抬头做人了。"(《浮生九四——雪林回忆录》)

1901—1905 年　五至八岁

祖父金华三年任满,又调回兰溪任县令。

苏雪林儿时灵动不羁,自幼就有尚武精神。她晚年在回忆录里还津津有味地谈到她孩童时代的快乐时光:"我们欢喜演武,便来自制武器。木头削不动,竹片却可向修篱笆的园丁讨取,所以我们的武器都是竹制品。竹片削的腰刀,刀身有几个竹节,有没有刀托也不管,只要像把刀就算事。弓和箭,也是竹子做的。一张白纸剪成三角形,贴上红边,糊在细竹竿上便算是旗帜。诸叔和兄弟再纠合衙署里公务员的子弟,共 20 余人,分成两队,或操练,或厮杀,把孩子们的野蛮天性充分发挥出来,常常玩得兴高采烈。我虽是个女孩,却最喜爱这类游戏。一姊一妹,深藏闺房,我却混在男孩子队里,满城满郊乱跑。所以我现在常对谢冰莹女士说,我虽没运气像她一样当过女兵,却也算得她的同志,因为我自幼便富有尚武精神哩。"(《我的生活·儿时影事》)

1905 年,清廷下了兴学令。"朝廷以提倡科学为急务,屡降明谕,饬令各督抚广设学堂,将俾全国之人咸趋实学……严饬府厅州县赶紧于城乡各处遍设蒙小学堂,慎选师资,广开民智。"(《中国近代教育史资料·清帝谕立停科举以广学校》)

这一年苏雪林祖父苏文开在兰溪办了三所小学堂。祖父牢记自幼失学之痛,遂在兰溪县署辟了两间房,设一家塾,延一位远房亲戚采五为先生,教儿孙们读书。

"我入学时的年龄几何,今已不忆,好像介于六七岁之间,启蒙已迟了一步(家里男孩发蒙,是五岁到六岁),我们开始读的是《三字经》,接着是《千字文》,接着是《女四书》。"(《浮生九四——雪林回忆录》)

苏雪林在兰溪衙署的三年间,其父因有秀才的功名,捐了道员,分发到山东候补。其母杜浣青携二哥绍章、三弟绍兰去了山东。她与大姐淑孟随祖父母居兰溪。

1906—1908 年　十至十二岁

祖父改任杭州府钱塘县令。

因塾师老迈，告老还乡，苏雪林的家塾读书生活告一段落。但她不甘寂寞，偷偷跑到叔兄书房，翻找《西游记》《三国演义》《说唐》《水浒》等小说，当作课本自修。

十岁后，开始拈笔记日常生活琐事。因喜欢猫咪，苏雪林把小猫看成自己童年的伴侣，整天与猫儿嬉戏，给猫儿喂食、除秽、布置窝巢，晚年戏称童年日记不啻为小猫作起居注。

父亲自山东一直未能补上实缺，回到钱塘时，见女儿聪敏好学，"便亲自教我和大姐的书……他教我念完《唐诗三百首》，接着便教《古诗源》，散文则由《古文观止》教到《古文辞类纂》"。（《浮生九四——雪林回忆录》）

"十一二岁时，父亲从山东带回一部日俄战争写真帖，都是些战争画，人物极生动，并多彩色。它和《三国》《封神》同样是打仗的写照，但炮火连天、冲锋陷阵的场面，似乎比长枪大马战三百合的刺激性强，所以每日展览不厌。孩子们幻想浓烈，我和一个比我小二岁的胞弟①每天乱谈，捏造一篇猫儿国的故事。猫儿与老鼠开战，情节穿插极其热闹，居然自成章回。这一部'瞎聊'……当时是画了一厚册，可算是我幼年绘画的杰作。"（《我的生活·最早的艺术冲动》）

苏雪林在《灯前诗草·少作集》中云："余年十二入塾读唐诗半本，四叔雨亭先生好吟咏，一日以'种花'命题，即成一绝。"原诗为：

　　林下荒鸡喔喔啼，宵来风雨太凄其。
　　荷锄且种海棠去，蝴蝶随人过小池。

"四叔将首句改为'满地残红绿满枝'，他对大哥赞叹我小小年纪，初次作诗，居然如此有风致，实为可造之材。从此他果然教我作诗。"（《我的生活·我与旧诗》）

---

① 苏绍兰(1899—1930)：字季眉，为苏雪林小弟。

记日记,学绘画,加之诗炉之火又在幼小的心灵里点燃,生长在大家庭中,时时受到文学、艺术的熏染,成就了苏雪林伟大而不平凡的一生。她自十几岁养成写日记的习惯,一直到将近百龄;绘画的爱好,也伴随着她一生。

1909—1910年　十三至十四岁

1908年12月2日爱新觉罗·溥仪即位,定明年为宣统元年,大清王朝最后一次改朝换代了。

俗话说国衰家微,对于苏家来说,这一年也是由盛转衰之年。

父亲苏锡爵虽是有秀才的功名,又捐了道员,但始终未补上实缺,做官之心,耿耿于怀。他听说李经羲在云贵做巡抚,这次他要远赴云南,托这位安徽老乡的人脉,在云南谋个一官半职。家人以为云南僻远,劝他莫去,他说正因云南僻远,官场竞争者人数少,或许有机缘。这次谋职是独身前往,临行前他给苏雪林买了一部袁枚的《小仓山房诗集》,叫她自己研修学习,知道她喜欢画画,又送了好几本神州国光社出版的珂罗版名家真迹,令其临摹。

"余年十四,读汉魏人诗若干首。一日,伯兄(长兄伯山)戏以《涧松》命题,限作五古。援笔立就,父兄皆诧,谓有天禀。余自此有志为诗,然所作仍多为绝句,学力所限也。"

苏雪林所作《涧松》一诗如下:

> 郁郁涧底松,枝干拏螭蛟。皴皮溜霜雪,黛色干云霄。溯当发荣时,孕育非一朝。既沐雨露恩,遂抽三寸苗。践踏兔牛羊,戕伐脱斧樵。蟠曲千余载,夜夜吟风涛。琥珀凝其根,灵芝生其腰。嗟其梁栋材,泯没随蓬蒿。慎勿怨捐弃,托根胡不高。

1911年　十五岁

是年8月,祖父升任海宁知州,但尚未赴京觐见,仍居杭州。

10月11日,武昌新军起义,辛亥革命爆发。起义军占领武昌,攻克汉阳,成立中华民国湖北军政府。

11月1日,上海革命党人起义胜利。浙江杭州也于同日落入革命军之手。苏雪林当时和祖父母居杭州,曾目睹革命军起义的战斗场面。

祖父苏文开是个忠君思想浓厚的封建官吏,为官一生,好不容易升了官,却遇到了一场反对清廷的革命浪潮,击碎了他升官发财的黄粱美梦。海宁知州的官是做不成了,他只好带着儿孙们逃到上海,以观时局的发展再做打算。

他托在上海经商的堂弟苏文卿,租了一幢公寓,安顿一家老小,做起了寓公。

是年大姊淑孟出嫁,五叔锡康成婚。苏雪林的婚事也在暂居上海期间,由祖父做主,经其堂弟苏文卿介绍,与做五金生意的南昌人张馀三次子张宝龄①定亲。太平的苏家为何与江西南昌的张氏结为儿女亲家呢?原来祖父在浙江丢官,逃到上海后,很快就租到一幢楼,此事就是堂弟苏文卿托南昌商人张馀三经办的,因为苏文卿持有张馀三的五金商行的股份。

苏雪林1990年3月11日在写给其养子张卫(原名国祚,是张馀三长子建献之子,后过继给张宝龄、苏雪林夫妇)的信中,说得就更详细了:"记得你问我,你父是江西人,我是安徽人,怎么会结婚的。现在就告诉你。辛亥年武昌革命军起事,不久便有若干省份响应。我祖父在浙江做县令一二十年,升了海宁知州,尚未入京引见办各种手续,因此不能赴任,赁居杭州。杭州不久光复,他要做清朝的忠臣,举家逃到上海租界住下来。那时你祖父张馀三先生在上海开了一个五金店。苏家有五服之内的宝善堂做盐业生意的苏文卿,原在沪者有若干人。我那时名虽十五岁,实则十四岁多,能在鸡蛋上替办喜事的人家作画,画得相当精致。宝善堂的人遂说与馀三公听:说我聪明,你有次子未婚,何不求为媳?由他们两头撮合,我们便订下婚约了。"②

---

① 张宝龄(1897—1961):原名张建中(字仲康),美国麻省理工毕业,为五金商人张馀三次子。
② 沈晖收藏苏雪林寄张卫信第二十一函。

1912年　十六岁

随祖父寓居沪上。父亲赋闲,有时间教育、督促苏雪林读书、学习,并买了一部《吴友如画集》给她。这部画集有二三十册,内容丰富,有历史上名臣画像、名贤故事、神仙掌故、花鸟虫鱼等等。苏雪林崇拜吴有如,每日功课之余,摩挲翻看,爱不释手,从此对绘画产生了强烈兴趣。

1913年　十七岁

祖父觉得一家住在上海不是长久之计,督促长子苏锡爵赴京谋事——因堂兄苏锡第已在民国政府军需部做了司长。不久,苏雪林父亲果然谋得了差事,做了安庆对江大通厘金局局长。举家由上海迁到安庆,祖父在安庆稍作停留,便与祖母及用人回到太平岭下。① 在动荡的年代,这不算是告老还乡,称为叶落归根更恰当吧!

从上海到安庆后,曾经留学日本的二叔,思想开通,于1913年春,把她及自己的女儿爱兰(小苏雪林一岁)送到安庆培媛女学受教育。培媛女学是教会学校,为美国基督教中华圣公会所办。"校舍是颇为壮观的洋楼,并有极宏伟的礼拜堂一座,此外则碧绿的操场,成行的大树,四时不断的鲜花,具有十足的美国学校作风。"但她与从妹仅在该校就读一个学期,虽门门功课都优秀,还是自动退学了,原因是"功课简陋,校风又极腐败,洋奴气息严重"(《我的生活·我的学生时代》)。

培媛女学同窗好友杨运莲得知她退学,哭着跑到她住在小南门的寓所来探望,临别写《送杨运莲》二绝:

---

① 据太平眉山苏氏之后、五世祖苏继芳于绍兴七年(1137)书《眉山苏氏重修族谱说》云:"继芳叨祖泽,蒙恩赐,任铜陵邑令。不数载,值世运多艰,欲返蜀而势不能,乃谢职,卜仙源之泾阳岭头冲为潜居之所。"又,苏继芳撰《仙源苏氏源流考》说:"(苏)辙由门下中书侍郎赠魏国公。其曾孙继芳于宋建炎间,诏还党籍人官爵,为铜陵令,莅四载,思乡谢职,解组而归。值金寇横行,水陆并阻,因携二子、仆从数人,由池、青至太平泾阳岭头冲,见山川幽邃,不啻峨嵋,而遂居焉。仙源岭上有苏氏自此始。"据此可知,苏雪林晚年在《浮生九四——雪林回忆录》中称,"太平岭下一支苏氏,为眉山苏辙之后",从苏雪林侄孙苏经世赠予笔者的太平苏氏的谱牒资料中得到证实:苏雪林为苏辙的第34代裔孙。

其一　离亭残柳碧萋萋,听罢《阳关》意转迷。
　　　从此登高休望远,长林空有暮鸦啼。
其二　樽前莫更话平生,携手临歧不尽情。
　　　寄语前途须努力,等闲休负好聪明。

(《灯前诗草·少作集》)

暑假退学后,苏雪林与母亲第一次回到故乡岭下。

1914年　十八岁

祖父自1913年回到太平岭下后,仍然关心子孙们的教育。他花钱请人在祖屋前、临松川的珠溪河畔修了一座别致的具有西洋风格的二层小楼,门窗皆西式,玻璃也是进口的,岭下的村民呼为"小洋楼"。这座小楼在白墙黛瓦的徽派建筑中,显得挺拔而卓尔不群。或许是祖父对升官海宁知州遇到辛亥革命而未能赴任耿耿于怀,或许是终老回故里,要给后代留下一座读书的场所,他命名这座楼为"海宁学舍"[①]。

苏雪林回岭下的第一年,正值江南春暖花开,山村一派欣欣向荣景象。有《晚景》诗抒写故乡景致:

乡村三月里,到处菜花黄。篱绕一池水,门开四面桑。
蛙声喧乱草,犊影带斜阳。扶杖过桥去,云山已半藏。

(《灯前诗草·少作集》)

吾家之前小屋三楹,题曰海宁学舍。
后临菜圃,余常课子侄读书其中。

(《题海宁学舍·青门引》)

篱畔多黄菊,衬托秋光一幅。书声隐约出疏窗,村居何事? 闲课儿童读。

[①] 海宁学舍:现为安徽省重点文物保护单位,苏雪林故居的标志性建筑。正面墙壁上镌刻有民国时期安徽省省长马振宪题写的隶书匾额"海宁学舍"四字。

小园半亩青山曲,蔬果随时足。不羡人间肉味,新霜过后千畦绿。

(《灯前诗草·绣春词》)

夏天,苏雪林大病一场,染上严重的疟疾,寒热发作,乡下人称为"打摆子"。紧接着祖父患眼疾,乡下无名医,草草施点药草,无法治愈,加之心情郁闷,眼睛全瞎了,不久即郁郁而终。

是年秋,苏雪林的人生遇到了两件大事。其一是上海张馀三托人带来口信:儿子长大成人,想为张宝龄完婚。祖父过世后,此时家里当家的是祖母,正商量着要择日把她嫁出去。其二是安庆省立第一女师①复办后,正在招收本科插班生,苏雪林决定要去报名,一来可以实现求学上进的"野心",二来借此躲避祖母的"逼婚"。但顽固的祖母就是以"女孩是赔钱货,早晚要嫁人,白费钱财"为由,坚决不答应她去省城读书。"费了无数的眼泪,甚至要拼上一条小命跳涧自杀"(《我的生活·我的学生时代》),才最终换得顽固家庭的同意。

离开封闭的岭下小山村,到省垣读书,对于青春少女的苏雪林来说,是何等的兴奋,她写了《出山》诗四首,袒露当时的心情,其中一首云:

无端碌碌作长征,检点琴书感慨并。
如此烟霞消不得,山灵应笑太痴生。

(《灯前诗草·山居之什》)

女师的校址在百花亭,此处原为巡警学堂,即徐锡麟刺杀恩铭的地方。校园深广,遍植杨柳,风景幽雅。招考本科班考试的作文题是《柳堂读书记》,苏雪林以作文满分的成绩引起徐方汉校长的注意,主考的先生们争相传阅她的试卷,啧啧称赏。

第一女师本年秋季,预科招了一个班新生,本科招了若干名插班生。苏雪林以优异成绩被录取为本科二年级插班生,注册簿上的姓名为"苏小梅"。

---

① 安徽省立第一女子师范的前身是宣统元年(1909)吴季白创办的安庆女子师范学堂,后因辛亥武昌革命事起而停办。1912年秋,在都督府秘书长陈独秀、教育司长邓绳侯、留日归来的徐方汉的共同努力下,恢复重办,易名"安徽省立第一女子师范",分预科班(学制一年)及本科班(学制五年),并于是年11月23日开课。到了1914年秋,又招了一部分本科插班生,苏雪林即在此时考取,比其他本科学生晚了两年。

1915年　十九岁

1915年1月18日,日本驻华使节日置益向袁世凯提出企图灭亡中国的"二十一条"。2月11日,东京中国留学生集会反对"二十一条"。3月13日,日本增派三万军队来华,进行军事威胁。3月25日,京、沪、粤先后掀起反日大会及抵制日货运动。4月,安庆民众集会,学生及各界群众上街举行反日游行,抵制日货。苏雪林与女师的同学不仅参加游行,激于义愤,她还戎装佩剑留影,以申斩倭爱国之志。有《自题倚剑小影》一诗为证:

也能慷慨请长缨,巾帼谁云负此身?
摩拭宝刀光照胆,要披巨浪斩妖鲸。

《灯前诗草·柳帷之什》

1916年　二十岁

女师校长徐方汉重教怜才,见苏雪林不仅功课优秀,课余还能作旧体诗,能画几笔颇见功力的山水画,视其为女师的才女,倍加青睐。教国文的杨铸秋先生,旧文学很有根底,见到苏雪林的文章总是浓圈密点,又是眉批,又是总批,淋漓满纸,叫全班学生传阅。现留传下来苏雪林在女师读书时仅有的两篇文章,其一为《读白乐天〈隋堤柳〉》,杨铸秋先生评语:"一种感慨缠绵之意,当从明远《芜城》、乐天《长恨》诸作得来。"其二为《与友人论南北朝风气书》,评语是:"落笔高远,有上下千古之慨,持论尤迥出时流。"上述二文,由女师推荐,分别刊发于《安徽教育月刊》1918年第11、12期上。

是年冬,校长徐方汉带领女师本科班师生赴南京,参观江苏省师范教育,至江宁,游玄武湖,谒明孝陵,登台城,祭拜方孝孺先生血迹石。苏雪林有感而发,赋诗数首,收入《灯前诗草》集中。

1917年　二十一岁

6月中旬,安徽省立第一女师本科班举行毕业典礼,苏雪林因各科成绩优异,留校担任附属两等小学教员,同时留校的还有同班的陈清芸、周寅颐,校长徐方汉向三人颁发国民学校教员许可状。

苏雪林担任附属小学国文、修身、历史、地理四科教学,每周授课二十节。应好友舒畹荪之邀,又在她担任校长的安庆实验小学兼课数节。

9月,张馀三闻听苏雪林已在社会上谋得职业,遂向苏锡爵提出两家儿女在年内办婚事,遭到苏雪林拒绝:"刚刚踏入社会,课务繁忙,无暇顾及。"

1918年　二十二岁

初识庐隐[①]。庐隐毕业于北京女子师范,受昔日教会学校的同班同学舒畹荪之邀,来安庆实验小学担任体操教员,因苏雪林也在该校兼课,经舒畹荪介绍,得以相识。

5月,安徽省教育行政会议期间,邀请教育界名流来安庆演讲,其中有刚从美国留学归来的陶行知先生,他为省立第一师范学校及省立第一女子师范学校作《师范生应有之观念》专题演讲。两校学生共同聆听了这位教育家的演讲。陶行知先生说:"教育为儿童需要之事业,教育为社会需要之事业,教育为师范生终生之事业。""教育能造文化,则能造人;能造人,则能造国。"这场重要的演讲,令当时的安徽教育界耳目一新,也对年轻的教员苏雪林产生了重大的影响,使她坚守了终生以教育为职志的信念。

是年下半年,第一女师增设一班预科,校长徐方汉请苏雪林授预科国文,每周又增加数节课。

1919年　二十三岁

5月4日,北京发生五四运动,三千余名爱国学生在天安门前集会,高呼"拒绝在巴黎和会上签字""外争国权,内诛国贼""取消'二十一条'"等口号。

当北京爱国学生运动的消息传到安庆时,省城各学校师生积极响应。苏雪林带

---

① 庐隐(1898—1934):福建闽侯人,现代小说家。原名黄英,字淑仪,取笔名"庐隐",有隐去庐山真面目之意。

领女师学生,自制许多手工艺品,在国货街低价出售,以抵制日货。

暑假回太平,苏雪林突然接到母亲从宜城寄达的家书,谓三弟绍兰染疾——"宜城寄书来,阿弟困剧疾"。有132句《己未夏侍母自里至宜城视三弟病》长诗纪其事,收入《灯前诗草·柳帷之什》中。

9月,阅报获悉:中华民国教育部将北京女子师范更名为北京女子高等师范①,扩大规模,增设生物部、国画专修部、家事部,登报向全国招生。当时该校国文部由原校国文科直升,名额已足,不再招补。但强烈升学的野心,在苏雪林心中鼓荡。她央求徐方汉校长以学校名义,请求女高师容自己做一名旁听生。校方回执:名额满,不准。她再次请求徐校长修书一封,直接给女高师国文部主任陈钟凡②,请求通融收纳。带着校长这封信,她怀着"乘长风,破万里浪"的雄心壮志,只身来到北京。或许是陈钟凡先生爱生怜才,竟然获准。同时获准进入该校国文部旁听的还有一位福建籍女生黄英,她就是一年前在安庆教书,后来成为知名女作家的庐隐女士——天下有些事,真是太奇巧与偶然了。

旁听半学期后,她与黄英各交了一篇文章,陈钟凡先生批曰"文理优长",言之校长熊崇煦,便将她们注册为正科生。

在女高师学生注册的花名册中,苏雪林将名字(时名为苏小梅)中的"小"字去掉,改为"苏梅"③。

10月1日,苏雪林以"灵芬女士"为笔名,在《晨报副刊》上发表政论文章《新生活里的妇女问题》,谈五四后妇女解放:"妇女应像男人一样,勇敢挣脱束缚,走出封建家庭,走向社会,自己解放自己。"

---

① 北京女子高等师范:简称女高师,民国前为北京女子高等师范学堂,原校址在宣武门内石驸马大街,今北京市西城区新文化街9号,是由四座楼宇组成的校舍,占地约4000平方米。

② 陈钟凡(1888—1982):字斠玄,江苏盐城人,1917年北京大学中国哲学系首届毕业生。曾先后任职北京女高师、东南大学第一任国文部(系)主任,国立广东大学、暨南大学第一任文学院长。1949年任金陵大学文学院院长,1952年院系调整后,任教南京大学中文系,一级教授。

③ 苏梅:苏雪林曾用名。"雪林"二字,取自明代诗人高启《梅花九首》之一中的两句:"雪满山中高士卧,月明林下美人来。"以高士与美人来形容梅花的高雅与美丽。苏雪林对这两句咏梅诗激赏,故取以为字,后来发表译作及学术文章,多用"雪林"署名。

11月30日 北京女高师礼堂举办"李超女士追悼会"①,悼念本年8月16日受"封建家庭专制之苦,贫病交集而逝"的国文部女生李超。会场正中摆放李超短发、着深色衣裤学生装遗像,相框上方有蔡元培手书"不可夺志"的横幅。出席追悼会的除本校师生外,还有社会各界人士千余人,蔡元培、胡适、蒋梦麟、陈独秀、李大钊、梁漱溟、邓中夏等,皆发表演说。胡适先生撰写的《李超传》也在追悼会上散发。

1920年　二十四岁

4月1日 女高师文艺研究会②会刊《文艺会季刊》第2期易名《文艺会刊》出版,仍为16开本,由原宣纸印刷改为白报纸印刷。该期封面上北京大学校长蔡元培题"北京女子高等师范文艺会刊 第2期"。该期苏雪林发表论文三篇:《历代文章体制底变迁》《周秦学派与印度希腊学派之比较》和《美术的文学谈》,小说《童养媳》及诗歌《缚虎行》《咏古名媛》也在同期刊发。

是年秋,陈钟凡先生授课的"文字学""诸子通议""经学通论",颇受学生好评。为开拓学生视野,他又聘请多名北大教授来女高师兼课。陈钟凡是蔡元培先生高足,继承蔡先生"兼容并包"的教学思想。授课的教授里,有国故派的黄侃(讲授"文学概论""诗文选")、刘师培(讲授《文心雕龙》)、顾震福(讲授"文字学""古体诗词")、胡光炜(讲授"修辞学"),也有新文化运动的开拓者李大钊(讲授"伦理学""社会学""女权运动史")、胡适(讲授"中国哲学史")、傅铜(讲授"罗素唯心论说""西洋伦理学史")、周作人(讲授"西洋文学史")、钱玄同(讲授"语言学""文字学")、黎劭西(讲授"文法学"),留美派的赵丽莲、吴贻芳、陈衡哲也请来了,赵、吴教英文,陈授文学创作。就连拖着长辫子的辜鸿铭也来女高师授课,他精通多国文字,留洋多年,学有专长。可以想见,名师云集在女高师,给原先闭塞禁锢之地,吹进了清新的时代气息与国学之风,对这一届毕业的学生来说,可谓受益匪浅。后来苏雪

---

① 李超(1896—1919):广西抚州金紫庄人,父母双亡,姊妹三人,但女孩无继承权,家产由过继嗣兄继承。两个姐姐早已出嫁,嗣兄也成家。为了求学,她不肯早早出嫁,因靠家中财产读书求学,因而成兄嫂眼中钉。1918年6月,李超只身到京,9月入女高师旁听,不久转为正科生。1919年8月16日,因肺病逝世。

② 文艺研究会:国文部爱好文学的同学自发成立的文学社团,先后有33名会员,苏雪林是会员之一。1919年6月1日出版《文艺会季刊》第1期,撰文者皆为本届国文部同学。

林、冯沅君、庐隐、程俊英等都成为著名的学者或作家,也就一点不奇怪了。

5月　作《本京新春竹枝词》六首。

7月　暑假自京返皖省亲。有《暑假归皖至鹊江访陈默君即事》长歌和《铜波湖遇大雨作歌》《太平道中》《青阳旅馆》等诗,以上诸作收在《灯前诗草·燕庠之什》中。

10月16日　有《双十节夜游天安门》《拟秋风辞》《拟行路难》《感秋》等十数首诗,在同班爱好古典诗歌同学中传阅,其中《梅花》五律,深得同窗嘉许①。

10月30日　受《益世报》②编辑成舍我③先生推荐,与本校生物部周寅颐、数学部杨致殊三人共同担任《益世报·女子周刊》的编辑。《女子周刊》每期四个版面上开辟有"言论""讲坛""说林""文艺""词苑""纪事""杂录""科学""家庭常识"等栏目,由于周、杨非国文专业,故周刊第1、2、3版上"言论""说林""文艺""词苑""纪事""碎墨"专栏上所刊发的小说、散文、诗词、译作等,皆为苏雪林变换各种笔名发表的作品④。为例如1920年10月30日创刊号上第1版"词苑"栏目上的现代白话诗《京汉火车中所见》,第2、3版"说林"栏目的小说《两难》,第3版"谈屑"专栏上的随笔《梅庵絮语》,都是苏雪林用"倾伽"⑤为笔名发表的。

11月13日　《女子周刊》第2版发表"倾伽"译作《义犬报仇记》。

11月20日　安徽省立第一女师同窗吴墨君,毕业后看破红尘,一心礼佛,苏雪林闻此消息,心情十分复杂,撰60余行白话诗《寄墨君的一封诗信》,刊《女子周刊》第3版。下为诗信中一段:

---

①　程俊英在《忆雪林》中说:在一个严冬的雪夜……她笑嘻嘻地递来一张纸条,上书《梅花》五律一首,下署名凛雪。我对这新鲜的笔名,不禁扑哧一笑。庐隐说:"我虽爱颈联的'高风鹤作伴,瘦影月描痕。'但她的伴侣是仙鹤,我们还是躲开她吧!"我说:"还是'竹篱甘淡泊,从不美侯门'结语最佳,能写出梅姊的怀抱。"(《程俊英教授纪念文集》,上海:华东师范大学出版社,2004年版。)

②　《益世报》:为民国时期罗马天主教会在中国印行的中文报纸,1915年10月在天津创刊,创办人为比利时人雷鸣远。《益世报·女子周刊》为北京版,于1920年10月30日创办,每周四个版面。

③　成舍我(1898—1991):湖南湘乡人,原名成勋,笔名舍我(取孟子"当今之世,舍我其谁"之句),著名报人。

④　据笔者逐期检索,《女子周刊》在苏雪林赴法前的八个多月时间内,除用"雪林""苏梅"署名外,尚有"倾伽""病鹤""不平""旁观""天婴"等笔名。

⑤　倾伽:梵语kalavinak的省称。佛教谓常住极乐净土的妙音鸟为"倾伽"(见《阿弥陀经》)。

墨君呀！你是个多愁多恨的人，蕴着伤春伤别的情，

这龌龊的世界，束缚的礼教，逼你向厌世迷途猛进。

把你的热肠，竟变得冰冷，

解脱了这扰扰红尘，向深山去高隐，

墨君呀！你愤世嫉俗，悠然长往。

我也要告诉你，我现在厌世的思想……

什么孔子栖栖皇皇？什么墨子行不裹粮？

什么释迦牟尼的入地狱？什么苏格拉底说共相？

什么尼采的超人学说？什么托尔斯太的牺牲理想？

我只知"人生如寄"，不如"浩然独往"！

《女子周刊》第3版自11月20日连载"倜伽"小说《天囚》，一周内分三期刊毕。这是以故乡真人真事演绎的心理小说。

12月4日　翻译Thcokrjtos①《迷失的羊》，刊发《女子周刊》第2版。

12月13日　白话诗《围炉的夜》刊发《女子周刊》第2版。用"病鹤"为笔名发表小说《我自己升学的经过》，自本周起在《女子周刊》第2版上连载。

12月18日　词作《念奴娇·金陵怀古》刊发《女子周刊》第2版。

12月30日　创作《戏赠本级诸同学歌》。这首诙谐有趣的长诗，逼真地再现五四时代女高师人才济济、严谨的学风与浪漫的青春气息——用精准的笔触，巧妙地把本班诸同学比作历史人物。比如诗中写到成绩优异、醉心国学的冯沅君："冯衍才气众所摄，显志赋成修名立。蠹鱼三世食仙书，天府十年窥秘笈。"比如描摹自号亚洲侠少的黄庐隐："亚洲侠少气更雄，巨刃直欲摩苍穹。夜雨春雷茁新笋，霜天秋隼搏长风。"还有诸如"横渠（张雪聪同学）肃静伊川（程俊英同学）少，晦庵（朱学静同学）从容阳明峭（王世瑛同学）。闽水湘烟聚一堂，怪底文章尽清妙"的诗句。（见《灯前诗草·燕庠之什》）总之，全班三十几位同学的音容笑貌，都在其笔端一一呈现。

---

① Thcokrjtos（前310年—前250）：中文译名为忒奥克里托斯，古希腊诗人，为西方田园诗派的创始人，曾创作《牧歌》十三章，传诵一时。

1921年　二十五岁

1月15日　自本周起《女子周刊》第1版开始连载"倾伽"论文《旧式的婚礼谈》（分三期登载，1月29日刊毕）。

1月22日　《我自己升学的经过》连载，已分六期登毕。

1月29日　女高师成立英文部，任命吴贻芳先生为英文部主任。吴先生执教一丝不苟，倾心认真。有几个保送生，经过吴先生亲自面试，其中一位成绩太差，被拒绝入校。这位学生家长官位显赫，用金钱买通学校校长及几位当事人，仍然没有得到吴贻芳先生的应允。该家长遂在报纸上恶言诽语中伤吴贻芳先生，吴愤然辞职。苏雪林以"不平"为笔名写诗替吴贻芳鸣不平，诗云《女高师英文部主任吴贻芳先生的辞职》，兹录诗的最后两节：

　　于今，先生又如此辞职，我心里更觉怦怦。
　　先生，你那谦和的态度，高洁的品行，渊深的学问，凡亲炙过你教诲的，谁不敬钦！谁知竟有卖师的犹大，对于你做出这等无耻的手段、下流的行径！
　　无知的同学，我不怪她挟嫌怀憾，舆论的报纸，为什么竟瞎说盲评！咳，黑暗的漫漫的盖了社会，毒雾腾腾迷了人心，公理呀，正义呀，你为什么藏匿得无踪无影！①

自本周起，以"倾伽"署名的小说《节孝坊》在《女子周刊》第3版连载。

2月5日　以"旁观"为笔名在《女子周刊》第2、3版上发表小说《黑幕中之黑幕》，以"倾伽"为笔名在《女子周刊》第3版上发表杂文《梅庵絮语》，谈中国古代的婚姻制度。

2月19日　以"倾伽"署名创作现代白话诗《黑暗中的光明》，刊发《女子周刊》第2、3版。诗歌赞美在黑暗重压下的光明追求者，要敢于奋斗、不怕牺牲。

3月5日　以"天婴"为笔名在《女子周刊》第3版连载小说《一封海岩边的信》（分三期登载，3月21日刊毕）。

---

① 全诗刊发在1921年1月29日《女子周刊》第3版。

3月10日　与冯沅君、程俊英同去哲学老师傅铜南池子家里聚会①。当天傅铜请他的老师英国学者罗素及其女友勃拉克，故邀约他的一帮女弟子到家里开party。

3月13日　1915年10月，陈独秀主编的《青年杂志》第1卷第2号上，刊出陈独秀用五言古体诗译印度诗人泰戈尔《吉檀迦利》4首；1918年《新青年》改用白话文出版后，在第5卷第2、3号上，又刊出刘半农教授用白话文译泰戈尔《新月集》中《海滨》《同情》等四首，这些早期翻译泰翁的诗，在青年学子中产生巨大影响。苏雪林在1921年3月13日《女子周刊》第18号第2版上，发表翻译的泰戈尔诗作《我生命的生命》。她尝试了两种翻译形式，一是以"倾伽"为笔名，用白话文；一是以"天婴"为笔名，用的是文言文②。

4月1日　女高师《文艺会刊》第1卷第3期刊发《开岁忽五日和陶》《又见女学界演"世外天"诸艺》《暴雨》《大通夕渡》《夜坐偶成》《游松川口占》《晚凉》《自题长卷》《蛇岭》《日暮杂兴》诗10首及散文《我之春节观》。

4月18日　《女子周刊》第2版自该日起，刊登以"雪林"署名的《一个女医生》连载小说。

自本月中旬起，北京教育、新闻两界，发生了一场围绕一部白话诗集的论战，由于参与人物众多，后来竟演变为"呜呼苏梅"的笔墨官司。这次论战本来是由很平常、很简单的一篇文艺批评引起的——北京女高师文学青年苏梅(苏雪林)在报纸上批评北大学生谢楚桢的《白话诗研究集》，未料到竟引来京城两大报《京报》和《晨报》参与其间，沸沸扬扬，轩然大波萦迴动荡至于天津、上海，引起社会各界及名流关注。现稍作梳理，厘清事件的来龙去脉。

1921年4月中旬，北京大学中文系学生谢楚桢，自编自印并冒用"北京大学出版部"之名，发行《白话诗研究集》600册，在《晨报》上大登广告，广为兜售。该书上卷收录胡适、钱玄同、罗家伦、傅斯年等15人论新诗的革新与创作方法，下卷是自己

---

①　程俊英《回忆女师大》："有一次，在哲学老师傅铜南池子家里开晚会，冯沅君、苏雪林和我去参加，会后余兴，罗素的年轻情人勃拉克在庭院里跳起了拉船舞，神态骄傲，我不理她。会中，认识了冯沅君的情人王品清，他是北大学生，殷勤招待，态度温雅。"(《程俊英教授纪念文集》，上海：华东师范大学出版社，2004年版，第350页。)

②　译诗后有译者注："印度诗人泰戈尔的诗，我国介绍过来很多。昨日读了他life of my life诗，觉得意思甚深，因用白话译了一首，谁知结果很令我失望。天婴用文言译出来，更觉得不能达意。于此，才知译诗之难，勉强都写出来，请读者指正罢(倾伽注)。"

创作的新诗一百二十首,另选胡适、康白情、刘半农的新诗三十七首。客观公允地说,这本《白话诗研究集》实在没有发行出版的价值,尤其是作者自己作的新诗,并非如广告上吹嘘的"思笔精美""诚为新文艺中别开生面之书",而是如胡适所言,"是极不堪的诗"①。

4月25日　苏雪林发表《对于谢楚桢〈白话诗研究集〉的批评》,刊于《女子周刊》第3版。

这篇文章简要概括为:一、批评谢楚桢关于旧诗应改革的理由论述含混不清,颠来倒去,不知所云;二、批评谢楚桢创作的白话诗不成为诗,苏雪林以"明白""动人""优美"为衡量白话诗的标准,故直言谢的白话诗,因学养不足,功力不够,不值得为求名空费气力来作什么白话诗;三、由于上述两个原因,她直言谢君不宜"灾梨祸枣",出版发行,"拿无价值的文字,欺骗社会"。言辞果断,一针见血。

苏雪林身为女高师的学生,敢于直言批评北大才子谢楚桢"学养不足";尤其是这篇数千言的批评文字,其文风遗传了她远祖东坡先生文气淋漓、抗言直论、豪放不羁的风格,虽是评论文章,也写得文采斐然,不失趣味与幽默,给人一气读下方可释卷的兴致。比如文中幽默地调侃谢楚桢白话诗作得蹩脚:"像谢君这样空费脑力,作此无价值的文字,不如去抹抹牌,喝喝酒,还可消遣藏拙。"平心而论,文章中的"抹牌喝酒",是随意口语化的玩笑式调侃,原本含有"博弈犹贤"的名士派头,并非存心挖苦。

5月1日　苏雪林的文章见报后,谢楚桢与他的一帮所谓北大才子们,不能正确对待批评,他们利用"便利的"舆论工具②,于5月1日在《京报》上发表两篇文章,一篇是谢楚桢的《致苏梅》,谢在文章中说苏雪林败坏了自己的名誉,损伤了他的人格,并要求北京女高师校长熊子厚先生责令苏雪林必须在三日之内向他谢罪,否则即向

---

① 胡适在1921年5月19日日记中写道:"今天我做一件略动感情的事。有中国公学旧同学谢楚桢君作了一部《白话诗研究集》,里面的诗都是极不堪的诗。他曾拿来给我看,我说这里面差不多没有一首可算是诗,我又说单有白话算不得是诗。他后来结交了易家钺、罗敦伟等一班新名士,他们把他捧作一大诗人,他这种诗居然出版了!出版后,他来缠着我,要我替他在报上介绍,我完全拒绝了他……我生平对于社会上滥用名字的行为,最为痛恨。社会既肯信任我们的话,我们应该因此更尊重社会的信任,决不该滥用我们的名字替滑头医生上匾,替烂污书籍作序题签,替无赖少年作辩护。"(曹伯言编《胡适日记全编》第3卷,合肥:安徽教育出版社,2001年版,第266页。)

② "便利的"舆论工具,是指谢楚桢的北大同窗罗敦伟是《京报》某版面的编辑。

法院起诉。一篇是谢的同窗,不敢用真名而化名"AD 君"撰的《同情与批评》。AD 君的文章,完全丢弃了平心静气、公证说理做批评文字的气度,对苏雪林正常的书评文字,横加指责,斥为"虚荣心"作怪,"夸大狂"暴露,"出风头"第一。为维护同窗好友,不惜用人身攻击和恶毒的谩骂攻击批评者,不仅辱骂苏雪林本人,连同刊登文章的《益世报·女子周刊》也一并用下流的语言骂得不亦乐乎,将本来正常的学术争论引向对对方人格的侮辱,由此酿成一场意想不到的轩然大波。

5月2日 苏雪林读了《京报》两篇"骇人听闻"的文章后,当夜撰长文《答谢楚桢的信和 AD 君的〈同情与批评〉》,并托成舍我先生转交《京报》,希望及时刊登,以期社会及广大读者来评判她,是否损害了对方的名誉和人格,是否发表了不同意见就是"出风头",是否只能对谢楚桢表示"同情"而不能"批评"。她万万没有想到,这篇文章却被《京报》编辑打入冷宫,扣压不发!

扣压这篇文章的编辑是罗敦伟①,撰《同情与批评》的 AD 君,就是京城"小名士"龙阳才子易君左②。他们二人同为湘籍人,又是谢楚桢的北大同学,为"保护同窗""维护友谊",罗敦伟利用编辑之便,堵塞言路,将公众发表言论的阵地视为私有;易君左则恃才傲物,看不起擅长文学的女生苏雪林,颠倒是非,极尽诬蔑,不敢以真名发表文章。

5月6日 《晨报》刊发苏梅《答谢楚桢君的信和 AD 君的〈同情与批评〉》。

5月7日 《京报》刊发罗敦伟《不得已的答辩》,罗文强词夺理,通篇兜来绕去认为苏雪林文章"没有登载的必要",千方百计掩饰自己扣压文章的行径。人们不禁要问:既然《京报》认为"没有登载的必要",为什么同在一城的《晨报》能及时全文刊发呢?

5月13日 《京报》刊发以"右"③署名的《呜呼苏梅》一文,通篇皆为谩骂与人身攻击,影响极坏。

5月14日 《晨报》编辑止水先生在《编辑余谈》栏目中,引用读者绣林山僧来稿,揭露"右"先生:"右字先生所作的《呜呼苏梅》,简直不成话,轻薄,暴殄,儿戏,尖

---

① 罗敦伟(1897—1964):字韶卿,北京大学学生,课余受聘《京报·青年之友》编辑。
② 易君左(1899—1972):学名易家钺,字敬斋,湖南汉寿县龙阳山人,早年赴日本留学,后考入北京大学。
③ 此文以"右"字署名,是易君左用的另一个化名,诚所谓狐狸尾巴是藏不住的,人们很自然地由"君左",想到"君右"是同一个人。

刻,利用恶社会对于一般娇羞不过的女子,将最不堪入耳的话,使她听到心中难受,精神上受无形的痛苦,我以为此君用心太毒,不仅是我们有希望的青年所不应出此,即毫无知识的人也不应该出此……这种口吻,简直是同时对于他人或自己的人格宣告破产。"(《晨报》1921年5月14日第2版)

　　堂堂的北大学生,竟然在报纸上写出如此不堪的文字,立即引起京中文化、新闻、教育界人士的强烈愤怒与反感:5月19日,胡适、高一涵在《晨报》第2版登载重要启事,谴责《呜呼苏梅》的作者,应以真姓名向社会检讨,向苏梅道歉;5月20日,时任北京大学新知书社董事会主席兼总经理的成舍我先生,在《晨报》第2版显要位置发表致"北京大学新知书社股东公鉴":"13日《京报》所载《呜呼苏梅》一文,措词鄙恶,人格荡然,人多指为本社编辑主任易家钺所作,而本社编辑罗敦伟,在京报负责编辑该稿之责任,为维持本社名誉,尊重本社组织之目的起见,应请即予免职,又二君均为本社董事,亦请一并免职。"

　　易家钺在京读书期间,于1918年加入少年中国学会,当《呜呼苏梅》文章刊发后,李大钊先生作为少年中国学会北京总会召集人,对学会成员易家钺在社会上造成的恶劣影响非常震怒,立即召集在京八校教职员代表临时会议,一致表决将易家钺从学会除名①。

　　渊渊如海的文化古都,经过五四后的一场政治风雨洗礼,自由、平等,追求真理的良好风气,正逐步熏染人心,"呜呼苏梅",看似一场笔战,实质是社会对妇女命运的关注、关心,乃至爱护。这场沸沸扬扬的笔战,在社会各方面人士的关注下,尤其是舆论传媒纷纷对"右"君加以谴责,使无辜受到攻击、谩骂的女性苏雪林在精神上得到莫大安慰。试想一下,如果没有胡适、成舍我、李大钊等一批社会贤达激于义愤对苏雪林的帮助支持,其后果就很难预料。

　　易家钺在京的这次丑恶表演,使自己颜面丢尽,自觉在北京大学待不下去,遂仓皇南下,不久就再次赴日本留学了。

---

① 1921年《少年中国》第3卷第1期,在京八校教职员代表临时会议纪要:"……近日《京报》上发现右君辱骂女高师苏梅一文,吐词淫秽,阅者无不骇怪。各方面均认为易君手笔,而彼亦无以自白。此文直不啻宣告青年人格的破产,于社会前途影响实大。舆论哗然,平素与易君有关系的团体先后宣告除名,本学会自更不能置而不问,重以会内外来诘责者纷至叠来,遂于5月20日晚上八时在守常家召集临会议。出席者为陈恩生、雷孝实、李守常、黄日葵、沈君怡、刘养初、高君宇、章一民、苏演存九人。"

苏雪林因经历了这场风雨,变得更老练与成熟。加之此时海外的中法大学正在筹备招生,她也想到欧洲的艺术之都法国留学。这场无谓的笔仗,让她身心交瘁,她要暂别古都,去海外呼吸新鲜空气了。

6月2日　安庆学联代表方洛舟、戴文秀一行十人,为反对军阀倪嗣冲侵吞教育经费,赴省议会请愿,遭安徽军务帮办兼皖南镇守使马联甲指挥卫兵枪杀省立第一师范学生姜高琦、省立一中学生周肇基,酿成震惊全国的"安庆六二学潮"。3日,北京大学教授马叙伦率领在京十五校400余位教师前往中华门,为增加教育经费,向国务院请愿,遭军警弹压。

6月13日　《女子周刊》第1版,苏雪林发表针对上述事件的《杂感》一文:"五四运动以来至于今日新华门和安徽学界流血的大惨剧,他们明知赤手空拳不足抗拒锐利的刀枪,手无缚鸡之力的文弱书生,不足为封豕长蛇般军警的对手。但他们受良心的暗示,听理性的指挥,还要冒百险,排万难,与黑暗残酷的政府奋斗,以期率领国民,走向光明大道。"

《女子周刊》第4版,以"倾伽"为笔名发表《旅京安徽一女师卒业生致省立一师校长赵继椿①先生函》,对"安庆六二学潮"表示极大愤慨,谴责赵继椿"惮忌马氏之淫威,逢迎倪氏之意旨",实为皖省学界"浩劫之祸首"。

6月20日　《女子周刊》第1版刊发苏雪林论说《火山与军阀》,文章就6月上旬湖北军阀王占元部因克扣军饷,引发兵变,士兵在武昌屠戮百姓、烧毁商号、掠夺财产的事件,表示极大悲愤。文中说:中国老百姓就像是坐在火山口上,朝不保夕,时时有生命之虞,"奉天、直隶、广西、安徽,哪省不是拥兵数十万,挟资数千万的强大军阀!他们将四万万国民,捆缚在刀俎之上,慢慢地敲骨吸髓,将来便向喉管上戮进一刀"!

自本月20号(《女子周刊》第31号出版后),苏雪林、周沁秋(即周寅颐)、杨致殊三人不再担任《女子周刊》编辑,苏雪林要准备中法大学的招生考试,周、杨也各自回校,集中精力参加毕业考试了。《女子周刊》的继任编辑由苏雪林推荐本班程俊英、张峥澌两位同学担任。为纪念在《女子周刊》近九个月的难忘岁月,苏雪林墨书

---

① 赵继椿:安徽军阀政府倪嗣冲的忠实走狗,曾任安徽省立第一师范校长,因巴结倪嗣冲、马联甲当上安徽省议会副议长,"六二学潮"就是他下令警卫殴打学生、军警枪杀学生的,他是这起流血事件的罪魁祸首。

"女子周刊　倩伽"六字,留作该栏目刊头①。

6月30日　经教育家蔡元培先生,民国大佬早年留英法的吴稚晖、李石曾②的积极推动、奔走,并得到孙中山先生及广东省政府的大力支持,尤其是法国里昂市市长赫里欧先生、法国国会议员穆岱等一批华法教育会③人士的努力,海外中法大学在酝酿、谋划数年后,终于筹备就绪,决定暑假在北京、上海、广州三市联合招生④。

30日中午,苏雪林赴中央公园来今雨轩,出席北京大学、男女两高师、新学会等团体,为杜威夫妇举行的饯别宴会,并在会上面晤胡适先生。

7月12日　《晨报》刊出"法国里昂海外大学招生"广告,内容如下:

报考条件:一、不论籍贯男女;二、大学专门学毕业生;三、有中学以上学历,须附交中学毕业文凭;四、报名开具履历,并交四寸半身照四张。

待遇:一、免交学费,但每年交膳费华银二百圆,附交代存零用一百圆;二、必须持有殷实保人,出年纳华银三百圆之保证书,无者虽考取,无效。

考试科目:一、高等国文,二、高等算学,三、高等外国文,法文或英文皆可,唯仅有粗浅程度者不可。

报名地点:北京南湾子石达子庙华法教育会。

考试地点:北京西什库后第四中学。

考试日期:7月20日

发案日期:7月23日

---

① 《女子周刊》第36号(1921年7月25日)的刊头,即为苏雪林以行书写的墨迹。

② 吴稚晖(1865—1953):原名眺,后名敬恒,字稚晖,江苏常州人,光绪十九年举人,曾留学日本、英、法,担任天津北洋学堂教习。1921年6月,中法两国就联合办中法大学正式签约,中方为北大校长蔡元培,法方为里昂大学校长班儒,一致推举鼓吹在海外办学的吴稚晖为中法大学校长。李石曾(1881—1973):名煜瀛,直隶高阳人,李鸿藻之子,1902年赴法留学,1912年与吴稚晖在北京创立留法俭学会。

③ 华法教育会:1916年3月,蔡元培、吴稚晖、李石曾、吴玉章、汪精卫等与法国人欧乐(巴黎大学历史系教授)、穆岱(法国众议员)组织成立华法教育会,蔡元培、欧乐任会长,穆岱、汪精卫任副会长,李石曾任中方秘书长。

④ 中法大学初创经费筹措,吴稚晖功不可没,他说动北洋政府资助50万法郎,又拜见中山先生,在中山先生关照下,广东省政府募集42万法郎。为此,京、沪、粤三地招生,每地限招30名。因广东有募款襄助,故特优待增加20名,计50名。

虽然距离考试日期只有七八天时间，但苏雪林还是怦然心动想去一试。报考的海外中法大学，每年的膳食、零用费用仅三百元，几乎与在女高师费用相差无几，比起留美费用便宜一半多，此其一。其二，她自幼就喜绘画，法邦又是艺术之都，出洋深造，刻苦求得高深学问，实现自己多年来乘长风破万里浪的梦想。其三，赴法留学，一去三年五载，那恼人的包办婚姻可以置之不管了。

　　她与国文部的林宝权、外文部的罗振英结伴去报了名，并在20号参加了招生考试。

7月23日 招考发榜日，她们三人都考取了。

　　就在苏雪林准备赴法留学时，上海张馀三又提出苏张二家的孩子该筹办结婚大事，即使要去留学，也可先结婚再留洋。这次张家的提亲又一次被苏雪林拒绝，无奈之下，张家为挽救早已定下的婚约，也把儿子张宝龄送到美国留学，选择的是美国的一流学府马萨诸塞理工学院。

9月3日 离京赴法前夕，苏雪林与林宝权结伴前往石驸马大街李大钊先生家辞行。一是感谢恩师两年来在学业上的教诲，二是对于先生在不久前那场"恼人风波"中，对自己的关爱与呵护表示谢意。

　　当日，李大钊先生还写了一封便函给先期留学巴黎的好友周太玄先生[1]，请其在法照拂苏、林二位同学。[2]

太玄吾兄：

　　久不通信而心常想念，想知己当不以此见怪也！兹有女高师学生林君宝权，苏君梅等赴法入里昂大学，到法时务乞照拂一切。两君皆研究文学者，关于学问上有所质询，亦请随时赐教为幸。京中教潮已告解决，愚生方在京，不日当回川也。专此即颂。

　　旅安

弟　李守常
八月初二日

---

[1] 周太玄(1895—1968)：四川成都人，本名焯，后改名无，号太玄，著名生物学家。"少年中国学会"发起人，李大钊先生挚友，1919年赴法留学，在法国荣获理学博士。

[2] 李大钊写给周太玄的信，见《近代名人手札·李大钊》，石家庄：河北教育出版社，2001年版，第103页。

9月6日　中法大学校长吴稚晖亲自率领京、沪两地招收的赴法留学生,在上海乘法国邮轮"宝岛司号"启程,途经香港时,与广东招收的学生会合,同乘这艘邮轮。此次登船的京、沪、粤三地学生计129人,女生仅15人(其中有上海考区的、后来成为著名西画家的潘玉良)①。邮轮在海上航行三十余日,抵达马赛,而后改乘火车到达里昂②。

里昂中法大学位于里昂郊区的圣蒂爱纳山,山上遗有著名的圣蒂爱纳城堡(Saint jiéné)③,为千余年前高卢人抵御罗马人的遗迹,第一次世界大战时,这里曾做兵营,后废弃不用。古堡内有百多年前所建楼房数幢,其中一幢四层做男生寝室,一幢二层小楼做女生宿舍。古堡内有空旷的士兵训练场,可做学生的篮球场、网球场。

10月20日　中法大学为了让学生尽快过语言关,聘请了一批法国教师教授法文。

11月初　学习法文不久,苏雪林突接家书,得知长兄伯山胃疾而逝,母病卧床。思亲思乡之念萦绕心头,加之来异邦后水土不服与饮食不适应,苏雪林大病一场。

12月　入里昂市立医院,治疗月余,未见起色。医院考虑里昂冬季浓雾弥漫,阴冷潮湿,建议到北部都隆治疗、休养——因此地与瑞士相邻,有著名的日内瓦湖,空气清新,林木葱茏,最适宜养息身体。养病期间,还可就近在一所女子学校补习法文。

---

①　据罗汉平著《风流逸士——吴稚晖别传》载:"首批赴里昂中法大学的中国留学生为105人。"又,苏雪林晚年(1991年8月)在台湾《中外杂志》上撰写回忆与潘玉良留法交往的文章《潘玉良的悲剧》中说:"中法大学第1期的学生仅150余名,女生则仅13名。"此二说皆不准确。笔者2014年9月6日亲赴里昂中法大学旧址寻访,并在里昂市图书馆检索到1921年10月份中法大学留学生注册表,计注册学生129名,其中女生15名,苏雪林的注册序号为第4号,潘玉良为第6号。

②　里昂,距巴黎约400公里,位于法国东南部,属罗纳——阿尔卑斯大区罗纳省的首府,130万人口,从巴黎乘高速列车,两小时即达里昂火车站。

③　圣蒂爱纳城堡:现为里昂市郊著名的古迹。古代为防守里昂的战略要地,占地约二百亩。现存罗马古墙三堵,为里昂重点古迹。普法战争、第一次世界大战时为军营。堡内有门楼一座,为七开间二层,正对着圣蒂爱纳山修女街,门楼上用中法文两种字体写"中法大学"校名。门楼左边有一幢四层楼,约为十六开间四层,原为士兵住所,中法大学改造后,建有八个教室,六十余间宿舍,每间住6人,可容纳250人住宿。今天从里昂市中心的白莱果广场,乘巴士20分钟即到城堡,交通十分便捷。

1922年　二十六岁

5月　自都隆回里昂中法大学，继续习法文。为提高阅读、写作水平，暑假期间，苏雪林在城中租了一间学生宿舍，与法国人朝夕相处，练习会话，法文口语大有长进，竟可与法国人交谈，也能用法文写出五六百字的短文；并尝试翻译法国作家的短篇文章。

8月25日　北京《晨报副刊》连载苏雪林的翻译作品《水上》于第2版。编辑刊发时注："《水上》法国莫泊桑著，苏雪林译自里昂。"

9月初　与女高师同学罗振英（芳玉）——此时罗已从中法大学转至郭霍诺波学院就读，同游法国名胜卢丹赫山及郭霍诺波城周围胜景。在犹丽亚齐古堡、萨赛那齐石窟凌空飞泻的瀑布等处，盘桓两周，苏雪林有诗十数首记游历与观感，收在《灯前诗草·旅欧之什》中。

10月　为迅速提高法文水平，苏雪林在里昂城内女子中学补习法文，租住在由天主教教友办的柏克莱寄宿舍，与法文教师海蒙·伊丽莎白及宿舍管理员马沙吉修女建立了深厚的友谊。海蒙一丝不苟的敬业执教、马沙吉任劳任怨的服务精神，给她留下了深刻的印象。

1923年　二十七岁

1月19日　上海商务印书馆编译所编辑出版《小说世界》第1卷第3期，刊发苏雪林寄自法国里昂的译作——莫泊桑的短篇小说《狼》。

在里昂中法大学女生宿舍，苏雪林与潘张玉良比邻而居，受其影响，苏雪林与潘张玉良及林宝权的男友邱代明同往里昂城内的法国里昂艺术学院学习绘画。潘因在出国前就有绘画基础，已在高级班学习油画，并开始画人体了，苏与邱进初级班开始练习素描，画石膏半身像。

7月　利用暑假继续用功习画。同时为提高法文熟练程度，尝试翻译其他法国作家的作品。她喜欢法国乡村恬静、优美的自然风光，暑假的两三个月中，用浅显、通俗白话散文诗的创作方法，写了很多描写法国乡村生活的小诗，通过法国马赛至上海的定期邮轮，寄给南京的陈钟凡先生，陈将这些诗送到《晨报副刊》发表，自

1923年10月25日至11月19日,《晨报副刊》在"乡村杂诗"的标题下,每日刊登三五首,总共发了四十三首①,第一次在报纸上用"雪陵女士"为笔名。

是年冬,苏雪林寒假期间给父亲寄了一封长函,把自己对婚姻的态度与想法和盘托出:这桩婚姻非我自愿,此人我连面都未见,怎能成为理想伴侣?同他结婚,岂不痛苦一辈子?不如趁双方都在外留学的机会,两家就此解除婚约。

1924年 二十八岁

2月19日 当天是中国元宵节,苏雪林接到万里之遥的家书一封,读到父亲措词尖锐的信,不禁泪流满面。信中云:"你民国元年由祖父做主,许配了张家,等到成年后,张家想来为儿子完婚,你要赴省城入第一女师,坚不答应。第一女师毕业后,又想升学北京女子高等师范,又赴了法国,你拒婚三次,前后耽搁了十几年,你对得起人家吗?我们苏家是讲信用的,对于儿女婚姻大事,更要照传统规矩办理。你既受了张家的聘,便是张家的人,你即自杀而死,我也要把你的一副骸骨送往张家祖茔埋葬。"②

接到父亲信之前,苏雪林在与天主教教友海蒙·伊丽莎白及马沙吉的交往中,为她们忘我、牺牲的高尚人格,受了不少感动,但还不能像她们那样发自内心地信仰宗教,皈依天主教。父亲的这封信,成了她皈依宗教的催化剂。

天主教信仰有三种特色:第一是虔洁,第二是热忱,第三是神乐。而这三种特色在天主教神父雷鸣远③身上体现得最为突出,他全心全意为留法的许多中国留学生解决生活问题,经他救助的学生有四五百名,他把"爱的宗教"播撒到每一个留学生的心田,苏雪林为此备受感动。

8月15日 当天是天主教的圣母升天节。苏雪林在其法文老师海蒙·伊丽莎

---

① 阿英先生在《绿漪论》中说:"她的作品最初是发表在北京《晨报》的副刊上;我记得她到法国以后,她还寄回一部似乎标题着'乡村杂诗'的小诗,在那上面刊载了很久。"(黄人影编《当代中国女作家论》,上海:光华书局,1933年版,第132页。)

② 此信见顾保鹄:《苏雪林教授皈依的心路历程》,载《灵海微澜》第5集,台湾闻道出版社,1996年版,第124页。

③ 雷鸣远(1877—1940):字振声,比利时天主教遣使会神父。1901年来中国,读中国书,写中国字,1927年加入中国籍,1920年至1926年为帮助中国留欧学生解决生活问题,辛苦奔走,多方募捐。生前留下"我为爱中国而生,我为爱中国而死"的遗言。

白的陪同下,来到里昂城内的福卫尔大教堂,从老神父卡亥手中领受庄严的洗礼,正式皈依天主教,教名马利亚苏。

从此苏雪林就是一名虔诚的天主教教徒了。

1925年 二十九岁

1月 新年过后,苏雪林自觉法文长进,开始阅读雨果的诗歌。为了解法国文学,开始系统读法国著名作家的作品,尤其是1921年获得诺贝尔文学奖的法朗士的作品,她整整读了一个月。

3月 月初及月末,苏雪林连续收到家书两函。自去冬其母患虚痨症(肺结核),至今咯血不止,身体虚弱,病情日益加剧。虽在病中,但母亲仍牵挂淹留海外的女儿的终身大事。淑孟姊在信中云"母时常在梦中惊呼:'梅儿,为娘怕见不到你了!'"。

4月 为了母亲的病,苏雪林决定束装东归。倘回国能给她一个惊喜,她宁愿中断学业,让慈母身体好起来。

5月 留学首尾四年,忙于学业,未能赴巴黎一游。于是乘回国前,她决计游览巴黎名胜。每天拿着巴黎市区地图,按顺序选择景点,游凯旋门、埃菲尔塔,参观罗浮宫、凡尔赛宫,还到枫丹白露、拿破仑墓地凭吊。巴黎圣母院及大大小小的教堂都曾驻足流连过。

此次游览花都巴黎,她寓居巴黎拉丁区一旅馆,有《惆怅词》20首纪行,其序云:"乙丑春月,余将返国,旅行巴黎,寓拉丁区某旅社,社邻舞场,弦歌达旦,不能成寐。行箧适携有《龚定庵诗词集》,起而挑灯,排比其句,成绝句若干首,名之曰《惆怅词》。"[1]

6月1日 翻译歌德《戆仪老丈的秘密》,刊《语丝》第29期,署"雪林译"。

6月8日 翻译嚣俄(即雨果)诗《良心》,刊《语丝》第30期。此时接到父亲来信,告知母亲虚痨症已经到晚期,日益严重,担心怕见不到女儿了,苏雪林遂决定中断学业,束装归国。

7月中旬 父亲至上海接留法归来的女儿,稍作休息。几日后,同返太平岭下。

---

[1] 《惆怅词》收在《灯前诗草·旅欧之什》中,由台湾正中书局1982年1月出版。

自1920年暑假回太平至今已五年,百感交集。看到日思夜想的母亲瘦骨嶙峋,沉疴染身,心中莫大悲痛。在母亲床头,为告慰病中的慈母,只能牺牲自己,拯救母亲,她违心地答应了张家的婚约,家里立即着手操办她的婚礼。

张宝龄早于她回国,取得学位后,在上海江南造船厂谋得工程师职位,与其父馀三公居沪上。

8月31日　《语丝》第42期刊苏雪林撰写的徽州地区民间故事《菜瓜蛇的故事》。

9月7日　《语丝》第43期刊苏雪林《鸟的故事二则》。

9月14日　《语丝》第44期刊登苏雪林《关于菜瓜蛇的通信》,致函启明先生[①],就民间故事"菜瓜蛇"的来龙去脉与之探讨。启明先生于8月10日致函苏雪林,作了详尽的回复。《语丝》全文刊布了苏、周的两封信函。

10月1日　张宝龄自上海到岭下,择吉日于中秋节前一日,与苏雪林完婚,新房是租赁岭下村中荆乐堂的两间屋子[②]。

是年冬,母病入膏肓,撒手人寰[③]。苏雪林晚年慨叹:自己以牺牲一生幸福为代价,却未能挽回母亲的生命,这是她一生最大的悲痛与遗憾!

1926年　三十岁

2月　是年春节过后,自太平到上海北四川路——住在张宝龄父亲购置的一处私宅。

3月初　陈钟凡先生赴苏州东吴大学讲学,遇到女高师学生陈定秀,得知苏雪林已回国,暂居沪上。遂嘱陈定秀约苏雪林至苏州一晤。

3月9日　与陈钟凡先生在东吴大学会晤。

陈钟凡先生受苏州景海女师校长之托,荐举一名国文教师担任该校国文部主

---

① 启明先生(1885—1967):即周作人,鲁迅的二弟。原名櫆寿,字星杓,又名启明、启孟,号知堂,笔名遐寿。

② 太平当地风俗,男方是不能在女方家祖居的房屋结婚的,原因是女方家害怕财气被异姓带走。故履行租赁手续,在荆乐堂租了两间房子做新房。

③ 苏雪林之母杜浣青(1871—1925):距岭下村五里卓村人。嫁苏锡爵后生三子二女,分别为长子绍基、次子绍章、幼子绍兰、长女淑孟、次女苏雪林。去世时年仅五十四岁,正值盛年。

任,他首先想到留学归来的苏雪林,知道她一直醉心古典诗词,又向东吴大学校长文乃史推荐,聘苏雪林在中文系兼几个钟点的"诗词选读",苏雪林应允。

3月中旬　赴苏州教书,暂居景海女子师范女教员宿舍。

9月　被景海女子师范学校①解聘,仍在东吴大学教授诗词选读,自编讲义,每周四小时。

东吴大学乃由美国基督教监理会于1901年创办,为中国第一所教会大学,建校时间比上海圣约翰、北京燕京大学还早,是当时知名的高等学府,尤以法学举世闻名。②

是年秋,东吴大学急需一名工科教授,知苏雪林的丈夫为美国名校马萨诸塞理工毕业,有诚意请其执教,恰好张宝龄是个喜静不爱动的人,觉得上海太热闹了,十分羡慕苏州的宁静与美丽,欣然答应,遂向江南造船厂请长假,到苏州教书③。

是年冬,苏雪林课间与诸位同学讨论李商隐的诗,她发现《圣女祠》《拟意》等诗里隐约透露李商隐与女道士有恋爱的事迹,提出这一观点后,得到一位叫张鹤群同学的赞同与响应④。进而她又从李商隐诸多《无题》诗中探得他与宫嫔恋爱的蛛丝马迹,自此开始有了研究李商隐诗的兴致。

1927年　三十一岁

4月初　苏州大中小学开始放春假。适逢全国中小学教育会议在杭州举行,景海女师出席会议的几位代表邀约赴杭一游。西湖美景勾起苏雪林春游之兴,遂携带

---

① 景海女子师范学校为美国基督教长老会在苏州所办的教会学校,经费由美国基督教长老会拨付。苏雪林担任中文部主任及教两个班中文写作的工作,每月薪酬一百元。后因经费支绌,仅教了一个学期,就离开了。

② 东吴大学法学院是中国最早教授英美法的学院,也是民国时期中国最著名的法学院。顾维钧、倪征燠、李浩培等,都来自东吴大学法学院。1946年东京审判日本战犯,中国赴远东京军事法庭的法官、检察官几乎全部来自该校。

③ 因夫妇二人在校执教,校方把校内最好的住所——天赐庄的半幢楼房派给他们居住。这是座中西合璧的楼房,楼下有园圃,因楼房是双幢式建筑,一半他们夫妇住,另一半住的是一对美国夫妇。

④ 张鹤群《李义山与李道士恋爱事迹考证》,刊1926年东吴大学二十五周年纪念会会刊《回溯》。

画具到杭州,旅行、写生。其中画了一幅得意之作的油画《旭日光中的宝俶塔》。①

4月5日　撰《李义山恋爱事迹考》序文。序中云:"我这编文字,大半是由义山诗中考证出来的,旁证还苦太少,错误自然不免。即说全篇种种假设,都是错误的,也说不定。不过千余年来对于义山《无题》诗已有许多种不同的解释,我这种解释算聊备一格罢了。"

5月　《李义山恋爱事迹考》由上海北新书局出版,这本七万余字解析、考证唐代天才诗人李商隐恋爱史的书,是苏雪林的第一本书。② 书的封面大有深意:画了一只椭圆的茧、两条蚕,蕴含那首千古传诵《无题》诗的两句:"春蚕到死丝方尽,蜡炬成灰泪始干!"

6月　开始散文集《绿天》的创作。③

苏雪林认为自己的婚姻是黯淡无光的,用她自己的话来说:"命运将两个绝对不同的灵魂,勉强结合在一起,在尚未结合之前,两人的感情已有了裂痕。新婚最初的两年岁月里,似乎过得颇为幸福。"④

而这一段值得纪念的"幸福",恰恰是夫妇在苏州天赐庄的东吴大学校园里。由于她"天生一颗单纯而真挚的'童心',善于画梦,渴于求爱,有时且不惜编造美丽的谎,安慰自己"⑤。

7月　张宝龄因身体原因⑥,没有与东吴大学续聘,一年教书的聘约到期,就回沪仍到江南造船厂担任工程师。夫妇二人离开苏州,回上海居住。

回沪不久,在上海商务印书馆任职的六叔苏继顾,介绍她至上海沪江大学担任

---

① 苏雪林《旅杭日记》:"记得有一天,起了个绝早,攀登葛岭初阳台。朝雾乍收,湖光潋滟,西子从梦中才醒,容光愈觉醉人。顷刻间一轮红日,冉冉东升,万道红霞,灿如锦绣。林峦远近,都像镀了一层黄金、鲜明夺目。我坐在带露的草地上用油彩帆布画了一幅《旭日光中的宝俶塔》。"(苏雪林:《灵海微澜》第2集,台湾闻道出版社,1979年版,第15页。)

② 苏雪林一生从事文学创作与学术研究,共出版六十余种著作,《李义山恋爱事迹考》是她出版的第一部学术著作。

③ 苏雪林1992年9月24日在写给南京的干女儿秦传经的信中说:"你寄来剪报《珍藏在心中的微笑》,是一位记者访问章廷谦、孙斐君的记事。章是我读北京女高师的笔友,我们通信甚殷,孙是我同班同学。他们结婚后,章廷谦写了一小本纪念册,叫作《月夜》,是用象征体美文写的……读了《月夜》,见猎心喜,便写了《绿天》这本书。"

④ 引自《绿天》自序。

⑤ 引自《绿天》自序。

⑥ 张宝龄一生为肠胃病所苦,病情时好时坏,脾气也古怪,可能与长期疾病困扰有关。

国文教员。因沪江大学在杨树浦,距夫家甚远,遂搬至沪江大学居住,除了教学,继续《绿天》创作。

  9月12日 赴上海亚东饭店拜见冰心女士。①昔日在京,二人都为《晨报》撰稿,但尚未谋面,今在上海相见彼此甚感欣慰。

  10月 张宝龄回沪后,大病一场,延医服药,调养数月。病中回忆在苏州的生活,很是留恋,心中顿起在苏州建房安家之念。遂托东吴大学的某同事,替他买一块地。恰好此时东吴大学后门附近——葑门百步街12号,有一家酒厂"冯久昌号"打算迁移,愿意将房屋、地基出售。

  为慎重计,张宝龄病愈后,亲自赴苏察看,觉得甚为满意,谈好价格,迅速交割。并由他自己设计绘出图纸,交建筑承包商建造。这幢西式二层洋楼,北面紧临河边,呈狭长状。"数月后,新屋便落成了。他是学造船出身的,把屋子造成又长又狭的一条,像条轮船。病愈后,他又到东大工学院任教,我还在东大兼每周两小时'诗词选课'。就住在葑门百步街这座像轮船一样的自建房子。"②

  12月 《语丝》杂志迁上海出版,第4卷第2、3两期连载苏雪林长篇散文《我们的秋天》。

1928年 三十二岁

  3月4日 上午与女高师同学冯沅君及其男友陆侃如同往上海极司菲尔路拜访胡适。这是她们离开女高师后,第一次与恩师谋面,师母江冬秀以徽州传统小食"石头馃"③招待。

  胡适那天兴致很高,从徽州面饼谈到"徽骆驼精神",进而谈到文学创作,他说:"文艺创作要凭藉经验,凡于人生的滋味尝得透彻的,人生经验丰富的,能够忠实地写出来,便是好文学。"④

---

  ① 中秋后二日,冰心应上海基督教青年会邀请赴上海演讲。参见苏雪林《冰心与我》,载台湾《新生报》副刊,1990年10月5日第22版。
  ② 苏雪林:《浮生九四——雪林回忆录》,台湾三民书局,1991年版,第97页。
  ③ 所谓"石头馃"是一种面饼,以石头压扁烤熟,故称。面饼的馅,是用香椿芽、葡萄干、黄豆粉等不易霉变的材料调拌而成。昔日徽州人出门十天半月,携带此物在路上做干粮。
  ④ 苏雪林:《与胡适之先生的谈话》,刊《生活》周刊,第3卷第20期,1928年4月1日出版。

3月10日　《北新》半月刊第2卷第5期刊散文《小猫》,此篇为即将面世的《绿天》中的一篇。

3月25日　《北新》半月刊第2卷第6期,刊正在写作的长篇小说《棘心》中的一章《家书》。

3月25日　上海北新书局出版以"绿漪女士"署名的散文集《绿天》,售价大洋五角。善于经营出版物的书局老板李小峰①,认准这本白话美文散文集,能为书店带来不菲的利润,遂精心装帧——请沪上名画家司徒乔,配合书中内容,设计大小适中、令人叫绝的黑白版画插图《流泉》《空翠中》《荒凉的故园》《破灭》四幅,置于书中相关章节页面中;又请画家、作家、藏书家叶灵凤先生作绿色版画《睡莲》《夜游》两幅于书中,顿使全书文图活色生香,令人爱不释手。初版面世,即刻售罄,接着再版、三版、四版,甚至有的书从印刷所出来,装订好,还未来得及切齐(所谓的毛边本),就上架售出了。加上《绿天》扉页上有作者题词:"给建中——我们的结婚纪念",沪上爱好新文艺的文学青年,几乎人手一本,有大学毕业的男女朋友结婚,贺喜时送上一本《绿天》是最时髦的礼物。时人褒称"1928年的春天,是绿漪女士的《绿天》"。

4月1日　邹韬奋主办的《生活》周刊第3卷第20期刊发雪林女士《与胡适之先生的谈话》。

5月　在北新书局旗下的《北新》半月刊第2卷第13号上发表雪林女士《〈蝉之曲〉序》。此序是为东吴大学学生王佐才诗集《蝉之曲》而作。序文中苏雪林申明自己的文学主张与创作使命:"我承认人生是丑恶的,但有它的美丽;人生是卑陋的,但有它的伟大;人生是虚幻的,但有它的真实。文学家和艺术家的使命,是以丰富的想象、高超的意境,美化人生,提高人们的情感和思想。他们要在荒地上散布花种,要在沙漠里掘开甘泉,把这个荒凉的世界,逐渐化为锦天绣地的乐园。""我自己文学的见解,以为文学是思想、情感(或说情绪)和艺术的一种作用,无论写实也好,象征也好,浪漫也好,什么也好,要没有高远的思想,丰富的情绪,洁炼的艺术,不配叫文字,

---

①　李小峰(1897—1971):江苏江阴人,我国著名出版家。1918年考入北京大学哲学系,参加五四运动,为北大学生团体"新潮社"干事。1924年在北京创办北新书店(取北京大学和《新潮》杂志的首字),出版新文学书籍。1926年6月,北新书店在上海开分销店,不久北京总店搬至上海,易名北新书局。

更谈不到创作。"①

  7月7日 在北新书局老板李小峰请客的宴席上,苏雪林与鲁迅见面。②

  8月初 在沪江大学继续创作自传体长篇小说《棘心》。

  拜会在沪江大学任教的顾实先生。顾先生是位治历史地理的知名学者,尤精研《穆天子传》及《山海经》,这次与顾实先生相见,由此引发苏雪林后来致力于东西方神话的探索与注疏屈赋的机缘。

  在沪期间,因中法大学好友与同学杨润馀的关系,认识杨端六、袁昌英夫妇。因杨润馀是杨端六的六妹,由杨润馀介绍而与其兄嫂相识。时杨任职于商务印书馆,袁任教于中国公学。此后在杨家又认识杨、袁留英好友陈源及其夫人凌叔华。

  8月12日 赴北四川路提篮桥杨家,造访袁昌英。是日与杨袁夫妇参加上海留英同学聚会,座中有徐志摩。"那一晚我才认识了钦羡已久的诗人的庐山真面。他的形象大概很像梁实秋先生所形容:身躯是颀长的,脸儿也是长长的,额角则高而广,皮肤白皙,鼻子颇大,嘴亦稍阔,但搭配在一起,却异常地和谐,那双炯炯发光的大眼,却好像蒙着一层朦胧的轻雾,永远带着迷离恍惚的神态。这正是一双诗人的眼睛。诗人虽生活于这个尘世里,他的灵魂却栖迟于我们永远不知道的梦幻之乡,或什么华严世界,所以如此吧。"③

  是年暑假前,因不满意沪江大学浮华的学风,遂与沪江大学解聘,居家专心《棘心》的写作。

  9月16日 上海曾孟朴、曾虚白父子主办的《真美善》杂志,第2卷第5期发表杜芳女士④译莫泊桑短篇小说《珍珠小姐》。

  苏雪林时居苏州葑门百步街新居。离开沪江大学后,仍到苏州就聘于东吴大学,教授"诗词选读"。同时应苏州振华女子中学王季玉校长之请⑤,在该校授每周

---

 ① 引文见沈晖编《苏雪林选集》,合肥:安徽文艺出版社,1989年版,第541页、544页。
 ② 1928年7月7日鲁迅在日记中记道:"午得小峰柬招饮于悦宾楼,同席矛尘、钦文、苏梅、达夫、映霞、玉堂及其夫人并女及侄、小峰及其夫人并侄等。"(见《鲁迅全集》第15卷,北京:人民文学出版社,1973年版,第414页。)
 ③ 引文见《苏雪林自选集·我所认识的诗人徐志摩》,台湾黎明文化事业公司,1975年版。
 ④ 杜芳女士是苏雪林翻译莫泊桑作品取用的笔名。
 ⑤ 王季玉(1885—1967):苏州人,1917年毕业于美国麻省蒙脱霍克女子大学,与其母王谢长达,是近代苏州女学的创办者,王季玉献身教育,一生未婚。其校名"振华女中",即取"振兴中华"之义,著名学者、翻译家、作家杨绛先生毕业于该校。

六小时的"国文"。

11月　专程自苏州赴沪,观看在上海西藏路宁波会馆举办的"留法西画家潘玉良女士绘画展"。

11月26日　致函胡适云:"……近年闻先生讲学申江,近在咫尺,每思再瞻道范,藉慰思慕之忱,惟为事所羁,不克如愿,甚怅!甚怅!窃惟李商隐《无题》诗,素称难解,林去冬研究之余,著得《李义山恋爱事迹考》一册,根据薄弱,不敢即以问世。惟年来探讨国故之风日盛一日,古史疑案,昭雪日多,玉溪神秘亦应有显豁之时。林书不过为其嚆矢而已。深切探讨尚有待于国故专家也!兹特于邮局寄上一册,望先生拨冗赐览。"①

12月1日　撰《看了潘玉良女士绘画展览以后》。潘玉良留法后,第一次回到国内举办个展,展出木炭、粉笔、油画三种计八十幅。"玉良的画,色调深沉,气魄雄浑,表现力极强,大幅的画,充满生命的跳动,热烈情绪的奔放,万不像是纤纤弱女的手笔。""有几幅是罗马展览会的作品,中国女画家的作品,够得上在那里陈列,以玉良为第一人。"②

12月30日　《生活》周刊发表《一双旧袜的忏悔》,谈人类道德及教化养成之必要:"我不信荀子的性恶说,也不信孟子的性善说,我以为人性是善恶相混的。人类有天然的弱点,也有道德的本能,教育的义务是发展我们道德的本能,法律的功效是裁判我们犯罪的动机,两者都不可偏废。"③

1929年　三十三岁

1月　新年伊始,沪上文坛恭逢盛事:经过近一年的准备,由张若谷④主编,曾朴、曾虚白父子筹备出版的《真美善》杂志"女作家专号"在上海滩面世。这本厚重、内容丰富、印刷精美、图文并茂的杂志,是五四以来第一个十年女作家的集体亮相与

---

① 《胡适遗稿及秘藏书信》,合肥:黄山书社,1994年版,第521页。
② 此文收入苏雪林《青鸟集》,长沙商务印书馆,1938年版。
③ 《生活》周刊第4卷第11期,1928年12月30日出版。
④ 张若谷(1905—1960):字天松,笔名有虚怀斋主人、马尔谷等,上海震旦大学毕业,法文优长,是著名的翻译家、美学家。他与徐蔚南、李青崖、邵洵美、徐志摩等,是曾朴父子住所上海思南路81号法文沙龙的主要客人。张的主要译作为哈代的《德伯家的苔丝》等。

检阅,受到各阶层读者的欢迎。诚如曾虚白先生在"女作家专号"卷首语中说的:"中国荒凉紊乱的文坛上,几年以内已有好多位天才的女作家向我们发出异常可羡的光辉,这是我们简短的新文化历史上最可自傲的一点。"专号中的作品分为诗歌、小说、小品、戏剧、传记、忆语、评论七大类,入选作家有苏绿漪、冯沅君、蒋冰之(丁玲)、谢冰心、黄庐隐、凌叔华、陈学昭、黄白薇、袁昌英、吴曙天、陈衡哲、高君箴、吕碧城、陆小曼、林宝权、王莹、关露、罗洪等30位。

张若谷先生撰三万字的长篇评论《中国现代的女作家》置卷后压轴,一一评点诸位女作家的写作内容与创作风格。

"女作家专号"上苏雪林发表诗歌《北京新春竹枝词》《秋色杂咏》《暑假归程》《双十节游天安门》《夜静在法国里昂土山上作》《枕上怀罗芳玉女士》近体诗6首、小品散文《烦闷的时候》、文艺评论《梅脱灵克的〈青鸟〉》。又在《真美善》第3卷第3期上发表翻译的莫泊桑短篇小说《爱》①。

1月24日　出席冯沅君、陆侃如婚礼,在结婚宴席上见到胡适、江冬秀。沅君之兄冯友兰为主婚人,上海文化界、出版界、教育界名流胡适、徐志摩、张元济、赵景深等济济一堂,一时成为轰动新闻。

2月15日　在苏州第二女中,聆听徐志摩《匆忙生活中的闲想——关于女子》的专题演讲②,并与女中师生见面。

3月3日　读《新月》第1卷第10号上胡适先生译美国作家哈特短篇小说《米格儿》,为米格儿牺牲自己的青春与幸福,侍奉瘫痪情人吉梅的精神所感动,撰《读胡适之先生译的〈米格儿〉》,刊《生活》周刊第4卷第14期。

3月8日　胡寄尘先生编辑出版的《小说世界》第18卷第1期刊发雪林女士的《黄山僧》。小说以滇越边境黑旗军与法国人作战为背景,刻画黑旗军一兵士战争失败后隐居黄山的故事。

4月1日至4月24日　连续致胡适长函三通,就汪静之、张铁民两君与恩师陈钟凡在学术问题上论战,请胡适从中调停。

4月10日　《新月》第2卷第2号刊发《爱国尚武的诗人陆放翁》,全文三万余

---

① 译作仍用"杜芳女士"署名,发表时间1929年1月16日。
② 苏州第二女中校长陈淑女士,是诗人徐志摩的亲戚,也是苏雪林的好友,为满足本校女生对诗人徐志摩、女作家绿漪的景仰心情,陈特邀苏务必光临礼堂,以便让众女生一睹其丰仪。

字,分两期刊毕。

5月4日　是月,为东吴大学中文系学生朱雯短篇小说集《现代作家》撰写序言《写在〈现代作家〉前面》①。序文开头写道:"王坟君收集他年来所做的短篇小说,拿去付印,教我替他写一篇序文。因为我们都是研究文艺的朋友,而王坟君的作品又素为我所爱诵,所以这篇序也好像是义不容辞的。"②由此可见,他们师生关系是亲密无间的。

5月中旬　收到好友袁昌英寄来《孔雀东南飞》剧本手稿及序言,写长函寄袁,除鼓励嘉许外,特别提出要在剧本中凸现封建时代婆媳不睦的深层次原因,即嫉妒心理作祟。

5月19日　在《生活》周刊第4卷第25期上,刊发《由梁任公的追悼会联想到嚣俄的葬仪》。本年1月19日梁启超病逝于北京协和医院,任公去世后,京沪皆开过追悼会。作为中法两位伟人嚣俄(即雨果)与梁启超,中国人与法国人对两位天才死者的纪念不可同日而语。文中描述雨果的葬仪:"壮丽的凯旋门矗立于深沉夜色里,嚣俄的棺材摆在无量数层层相叠的木架上,恰恰抵在门的穹窿之下,棺上络满香花,木架络满香花,凯旋门也络满香花,诗人的遗蜕,安眠于万花丛中。红的火光,长蛇似的连绵无限,这是送葬者手里把着的火炬,十余万国民,齐集凯旋门畔,各以一腔悲怆和无穷的敬意,来追悼这位大诗人!"

而这次上海的梁启超追悼会上,竟有不和谐之声,有人说:"梁启超是研究系的人,是腐化的分子!"由此,作者慨叹:"西洋天才对于民族贡献的报酬,是感激,是颂美,是社会上最高的地位;中国天才对于民众贡献的报酬,是攻击,是僇辱,是饥寒困苦。""深厚的土壤,才栽培出郁郁千丈的翠柏苍松;薄脊的地皮,只能生几茎野草罢了。""忘恩负义的民族,决不能产出伟大的天才!"

韬奋先生在"编者附言"中说:"诸君读完苏女士这篇激昂悲慨的文章之后,作何感想,我不得而知。我个人在编辑室里把这篇文章圈读的时候,尤其是圈读到最后两段,真觉得'血为之沸,泪为之流',手中所持的一管笔为之颤抖起来。"

是月,北新书局出版以"绿漪女士"署名的长篇自传体小说《棘心》,扉页上作者

---

① 朱雯(1911—1994):上海松江人,1932年毕业于东吴大学,爱好文艺,笔名王坟,上海师范大学教授,著名翻译家。20世纪50年代初翻译苏联作家阿·托尔斯泰《苦难的历程》三部曲《两姊妹》《一九一八》《阴暗的早晨》。

② 此文收入苏雪林《蠹鱼生活》,上海真美善书店,1929年版。

题字：

> 棘心夭夭，母氏劬劳——《诗经·凯风》
>
> 我以我的血和泪，刻骨的疚心，永久的哀慕，写成这本书，纪念我最爱的母亲。

《棘心》面世后，备受读者青睐，数月之内，连续再版。邹韬奋先生在《生活》周刊上撰文《介绍一本好书——〈棘心〉》中说："苏雪林女士的文章，读者诸君在本刊上想都看过，这本《棘心》便是苏女士的近著，全书三百三十八页，我费了两深夜的工夫，很仔细地看完，还嫌它太短……此书以优美的文笔，真诚的情感，叙述主人公杜醒秋女士在国内及在法国求学时可歌可泣的遭遇，磊落光明的做人态度，浩然不羁的正气，最使人感动！"[①]

7月　武汉大学在南京、上海招生，袁昌英向武汉大学校长王世杰推荐苏雪林参加国文科目阅卷。阅卷结束后，有感当时中学生国文基础薄弱，在试卷中屡屡出现望文生义，知识性、常识性错误的现象，专门写了一篇《中学生的国文常识》[②]，用以警示教育部门，中学国文教育应从基础知识抓起，以便提高中学生的国文水平。

7月9日　收到胡适寄来《白话文学史》上卷一册，致函申谢。"大著《白话文学史》一册，不胜快慰。卷首并有亲笔题签，实为异数，谨当什袭以藏，永为传家之宝。"

10月　真美善书店出版雪林女士学术随笔《蠹鱼生活》[③]，该书为真美善书店推出的"金帆丛书"之一种。

11月11日　东吴大学中文系爱好文艺的学生朱雯、陶亢德、邵宗汉创办"白华文学研究社"，自筹经费铅印出版《白华》文艺旬刊。为鼓励学生们的文艺创作热情，扶植这株稚嫩的文艺新苗，苏雪林撰《文艺杂论之一——文学创作和时间》，交《白华》发表，以提升这份校园刊物的影响力。在这篇长达五千字的论文中，她有感而发，针对当时新文艺创作中，某些人以著作家自命，创作不认真，粗制滥造的现象，

---

① 此文刊《生活》周刊第4卷第35期，1929年6月28日出版。
② 此文刊《生活》周刊第4卷第40期，1929年9月1日出版。
③ 《蠹鱼生活》共收集《九歌与河神祭典的关系》《陆放翁评传》《孔子删诗问题的讨论》《文以载道》《〈蝉之曲〉序》《〈魔窟〉序》《写在〈现代作家〉前面》七篇长短文章。

详尽地论述了优秀的文艺创作必须具有"锻炼精深的思想"和"布置伟大的格局"①，这样的作品才能展现时代的风貌。

11月24日 在《生活》周刊第4卷第52期上发表杂感《洁德》。针对当时一部分时髦女性为片面追求妇女解放、恋爱自由的生活方式，不注重自身人格修养的现状，呼吁"女同胞们，为我们人格计，为我们前途发展计，应当拿出我们固有的好洁天性，抵抗现代可怕的堕落趋势，从滔滔不返的洪流里把自己救拔出来"！

1930年　三十四岁

1月5日 针对报载社会新闻中一位九个孩子的丈夫，为养家之累，吞烟自尽；一个生了十一个孩子的母亲，贫病交加抑郁而逝，苏雪林撰《无限产儿的结果》："中国民族生殖力强盛可以居世界首席而无愧。然而无限制产儿的结果，只能摧残了母亲的健康，增加了家庭的不幸，儿童本身则容易夭折。侥幸不死，孱弱和低能的居其多数，于国家不但无益反而有害。再者，人口增殖过速，物产不能随之加增，便要酿成社会上种种罪恶。"

2月13日 造访东吴大学同仁杨寿康②，由其介绍至苏州盘门小新桥巷十一号拜见在此隐居的杨荫榆先生（杨寿康为杨荫榆的侄女）。

2月23日 自2月23日出版的《生活》周刊第5卷第11期始，苏雪林用"春雷女士"为笔名，撰写《几个女教育家的速写像》，在该刊连载。春雷女士在文章的前言中说："这里几个女教育家都是我稔熟的师友，虽非中外闻名的大人物，也算得女界的先觉者。她们抱着献身于社会事业的热诚，以乐育英才为己任，直接培植中国元气，间接便在促进中国的文化。"这几个女教育家分别为：苏州振华女学的创办者王谢长达与王季玉母女、北京女师大校长杨荫榆女士、金陵女大校长吴贻芳博士、民国元年在上海创办幼稚园的陈鸿璧女士。

4月6日 撰《精神屠杀》杂文③。文中抨击黄色文艺、淫秽小说贻害读者，是专门戕害人们灵魂的杀人魔鬼："枪弹击人之身，笔则击人之心；枪弹击人不过一次，笔

---

① 此文刊《白华》第1卷第3号。
② 杨寿康(1899—1999)：著名学者、翻译家杨绛先生的长姐。任教东吴大学外文系，她是苏雪林的好友，二人同为天主教教友。
③ 此文见《生活》周刊第5卷第17期，1930年4月6日出版。

则可以无数次。一番大战之后,斜阳惨淡,旷野萧瑟,碧血满地,伏尸纵横,景象是枪炮造成的,但是我们对于著作家精神屠杀的惨酷,和无数赤裸裸良心败坏的状况,曾否加以想象!"告诫所有作家要有"创作良心","一滴轻微的墨水呵,其腐蚀工作比毒药有过之无不及"!

5月4日　撰写《回到自然怀抱里去》①。文章论述建筑与自然、人与自然的和谐关系:"我国建筑物往往不知用树木衬托。譬如北平清故宫规模可谓庄严宏丽,而两旁前后树木极少,像法国枫丹白露离宫,蔚密青葱的树林连绵十余里,与那些金碧辉煌的楼阁相掩映,真像画中仙境一般,更富于调和之美。"

是年秋,应省立安徽大学校长杨亮功②之邀,苏雪林离开苏州前往安庆,就聘安大文学院中国文学系教授,教授"基本国文""诗词选",后又教授"文化史"(此课原为文学院院长程憬所授,因其兼任教务长,行政事务多,改由苏雪林接教)。

1928年成立的安徽大学,为提升省立大学的知名度与教学质量,杨亮功校长凭他在教育界的人脉,诚邀许多知名人士来皖执教。如出身清华研究院与北大国学研究所的陆侃如、冯沅君夫妇,还有清华"四子"中的两子,即饶孟侃(字"子离")、朱湘(字"子沅"),(另两位是"子潜"孙大雨、"子惠"杨世恩)以及桐城派的最后一位继承人姚永朴等。"文化史"课的教学,是授课者必须自编讲义的。不仅讲中国文化,也旁及世界文化。程憬在交接时,仅提纲絜领地简单列了一个大纲,即一、史前文化;二、太古文化;三、人类成人时代的文化;四、古文化衰落时代;五、文化的再生时代;六、近世文化;七、19世纪的文化;八、文化混合的倾向。而要形成讲义,就必须依据大纲列出细目,补充资料。③

由于建校初期,文、法两学院女生仅五六名,校方请苏雪林担任女生指导员之职,便于及时解决女生生活、学习上遇到的问题。

10月　苏雪林收到好友袁昌英寄来新出版的《孔雀东南飞及其他独幕剧》,令

---

① 此文见《生活》周刊第5卷第21期,1930年5月4日出版。
② 杨亮功(1895—1991):原名杨保铭,字亮功,以字行,安徽巢县人。北京大学毕业,美国斯坦福大学教育硕士,曾任中国公学副校长、安徽大学校长。赴台后,曾任"监察院"秘书长、"考试院"院长、"总统府"资政等职。著有《西洋教育史》《中西教育思想之演进与交流》《孔学四论》等。
③ 这本珍贵的讲义,笔者1995年夏赴台拜谒苏先生时,曾亲眼所见。这部手稿为宣纸装订,上书"文化史讲义"毛笔行书。讲义长27厘米,宽16厘米,厚2.5厘米,每面由毛笔直行书写(14—15行),约400字,计223页,9万字左右。最令人激赏的不只是飘逸、秀美的一笔好字,还有用毛笔绘制中外古今各种出土文物及古建筑写真图188幅。

其感动的是该书扉页上印有"此篇赠雪林以纪念我们这一年来的友谊"。

1931年　三十五岁

5月25日　在安大学生文学社团办的《塔铃》半月刊第2号上发表翻译的雨果长诗《海崖畔之散步》①。

是年夏,长江流域洪水泛滥成灾,川、湘、赣、皖等八省灾民达亿人,加之安徽财政早已"省库奇绌",学校欠薪数月,许多靠薪水养家糊口的教授,纷纷辞去,另谋高就。陆侃如、冯沅君在安大仅教半年就走了,文学院院长程仰之也走了。7月初,杨亮功校长辞职,省政府任命理学院何鲁教授代理校长。此时,武汉大学文学院院长陈源在好友袁昌英教授的力荐下,诚聘苏雪林来武汉大学任教。这里有必要介绍一下除了袁昌英的推荐,还有一个机缘促成了她顺利来武大。

1930年秋,胡适写信给陈源,介绍沈从文到武大教书。由于武汉大学中文系崇尚国学,更讲究出身,作为新文学作家的沈从文,虽然写了很多受读者欢迎的小说,但他只有高小的学历,校方只能以助教名义聘他,月薪120元,请他讲授"新文学研究"与"小说习作"两门课。沈从文是1930年9月16日到武汉大学,教了一个学期。1931年初,沈从文回上海过寒假,2月,左联年轻作家丁玲的丈夫胡也频被杀,为了照顾丁玲母子,沈从文陪同丁玲送幼子去湖南陵澧老家,结果耽搁到4月初才回到上海,没有能及时赶上武汉大学春季开学。加之在武大一个学期的教学中,沈从文"内心郁郁不爽",遂辞去武大教职。陈源一心想在武大文学院把新文学课开得风生水起,未料到沈从文突然辞去,此时袁昌英推荐新文学著名女作家绿漪女士(苏雪林)来接任沈从文的"新文学研究",这正中了文学院院长的下怀。

是年秋,苏雪林辞去安大教职,来到美丽的珞珈山上成立不久的武汉大学。因教职工宿舍仍在建造中,暂居武昌东厂口。

---

① 1931年5月初,应允《塔铃》主编张先基的约稿,苏雪林在教学之余,为拓展学生的文学视野,选择法国著名作家雨果浪漫主义"二元对立审美观"的《海崖畔之散步》,来诠释被西方人称之为"语言魔术师"雨果诗歌的魅力。可贵的是,时隔六十七年,苏雪林1998年6月26日回故乡途中,顺访芜湖安徽师范大学,一百零一岁的苏雪林见到当年向她约稿的《塔铃》主编、九十岁的张先基教授,二人留下了一幅珍贵的合影。

9月　文学院院长陈源安排特约讲师苏雪林教授"基本国文"（每周5小时）[①]、"中国文学史"（每周3小时）。

10月　是年秋,武汉大学《文哲季刊》第1卷第3号（秋季号）及第1卷第4号（冬季号）连续发表苏雪林重要学术论文:第一篇是《〈饮水词〉与〈红楼梦〉》,第二篇是《丁香花疑案再辨》。两篇论文约四万字。在讲究国学根底及注重小学与考据之风的武大一帮旧派文人眼中,作为中文系唯一女性、唯一新派、唯一讲师的苏雪林,在踏入这所全国知名的高等学府不久,适时在一年仅出四期的学术刊物上,独占两期版面,写出这样有深度的论文,的确让那班注重国学的教授们另眼相看。

11月24日　11月19日,诗人徐志摩乘中华航空"济南号",自南京乘飞机飞北平,于济南附近因雾触开山,飞机坠毁遇难,时年三十五岁。消息传来,文坛震惊。24日苏雪林和泪撰《北风——纪念诗人徐志摩》。文章结尾写道:"生时如虹,死时如雷,诗人的灵魂,你带着这样光荣上天去了。我们这个拥有五千年历史的伟大民族,灭亡时,竟不洒一滴血,不流一颗泪,更不作一丝挣扎,只像猪羊似的成群走进屠场吗? 不,太阳在苍穹里奔走一整天,西坠时还闪射半天血光似的霞彩,我们也应当有这么一个悲壮的收局!"徐志摩这位诗哲,活着像天空中一道灿烂的长虹;死,则像平地一声春雷。在许多文友怀念文章中,独有苏雪林的文章叫人读后难忘。

12月　"中国文学史"讲义自商代已编写到六朝辞赋及散文,共十四章,约十万字。

1932年　三十六岁

3月　珞珈山[②]校舍第一期工程竣工,全校教职工的宿舍分布在珞珈山各个小

[①] 据《国立武汉大学一览》之《本大学教员聘任规则》:"本大学教授须具下列资格之一:一在学术上有创作或发明者;二曾在国立大学或本大学承认之国内外大学担任教授二年以上者。"对照规则一,苏虽出版《李义山恋爱事迹考》,但尚未引起学术界重视;在东吴与沪江任教虽超过两年,但因是教会办的大学,故不符合规则二。当时武汉大学有教授80名,讲师7名（其中特约讲师6名,相当于别的大学副教授）。陈源给苏雪林是特约讲师职称,月薪250元。

[②] 珞珈山:原名落驾,后又改名落迦,再后才称美丽的珞珈。山虽不高,但林木幽美。美国建筑师设计建武汉大学时,就注重绿化、美化,占地二百公顷的校园建有梅园、桂园、枫园,而尤以樱花园因品种繁多,闻名武汉三镇。加之背依东湖,校内许多主要建筑是模仿中国宫殿的样式,屋顶皆为碧绿色琉璃瓦,气象非凡而美丽。

区,一区是校长、院长的住所,所谓珞珈"山前十八幢";二区住的是名教授、一般教授;苏雪林的职称相当于副教授,在三区配给一套宿舍。由于分到了宽敞的住房,遂将姐姐淑孟女士由安庆接来同住,正式组成姊妹家庭①。

4月　春季开学后不久,文学院院长陈源将中断已一年的"新文学研究"课程②,交苏雪林继续教下去,每周2小时。与开"中国文学史"课一样,仍然是授课者自己编讲义,一边编一边讲,按教书的行话叫"现烧热卖"。

10月12日　撰写新月派诗人的新诗评论《论朱湘的诗》。对新诗界最有才气的诗人朱湘的两本诗集《夏天》与《草莽集》进行评述,认为前者"秀丽清雅的诗笔已表现出一个特异的作风",而后者"《草莽集》虽没有徐志摩那样横恣的天才,也没有闻一多那样深沉的风格,但技巧之熟练,表现之细腻,丰神之秀丽,气韵之娴雅,也曾使它成为一本不平常的诗集"③。

10月14日　接到诗人朱湘由汉口江边码头一旅馆寄来的限时信,云"赴长沙途中被窃,旅费无着,望能否通融数十元,以解燃眉"。遂即过江,赴汉口造访。当交给他所需旅费之钱时,这位落泊的安大旧同事又说,尚有物品在汉口要赎取,能否再帮补若干。苏雪林因出门匆忙,未带多余之钱,遂嘱他次日到武大家中取④。

10月15日　朱湘来珞珈山,苏又赠钱数十元,并陪他参观图书馆、文学院。

12月1日　聆听胡适的精彩演讲。

受王世杰校长邀请,胡适来武汉大学作"中国历史的一个看法"的演讲。容纳三千人的礼堂,那一天被听众挤得难以"插针",足见胡适演讲的魅人风采。胡适对中国历史有自己独特的新看法:"历史可有种种的看法,有唯心的,唯物的,唯人的,唯英雄的……我现在对于中国历史的看法,是从文学方法的,文学名词方面的,是要把

---

① 苏雪林自1930年到安徽大学任教后,即与丈夫张宝龄分居两地,仅寒暑假到上海或苏州相聚。

② "新文学研究"课程,在民国时期的国立大学中,皆未有开设过,是武汉大学文学院首次开设。去台后,苏雪林将"新文学研究"的讲义加以修改以《中国二三十年代作家》为书名出版,成为一部影响甚远的研究中国新文学的论著。

③ 此文刊《我们的诗》创刊号,1933年5月,武汉大学荒村诗社出版。

④ 苏雪林在《我所见于诗人朱湘者》文中说:"在一间黑暗狭小的边房里会见了诗人,容貌比在安大所见憔悴多了,身上一件赭黄格子哔叽的洋服,满是皱纹,好像长久没有熨过,皮鞋上也积满尘土。寒暄之下,才知道他久已离开安大。"(《青鸟集》,长沙商务印书馆,1938年版)

她当作英雄传,英雄诗,英雄歌,一幕英雄剧,而且是一幕英雄悲剧来看。"①

"胡先生那回的演讲,将中华民族人格化为一个英雄,一个寿命已有四五千年的老英雄","那天他在爱国心的鼓动之下,热情洋溢,滔滔讲了两小时左右,但也仍然保持着他那一贯的理智作风,但也仍然庄谐杂出,时时引起哄堂大笑……从此我们对于中国前途,充满了信心和勇气,再也不像以前那么悲观了"②。

1933年　三十七岁

4月4日　清明前一日,随武大文学院春游团游南岳衡山,晚宿上封寺。

4月5日　登祝融峰(衡山主峰),览衡山七十二峰云蒸霞蔚之胜景,诗兴勃发,赋《登南岳》七律四首,录其一:

> 封禅庄严历代同,更闻望秩比三公。
> 遥瞻黛色神先旺,身到名山气自雄。
> 吴楚茫茫开绣野,江湘宛宛接苍穹。
> 漫言登泰小天下,无数烟云一望中③。

5月　武汉大学爱好文艺的一批青年学生,在发起人刘浪、李俊等人的积极鼓动下,决定成立诗歌文学社团"荒村诗社",恭请文学院苏雪林老师为指导,并出版《我们的诗》为该社团创刊号。苏雪林在《我们的诗》的《卷首语·代发刊词》中写道:"我们相信文学,特别是文学中的诗歌,它是作用于人们的纯情感,而具有特强的感染性,对于社会与人生负有其重要的使命;同时由于我们自己平素对于诗歌的欢喜和爱好,所以我们组织了一个小小的研究诗歌的团体,来发行了这个刊物。至于本刊对于社会有何贡献,不敢有很大的希望。不过这个研究诗歌的团体的组织,是两个月以前的事,筹备发行这个刊物,更是最近的事,在母亲肚里怀孕不久的胎儿,居然能够在这风雨飘摇的世界中产生,我们自己对此,也自然不能不有点欣庆的情

---

① 《中国历史的一个看法》,见《胡适演讲集》上册,台北胡适纪念馆,1978年版,第177页。
② 苏雪林:《眼泪的海·悼大师往事》,台北文星书店,1967年版,第65页。
③ 此诗刊发在武汉大学荒村诗社社刊《我们的诗》创刊号,1933年5月出版。

绪。本刊的内容,除诗歌而外,并刊载少量篇幅的关于现代及古代的诗家的介绍与批评及关于诗歌的理论方面的探讨的文字,我们认为这是最重要,而为现代文坛所缺乏的。"

7月　《论李金发的诗》刊《现代》1933年7月第3卷第3期。诗评就李金发①《微雨》《为幸福而歌》《食客与凶年》三本诗集,概括李金发创作象征派作品的特色:第一,"行文朦胧恍惚骤难了解";第二,诗作内涵"表现神经艺术的本色";第三,流露"感伤与颓废的色彩";第四,"富于异国的情调"。当时诗坛对李金发诗引起纷争,称其为"诗怪",不被读者接受时,苏雪林在文章中却称"近代中国象征派的诗至李氏而始有",揭示李诗特点在于"观念联络的奇特"和"不固执文法的原则"及"跳过句法",厘清人们对李诗的误解、误读与否定,并称李金发"虽不算什么大家",但"在新诗界中不能说他没有相当的贡献"。

8月初　暑假在沪,居住夫家上海寓所。期间除准备"新文学研究"讲义的写作,还从讲义内容中抽出若干位新文学作家的作品专论,充实内容,提炼为单篇论文。

8月15日　从武昌来沪之前,曾收到《现代》主编施蛰存②函,相约暑假到沪一聚。午前赴四马路现代书局,访施蛰存先生。

9月7日　自上海乘轮船回武汉。本学期为中文系开楚辞课。

10月初　朱湘又到武昌,并到珞珈山寻苏雪林,请其帮助介绍在武大教一点课,以解决"生活恐慌"。因朱湘与陈源夫妇相识,遂领朱湘到一区访凌叔华。临至别离珞珈山时,朱湘几次嚅嗫欲言又止。

"我明白了他的意思,便又拿了一笔钱给他。又请他到本校消费合作社吃了一碗面,替他买了一包白金龙的烟,一盒火柴,他以一种几乎近于抢的姿势,将烟往怀中一藏,吸的时候很郑重地取出一支来,仍旧将烟包藏入怀里,好像怕人从旁夺了

---

① 李金发(1900—1976):原名李淑良,笔名金发,广东梅县人。他是中国新诗界第一位象征派诗人。1919年赴法勤工俭学生,受法国象征派诗人波德莱尔影响很深,1925年回国后,创作了数量可观的具有象征意味的诗作。

② 施蛰存(1905—2003):名德普,杭州人,上海华东师范大学中文系教授。1932年5月在上海创办《现代》文学期刊,并担任主编,主张《现代》"不是狭义的同人杂志",选稿标准必须具有"健康思想""爱国精神","形象反映本地人民生活",故《现代》是20世纪30年代初影响甚为广泛的文学月刊。

去。"(苏雪林此文收《青鸟集》中《我所见于诗人朱湘者》)

11月　武汉大学《珞珈月刊》创刊号发表《辽文学概述》,此文乃"中国文学史"讲义中"辽金文学"中的一章。论文简要梳理了辽代二百余年间多罗致汉人而用之,尤其是汉人在文学上的长处,以及辽代立国后濡染汉族文化的概况。

12月5日　晨六时,"吉和号"江轮逆水上行至采石矶江面上,一位年轻人纵身一跃,投入滚滚江涛,追寻诗仙李白去了,船舷边的夹袍中有一页诗,上书"诗人朱湘在一九三三年十二月五日晨六时投扬子江自杀"的二十六字遗言。当读到报纸上这则消息时,苏雪林非常难过,两个月前珞珈山一别,竟是永诀!

12月15日　上海商务印书馆出版一套"国学小丛书",其中有苏雪林的两本,一本为《唐诗概论》,一本为《辽金元文学》。

是年岁末,北平人文书店出版草野著《现代中国女作家》一书,该书有《绿漪女士及作品》一章,其中这样评述:"总之绿漪女士是一个有新意识的作者,她虽然缺乏社会的见解经验,不能站在大众地位说话;但是她是一个有希望肯努力的作家。"

1934年　三十八岁

1月5日　"今日用新购宣纸临喻先生①画一张,比之初临第一张固然有些进步,然皴法究竟软弱,此乃先天病,无可如何!"(《苏雪林1934年日记》②)

1月16日　《现代》第4卷第3期发表《论闻一多的诗》③。以闻氏代表作《红烛》《死水》为例,认为闻一多诗,第一,完全是本色的中国纯粹的本地诗;第二,字句锤炼的精工独到;第三,无生物的生命化、情感真挚饱满;第四,意韵幽窈深细。"闻一多第一本诗集《红烛》便表现了'精炼'的作风,他的气魄雄浑似郭沫若,却不似他的直率显露;意趣幽深似俞平伯,却不似他的暧昧拖沓;风致秀媚似冰心,却不似她

---

① 喻先生即喻其炜,生卒年不详,江西人。自幼喜绘画与国乐,20世纪30年代时寄住在武大儿子家,苏雪林通过同人介绍,登门向其学习国画山水。
② 笔者自1997年至2009年,曾数次至武汉大学图书馆查阅有关苏雪林先生的资料,发现该馆特藏部保管有1937年苏氏随武大迁至四川乐山时遗留的日记。迁蜀前夕,她将部分书籍、杂物保存在图书馆地下室。今苏雪林遗留在武汉大学的两本日记(1934年与1936年),即是当年的幸存物。
③ 闻一多(1899—1946):现代著名诗人、学者、教授(曾任武汉大学文学院院长),名亦多,字友三,号友山,笔名一多,湖北浠水下巴河镇陈家大岭人。

的腼腆温柔。他的每首诗都看出是用异常的气力做成的。这种用气力作诗,成为新诗的趋向。"

1月中旬　在上海的朱湘生前好友郑振铎、傅东华、柳无忌、赵景深、李小峰等筹划下,北新书局所办的文学杂志《青年界》第5卷第2期推出"朱湘纪念专号",插页中除登载朱湘遗照、遗书、手稿、与夫人合影外,最感人者是多位朱湘生前好友亲笔书写的哀辞,兹摘录数则如下:

武汉大学苏雪林:"顷奉手示,得悉诗人朱湘投江自杀,不胜惊惋!"

清华大学闻一多:"实在太惨,谁知道他若继续活着,不比死去更要痛苦呢?"

燕京大学郑振铎:"闻朱湘投江自杀,为之愕然,不怡者累日。"

南开大学柳无忌:"子沅自杀的消息,如打雷一般,深深地震动了我的心弦。料不到月前的一聚,与他在美国别了五年后的一聚,也是最后的离别。"

浙江大学黄翼:"顷接手书,知子沅投江自杀,无任惋悼。"

河南大学饶孟侃:"前月曾得彼告助函,正与友人闻一多君函商维持办法时,忽又得子沅突然离平赴杭之讯,自后即不知下落,无从代谋,殊未料到彼竟出于自戕也!"

1月19日　中文系本月25日开始期末大考。2月2日至2月28日放寒假,"从今日算起至假满,约五星期光景,苟发愤用功,亦做得出一点功夫,看余自己努力如何耳!"(《苏雪林1934年日记》)

1月20日　"下午看《独立评论》①,甚感兴趣。余所定定期刊物已达十种,此一种为《白眉》。看《文学》等杂志,觉议论过于偏激,如吃辣椒,不胜好过,至阅《独立评论》,则醇然如饮中和之酒。此亦余已届中年之表现也。"(《苏雪林1934年日记》)

1月23日　晨三时即醒,起床校对"新文学研究"讲义中错字。

---

① 《独立评论》1932年5月22日在北平创刊,胡适任主编,编辑有丁文江、傅斯年、翁文灏等。以"不标榜任何党派,不迷信任何任见"的独立精神办刊,以刊登时事评论为主要内容的自由主义倾向是其特色,该刊是周刊,出至244期,1937年7月18日终刊。

下午睡起,抄写新文学书籍目录,共抄四张纸,请学校图书馆于寒假中订购。

1月25日　上午至文学院监考中国文学史,下午监考新文学研究,两科考毕,四时许在文学院会议厅开会,院长征求教授意见,强调本年度批阅大考试卷须从严。

2月8日　下午三时赴山前兰子(袁昌英)家茶会,茶点之后仍做猜物游戏,又为捉刘姥姥之戏。六时许在袁家吃面。今日为静子①生日,至袁家来雅集的还有陈院长夫妇、周鲠生夫妇、刘南垓夫妇、汤佩松夫妇。

2月10日　赴图书馆借新购到的文学书籍四十余册。下午集中精力撰新文学研究讲义中鲁迅一章:《〈呐喊〉与〈彷徨〉》。

2月14日　"今日为旧历元旦,闻有日蚀,以盆水映之,约略可见……天气甚佳,与建业②到小湖畔折红梅、蜡梅各一把,供之母亲遗容面前,并与大姊等鞠躬行礼,聊贺天上之新禧。此种仪式乃与大姊同居后第一次举行者,殊值得纪念也。"(《苏雪林1934年日记》)

2月17日　写讲义《王统照与落花生》一章,尚为顺利。但今年精神比之去年已大不如,"去年寒假中曾写五万字,平均每日可写五千字,今则才三万字而已。闻正式上课系在二月二十六日,则余尚有一星期闲光阴,拟以全力工作,补写二万字,不知能办得到否?"(《苏雪林1934年日记》)

2月19日　"仲康③自沪来函,告知三月二十九日返南昌为其父祝寿,约同行。查校历知三月底正值春假中,可谓天从人愿也。"(《苏雪林1934年日记》)

3月6日　"上午至文学院上课二堂,新文学仍然引不起听者兴趣,未免使我扫兴。此门功课即用充分预备功夫,亦不足动听,何况余尚不能用功耶!余非不愿努力,其实精力有限。编一门讲义尚勉强可以,对付编二门讲义④则疲,万难支持。"(《苏雪林1934年日记》)

3月10日　"天气阴沉,细雨濛濛。将郭璞的故事抄完后⑤,又看张资平小说

---

① 静子:即杨静远,现居北京,中国社科院外国文学研究所编审。她是杨端六、袁昌英夫妇长女,1945年武汉大学外文系毕业,1948年获美国密歇根大学英国文学系硕士,新中国成立后曾在北京人民出版社任编辑,后调至社科院外文所工作至退休。
② 建业:名欧阳建业,苏淑孟次子,此时随其母住武汉大学苏雪林处。
③ 仲康即张宝龄,苏雪林在日记中以其字"仲康"称之。
④ 此指她所开的新文学研究、中国文学史两门课,都是授课者自己编写讲义。
⑤ 此指准备中国文学史,借图书馆《晋书》,摘录有关郭璞的资料。

《冲积期的化石》。十年前曾看过，今日观之，殊觉浅俗。又看短篇《不平衡的偶力》。张氏小说虽在十年前负一度之盛名，然亦不过通俗小说家而已。其价值较之平生不肖生、张恨水实不相上下，而文采尚不如恨水。"（《苏雪林1934年日记》）

"六叔今日来信，云《唐诗概论》与《辽金元文学》已寄出，始知此二书确已出版。余对《唐诗概论》因去年暑假煞费心力，故渴欲一见其出版后之形式，催六叔者屡矣，然亦中年人可怜心理也！"（《苏雪林1934年日记》）

3月19日　"阅丁玲《在黑暗中》《梦珂》《莎菲女士的日记》，文学精致，每用逆锋，故沉着有力，此君天才，诚不可及。政府若杀之，不啻黄祖之杀祢衡，徒惹后世之骂名耳！"（《苏雪林1934年日记》）

3月20日　"下午睡起，将沈约'八病'说旧笔记重录一遍，觉得比从前又清楚了些，可见功课预备多，总不错也。"

"取薪俸（二月份）二百六十元。"（《苏雪林1934年日记》）

3月24日　"昨接柏年①信，无论如何非去南昌一趟不可，明知此去，无非化钱费时受辛苦，得不到一点好处，但一则畏人笑我——闻仲康不到南昌，即不愿去，则拜寿非出诚意矣——二则去年寒假至今已一年又半，未离武昌一步，人实烦腻，换换环境，精神或者可以新鲜些，三则南昌有老人分我之屋一所，想去看看究竟如何。"（《苏雪林1934年日记》）

3月27日　自二十六日晚乘"宁兴号"江轮，上午到九江，因无快车去南昌，遂在九江住一宿。下午上街访友，"见街上学生及各界人士排队游行，喊口号，盖南昌新生活运动已波及九江也。然所有人士均无精神，内忧外患，连年不解，民不聊生，徒为其花样，有何意义？彼辈如此宜哉！"（《苏雪林1934年日记》）

3月29日　"今日天气放晴，客来甚多，盖今日为姑大人六十正寿辰也。上午我等家祝行三鞠躬礼，以后便不断的认亲会戚，男女长幼虽多，称呼不外母舅表哥，乃知'江西老表'四字由此而来也……写一信与仲康及大姊，请大嫂发出。闻仲康在真茹已置庄屋一所，日以浇花灌树为事，想布置已有可观，暑假拟往视之。"（《苏雪林1934年日记》）

4月10日　"今日为春假以来第一次上课，预备既不充分，伤风鼻塞，讲解又无精神，下课之后，恼恨欲绝，决计下学期辞职，换换新环境，或可稍振作也。余教书照

---

①　柏年：张馀三的长子建献。

例止好一年,一年之后精神便颓唐不堪,非易地不可。虽武大环境至佳,余亦无福享受,命也。如此,奈之何哉!"(《苏雪林1934年日记》)

4月17日 "下午看沈从文小说《石子船》。沈氏小说共有二三十种,余在图书馆仅搜得十种左右,然已十分对其天才表示特异。余对沈从文小说,初甚瞧不起,以为太啰唆,今乃深悔彼时太缺少赏鉴之眼光矣。"(《苏雪林1934年日记》)

4月27日 "看《今古奇观》。此书诚不愧为十五六世纪写实小说,一则不谈神说怪,二则不讲战争及英雄美人,所有市井琐闻、社会情景均写得入情入理,亲切可感,今日新文学似尚无此笔墨也。"(《苏雪林1934年日记》)

4月29日 "看《小仓山房诗集》《病齿》《病疟》均作得极好。古人作诗有此闲工夫,今日安做得出哉?老辈每瞧不起新文学,看此等诗后,余亦有此种感想。盖老辈读破万卷,又积三四十年学力,乃得为一诗家。今束发小生,仅识之无,便摇笔弄墨,自命作家,宜招人鄙薄也。"(《苏雪林1934年日记》)

5月4日 写信给谢冰心,并附寄《唐诗概论》及《辽金元文学》。

5月13日 与王星拱校长夫妇、陈源院长夫妇、杨端六夫妇、皮宗石夫妇等,乘江轮同游黄州赤壁。"遥见楼阁参差,知为胜迹所在。然赤壁则不过丈许高之崖石而已,且壁下皆为麦田,大江乃在数里之外,如《赤壁赋》所云'美景殆不可见矣!'"(《苏雪林1934年日记》)

5月15日 "下午看巴金《灭亡》完毕。此为巴第一部长篇,创作思想尚佳,文笔亦雅洁,惜无特异处。巴之不能争第一流作家之席,殆以此也。续看《家》,原名《激流》,曾载时报,似是三年前著作,乃其自叙传,故虽冗长,尚令人爱看。"(《苏雪林1934年日记》)

5月16日 上午在文学院上课,突接袁昌英电话,得知庐隐因难产在上海逝世,不胜惊悼。电话中对袁说:"新文学界又弱一个矣!"约晚餐后至其家谈论此事。

5月17日 今日开始放假,课虽不用上,但仍须着手编"中国文学史"及"新文学研究"讲义。接《文学》杂志寄来"我与文学"征稿信。

6月中旬 武汉奇热,每日犹在蒸笼中熏蒸,为"逃热",决计返沪,居闸北馀三公家。仲康大病初愈,在家养息。

6月下旬 《多角恋爱小说家张资平》载《青年界》第6卷第2期。

7月5日 上午致函北新书局李小峰先生短笺,约往访时间。乘六路车至棋盘街,在商务印书馆购庐隐女士遗著《海滨故人》《象牙戒指》二种。

7月7日　撰《关于庐隐的回忆》。文中沉痛的笔调令人鼻酸。"这几年以来，新文学作家得了不幸遭遇的很有几个，以我所认识的而论，则徐志摩死于飞机，朱湘死于江；闻名而尚未见面者而论，则丁玲失踪，梁遇春、彭家煌病死。现在谁想到生龙活虎般的庐隐也舍弃我们而去呢？我与庐隐同事半年，同学二年，虽然没有何等亲切的友谊，却很爱重她的为人。所以现在除了分担文学界一份公共损失外，私人情感上，我的凄凉惋惜的情绪，也不是一时所能消释的。"

7月11日　"二时许，赴虹口游泳池游水。因两星期以来，所食物缺乏滋养料，又病暑，故气力甚差，十五米尚游不到头。游泳池水虽青碧可爱，然池底为白磁砖所砌，反光强烈，有目疾者苦之。今日跳水六七次，游二三十米，余皆休息时间。"（《苏雪林1934年日记》）

7月12日　赴北新书局（四马路中街）访李小峰。辞别时与《青年界》编辑赵景深初次见面。从赵口中得知，他为北新书局编辑一套初中国语读本，名《北新混合国语》（计6册），已把《陆放翁评传》编入其中。

7月14日　上午九时赴徐家汇老博物院拜会徐神父。过四马路又顺访施蛰存。

仲康患消化力弱之病已久，稍进肉类即发烧不适。现已决定赴青岛好友周承佑（在山东大学任职）处调养，呼吸海边新鲜空气，或对身体有裨益。上午九时送别仲康于浦东码头，待其"普安号"赴青之轮鸣笛才下船，嘱其安排好住宿，即刻来电，随后也将赴青岛一游。

7月20日　将"新文学研究"讲义中两章整理为《周作人先生研究》单篇文字，寄《青年界》杂志赵景深先生。

7月21日　傅东华[①]先生寄来《关于庐隐的回忆》排印稿，校对完毕后，当日寄回。

致《现代》杂志主编施蛰存先生函，附寄《王鲁彦与许钦文》，这是一篇评论乡土作家王鲁彦、许钦文小说特色的长篇论文。

接张宝龄自青岛发来快信，言住处已安排好，嘱速来度假。

7月24日　晨八时，携简单行李，从铜人码头搭便轮到浦东，改乘"普安号"大轮，赴青岛。船上寂寞，看沈从文《月下小景》《寻觅》，沈的小说"文笔艳异，富有一

---

① 傅东华（1893—1971）：浙江金华人，著名教授、翻译家，1933年7月与郑振铎共同主编大型文艺刊物《文学》。

种特别情调"。

7月25日 "普安号"下午三时抵青岛港。"遥望万瓦鳞鳞,红白相映,塔尖高耸,绿树如云,不啻图画仙境。海中旧式帆船,多至不可胜数,皆渔舟也。"(《苏雪林1934年日记》)

因旅途太累,晚宿福山路二号、山东大学教员宿舍周承佑先生家。主人好客,竟将最敞亮的正房让出,害得新婚的周君夫妇睡了一夜地板,决定第二天一定搬到单人宿舍,免得叨扰。

7月26日 早起,与张宝龄游青岛第一公园,逶迤散步至海滨浴场。此距福山路仅二三里,可以常来。归途就餐于福山路某餐馆,食物可口,甚感欣慰,遂决定在此包饭,二人仅十七元一月,可谓廉矣。周承佑先生新婚不久,原来单身时有一间配给宿舍闲置,是一幢二层很雅洁精巧的石楼,时值假期,楼下的几位单身教员多离校。稍作布置,住在楼上倒是非常惬意的居所[①],食宿都妥善解决了,要好好享受一下"青岛之旅"了。

下午与周君夫妇游海滨公园,参观水族馆,拍照留念,当时可取,但色调并不佳。

7月28日 连日出行,感全身酸痛,两胫尤甚。

"赴山东大学图书馆,借得《法苑珠林》一部共三十六本,装七函;又借得《从文甲集》《青岛志》……此馆收罗甚富,排列方法亦胜武大。"(《苏雪林1934年日记》)

7月29日 "今日拟赴中山路天主堂望弥撒,但身体十分疲乏,又大雨如注,只好作罢。"

"看《法苑珠林》描写诸天快乐……其中人民不读书,不工作,终日游泳散步为事,虽寿长千岁,亦觉无味。吴稚晖谓印人在东亚各种族为最懒惰、最好幻想之无望民族。余初不信,今读其书,不能不以吴说为然。"(《苏雪林1934年日记》)

8月1日 《文学》杂志已将《关于庐隐的回忆》刊出。

8月4日 "昨晚睡得尚好,然游泳过度,至为疲乏,今日尚未恢复。上午缝衣服,左袖缝错二次,费时甚多。下午睡起,与仲康游公园喂熊馒头四枚、花生百文,又发现二猿,闲人以蝉饲之,居然食得津津有味,殊以为异。人类食蚕蛹、龙虱,猿亦食

---

① 苏雪林在《岛居漫兴》中说:"我常说到新婚夫妇家里去做客,不唯是不近人情,而且还是一种不可宽恕的罪过,新婚夫妇的天地是不能与人共的。"(沈晖编《苏雪林文集》第1卷,安徽文艺出版社,1996年版,第273页。)

虫豸,无怪为一家也。"

"傅东华先生来信,索《沈从文论》,并云八月十日交卷,现已四日,恐将愆期。"(《苏雪林1934年日记》)

8月6日 "昨晚在周君家谈话过久,精神兴奋,晚间睡很不酣,今日想动手写《沈从文论》,头脑昏沉,难以下笔,仅抄数行,便尔抛笔。下午欲睡,牵挂《罗宫春色》影片,恐去迟无座位。二时与仲康乘人力车到中山路影戏馆,座客寥寥,始知过虑。影片系有声,取材于显克微支《你往何处去?》,惟已大有变动。表现罗马宫廷之奢华放荡生活及斗兽场之勇士格斗,颇可观。"(《苏雪林1934年日记》)

8月7日 "今日上午工作成绩颇佳,共抄五纸半,约五千余字,本拟下午抄完,明日由航空寄沪。但沈从文作品中哲学思想一段,须绞脑汁,不能不费点时间。上午工作数小时,身体既倦,惟有俟之明日矣。今日接到刘南垓、六叔、馀舅、沈从文先生来信[1],从文要我代《大公报》副刊写稿,拟弄点小文字应付一下。"(《苏雪林1934年日记》)

8月8日 上午继续"写《沈从文哲学思想》,尚为顺利。下午抄讲义至四时大功告成,以洋一元,命一校役到中山路总局邮寄,不知寄得到否?周承佑先生来,约我明日替山东大学看国文试卷。盖试卷共有千余卷,而国文教授仅一二人留此,恐不能于短时期内阅毕,故也。余也白住山大房子,不得不勉强允诺。"(《苏雪林1934年日记》)

8月9日 上午等候周承佑之隙,"乃将《郁达夫论》加增一段,寄赠南京《文艺月刊》社。此稿《北新》《青年界》不敢登,恐得罪郁氏,《文艺月刊》或不计此。九时赴山大大礼堂帮阅国文卷。国文入学试卷国文题《国文学在今日应尽之责任》,似欠通。而翻阅为'大学之道在明明德'一段,亦无谓,想尚是八股之遗毒耳。"(《苏雪林1934年日记》)

8月10日 国文卷阅完,又参加历史、地理卷评阅,高分甚少。晚出席花园饭店山东大学招待阅卷员宴会。

8月18日 与仲康及武大同事黄孝徵女士同游崂山。由青岛中山路乘中国旅行社公共汽车,车行一小时半到达崂山柳树台,宿崂山饭店,建筑尚佳,宿费大房八

---

[1] 刘南垓:武汉大学中文系讲师,与苏雪林交往密切。六叔苏继赓,时在上海商务印书馆就职。馀舅,即张馀三。

元,小房六元,提供三餐膳食,价格还不算贵。

"午餐后,唤轿三乘,先游北九水,经过王哥庄,等到白云洞,山势峻险,且无路,下舆爬行,往往行沮洳乱石中,疲乏万状。崂山开辟亦已千余年,而路尚未修,中国文化之低可想。晚宿白云洞,风景甚佳。"(《苏雪林1934年日记》)

8月19日　早起,盥洗毕,道士送来早餐,送道士四元,感谢不已。今日游明霞洞,又游上清宫,此距明霞洞有数里之遥,翻越两个山头,乃到聊斋所志的耐冬牡丹处。"余之坚持游此者,盖受蒲翁文字所驱使也,文人魔力大矣哉!"(《苏雪林1934年日记》)

8月21日　上午忽动文思,整理笔墨作《崂山游记》。

8月23日　仲康仍留青岛养息身体。独自乘"普安号"头等舱(仲康为之预定)离青返沪。头等舱中备有各式水果,看《文学》《人间世》等刊物,倒也不觉寂寞。船离青岛,便觉闷热。秋老虎大肆猖獗,不知何日转凉。

8月25日　乘七时五十五分特快列车赴杭州,探望堂妹爱兰①。十二时抵杭,唤人力车载至西下街67号,见兰妹夫妇,甚喜。

8月29日　与兰妹游玉泉。在"卍字草堂有陈晓江壁画:西方极乐世界,图仿西洋宗教画,规模颇大,惜对面一壁之喷泉,甚为草率。闻陈有肺病,作此画时用心过甚,画到八分时,精力已不济,故有此现象,画完即死,可谓以身殉画矣! 其妻现嫁江小鹣(按:即雕塑家江新)。"(《苏雪林1934年日记》)

8月30日　决计明日返沪,故爱兰夫妇下午陪游西湖。在旗下购茶叶,后上船。"西湖水涸,仅有数条水路可通,故有许多地方不能去。游三潭印月毕,拟游宋、葛两庄,忽大有雨意,改游西泠印社,购得印色画册两种,自孤山行宫绕至放鹤亭,小坐避雨,渡栈桥而归。"(《苏雪林1934年日记》)

9月8日　晚十一时乘"吴淞号"江轮官舱赴鄂。"官舱价十七元,舱内宽敞清洁,客厅及舷边亦不搭旅客,以后来往,当乘此船。"(《苏雪林1934年日记》)

9月9日　在船上读杨寿康前日赠其译著《弥撒与教友生活》。译笔极为明净,在天主教文章中,可为巨擘。

9月10日　《王鲁彦与许钦文》已在《现代》第5卷第5期刊出。《郁达夫论》载

---

① 苏爱兰(1898—1985):苏雪林二叔苏锡衡长女,毕业于安徽省立第一女子师范,曾留学法国,与留法画家方干民结婚。归国后,夫妇二人任教国立杭州艺专。

《文艺月刊》第 6 卷第 5 期。在这篇近万字的长文中,详细评析郁氏自《沉沦》到《她是一个弱女子》《迟桂花》等小说,所表现的思想是一贯的,即以"自我主义""伤感主义""暴露狂"与"颓废色彩"为特征,苏雪林如此大胆归纳郁氏小说的创作特征,可谓"出刀见血",一点"不留情面",难怪此文诸多刊物不敢登载。由此足见,苏雪林文章敢于大胆发表自己意见的无畏气概。

9 月 14 日　上午写信致六叔、兰妹、杨再树、李小峰、杨寿康、徐宗泽司铎。

下午收到沈从文来信。"对于余在《文学》所发表之《沈从文论》①,大表不满。其实余对彼容有不客气之批评,然亦未常故作诽谤。一个著作家,应有接受批评之勇气,从文如此气量,未免太小。然现代作家大率喜谀阿之词,而恶严正之判断,不独沈氏然也。写信答从文。"(《苏雪林 1934 年日记》)

9 月 15 日　继续撰写游崂山记,完稿后,拟寄《大公报》副刊,沈从文屡屡来函要稿,此或可应付文债。

9 月 18 日　下午小睡起身,未写作。看订阅杂志《华年》及《独立评论》。"傅斯年论国医②,其武断无理及口气之不善,实为学者文字中所仅见闻。傅极其骄傲,此等文字固非骄傲人写不出也。"(《苏雪林 1934 年日记》)

9 月 28 日　日前在武昌购得施蛰存作品两本。施氏一身拥有"文体作家""心理小说家""新感觉派作家"三个名号③。"施蛰存《善女人的品性》已看毕,续看《梅雨之夕》,其中《魔道》《夜叉》《凶宅》等篇,颇富于神秘及恐怖气氛。左拉、莫泊桑晚年亦常有此等笔墨,且其作风亦甚奇,所谓新感觉派是也。"(《苏雪林 1934 年日记》)

9 月 30 日　撰《我也来谈谈林琴南先生》,拟投寄《人间世》。"该刊前出辜鸿铭特辑,想不久亦将出林琴南特辑。余与林琴南先生虽仅有半面之缘,然读其作品至

---

①　《文学》杂志是 20 世纪 30 年代对中国现代作家作品研究方面重要刊物,在现代文艺报刊中,它也是发表作家专论最多的刊物。平心而论,苏雪林的这篇论文,无论在当时还是今天,都是对沈从文作品作系统而全面且公允的评述。诚如《中国大百科全书·中国文学》卷说:"苏雪林的《沈从文论》等较为重要的论文,在作家研究方面具有开创作用。"

②　傅斯年(1896—1950):字孟实,山东聊城人,北京大学毕业,著名历史学家,曾代理过北大校长,去台湾后任台湾大学校长。1934 年 3 月 5 日,他在《大公报》上发表《所谓"国医"》一文,文中有"我是宁死也不请教中医的",引起轩然大波。《独立评论》1934 年 8 月 26 日转载此文。

③　"文体作家""心理小说家""新感觉派作家",是苏雪林在《中国二三十年代作家》一书中对施蛰存的创作风格评价,该书 1983 年 10 月由台湾纯文学出版社出版。

多,对于其思想、性情了解,不在亲昵朋友之下,且余亦雅钦其人,故欲借此一申吾意也!"(《苏雪林1934年日记》)

10月2日　关于《文学》上发表《沈从文论》后,与陈源先生的一次谈话。"上午到文学院上课,陈通伯先生将沈从文来信还给我,并言余作沈论,誉茅盾、叶绍钧为第一流作家,实为失当,难怪沈之不服。余转询陈之意见:'中国现代第一流作家究为何人?'陈答:'只有鲁迅勉强可说①,此外则推沈从文矣。'此种议论,真可谓石破天惊。陈先生头脑清晰,然论文则未免有偏见也!"(《苏雪林1934年日记》)

10月7日　为汉口《华中日报》约稿,撰《双十节与民族意识》。

10月9日　应《青年界》编辑赵景深之约,将"新文学研究"讲义中关于《周作人先生思想及其影响》一章抽出,改易若干文句,得九千余字《周作人先生研究》,付邮寄出。

10月14日　撰《〈扬鞭集〉读后感》《我做旧体诗的经验》。《人间世》半月刊本年第14期刊出《林琴南②先生》。文中说:"他是我15年前最佩服的一个文士,又是我最初的国文导师。""他是一个典型的中国读书人……一个木强固执的老头子,但又是一个有血性,有气骨,有操守的老头子。"

10月18日　整理最近五六年来发表于报纸杂志短文,剪刀加糨糊,忙了一下午,剪贴成一本。但尚有数篇,翻箱倒柜,遍寻不着:如独幕剧《玫瑰与春》、考据文字《〈易经〉与生殖崇拜》、论文《文学果然有阶级性吗?》及发表于《生活》周刊上的杂感文字等。

10月20日　自昨日起,开始撰写《论鲁迅创作的小说》,全稿完成,当有一万余字。寄《国闻周报》或《文哲季刊》。

10月25日　最近一月,感觉很惬意。一是因上课不用编讲义,有"存粮"可用;二是能有时间写自己喜欢的文章。这是四年以来到武大任教最快乐的一段日子。但眼看"讲义存粮"要完,下周就要伏案准备,恐怕没那么惬意了。

10月26日　整理读书笔记,拟作"春晖山馆笔记"一本,集腋成裘,他年出一本

---

① 从苏氏日记的这段记述来看,陈源虽曾与鲁迅有过论战,也曾被鲁迅"骂过",但陈氏的为人气度宏阔可见一斑,难怪苏雪林视陈氏此段话为"石破天惊"。

② 林琴南(1852—1924):近代著名文学家,原名群玉,字琴南,号畏庐,福建闽县人,光绪举人,任教京师大学堂。虽不懂外文,能凭他人口述,用文言文翻译欧美等国小说170余种,译笔典雅流畅,名噪一时。

书,纪念平生读书收获。现"将《原人的坟墓与巨人》①笔记加以整理,费一个上午之力才弄好,托人带交女生宿舍万叔寅,以为《珞珈月刊》之需。"(《苏雪林 1934 年日记》)

11 月 6 日　准备新文学讲义,关于"新感觉派穆时英的作风"。穆时英已发表的作品以《南北极》《公墓》《白金女体的塑像》为读者所熟知。这位文坛新人,"自《南北极》发表后,即已一鸣惊人,成为名作家之一。读者常拿他与施蛰存相提并论。他也有两副绝对不同的笔调:一副写出充满原始粗野精神的《南北极》,一副写出表现现代细腻复杂的感觉《公墓》和《白金女体的塑像》"②。

"连日忙甚,寄来书报均无暇涉猎。余之好光阴已过完矣。然如此忙碌,亦有好处,即新文学批评每日非做一二篇不可也! 若余去前二年不忙,今日发表于报章杂志文字何来哉? 赴女生宿舍开会③,六时始归。"(《苏雪林 1934 年日记》)

11 月 15 日　"读日本学者桑原骘藏《蒲寿庚考》,蒲寿庚为南宋波斯人之仕于中国者。南宋奔闽,欲投寿庚,寿庚竟降元,而宋终亡矣。其中于汉蕃交通考证至详。且顾况'苏方非螺液',乃木料,一名'苏枋'或曰'苏方木',其昆仑奴考证,亦极完密,余可不必再考矣。"(《苏雪林 1934 年日记》)

11 月 16 日　李四光将赴英国讲学,夫人亦将随去英国习音乐。下午课后约袁昌英至武大招待所拜会。

《国闻周报》于本月 5 日已将论鲁迅小说一文刊出,标题易为《〈阿 Q 正传〉及鲁迅创作的艺术》,文稿一字未删,全文刊出。对鲁迅小说创作的独到分析,言简意赅拈出三条:"第一是用笔的深刻冷隽,第二是句法的简洁峭拔,第三是体裁的新颖独特。"

11 月 20 日　上课讲屈原《天问》,初觉(指前年)王船山谓《天问》文句先后次序井然,现在则发现《天问》文理甚错乱,如加以整理次序,除不甚了解其中十句外,天文、地理、奇怪人物、历史事实及乱辞五大部分秩序井然。

---

① 《原人的坟墓与巨人》一文刊于《珞珈月刊》1934 年 2 卷 3 期。
② 苏雪林《中国二三十年代作家》,台湾纯文学出版社,1983 年版,第 440 页。
③ 苏雪林初来武大时,因珞珈山教授宿舍未建好,未将姐淑孟接来同住,她一人在武大时,有一段时间还曾与女生住在一幢宿舍,于是陈源院长遂委派她担任女生指导员,便于与女生接触、沟通,及时解决学习和生活上遇到的问题。直到 1935 年学校聘请了女生指导专任顾如女士,苏才卸任。

中午与袁浚先生合请李四光夫妇吃便饭。饭后随校长请李夫妇游东湖。乘邮船游中正亭、夏斗寅别墅等景点。

11月21日　将《天问》按时代、内容先后次序，重加排列，分成五个段落，顿觉文理贯串，不感突兀。"拟写《天问臆测》一篇或《天问新笺》一篇，投之《文哲季刊》。然古音问题最难，余既缺少此项工具，对此种问题自感棘手，且欲笺注《天问》，必遍览战国前后之书，此又非短时间所能实现者也。"(《苏雪林1934年日记》)

12月3日　昨日忙了一天，整理讲义，从中抽出三篇文章。"将俞平伯、丰子恺一章散文，寄北新书局赵景深备登《青年界》新年号，孙福熙等的游记文学一章，寄宁波江东、史天行备登《新文学》季刊，几个女作家的散文之一章，则寄徐宗泽神父，备登《圣教杂志》，文字债又了却一批，为之爽然。"(《苏雪林1934年日记》)

12月5日　新文学课本周已讲到第四编戏剧。分别是"爱美剧提倡者熊佛西""历史体裁剧作家郭沫若""田汉的创作""袁昌英的《孔雀东南飞》""洪深的戏曲""曹禺的三部曲"等，本学年大致可讲完。

12月6日　上午赴文学院上完课后，赴刘异先生家吃便饭，并就便在其家开中国文学系毕业论文会。本年中国文学系仅有五人卒业，即杨令娴、饶蔼林、向森然、饶孝杰、汤思道。

12月7日　年底临近，功课又忙，上海《太白》半月刊又来约稿，整理《中国文学史》讲义，稿成《论晏叔原〈鹧鸪天〉词》，以偿文债。

12月11日　《周作人先生研究》已刊《青年界》第6卷第5期；《〈扬鞭集〉读后感》刊《人间世》第17期，同时该文被收入《刘半农先生逝世纪念特辑》中。

下午赴文学院二十三教室作画，用新购之宣纸，作山水一幅。"喻先生为我加点，自觉甚为可观。余近来似略有进步，盖胆渐大，笔渐老故也。"(《苏雪林1934年日记》)

12月14日　下午袁昌英来访，闲谈片刻，同赴凌叔华寓，晚饭其家。饭后讨论成立"读书会"事，定名为"乐水读书社"①，半月聚会一次，会员暂定十二三人。

12月18日　近一段时间，为调节上课、编讲义伏案之苦，每周有半天或打网球或赴文学院第二十三教室随喻其炜先生学习国画，调节身心，有益于健康。

"下午赴文学院作画，上星期五之幅，由喻先生点窜，已略改观。余则将抚王麓

---

① "乐"字读yào，喜爱、喜欢。"乐水"取《论语·雍也》"知者乐水，仁者乐山"之义。

台笔法这幅,自加渲染,居然可观,自觉甚慰。余近来画山水,自觉笔法上略有进步,但皴法不苍老,渲染法不鲜明,则无可如何耳。"(《苏雪林1934年日记》)

12月19日 下午凌叔华女士来访。言及《武汉日报》方面请其主编该报文艺副刊《现代文艺》。凌诚邀苏雪林、袁昌英三人轮值,共主其事。如实以功课太忙,身体太坏,不能兼揽而婉拒。

12月22日 应汉口轮底文艺社特邀,下午四时为该社社友作《文化复兴与青年的使命》的演讲①,该社社友均为男女中学生。演讲内容归纳为:一、复兴民族须先从复兴文化入手;二、中国文化今日之危机;三、青年振兴中华文化的使命——整理旧文化,创造新文化。

12月25日 昨日午后进城,赴若瑟医院(天主教医院),恭迎圣诞夜。子夜时分与修女等赴大堂望弥撒,并在耶稣前跪拜祈祷。

12月26日 《华中日报》主笔张辅隅先生来访,请为该报写一篇元旦献辞。"余初坚却,彼坚恳不已。余素心软,只好答允,又须搜枯肠矣!"(《苏雪林1934年日记》)

12月29日 动手为《华中日报》写元旦献辞,将上次在轮底社演讲未用之材料,铺成《青年与人格》论文交卷。发誓下次此类文章,一律拒绝。

12月31日 前几天为写文章,弄得头痛、失眠。今在家看上海北新书局刚出版之朱湘遗作《海外寄霓君》。"此乃朱湘先生写其妻私书,本不预备发表,所以写得甚是粗率。然情意真挚,语语出自肺腑,较普通一般情书有趣万倍。余宁可不看那些修辞极美之假情书而看此粗鄙直率之真情书也。"(《苏雪林1934年日记》)

1935年 三十九岁

1月 北平《新北辰》杂志创刊号苏雪林发表以"灵芬女士"署名的《文学究竟是怎样起源的》考据文章,以古今中外大量文字、图画、雕塑、宗教艺术等为依据,探讨并梳理文学起源的三种议论:一、源于人类进化中情感需要;二、人类生产劳动中的本能冲动;三 文学艺术起源于宗教。

---

① 此演讲稿当时由青年剧作家胡绍轩笔录,后被作者收入《风雨鸡鸣》一书中,由台北源成文化图书供应社于1977年出版。

以"灵芬女士"署名,在上海《圣教杂志》第 1 期、第 2 期上发表《现代文艺评谭》,评析冰心、冯沅君、石评梅、陆晶清、陈学昭作品的艺术特色,为读者了解五四后几位著名女作家作品提供了不少帮助——尤其是对于教会学校中的青年读者,因为《圣教杂志》是天主教办的刊物,发行对象是天主教教友及大学与中学的教会学校。

2 月 汉口轮底文艺社《文艺》第 2 卷第 2 期发表诗评《论邵洵美的诗》,指出"邵代表中国颓加荡派的诗,在新诗中别树一帜",从其出版《天堂与五月》和《花一般的罪恶》两本诗集,概括邵氏诗歌的特点:一、强烈刺激的要求和决心堕落的精神;二、诗人以强烈的情欲眼光,观照宇宙的一切;三、生的执着与死的赞美。可谓把中国颓废派诗人代表邵洵美诗的特征,分析得入木三分,令人信服。

3 月 15 日 与民国时代知名人物吴敬恒(稚晖)、蔡子民(元培)、邵仲辉(力子)、叶绍钧(圣陶)、卢前(冀野)、舒舍予(老舍)等 175 人,在《太白》半月刊上联名发表《推行手头字缘起》①,以适应社会及实际交往之需要。

《青年界》第 7 卷第 1 号发表《俞平伯和他几个朋友的散文》,分别剖析周作人、朱自清、叶圣陶、丰子恺等几个人所写的小品散文与俞平伯的异同。

是月,《大公报》记者陈纪滢赴珞珈山采访陈源、凌叔华夫妇及杨端六、袁昌英、苏雪林三位教授。"那一次,我对苏先生的印象独深。深的原因是,不但从她的谈话中,可体会一位学者的修养外,也默默地察觉她有强烈文学家的个性,一个作者不可无个性,所谓个性并不完全是'特立独行'与'有棱有角'的怪脾气,才算个性;相反的,他必须'通情达理''悲天悯人',有'与人为善'的胸怀,才配做一个文学家。不知怎的,当时我对苏的印象,是以上混合的'情结'。"②

4 月 《新文学》创刊号上,发表苏雪林《孙福熙一派的散文》,所谓"孙福熙一派",是指其兄孙伏园,留法好友徐蔚南、曾仲鸣及文友徐祖正、钟敬文,他们皆因善作游记文学,故将其放在一起论评。

8 月 在《文学》第 5 卷第 2 期上发表《山窗读画记》③。以观赏两大厚册 200 幅《美国收藏中国画录》,谈己对古代画家人物、山水、建筑、佛像等艺术成就的推崇,慨

---

① 手头字,即指在实际交往中,一种在手头上简化易写、大家都约定俗成的写某俗字或别字,而在书本上却不这么印的字。
② 陈纪滢:《苏雪林先生及其近著》,《"中央"日报》1980 年 6 月 25 日,第 10 版。
③ 此文收入《中国新文学大系·散文卷》中,由赵家璧主编,上海良友图书印刷公司,1936 年版。

叹今人不认真研习传统而自鸣得意的悲哀。文章结尾愤怒地斥责盗卖古画给外国人谋财的可耻行径:"一国的文物为国民思想情感之所寄托,文物被人抢夺了去,其关系之大不下于土地和主权的丧失。我们看外国人如何宝爱他们的文化结晶,回头再看我们一班不争气的子孙,将祖宗珍贵的遗传,一年一年大批向海外送,不禁愧汗无地……法国劳郎司教授曾说中国民族是个'牺牲民族'。我又怎能不为这可怜的牺牲者的前途,放声一哭!"

11月10日 《文学》第5卷第5期发表三幕历史剧《鸠那罗的眼睛》,故事取自印度阿育王夫人恋爱太子鸠那罗的悲剧。

本年,上海光明书局出版阿英(钱杏邨)编校的《现代十六家小品》,收周作人、俞平伯、朱自清、钟敬文、谢冰心、苏绿漪、叶绍钧、茅盾、落花生、王统照、郭沫若、郁达夫、徐志摩、鲁迅、陈西滢、林语堂16位享誉文坛的知名作家,每位作家1卷,计16卷。第6卷为苏绿漪小品,收《烦闷的时候》《秋夜的星星》《收获》《金鱼的劫运》《扁豆》五篇小品。编者在《苏绿漪小品序》中说:"她的作品所表现的,约略言之,可以分作三个方面:一是母亲的爱;二是自然的爱;三是两性的爱……以这些文章和冰心的并论,她是另具一番画意与诗情,是相同又是相异。她的作风,原则地说,是细腻,温柔,幽丽,秀韵。"

1936年　四十岁

1月8日　今日开始放寒假,晚乘太古公司"平和号"江轮自汉口上船,赴沪。

1月11日　船上生活单调,读书打发时间最好,三日读三本书:文振华神父《中国传教记》,此为法国人文司铎用法文写的来中国传教记,既复习法文,又了解天主教在中国传播大概,其次是康南海的《大同书》,是书为康氏的巨著,气魄伟大,想象丰富,计划周密。最后半天读了杨寿康《弥撒与教友的生活》。

1月14日　写一法文信致文振华神父,告知寒假内恐不能将评《中国传教记》文章写毕。至于给《光华周报》撰稿之事,拟写一篇介绍教友杨寿康出版之新作《弥撒与教友的生活》。

1月16日　"仲康给我卅元购外套,为结婚十周年纪念。"(《苏雪林1936年日记》)

1月24日　正月初一。"下午与仲康到跑马场某相馆,拍得相片二种,一为四寸半身单人像（一元，四张），并赠十寸放大一张；一为六寸双人像（一元五角，二张），赠送十寸放大一张，盖今日为余与仲康结婚十年纪念，故也。"（《苏雪林1936年日记》）

1月25日　自沪乘火车赴杭，拟参加从妹苏爱兰及侄女小溪领礼典礼①。

1月27日　在杭州艺专堂妹夫方干民居所②，接待杭州天主堂神父江道源造访。

1月28日　为兰妹做领洗前准备，温习教理问答。

1月29日　与干民、爱兰同游灵隐寺，巧遇郁达夫。简单寒暄，未及深谈。

1月30日　杭州下仓桥天主堂江道源神父献了一台弥撒，为兰妹及小溪领受洗礼。

1月31日　妹婿方干民在杭州国立艺专新居宴请艺专同仁及朋友。客人中有蔡元培女公子蔡威廉——她是里昂留学时期老同学，现为艺专教务长林文铮的夫人。其他客人有潘天寿、李朴园、吴大羽，以及浙大教授、杭州《东南日报》的主编陈大悲夫妇。

2月1日　与兰妹游杭州古迹王府。清末祖父任钱塘、仁和县令时，随祖父在衙署住很久，印象颇深，然而旧时遗迹寥寥无几，儿时所见的建筑，今已被马路、高楼取代，点滴不存，不胜感慨！

2月2日　与兰妹同赴下仓桥天主堂望主日弥撒，今天为圣母献耶稣于主堂的瞻礼日。

2月3日　告别兰妹，乘车返沪。在杭期间撰《旅杭日记》③，及《从妹爱兰领洗经过》④。

2月7日　乘太古公司最新下水的新船"武林号"由沪返鄂。

2月18日　林语堂编《宇宙风》，屡屡写信来，要惠寄稿件给他。

下午起床后，撰《母亲》一篇回忆散文，拟寄以偿林的文债。

2月19日　上午写《理想的居处》（《岛居漫兴》中一节），约一千字，命侄儿经国（二哥的长子，时在武大就读）送至山前凌叔华居所，此乃《武汉日报》副刊稿约。

---

① 苏爱兰（1898—1985）：苏雪林二叔苏锡衡的长女，早年留学法国，习美术。
② 方干民（1896—1984）：浙江温岭人，1925年赴法留学，回国后任杭州艺专油画系主任。
③ 《旅杭日记》刊1936年第3期《圣教杂志》。
④ 《从妹爱兰领洗经过》刊1936年2月15日出版《我存杂志》第4卷第2期。

3月4日　撰《怀铅琐录》①。此文乃回忆在女高师求学时所作的读书札记。诚如文章开头所言："当时怀铅一支,簿记一本,有闻必书,有得必录……岁月飘忽,学业无成,今之所造,未必胜旧,姑存之以自惕。"

3月8日　与袁昌英同赴湖北省党部,参加由叶家壁先生主持的纪念国际妇女节大会,作"转弱为强"的演讲,鼓励新时代妇女要树立信心与勇气,走出家庭,走向社会。

3月9日　为《武汉日报》副刊写《熊友》,此乃青岛游时,在公园用面包、水果喂饲黑熊的故事。

3月16日　萧乾先生来武大采访并约稿,设家宴请萧乾,陈源、凌叔华夫妇及武大汤佩松教授作陪。

3月23日　读《朱湘书信集》,见朱有不少信寄熟人孙大雨、赵景深、梁宗岱等人,其实"朱湘寄我的信也有好几封",惜未能寄给罗念生入编。(《苏雪林1936年日记》)

3月28日　受湖北天主教会武昌教区史宪璋神父之托,以文言体草拟《陕北灾区赈灾会募捐启》,发动教友向陕北灾民募捐,随文附捐十元,交史神父。

3月30日　准备"新文学研究"材料,读徐志摩《巴黎的鳞爪》《轮盘》《落叶》等集,"近代作家中,有令人百读不厌之作品者,徐等寥寥可数之数人而已。"(《苏雪林1936年日记》)

4月4日　近对练习脚踏车颇有兴致。"晚餐后与经国出门练脚踏车。今夜月色欠佳,余误行松沙之上,跌了一大跤,幸而未曾擦破皮,改到操场练习。"(《苏雪林1936年日记》)

4月6日　今日将《我怎样写〈鸠那罗的眼睛〉》誊清,写到后来,关于写此剧的动机,"我打算分二款,第一款,此剧宣传古代印度人口中,中国文艺界独无反响,甚为可耻;第二款,我个人素来反对郁达夫式的颓废派,因其能引人实际情感也。王尔德《莎乐美》亦颓废主义之作品,然文笔唯美,遂引不起坏影响,余作此剧,实本此信念。"(《苏雪林1936年日记》)

4月9日　今天是最忙的一天。上午在文学院上文学史课,讲"天宝以后至唐末的诗歌"。取胡适论盛唐文学的观点:"向来论唐诗的人,都不曾明白这个重要的

---

① 《怀铅琐录》刊1936年3月15日出版《我存杂志》第4卷第3期。

区别。他们只会笼统地夸说'盛唐',却不知道开元、天宝的诗人与天宝以后的诗人,有根本上的不同。开元、天宝是盛世,是太平世;故这个时代的文学只是歌舞升平的文学,内容是浪漫的,意境是做作的。八世纪中叶以后的社会,是个混乱的社会,故这个时代的文学是呼号愁苦的文学,是痛定思痛的文学,内容是写实的,意境是逼真的。"(胡适《白话文学史》)

下午布置作文题目:一、哀阿比西尼亚;二、我于非常时期之准备;三、特写。

赴图书馆借书,为写讲义准备材料。金古良《无双谱》未借到,仅借到丁文江《地理与人才分布的关系》、俞正燮《癸巳类稿》、乐天居士《痛史》一部。

晚间于灯下抄陈默君《祭母文》[①]。

4月12日 上海复兴书局出版贺玉波著《中国现代女作家》一书,在评论苏绿漪作品时,作者以《自然的女儿——绿漪女士》为题说道:"她对于自然界风景的描写最擅长。不仅像画家能把真实的景物用文字再现一遍,还能给它们赐以活跃的生命。譬如水木草石,被她描写得像活跃跃的动物一样……绿漪女士简直可说是位学识渊深的博物学家,所以我把她叫作'自然的女儿'。"

4月15日 为轮底文艺社演讲"文化复兴与青年之使命",此文已在《江汉思潮》第4卷第4期刊出。

同月《武汉文艺》第4期发表《我创作的动机》。文章以个人创作的切身体会,谈写作动机:"我们开始写作时,有时也许为出名,有时也许为想博稿费,有时则受编辑先生的逼迫,情不可却,我们动机可说并不纯粹。不过写到后来,我们把这些都忘记了,我们的精神飞腾到忘我忘人的境界,我们的思想白热化到要到把整个的自己融化,我们只是写、写、写,忘记疲劳、忘记饥渴、忘记疾病,要把自己最后一滴精力都绞沥出来,来完成一件自己认为满意的艺术品。"

4月17日 "今日接二哥(仲文)自青阳转来电报,祖母大人于本月十二日逝世,得病仅二日,已分别电省、沪,大约父亲、二叔、六叔皆将归里。""写一挂号信与父亲、二叔、六叔,并汇大洋一百元助理丧费,大姊廿元,作为香烛费。"(《苏雪林1936年日记》)

[①] 陈默君:苏雪林安庆第一女师的同学。其母3月中病故,陈撰《祭母文》,寄至武大,请苏为之润色。苏在《祭母文》前有序:"余友陈女士近遭母丧,作《祭母文》一篇,寄余乞为润色。余读之,至情至性,血泪交堕,实为新旧文学中有数之作,乃为点窜最后数行而归之,而录副稿于此。"

4月19日　阴历三月二十九日,武汉三镇有"游洪山,吃甘蔗"之俗,因又是周日,进城人满为患、交通堵塞。约袁昌英游东湖,先到平汉铁路别墅,又到夏斗寅别墅、东湖茶社吃茶与炒面。归途中,昌英告知收入辑中的散文有八九万字,原先题为《昌英散墨》,今改作《山居散墨》。

4月20日　受袁昌英收辑自己散文的启发,上午整理历年来发表散文篇什,预备出一本"雪林丛著第一辑"。计收散文(包括《蠹鱼生活》)约有十二万字。第二辑计有散文20篇,约九万字(《绿天》增订的文字,加上《岛居漫兴》的一组文字)。

下午收到史宪璋神父寄来《益世报》,前代拟《陕北灾区赈灾会募捐启》已在该报刊出。

晚上撰写《妇女应注意身体之强健》。

4月23日　今日上课后,向学生提出中国文学史考试条件有二:一、未讲之讲义内容不考,二、上学期所上过的内容不考,结果减去上学期文学史之内容,计四章。

写信致王岫庐先生[①],接洽出版著作事。

4月29日　中国文学系学生选修"新文学研究",希望在课堂上讲点写作技巧之类的内容,应允自明日起,每周两小时课,一小时讲文艺批评,一小时讲写作技巧。

4月30日　两湖检察史高一涵先生莅临武汉大学演讲,演讲题为《澄清吏治之方法》。

5月2日　上午八时赴文学院第22教室出题考中国文学史,共四题,限时两个小时。四题为:一、竹林七贤之精神;二、李白诗之特点;三、陆游诗中民族情感;四、宋词之三个时期。

5月7日　《大公报》副刊《文艺》已将《我怎样写〈鸠那罗的眼睛〉》发表。

"昨日晚在陈诚家喝汾酒七杯[②],几乎引动宿疾,又眼花程度甚重,心中甚为烦恼。"(《苏雪林1936年日记》)

5月20日　《新北辰》第2卷第5期已将《凌叔华的〈花之寺〉与〈女人〉》刊出。到1926年春,凌叔华已发表的小说收在三个集子里:即《花之寺》《女人》《小哥儿

---

① 王岫庐(1888—1979):即王云五,原名之瑞,号岫庐,广东香山县人。曾任上海商务印书馆编译所长、"中央"研究院研究员、商务印书馆总经理,与苏雪林有近五十年的深厚友谊。

② 陈诚(1898—1965):字辞修,号石叟,浙江青田县人,早年毕业于浙江省立师范,后入保定陆军军官学校。1936年任军政部政务次长兼军事委员会武汉行营副主任。1936年5月6日陈诚作为镇守武汉三镇最高军事长官,设家宴两席,宴请武汉大学教授,苏雪林当晚出席。

俩》。论文就其前两个集子《花之寺》(包含 12 个短篇)、《女人》(包含 8 个短篇)来评析其创作特色。文中指出凌叔华是现代女作家中"出名的欢喜拿家庭生活和女人来做描写对象的"小说家;从她的创作风格,女性细腻笔触,淡雅幽丽,秀韵天成的文字魄力来看,与英国女作家曼殊斐尔颇为相似,"我们不妨称凌叔华为中国的曼殊斐尔"。

5 月 21 日　"三时半赴游泳池游泳,此乃余今年第一次下水也。初下水觉冷且胆怯,渐渐胆壮,且觉气力甚佳,绕架往返三四圈,又一气侧泳二十五米。"

"接到上月薪水二百四十元八角。"(《苏雪林 1936 年日记》)

6 月 3 日　"下午赴图书馆工作。余以后打算在馆中占据一案,长期在内,不但坐拥百城,学问可以曰博。以后自己可以不必购书,不必多备书架,岂不美哉! 唯本校建筑款式太坏,所有文化机关都在山顶,令人视为畏途,误事不少。"(《苏雪林 1936 年日记》)

6 月 7 日　昨日起草《谈喻其炜先生的国画》一文,今日费数小时"全部誊清,约三千字,亲送山前,觅叔华不得,至汤家乃觅得之。凌允本星期《现代文艺》[①]登出"。(《苏雪林 1936 年日记》)

6 月 25 日　赴文学院出题考新文学研究,选修者仅 5 人,当堂判卷,交至院长。"陈通伯先生请余下学期将中国文学史讲义编完,又通知余下学期升为教授。余谓不愿为教授,愿长为讲师,盖自惴学历、学问两不胜任,故也。"(《苏雪林 1936 年日记》)

6 月 29 日　由于文学院已通知苏雪林升等,故在暑假期迁入单幢教授住宅。"单幢屋子关起门来,自成一家,且有阁楼一间,藏煤室一间,虽然比双幢少房一间,而实际上较双幢更为实用,至一楼一底,冬夏咸宜,优点更不待论。余本来羡慕单幢,今日总算如愿以偿。但时局变化如此之急,不知究竟能安然享受否耳!"(《苏雪林 1936 年日记》)

7 月 3 日　乘招商局"瑞和号"江轮到芜湖。因武昌奇热,邀约安庆第一女师同学周莲溪、陈默君在芜湖会面[②],齐赴黄山消夏避暑。

7 月 5 日　陈默君陪同拜访李宝文女士。李毕业于上海美术专科学校,乃好友

[①]　《现代文艺》:指《武汉日报》副刊《现代文艺》,此时凌叔华为副刊主编。
[②]　因陈默君在芜湖市第二女中任教,以方便为宜,故将三人聚会赴黄山之地定在芜湖。

潘玉良高足,"现在二女中教图画,家富而好客,盖芜湖交际明星也。"(《苏雪林1936年日记》)

7月6日　与默君、莲溪赴芜湖天主教堂拜访康思诚神父①,并参观教堂所办类思学校,此堂可观,乃芜湖一大胜景。

7月7日　乘火车自芜湖至宣城,探望安庆读书时期(省第一女师)老同学李文杰及干女儿秦传经②。

7月8日　游宣城附近名胜鳌鱼峰,与李文杰话分别二十余载各自生活情况。

7月9日　自宣城上午七时乘汽车,至黄山脚下汤泉,时天已黑,晚宿中国旅行社旅馆。

7月10日　连日旅行,三人均感疲乏,休息、洗温泉,并游山下紫云庵、青龙潭等景点。考虑到登山路径险仄,当晚黄山中国旅行社张经理热情为三人谋划游山行程。

7月11日　雇轿子三顶,每顶轿子雇三位山民为轿夫(二人抬轿,一人挑行李及水果、干粮),早餐毕,即乘轿向天都方向进发,沿途经双溪亭、听涛亭、慈光寺、兔儿望月、童子拜观音等名胜佳景。至天都峰下,三人下轿,沿磴道,攀铁索,一步一石阶,费尽气力,终于登上天都峰,晚宿文殊院。

7月12日　"昨晚宿于文殊院,为鸣钟击鼓声吵醒,时天色已明(僧众则早课也),披衣起看云海,但见大雾茫茫,咫尺外了无所睹,罡风夺门而入,寒气难支。舆夫言,须雾开乃可行。余等恐耽搁游山时间,坚不肯从。由莲花沟步行而上,经过大士岩(即阎王壁)、蒲团松等胜,达莲花峰之麓。停轿,坐待一时许,雾仍不开。余主张上峰以待。登约五里,出入石罅者三四,乃登其巅。有月池、香砂之胜,坐峰顶二小时。四顾漫漫,且有雨意,乃下峰至停轿处,大雨骤至,急如箭弩,扑面痛楚,浑身皆湿。"(《苏雪林1936年日记》)

7月13日　因山上大雨,不作登光明顶之游。下山宿慈光寺。"慈光寺即硃砂庵,明万历时建,康熙时重建,洪杨之乱毁于兵火。遗址甚大,石柱石础,犹有存者,

---

① 康思诚:原名康杏斌,上海南汇人,圣名玛弟亚,幼年在徐家汇修院修道,后留学法国修神学七年,获里昂大学神学博士,1932—1936年任芜湖天主堂神父。

② 李文杰:原安徽省立第一女师毕业,身材修长、美丽,为一女师校花。其家原住安庆,苏在读书时常到其家,是青年时代最好的朋友。1930年苏在安大任教时,李生第三胎为女,遂将小女认苏为干妈,苏依苏氏字辈,为干女儿取名"传经"。李文杰后随其夫秦樵苏迁至宣城居住。

新建客舍尚宽敞,余等三人独居一舍,起居甚便。"(《苏雪林1936年日记》)

7月15日 连日阴雨绵绵,加之湿度大,衣被皆潮湿,晚借寺院被而寝。山中空气清新,不雨时至附近散步,清凉可人。唯寺院伙食太差,菜以笋衣、木耳为主,豆腐一般为寺院常供,然此寺竟无此物。登山者消耗体力,需营养滋补,无奈,只好托山民买来鸭蛋,蒸食。

7月17日 深山避暑好读书。这次消夏,箧中有《陆放翁全集》、蒲留仙《醒世姻缘传》以及从黄山天都文物社借阅的《黄山志》《黄山游览必携》等书,倒也不感寂寞。

"上午与默君、莲溪同到中国旅行社看报,闻战事终不能免,殊为叹息。又闻广西与广东将以兵戎相见,中央则坐收渔翁之利,此在战略上于中央固有利,然于整个的中国则仍然有害。中国人心,近年颇不能以常理推测,所谓丧心病狂一语,可以尽之,此殆亦亡国现象之一端邪!"(《苏雪林1936年日记》)

7月18日 安徽大学生物系教授胡子模率领生物标本采集团,利用暑期来黄山采集标本。闻听旅行社张经理云,苏、陈、周在慈光寺小住,特寻踪而至,相见畅谈甚欢。

7月20日 胡子模率领标本采集团下山行猎,猎得山乐鸟二只,其一已死,其一尚生(以细绳系其足,拟加豢养)。其死者已由采集团制为标本。"余久闻黄山山乐鸟,徒聆其声,未见其形,今始得一瞻丰采:鸟体略如八哥,毛作赤黄色,张尾如扇,眼嘴际有深蓝色毛,如是而已。"(《苏雪林1936年日记》)

7月22日 因莲溪所学为生物专业,现又执教安庆第一女师教生物,为增加感兴,随标本采集团上山去了。午后雨止放晴,遂与默君到慈光寺山门散步。"见竹匠三人为寺中编筐、箩等物。见一饭篮细巧而可爱,徽州竹器甚巧,恐系杭州传来。然杭州竹器外观虽美,尚不甚合实用,则吾徽州竹器之巧,谓驾乎浙人上可也。"(《苏雪林1936年日记》)

7月24日 上午读书,《陆放翁全集》上卷已看毕。放翁诗作近万首,不知下册十日之内能否读完。

"下午与默君看竹匠工作,余乞得竹片数根,制一弓及箭数根,备理儿时旧艺。四时许,胡子模归,带得莲溪信,云莲溪已止于云谷寺,嘱余等明日往。当即整理物件,备明日晨早发。"(《苏雪林1936年日记》)

7月25日 云谷寺为由前山至北海的中间地带,供游人歇脚之所,许世英任黄山开发委员会主任之职时,建客房数间,且有深廊、藤椅,游人起居甚为便捷舒适,比之慈光寺远胜,三人在此休息、避暑、看书、闲话,可谓得此所哉!

7月27日　云谷寺小沙弥甚可爱。"昨日将余竹箭五枝皆射失。余今日见渠取大竹片制弓矢,乞其余竹制九矢,又借木匠凿,修之令光滑……冒阴雾至岩阶前射箭,不敢放手,恐失箭也。"(《苏雪林1936年日记》)

7月30日　自7月1日离武昌,不觉已一月。决定近日离云谷寺,继续登山,游完黄山胜境。具体路线为:第一天自云谷到狮子林,登始信峰,望石笋矼、散花坞等,晚宿该寺;第二天自狮子林到松谷庵,沿途采集标本;第三天自松谷寺回到狮子林寄宿;第四天游西海、天海等,返回云谷寺。

8月1日　日前所拟游山计划,不意为默君不小心"跌伤臀部","余寒热不止"而阻隔,只好仍宿云谷寺养伤、养病。"同住客人以叶天士验方'长春丹'相赠,云谷寺宝山师父又送木莲果二颗,服后令发汗。"(《苏雪林1936年日记》)

8月3日　游山卧病,至为扫兴。每日拥被看书,读陆游《老学庵笔记》《南唐书》,又读袁随园游黄山诗,一时诗兴大发,草《黄海纪游》诗:一、《云巢与天梯》;二、《登天都峰》;三、《莲花峰》十数首。

8月6日　黄山天气令人心烦,三天两头下雨,不能上山,所谓天留客也。"今日无聊之甚,寻出练绸及线、剪等物,来做短外衣。莲溪乞余料做小裓。三人自上山之后,所有消愁遣闷之事,一齐搜尽。今日作此新花样,亦觉别有风味。"(《苏雪林1936年日记》)

8月8日　久雨之后,天气大放晴光,出资请寺中挑子(山民在此为游客挑运行李)一名,四人一同上山,经白沙矼、雪庄塔、白鹅岭,抵达狮子林时,已经午后了。"在寺遇孙多慈(原名孙韵君,寿县人,中央大学艺术系毕业)父女,览其所作油炭素描,果然不坏,惟国画系徐悲鸿一派,恐将来无大成就。当日陈璧君挈眷来游,挑夫、轿夫、卫士一行约五六十人,狮子林被他们搅得沸反盈天,使我们亦不安。下午,孙多慈女士陪游始信峰。"(《苏雪林1936年日记》)

8月15日　昨日与周莲溪在云谷寺作别。她着草履下山,与安大标本采集团会合,移交沿途所采集之植物标本。今日在歙县汽车站又与陈默君分袂,彼在此乘车赴宁国。"下午四时半抵杭,赶五时五十分车赴沪,十时一刻车抵北站。"(《苏雪林1936年日记》)

8月16日　抵沪后,闻仲康肠胃病又发作,居上海市郊真茹别墅养病。"乘小汽车到真茹别墅,抵暨南大学下车,步行三里许到别墅。见仲康枯瘠失形,隐隐心痛,然表面不敢显露,恐伤其心也。是病非长期疗养不可。余拟于本学期写信,与学校接洽辞去武大教职,伴渠赴苏①休养。"(《苏雪林1936年日记》)

8月22日 在徐家汇天主教堂徐宗泽神父处②,见到在芜湖未见到的康思诚司铎。"余与康已七年不见,觉较前清癯,但年龄反似较前为轻。彼自和县来,盖医左臂及喉也,闻一星期内,即返原处。"(《苏雪林1936年日记》)

8月24日 "上午八时半,赴新亚大酒楼会见冰心女士。仅一晨,来往之客已有四五人之多,半为其戚属,半则报馆记者也,盛名之下,真不易居哉!冰心装束,如所见相片貌,不甚美,而双瞳黑白分明,炯炯有光,聪明全系此出,谈吐风雅,尤极甜蜜,其交际之广,何由焉矣。其夫吴文藻传多髯,殊不然,疑似新剃,九时一刻,作别而归。"(《苏雪林1936年日记》)

8月25日 上午在家整理"雪林丛著"稿本。"十时许,赵景深先生来访,《李义山恋爱事迹考》解约据已持来,又交来《绿天》版税十四元六角,此不过半年耳,乃版税已有此数,则从前被李小峰乾没之多,可知矣。然以赵之情面,余亦未便将《绿天》版权取回也。"(《苏雪林1936年日记》)

8月28日 "校王育三博士《比国农民合作社》一稿③,王君专研社会经济学,又从事江浙一带农社运动多年。此稿材料实甚珍贵,惟文笔尚欠流畅,今悉心为之斟酌,期臻完美。虽改学生窗课,尚无如是用心,盖亦无非为天主工作故耳。"(《苏雪林1936年日记》)

8月30日 午后有一女士来访。"持《大晚报》崔万秋介绍信,乃知此女士为该报访员彭子冈④,彭子冈来为余作访问记也。余从前来上海,殊无新闻记者包围,今年忽如此喧赫,大约系冰心女士之河润耳,一笑。"(《苏雪林1936年日记》)

---

① 赴苏:谓从上海到苏州东吴大学附近百步街自建的别业居住。
② 徐宗泽(1886—1947):上海青浦县人,字润农,教名若瑟,徐光启的第12世孙。19岁中秀才,21岁入耶稣会修道,后赴欧美留学多年,获哲学、神学博士学位。1921年回国后任徐家汇天主堂图书馆馆长兼《圣教杂志》主编。
③ 王育三:生卒年不详,他是天主教神职人员,与苏雪林是教友。王育三所撰《比国农民合作社》1937年1月由上海商务印书馆出版。是书出版前,撰者特请苏雪林校阅并润色。
④ 彭子冈(1914—1988):江苏吴县人,原名彭雪珍,笔名子冈。北平中国大学英语专业毕业。1936年春在上海沈兹九先生(1898—1989,胡愈之夫人)创办的《妇女生活》报担任助理编辑与外勤记者。

9月8日　日前彭子冈女士来访。嘱为《妇女生活》撰稿,并要小照一张,因手头无,答应拍照后寄达韬奋生活书店转。午后"三时许,赴老靶子路三民照相馆观前日所摄全身像样张,其一姿势欠佳,其一尚可,然总带病容也。余择其一,令印之。回家写信与彭子冈女士,将提单寄去"(《苏雪林1936年日记》)。

晚乘"隆和号"江轮与仲康赴鄂。

9月14日　下午赴袁昌英家,闲谈中获得如下消息:

一、周鲠生升任教务长;二、武大本年招生三百八十名,到校者约二百名,本月21日开始上课;三、捷希女士教一年级法文①。

9月18日　沈从文来信索文。开始撰《黄山纪游》,检《小方壶斋舆地丛钞》阅之。

9月22日　开学后第一天上课。上午授文学史一节,下午教写作三节。本学期教育、哲学二系同学选她的课较上学期为多。

本月上海新兴书店出版少侯编《苏绿漪创作选》,内收《绿天》散文集里《鸽儿的通信》《我们的秋天》《绿天》三篇。又收《棘心》里《母亲的南旋》《光荣的胜仗》《来梦湖上的养疴》《恨》《一封信》等章节,共五篇。

10月8日　准备新文学讲义,关于五四运动的兴起,读了钱基博《中国文学史》后,颇有感想,拟著《清末知识阶级的宗教思想》。

10月11日　"今日上午七时五十分入城,马路已修竣(由大东门到长街,名熊廷弼路)。到堂时,弥撒尚未开始也。望毕弥撒,乘车至抱冰堂十时一刻,仲康始到。同游桂圃,金粟零落已尽,香气毫无,可谓大煞风景。由蛇山脊赴黄鹤楼,到南楼新造桥而下。马路造成后,市面焕然改观,余几不能认识矣。"(《苏雪林1936年日记》)

10月14日　收到沪上李青崖②先生寄来《法兰西短篇小说集》,读后拟作一篇批评文章,唯近日课程太紧。

10月15日　"今日自图书馆借得韬奋《坦白集》,晚间看完。韬奋近日态度颇

---

① 捷希(1898—1989):奥地利维也纳人,1935年受聘武大文学院教授,能授英、法、拉丁文。
② 李青崖(1886—1969):原名李允,湖南湘阴人。1907年上海复旦大学肄业,同年赴比利时留学,1912年毕业于比利时列日大学。回国后1921年加入文学研究会,毕生从事法国文学的翻译和介绍。主要译作有《莫泊桑短篇小说集》、《莫泊桑中篇小说集》、《法兰西短篇小说集》、福楼拜《包法利夫人》、大仲马《三个火枪手》、左拉《饕餮的巴黎》等。

为可取,余拟作书鼓励之。因韬奋对我颇有好感,所办报纸、定期刊物,总寄我一份,故也。"(《苏雪林1936年日记》)

10月20日 "阅《武汉日报》,鲁迅于昨日上午五时去世。……彼与余素无关系,只以七八年前,曾替杨荫榆女士讲了一句公道话,匿名作文丑诋我,以后暗中伤害我亦有数次。固彼与余算立于敌对地位也。然余气量素不如彼之偏狭,不然当于其开口不得时,作文骂之矣。"(《苏雪林1936年日记》)

10月23日 《法兰西短篇小说集》评论一文写就,两千余字。开篇即对译者李青崖称誉有加:"李青崖先生介绍法国文学之努力,可以说谁都比不上他。十余年来,他翻译了许多法国名著为我们饥荒文坛馈贫粮,尤其他那有系统的大量翻译莫泊桑短篇小说,值得我们歌讴感颂……这本书字数约十四万,却介绍了十六位作家,十九篇作品,从浪漫主义以前直到现代,每一阵文艺主潮都有一二位重要作家,虽不完全是那位作家的代表作,却也算经过一番精心选择。所以读了这薄薄一本书,对于法国十五世纪,至现代文学变迁情况,虽不能知其全,也可以得其大略了。"①

10月24日 "赴图书馆借得《花边文学》《南腔北调集》二书,鲁迅文字,余本不爱读,此次之借二书,不过好奇而已。二书骂正人君子略少,然反对帝国主义则百无一焉。青年崇之为导师,余实不明其故。"(《苏雪林1936年日记》)

10月30日 与武大同仁黄雪明渡赴汉口明星戏院,观看陈鲤庭率领抗日救亡演出四队演曹禺话剧《雷雨》,"唐槐秋表演最为纯熟,赵慧深(赵景深之妹)饰周繁漪性格之阴郁,亦尚可表出,四凤、鲁奶奶,则大失败"(《苏雪林1936年日记》)。

11月2日 "余自双十节以来,读蒋委员长报告及诸学者清算五年来建设之成绩,觉得中国近年进步甚快,中国前途甚有希望,精神异常兴奋。唯鲁迅死后,捧场盛况更甚于前,青年心理必大受其影响,甚忧。"(《苏雪林1936年日记》)

11月5日 "今日阴而不雨,气候已转寒。昨晚睡眠不熟,头脑昏沉,身体大受影响,盖皆鲁迅问题盘踞脑中作怪也。"(《苏雪林1936年日记》)

11月8日 读报知"中旅公演《祖国》②,余对于关于国家民族主义之作品素来爱看,况当此国难时期,此等剧本尤惹余注意,故邀大姊于午餐后渡江同看。二时开

---

① 此文收入苏雪林《归鸿集》中,台湾畅流半月刊社,1955年8月版。
② 中旅:全称为"中国旅行剧团"。该团是由戏剧家唐槐秋(1898—1954)于1933年创办的,宗旨为"民间、职业、流动",要把戏剧送到民间,送到全国各地。

始表演。此剧法国某作家所作,陈绵博士改编,唐槐秋演来有声有色,果然不错,赢得余不少眼泪"(《苏雪林1936年日记》)。

11月9日 "今日想到许多关于政治、文化的问题,想同胡适之先生谈谈,所以起草一封长信,内分三点:(一)《独立评论》应当更明朗化积极化,譬如君衡先生的中苏关系一类文字,应当多登,以便打破青年迷信苏俄的迷信。(二)想法子将新文化从左派手中夺回。(三)设法阻止关于鲁迅的种种宣传。"(《苏雪林1936年日记》)

11月10日 接凌叔华电话,云胡适自美返国日期延迟一月,故昨日致胡适之先生长函,暂不急着发出,放在手边,再仔细斟酌,俾文字更流畅。

11月11日 "因阅鲁迅《伪自由书》,忽然文兴大动,拟仿鲁迅笔法作杂感数则,以俏皮幽默之语,表面恭维鲁迅,暗中则挖苦鲁迅。才写《要求解禁》一篇,忽想起叔华昨日之约,赴山前一坐之后,畅谈二小时。谓左派利用鲁迅为偶像,将为播散反动种子之计,隐忧殊大,又太息于蔡子民先生之被人利用①。叔华谓:何不作书劝之。余亦焦灼于左派阴谋进行日烈,久为此书起草负。回家午餐后,小睡。睡起,即以文言写一长信。幸文思尚不枯涩,自二时写起,晚餐左右誊清,携至杨寓,叔华亦在,陈通伯先生亦来。彼云:此信恐无效果,且彼为鲁迅对头,恐人谓其报复,决不签字。又谓周鲠生先生亦决不签名云。兰子谓此信不如以女作家名义行之,先签余等三人名,然后邀高君珊、陈衡哲加入。"(《苏雪林1936年日记》)

11月12日 "上午将致蔡子民先生信誊清,因为稿子太长,誊到下午二点钟左右,方得誊毕。到山前访兰子,拟请其签字。兰子以示杨端六先生,杨阅过后,谓蔡子民先生为好好先生,惯受青年包围,此信措词虽云激切,并不能发生效果,且恐信落人手,惹起莫大纠纷云云。兰子闻之,大为胆寒。余亦觉此信如公开,则态度固光明勇敢,然恶势力之袭击将无已,此生莫想安静;如不公开而落人手,则左派将指我等为政府党,加以种种恶谥,以后更开口不得,故允此事作为罢论。"(《苏雪林1936年日记》)

11月16日 应汉口第一女子中学周杰校长之邀,上午过江为其校学生作"读

---

① 此指左派为政治目的,强拉蔡元培先生加入鲁迅治丧委员会。据1936年10月20日上海《大晚报》刊登鲁迅讣告,引出治丧委员会人员名单:马相伯、宋庆龄、蔡元培、内山完造、沈钧儒、茅盾、史沫特莱、萧三。

书救国"演讲。

11月18日　昨晚将《与胡适之先生论当前文化动态书》①抄完并誊清,上午寄出,因超重,加付邮资。这是有四千余字的长函,内容大致为:第一,对胡适先生主办之《独立评论》在舆论界发挥积极作用,持拥护态度;第二,关于如何从左派控制文化刊物中夺回新文化掌握权的问题;第三,是如何矫正流行的浅薄而谬误救国方针的问题;第四,关于取缔"鲁迅宗教""鲁迅偶像"崇拜的问题。一句话,信中对当前文化动态、国家命运、民族危机表示极大的关注。

11月25日　叔华一周前送来稿件二十余份,嘱代为过目,协助处理稿件,若可用(指在《武汉日报》副刊上采用)留存,不堪用者退给作者。"叔华今年在北平开刀后,身体总感不适。例如失眠、便血,月经每月来两次,等等。""昨晚将凌叔华女士委我退还之稿件,共二十余件,一一付邮,如了宿逋,痛快之至。"(《苏雪林1936年日记》)

11月27日　"上午七时半起身,将上蔡子民先生书②又修改数页,大体就绪,乃另作一致王雪艇先生函,附蔡函其中寄去,盖余本欲同时致王一函,请其注意鲁迅对青年学子之影响,但所言与致蔡书相同,懒于缮写,且不知蔡先生通信地址,故将致蔡书寄王一阅,即托其转沪,盖一举两得之计也。"(《苏雪林1936年日记》)

11月30日　由图书馆借来鲁迅杂感集凡九册,大部已阅读完,拟作《论鲁迅的杂感文》。"《热风》为一九一八至一九二四年所作,尚无攻讦私人语,鲁迅杂感文,独此可读耳。"(《苏雪林1936年日记》)

12月7日　"今日忽然触动作文兴趣,作《圣诞前夜三部梦曲》。第一梦为罗马古代宫廷宴会之繁华、热闹,象征肉的帝国之胜利。第二梦伯利恒城耶稣出世之情况,象征新生。第三梦取材于约翰启示录,叙中日之争,中国终得胜利,以天神象征蒋委员长,此文以一日之力作成,晚间誊清。"(《苏雪林1936年日记》)

---

①　苏雪林:《与胡适之先生论当前文化动态书》,1936年11月18日寄出。公开发表见于武昌《奔涛》半月刊创刊号,时为1937年3月。

②　《与蔡子民先生论鲁迅书》刊发于武昌《奔涛》半月刊第1卷第2期(1937年3月)。苏雪林在发表此信时,作自跋:"此书乃去年十一月间所作,因不知蔡先生上海通信处,托南京某先生代转。某先生(即日记中所记的原武汉大学校长王世杰先生——笔者注)以书中措词过于狂直,恐伤蔡先生之意,抑压月余,及蔡先生病,乃来函劝余慎重考虑。不久西安变作,余亦浑忘鲁迅之事,故此书始终未入蔡先生之目也。"但她因在《奔涛》上公开致胡、蔡二书,从此背负了"苏雪林反鲁"的恶名。

12月13日 "阅《武汉日报》,发现一惊人消息,即张学良在西安率部叛变,将蒋委员长监禁,并通电全国,主张推翻现政府。大约系与上海六人案有关,此真所谓出人意外之事。"(《苏雪林1936年日记》)

12月31日 岁末之夕,赴武汉大学招待所出席武汉最高军事长官陈诚宴请武大教授招待会。"其人虽为带十余万兵士之元戎,而谦恭特甚。"(《苏雪林1936年日记》)

是日,为评价鲁迅杂文,仿鲁迅笔法,撰《论偶象》《论污蔑》《论是非》,以"野隼"为笔名发表于成都军校《军中文艺》。

1937年 四十一岁

1月 在武昌《文艺》第4卷第1期发表《过去文坛病态的检讨》,苏雪林以一位新文学见证者、参与者的亲身感受,认真检讨新文学发生以来,文坛发生的几种怪异现象,即"自从郁达夫《沉沦》出版,便算奠定了'色情文化'的基础",这类颓废文字,像病菌一样侵入新文学的血液;斥鲁迅的杂感文字为"刀笔文化";又认为文坛上左派、右派之间为占据文坛领导权互相攻讦、谩骂为"屠户文化",认为这就是当前文化的病态现象。此文结尾,充满希望说道:"新文学这个十七岁的少年,害了几多年的病,身体还算在日益发育之中。他同二十五岁的中华民国相似,虽然灾难重重,仍旧向前进步。这可见我们中华民族元气十分充足,很值得乐观。但是,假如新文学和中华民国的保姆们,具有卫生和医药的常识,始终不让病菌侵袭到他们的身体里来,他们的进步当不止此吧!"

1月12日 1936年12月29日凌叔华因身体原因,宣布《武汉日报》副刊《现代文艺》停刊。1937年元月《武汉日报》副刊《鹦鹉洲》创刊,1月12日苏雪林撰《对于〈武汉日报〉副刊的建议》①,文章主旨两点:其一,"副刊上的文章要随时针砭文坛流行的谬误思想和歪曲理论,免得青年上当";其二,指出副刊要办出自己的特色,"我们应当树立独特的风气,不要再随上海等大埠为转移"(意即保持现在《鹦鹉洲》的特色,不要追随所谓大埠文艺刊物的不良习气)。原先的《现代文艺》副刊是周刊,

---

① 《对于〈武汉日报〉副刊的建议》,收入苏雪林《我论鲁迅》一书中,台北文星书店,1967年版。

一周与读者见面一次,现在的《鹦鹉洲》副刊是日刊,天天与读者见面,故短小、精粹、活泼至为重要,由此,足见其对华中文艺刊物的关心。

3月　在《青年界》第11卷第3号发表《现代中国戏剧概观》。文章梳理中国新式话剧运动发展脉络,称颂丁西林、田汉、洪深等一批中国戏剧发展前驱们的丰功伟绩,不带任何偏见,对了解并希望中国戏剧发展的普通读者来说,大有裨益。

6月　武汉大学《学筌》期刊社创刊,为支持校办刊物,苏雪林为创刊号撰文,发表《金元文学小话》。

7月　回苏州百步街自建的别墅度夏。拜会振华女子中学校长王季玉先生,并至苏州盘门小新桥巷11号杨荫榆先生私宅造访,得知她出资所办的"二乐学社",因经费支绌,无法租赁校舍,校址就设在自己的住宅内,遂向杨荫榆先生资助了一笔款子。此学社实乃一补习学校性质,专招收已经服务社会而学习上更求精进或有志读书且无力入校的女子。因正值暑假期间,学生留校者寥寥数人,一切规模很是简陋,但杨荫榆先生热心教育之精神,令她颇受感动。

8月　是月上旬由苏州至沪。不久"八一三"淞沪之战爆发,战事在闸北一带激烈交火。与夫家老少十余口逃出,寄居在堂妹袁苏燕生(二叔苏锡衡次女,嫁沪上名律师袁仰安,住在法租界),相对暂时安全。

上海此次战事,使苏雪林触目惊心,晚年她曾回忆道:"一·二八"上海之战,恰在沪上,亲见军民同仇敌忾,支援十九路军抗战。送往前线食品堆积如山,牛肉罐头、凤尾鱼罐头、饼干点心,士兵们在战壕中都能吃到,伤兵更有救护担架及时送到医院。而此次情况殊异,日寇海陆空压境,火力威猛,我抗敌将士在防御工事不能举火做饭,加之暴雨连连,无法生火,可怜的士兵们泡在雨水与硝烟中,和血水、雨水吞咽冷饭团,其苦何等悲壮!①

目睹浴血奋战的悲壮场面,激起她一股抗敌的爱国热情,她遂将嫁妆三千银圆,加上十余年省吃俭用教书薪俸、历年稿费所积购买的两锭黄金(重五十两三钱,存在上海银行,以作为将来养老所需)取出,委托上海《大公报》社长胡霖(政之)献给国民政府,转交给上海抗敌将士以做军需。此事在沪上传为佳话。1937年10月11日出版的《国闻周报·战时特刊》画册上,登载有记者采访苏雪林的照片,照片下有"以值六千余元之赤金献给政府的苏雪林女士"文字说明。此一义举,波及全国,很

---

① 苏雪林:《浮生九四——雪林回忆录》,台湾三民书局,1991年版,第116—117页。

快掀起一股为抗战献金的热潮。

淞沪之战足足打了三个月。损失最惨重的是夫家北四川路的那幢老屋夷为平地,十几柜线装书化为灰烬,最可惜的是从法国带回国的许多珍贵美术、文艺、神话等书籍(预备将来做研究的资料)都被大火吞没,不胜唏嘘!

8月25日　陈独秀自南京监狱释放,南下来到抗战中心武汉。他先后在武昌中华大学、武昌艺术专科学校、汉口市立女中等大中学校作多场演讲。

11月26日　陈独秀应武汉大学校长王星拱之邀,在武汉大学礼堂为全校师生作"动员民众"全面抗战的专题演讲。苏雪林第一次近距离瞻仰五四元勋陈独秀的丰采,聆听其谠论,印象特别深刻:"我那天才算认识了陈独秀的形貌。他那时大概有五十几岁,身上穿了一件起皱的蓝布大褂,脚曳一双积满灰尘的布鞋,服装非常平民化,人颇清瘦,头发灰秃,一脸风尘之色。但他那双眼睛却的确与众不同,开阖间,精光四射,透露着'刚强''孤傲''坚决''自信'。这正是一个典型的思想革命家的仪表;却也像金圣叹批评林冲:是说得到,做得彻,令人可佩,也令人可怕的善能斫伤天地元气的人物。"①

12月2日　收到姨侄欧阳师从抗日前线寄来的家书②,激动不已,奋笔写下饱含深情的散文《寄华甥》③。"甥儿,听说你的工作是组织青年,领导他们游击,你须将爱国思想灌输到他人的脑子里去,训练他们个个成为勇敢的战士,恢复失土,杀尽敌人的神圣责任搁在你们这群可爱青年肩膀上,你必须始终如一地向前奔去,上慰领袖谋国的忠贞,中慰父老慎重的付托,下慰我与你母亲热切的希望。"

1938年　四十二岁

2月　在《文艺月刊》主编王平陵的奔走努力下,充分发挥文艺在对敌斗争的作用,并联络在武汉三镇的文艺人士,成立"中华全国文艺界抗敌协会筹委会",苏雪林当选筹委会委员。

3月27日　上午九时,苏雪林出席在汉口总商会礼堂举行的"中华全国文艺界

---

① 苏雪林:《文坛话旧》,台湾文星出版社,1967年版,第7页。
② 欧阳师:(1914—1988):字作之,小名"华伦",是长姊苏淑孟、欧阳长谋的长子,中央政治大学毕业后,即投笔从戎。
③ 此文收入苏雪林战时随感录《屠龙集》。重庆商务印书馆,1941年版。

抗敌协会"(简称"文协")成立大会,大会由作家舒舍予主持,周恩来、郭沫若、邵力子等在会上致辞。当天出席会议的文艺家、诗人、画家共1253位,皆为"文协"会员。会后通过《中华全国文艺界抗敌协会宣言》。

3月30日　与外文系教授袁昌英、中文系讲师兼女生指导顾友如联名以妇女抗日联谊名义,在汉口一豪华餐馆,宴请周恩来夫人邓颖超①。关于此次会晤,她晚年在《悼友如》一文中记叙道:"我们在汉口一家最豪华的餐馆设下盛宴,邓那天欣然赴席。记得她是瘦瘦小小的一个中年妇人,未施脂粉,衣服也颇朴素,但也穿了一件薄纱旗袍,高跟鞋,一洗陕北窑洞寒酸气。席间我们请她谈话,无非是针对当前局势的话题,她说共产党既宣言与国民政府合作抗日,当然会信守不渝。中国人民这样众多,土地这样广大,虽然军备方面准备太不充足,以我们潜力而论,却具有持久战的资格,终久会把日本小鬼拖垮的。"②

4月1日　苏雪林与张光人(胡风)、陈寄瀛(纪滢)、凌瑞唐(叔华)、曾虚白(曾燕)、曾孟朴(曾朴)、盛成中(盛成)、叶守功(君健)等97名文艺界人士联名在《文艺月刊》第9期发表《中华全国文艺界抗敌协会发起旨趣》:"我们应该把分散的各个战友的力量,团结下来,像前线将士用他们的枪一样,用我们的笔,来发动民众,捍卫祖国,粉碎寇敌,争取胜利。"

4月10日　武汉大学文学院有一女生与陈独秀有亲戚关系,在这位女生的带领下,苏雪林渡江前往汉口吉庆街,拜访陈独秀及与他患难与共的夫人潘兰珍。夫妇俩的居处,在一家裁缝铺的楼上,是陈独秀的一位亲戚借给他暂住的。"那天座中客多,未能深谈,我仅以乡先辈之礼待他,对他很恭敬,他对我的印象似乎也不坏。那时共产党办的报纸刊物,对陈氏的攻击,接连出现,措词非常凶恶,我很诧异,陈独秀不也是共产党吗?为什么他们竟这样同类相残呢?后来才知道自从苏俄史大林与托洛茨兹派分家以后,中国两派共产党也便势同水火了③。"事后托这位女生传话给陈:"你对共产党好,共产党却把你当敌人斗争,你也不必这么痴心了。"这位女生后来也转述:"陈闻听我言,一笑而已,并未怪我,因知我的话系出于善意。"

---

① 1938年年初,国民政府迁至武汉,国共两党宣言抗战。周恩来与邓颖超于2月初来到武汉,周任国民政府军事委员会政治部副部长(部长为陈诚),邓任中共长江局妇女委员兼八路军武汉办事处组织委员。
② 苏雪林:《悼友如》,刊台湾武汉大学校友会会刊《珞珈》第53期,1977年7月出版。
③ 苏雪林:《我认识陈独秀的前前后后》一文,收入《文坛话旧》,台湾文星书店,1967年版。

自 4 月中旬,武汉大学决定西迁四川乐山县。图书、仪器先行,教职员及学生分批乘船陆续撤离武昌。偌大的一个家庭——此时"姊妹家庭"多了一双侄儿、侄女来投奔她,其中侄女尚有一岁的孩子,外加从故乡带来的女仆,共六口人。将必须用的衣物、书籍、资料打包带走,一些重要的书籍、字画、日记等,实在带不走,就分装在两个木箱内,一存武昌天主堂地下室,一寄存武大图书馆地下室,其他的衣物、书籍、家具都弃于寓所。

5 月初　好友高君珊先生告知:苏州沦陷时,杨荫榆先生为保护女学生不受日本侵略者凌辱,被日军残酷杀害。闻讯后,心中悲愤难以平息,撰《悼女教育家杨荫榆先生》。文中说:"她的死是为了保护女生而死,为了热心教育事业而死……我们只需凭着良心,干我们认为应当干的事业,一切对于我们的恶视、冤枉、压迫,都由它去。须知爱的牺牲,纯正的牺牲,在永久的未来中,是永远有它的地位,永远流溢着芬芳的。"①

7 月　湖南长沙商务印书馆出版苏雪林文艺评论《青鸟集》,列为该馆"现代文艺丛书"之一种,集中收录她近十年来所写的文艺评论,计二十二篇。

10 月　陈源先生礼聘叶圣陶至武大中文系任教。陈源希望叶圣陶把"全校基本国文课程好好整顿一下,以提高大学本科的国语水平"。其时苏雪林在文学院担任两个班级的基本国文教学,与叶圣陶先生对选择教材、作文批改条例乃至标点符号运用等,都一一制订方针,倡导全校师生付诸实行。与叶圣陶先生相处甚洽,是至交及同人。

是年初冬,意外收到清末海军提督、民国元老萨镇冰老人楷书的赠联与赠诗②。

1937 年抗战爆发后,萨镇冰寓居福州,身为卸甲军人,对日寇犯我中华,痛恨不已。年已八旬的老人,虽不能挥戈杀敌,却卖字捐金抗战,救助难民。尤其在报纸上读到武汉大学苏雪林教授捐献黄金支援抗战的事迹后,为一介文人的爱国情操所感动。在他八十岁寿诞时,以其擅长的秀丽楷书,为苏雪林教授赠诗赠联,为文坛留下珍贵的墨宝与一段佳话。

---

① 此文收入苏雪林《归鸿集》,台湾畅流半月刊社,1955 年版。
② 萨镇冰(1859—1952):字鼎铭,福建候官人。十岁考入马尾船政学堂,十七岁留学英国皇家海军学院。1898 年回国,任北洋舰队"威远""康济"舰管带。1894 年甲午海战任"康济"舰舰长,守卫京城要塞南口炮台。戊戌后被慈禧召见,任海军副大臣,1909 年任海军提督,筹办海军事务大臣。新中国成立后,曾任中华人民共和国中央人民政府军事委员会委员。

> 雪林女士雅正
>
> 大雅不关居有竹
> 鸟鸣如唤客提壶
>
> 戊戌冬月　萨镇冰时年八十

> 胸藏万卷女中英　教育奇才若驾轻
> 此日满门桃李盛　他年国士看培成
>
> 雪林女士雅正
>
> 戊戌霜降　萨镇冰

是年结合教授《楚辞》，开始研究屈原的二十五篇辞赋，撰写论文《〈天问〉整理初步》。

是年湖南长沙商务印书馆将原上海真美善书店出版的《蠹鱼生活》易名《蠹鱼集》出版，列为该馆"现代文艺丛书"之一种。

1939年　四十二岁

2月　旧历年刚过完，女高师同班同学冯沅君应王星拱校长之聘，由广州来到乐山，任教武大中文系，再度成为同事（1930年她们曾在省立安徽大学任教）。

8月19日　这一天是武大师生永远不能忘却的一天。炎日炽烈的天空隆隆轰响，日本法西斯出动36架轰炸机，对风景秀丽的乐山古城进行最惨烈的轰炸，扔下数百枚炸弹与燃烧弹，全城四分之三街道、房屋遭烧毁，民众死亡千余人，受伤三千之众。武大师生员工伤亡甚惨重，教师寓所全毁者20余户（如袁昌英、周鲠生、刘秉麟三家合住鼓楼街的院落被夷为平地），部分烧毁十余家，教职员家属死亡7人，学生死亡5人，校工死亡2人，伤者几十人。"我们的故乡大都沦陷，家产荡然，所千辛万苦携带入川的行李书籍，至此又为大火烧得精光。最可惜的，是同人二三十年所搜集之教材，所抄录之笔记，未杀青之文稿，珍罕之书籍，现也一下子都随劫灰而俱尽。大家相见，都摇头叹息道，以后不但著书，连当教书匠也不容易了。物质的损失,以后尚可慢慢补充,这类精神损失,却是永远不能挽救的。穷凶极恶的日本军阀啊,教我怎样不恨你!"①

乐山轰炸时,苏雪林因租屋在城西,距闹市稍远,幸免于火劫。事后为防止轰炸再受难,课余自购木料、木板于居所附近山洞自建防空避难所。开始撰写《炼狱——教书匠的避难曲》,真实细致地描写了这个时期的生活状况。

1940年 四十三岁

春节过后,经历乐山轰炸后,武大许多教授将家眷陆续搬到离学校较远的乡下租农民房子居住。好友袁昌英一家在城北郊岷江边买了一处农舍,一家三代人(杨端六的八十岁母亲也在乐山)加上两位侄女(先后考进武汉大学)总算安顿下来了。由于武大本部及文法学院及图书馆在乐山城中文庙,每到上课,袁昌英从郊区农村上城,要步行一个多小时。

4月23日 赵景深先生来函约稿,为《青年界》撰《埃及古史漫谈》。

4月24日 由于住处不在一起,不像抗战前在武汉那样随时可见面,苏雪林致函袁昌英,嘱其虽住农村,也不能掉以轻心,日寇"铁鸟"时常会来骚扰,抓紧时间搭建防空设施,以备不测:"兰子爱友:连日可厌的铁鸟又入川侵扰,你在乡下大约无需奔逃罢。不过防空设备希望从速进行,以策万全,因府上有老有小,不比平常也。"②

6月 以轻松幽默的笔触,生动再现战时知识分子经受灵魂洗礼的随感《炼狱——教书匠的避难曲》在香港出版的《东方杂志》第37卷第12期刊出。此文旨在告诫国人,尤其是所谓"文化人",要正确对待战时的生活苦难,挺起胸膛担负民族的危难。诚如文章结尾的铿锵名句:"我们现在要尽心竭力教育后一代的人,叫他们永远记着这血海的深仇,向狂暴的侵略者算最后一笔账。若是环境不允许我们再活下去,将孩子托给保育院,让国家去教养,先生拈起枪上前线,太太加入救护队,有什么大不了的事?"

由于战时生活物质维艰,加上小小的乐山城,涌进偌大的一所大学的师生及家属,人口突增,物价飞涨。苏雪林在居处山坡上披荆斩棘,费了数周时间,收拾成一

---

① 苏雪林:《乐山惨炸身历记》,《屠龙集》,重庆商务印书馆,1941年版。
② 此函为袁昌英之女杨静远女士1997年10月20日寄给笔者。

块可供种菜蔬之地,每到周日或无课的那几天,俨然一农妇在菜地上灌园劳作,种瓜种豆,自给自足,其间有长篇记叙文字《灌园生活的回忆》①记其事。

7月　乐山籍年轻画家张悲鹭②,慕名苏雪林,携带新作《百虎图》长卷(高2米、长6米,绘108只老虎),请苏雪林先生在画上题诗。苏雪林欣然应允。她先在画卷上奉题四首,等张悲鹭先生来取画时,又意外得到苏赠诗一首。今据笔者二十多年前拜访张悲鹭先生所录的题诗、赠诗如下③:

(一)厉吻争思噬,磨牙正自纷。神州遍近迹,欧陆啸风云。
　　只道乌能合,谁知虎亦群。披图三叹息,何日扫妖氛。
(二)藉藉猰㺄队,张成鹅鹳营。渡河虚语耳,负隅势难撄。
　　李广空能射,卞庄不敢争。夜深试一吼,应使鬼神惊。
(三)杀机遍地血玄黄,南北连烽几战场。
　　唱破五千年历史,云龙风虎阵堂堂。
(四)多君写出於菟貌,病后疏庸气亦豪。
　　听说蜀张工画虎,不知筋骨竟谁高。

赠诗:长啸空山里,寒林惨夕阳。大风思猛士,安得此飞扬。
　　笔底精灵泣,草间狐兔藏。羡君擅妙手,百态写山王。

悲鹭先生《百虎图》,穷尽兽王之态,病中披览,为之神旺。余已就卷奉题四首,兹再呈一律,以表钦佩。

苏雪林　二十九年(1941)夏

---

① 《灌园生活的回忆》载《归鸿集》,台湾畅流半月刊社,1955年版。
② 张悲鹭(1917—1993),原名礼泉、清尔,四川乐山五通桥人,杭州美专毕业,留学日本上野美术专科学校。为纪念投江而亡的恋人罗青鹭(罗不满父母逼嫁富豪,投江自杀)易名悲鹭。抗战时作《百虎图》长卷,闻名华夏。此画寓意中华民族虎虎生成的民族精神。郭沫若、田汉、冯玉祥、于右任、茅盾、史良、沈钧儒、叶圣陶、梅兰芳、赵清阁等百余位名人在画上题诗。张晚年居合肥,为安徽省文史馆馆员。
③ 1989年12月,笔者与苏玉成(苏雪林侄孙)赴合肥桐城路安安徽省政府宿舍访问张悲鹭先生。

是年暑假,接受张道藩①代表国民政府中宣部的邀约,撰写一部专书《南明忠烈传》。因此时中国正处于对日战争的相持阶段,为鼓舞斗志,张民族大义,书中以表彰明季几百位忠勇之士从事反抗异族的复国运动的壮烈事迹,来激发同胞抵抗日寇、保卫国土的牺牲精神,对鼓舞反抗日本法西斯而忘我战斗的军民的士气民心,有不可估量的影响。在战时极其艰苦的条件下,尤其是图书与参考资料之搜求,难如登天,为完成这部二十余万字的书稿,苏雪林依靠平时积累,及武大带到乐山的有限图书,废寝忘食,历时三个多月,将该书于1940年9月下旬杀青②。

12月8日 编写《南明忠烈传》,再次激发她心中的爱国热情,在《益世报》"星期评论"上撰《中国通史和抗战史的编著》③,殷切呼吁教育部应组织专人即刻进行中国通史与中国抗战史的编著。她在这篇近四千字的长文中这样说道:"编一部提纲挈领式的中国通史,以供大中学校采为教材及课外参考和普通民众阅读之用。记得西洋某学者曾言:'要想叫国民爱国,必须使他们感觉国家之可爱',而历史地理观念,实为爱国之源泉。"又云,"我们这次对日抗战,其意义是为了力争世界的公理正义和本身的独立与自由。抗战以来,战区之扩大,斗争之激烈,支持之艰苦,牺牲之惨重,实为中国有史以来最悲壮的对外战争,替世界人类立下了一个灿烂辉煌的先例。所以我们必须编纂一部最详细最正确的对日抗战史,用以昭示天下而垂诸万世的子孙……明末抗清复明的义士,奋斗四十年,其中当亦有不少悲壮的史迹,而因异族统治阶级钳制过于严酷之故,至今都湮没无闻了。我们要把这一次艰苦卓绝,惊天地、泣鬼神的史实,保存起来,加强民族的信心,鼓舞民族的意志,使中华民族这位老英雄完全恢复他的青春,早日踏上闪着万丈金光的复兴大道。"如今抗战已过去七十多年了,现在再来重温苏雪林当年在报纸上所说的话,充分体现了一位爱国知识分子的远见与卓识。

1941年 四十四岁

1月 在《东方杂志》第38卷第2期刊发战时随感散文《家》。文章仍秉承其一

---

① 张道藩(1897—1968):字卫之,贵州盘县人,早年赴英法学习美术,回国后曾任国民政府文化、教育、宣传等职务,如曾任国民党"中央"宣传部部长及国民党"文化运动委员会"主任委员。
② 《南明忠烈传》一书1941年5月由重庆国民出版社出版。
③ 此文收入《风雨鸡鸣》中,由台湾源成文化图书供应社1977年出版。

贯爱国的民族主义情愫，呼吁国人忘记小家，维护民族的大家："我们每人一天少不了一个家，但是我们莫忘记现在中国处的是什么时代。整个国土笼罩在火光里，浸渍在血海里；整个民族在敌人刀锋枪刺之下苟延残喘……我们应当将小己的家的观念束之高阁，而同心合意地来抢救同胞大众的家要紧。这时代我们正用得着霍去病将军那句壮语：'匈奴未灭，何以为家！'"

5月 《南明忠烈传》由重庆国民图书出版社出版。是书钩沉数百位晚明志士仁人，抗敌御侮、舍身求义的光辉业绩，给抗战中的中华儿女极大的振奋。

7月 "蒋夫人文学奖金征文"揭晓[①]。这次征文竞赛，参与者552人，经评委会初审后，入选120份，分为论文卷与文艺卷两组进行复评。担任这次评委的都是在国内享有盛誉的重量级人物。论文卷组有陈衡哲、吴贻芳、钱用和、陈布雷、罗家伦，文艺卷组有郭沫若、杨振声、朱光潜、苏雪林、冰心。整个评审的总召集人，是蒋夫人钦点的冰心女士（她当时在重庆担任的职务，是"新生活运动妇女指导委员会"的文化事业部部长）。

苏雪林参与评审后发表感想："所阅稿子中，尽有佳作，思想之高超，题材之丰富，结构之美满，技巧之纯熟，虽抗手一般老作家，亦无愧色，可见新文学前途有希望。"[②]

11月 重庆商务印书馆出版苏雪林战时随感录《屠龙集》，书名"屠龙"，有着深刻的含义，正如书中自序所言："我坚决地相信，中华民族绝对不会灭亡，侵略者的失败，也是命运注定的。我的'预感'最灵敏，二十五年（指1936年）所写的那篇《圣诞前夜三部梦曲》，就预先替那猖狂的毒龙画出了它悲惨的结局。所以现在特别把这篇文字的题目改为屠龙，这个集子就题作屠龙集，我希望明年，就是我们伟大的'屠龙年'，而这个册子便算我贡献给这一年的小小的礼物。"

[①] 1940年冬，为鼓舞全国女性同胞投入关心国家命运的写作中去，宋美龄在报上发表《告参与新运妇女指导委员文艺竞赛诸君》："我们这一次举行文艺竞赛，目的是借此鼓励女青年热心写作。"这次全国范围的文艺竞赛征文，舆论界称为"蒋夫人文学奖金征文"。

[②] 苏雪林的阅卷有感文章，刊《妇女新运》1941年第3卷第3期。

1942年　四十五岁

4月　留美戏剧研究生李曼瑰(雨初)女士受宋美龄指派接办《妇女新运》杂志[①],应李曼瑰之约稿,在《妇女新运》第4卷第5期撰长篇回忆散文《我的学生时代》。

6月　由乐山县城西郊搬至城中陕西街49号一所大宅"让庐",与武大经济系教授韦从序、外文系教授袁昌英三家合住。"让庐"为一座中式二层雅致的小楼,楼上楼下有大小房屋十余间。此楼坐北朝南,楼上有宽敞的走廊,冬可曝日,夏能乘凉,因与袁家比邻而居,时相过从。

搬入"让庐"后,不再有灌园之兴。因住房宽裕,可置一大桌为画案,时有画兴而挥毫作画。只是战时颜料缺乏,取屋后山壁之泥调水研细作赭石(红褐色),朱红则从乐山街头杂货铺的胭脂棉沥水而成,藤黄、花青原从珞珈山带来,唯没有宣纸,只好将就用本地产的川连纸代替,但画起来笔涩,难以自如挥洒。

9月10日　张宝龄自云南昆明到乐山,受聘武汉大学工学院教授[②]。

11月14日　侄儿苏经国(二哥仲文长子,西南联大机械系毕业,投笔从戎,参加赴缅甸远征军)在新38师师长孙立人麾下任职,此次由缅甸腊戍至重庆公干,抽暇请假回乐山探望姑母。他详细谈到在缅北作战的艰苦,以及美国飞虎队飞机从印缅边境飞到昆明,运送战略物资的概况。

11月18日　参加文学院教授会议,获悉教育部拟将给国立大学院长加薪400元,系主任300元,而普通教授一文不加。遂拟电文抗议教育部加薪制度:"物价飞涨,岂仅有院长、系主任日子难过?武大机械系郭教授、矿冶系王教授皆因贫病交加而亡,难道普通教授不要养家糊口?"由此事,足证苏雪林一生抗言直论之性格。

---

① 李曼瑰(1907—1975):广东省台山县人,1930年毕业于燕京大学国文系,研究中国古典戏剧。1934年赴美国密歇根大学英文系研究西方戏剧,1940年回国任金陵女子文理学院英文系教授。1949年赴台,创立台湾第一个戏剧研究所,主要戏剧作品有《楚汉风云》《汉宫春秋》《皇天后土》等30余种。

② 武大工学院机械系教授郭霖先生1942年2月21日病故,临终前,向校方郑重推荐留美老同学张宝龄可以接替自己教机械制图。学校当局拟寄聘书请张来任教。说来很有意思,学校征询苏雪林其夫详细地址,苏云自到乐山后,久未通信,不知其何处。后经驰函上海张馀三处,才知上海沦陷后,张宝龄在昆明某机构任职。

12月17日　武汉大学学生社团峨眉剧社元旦要演王尔德的《莎乐美》、易卜生的《群鬼》，担任剧中的女生演员请袁昌英、苏雪林、朱君允（女生指导员，戏剧家熊佛西的前妻）给予指导。三位老师在女生宿舍为学生分析剧情，讲解剧作者的生平、时代背景，对演员饰演的角色，一一做了细致的分析与指导。

1943年　四十六岁

1月1日　又是一年元旦。在日记首页大书十二字祈愿："伟大的胜利年，快乐的回乡年！"

3月10日　《东方杂志》因太平洋战争爆发而停刊，1943年迁重庆复刊，复刊第1期上刊发苏雪林随感《人类的运命》。这篇文章由中国人民经历反抗日本侵略者的惨烈斗争，想到世界反法西斯斗争的悲壮，进而联想到人类在地球上生存不易，人类文化的产生与进步更是历尽千辛万苦！文末慨叹道："我们知道文化的产生是这样的艰难，我们更应该珍惜它，保护它，努力发展它。知道人类与天行战斗之悲壮热烈，人类前途之俊伟光明，我们只有骄傲，不容自卑；只有乐观，永不失望。"

3月23日　《说文月刊》主编卫聚贤先生致函苏雪林：言明年为党国元老吴稚晖先生八十华诞，请赐学术论文，以示恭贺。苏雪林撰《屈原〈天问〉中的旧约·创世纪》[①]。

5月16日　赴陪都重庆，谒张自忠将军夫妇合葬墓，作《张自忠将军殉国三周年纪念》六首[②]。其五："部曲思遗烈，讴歌涕满襟。至今犹苦斗，不肯负公心。血债终须偿，同仇久益深。成城众志在，会看扫妖祲！"其六："燕赵多悲壮，将军迈古风。杀身非易事，战死况元戎。落落称人杰，堂堂作鬼雄。湘累凭吊处，血洒杜鹃红！"据苏雪林晚年回忆，在重庆曾将这六首诗，恭录交张自忠将军胞弟张自明（亮忱）先生[③]。

[①] 此文刊1944年5月《说文月刊》"吴稚晖先生八十大寿纪念专号"第4卷合订本，内收国内80位著名学人学术论文80篇，约百万言。

[②] 张自忠（1891—1940）：字荩忱，山东临邑人，第三十三集团军总司令、陆军上将。1940年5月16日，率部抗击日军向宜昌枣阳一线的主力，于南瓜店的杏儿山指挥作战，身中数弹，右胸穿洞，誓不撤离战场，为防落入敌手，拔枪自戕，壮烈殉国。

[③] 见《苏雪林作品集·日记卷》第10册，台湾成功大学教务处出版组，1999年版，第18页。

5月28日　英国剑桥大学生物系教授Joseph Needham(李约瑟)访问武汉大学。李约瑟以英国皇家学会会员及英国驻华使馆科学参赞、驻华科学考察团团长的多重身份来到乐山，了解战时中国大学教育与科研情况。在参观了武汉大学理学院生物系设在乐山李公祠内的简易实验室后，又给全校师生作"生物化学"的专题演讲。苏雪林与文学院的师生饶有兴趣听了一场演讲。

7月　凌叔华于陕西街西尽头万景山上自建一屋，平房上盖起了一座别致的小楼，袁、苏二位好友，时来其居，登上小楼眺望凌云山，分外开心。

桂林《文学创作》月刊社第2卷第2期上，发表苏雪林历史小说《回光》。这篇小说运用法国当代哲学家柏格森学理与中国佛教"于一食之顷，见多年之事"之名言，讲述明末大学士张肯堂全家27人殉节舟山，其孙茂滋遗命逃出，路上大病一场，撰百日余生录，叙己患难历程，凄惨之状，令人不能卒读。终为回光返照，追寻祖父而去，死时不满二十岁。

11月30日　在乐山武大礼堂见到冯玉祥。此次冯将军来乐山是进行抗日宣传及募捐的。据袁昌英女儿杨静远(武大外文系学生)记述："冯是个高大壮汉，穿的衣服是那种北方乡下佬的，上衣是长袍又嫌短，是短褂又嫌长，打膝头那么长。下面棉裤，裤口扎紧了的，一双大棉鞋，头上一顶小毡帽……他讲话时两手扶住讲台两角，微微挥动，没有什么激昂的姿势。态度从容亲热，尽讲些逗人笑的话，惹人笑个不停。"①

1944年　四十七岁

1月1日　在日记第一页第一行书："但愿今年为我等真实之胜利年，俾我等能作还乡之计，则幸甚矣！"

2月8日　当天是农历正月十五，在凌叔华家的乐山新居，为其爱女陈小滢的第二本纪念册写下勉言②："前人看见杜工部儿子的诗，叫人送把斧头要他砍断手臂，

---

①　杨静远：《让庐日记》，武汉：武汉大学出版社，2003年版，第173页。
②　凌叔华非常注重对孩子的教育，在陈小滢稍懂事时，就送她一本纪念册，嘱咐她谦虚待人，遇到自己心中值得纪念的人，就请他们在上面题写鼓励的勉言。陈小滢珍藏有童年时代三本纪念册，上面有许多名人的名言嘉语。如吴稚晖、赵元任、丁西林、冯友兰、冯玉祥、朱光潜、方令孺、袁昌英等。

免得天下诗名又归杜家独得。我看见小滢的作品,并不想送斧,只希望她能打破名父母之下难乎为子的成例。"①对好友独生女,她不像一般人那样写几句赞言,而是针对小滢生在名人之家,成为名人之后,必须时刻鞭策自己,不断自我完善,不断进步。由此,可以看出苏雪林是一位快人快言、率真亲切、令人亲近的人。她写的这几句话,出自宋人周紫芝《竹坡诗话》:"杜少陵之子宗武,以诗示阮兵曹,兵曹答以斧一具,而告之曰:'欲子砍断其手,不然天下诗名,又在杜家矣。'"②

4月22日 在《东方杂志》第40卷第8期上,发表《〈天问〉里的后羿射日神话》。论文钩稽屈原《天问》中的神话传说——后羿射日神话,就如同洪水神话一样,具有世界性;天有十日,后羿射之,十日神话亦自域外传至中土(详见苏雪林《〈天问〉正简》第三编中篇《后羿射日神话》)。

5月10日 《东方杂志》第40卷第9期发表《〈天问〉里的印度诸天搅海故事》。论文举印度古老神话诸天搅旋乳海,源自印度著名史诗《摩诃婆罗多》及《罗摩耶那》。《天问》里有关此神话,共八句。文句排列如下:

> 白蜺婴茀,胡为此堂?安得夫良药,不能固藏。
> 天式从横,阳离爰死,大鸟何鸣,夫焉丧厥体。

屈原《天问》中的所谓"良药"即中国神话中的具有极大魔力的"不死药",在印度称之为"不死甘露,亦《旧约·创世纪》,创世纪生命树及巴比伦生命草之演变"(详见苏雪林《〈天问〉正简》第三编下篇《印度诸天搅海故事》)。由此来证明屈原《天问》里的神话故事的精彩片断,与域外神话有惊人的相似。

12月7日 开始撰写《昆仑之谜》。在研究屈原《天问》过程中,不可避免涉及中国古代历史与地理,其中"昆仑"一词犹迷雾缠绕、混沌一团:"真中有幻,幻中有真,甲乙互缠,中外交混,如空谷之传声,如明镜之互射,使人眩乱迷惑,莫如适从。故学者对此每有难于措手之感。而'海外别有昆仑'(晋郭璞语)、'东海方丈,亦有昆仑之称'(后魏郦道元语)、'昆仑无定所'(元金履祥语)、'古来言昆仑者,纷如聚

---

① 见陈小滢:《散落的珍珠——小滢的纪念册》,天津:百花文艺出版社,2008年,第96页。
② 《历代诗话·竹坡诗话》上册,北京:中华书局,1982年版,第340页。

讼'（近代顾实先生语），种种叹息，腾于论坛①。"这本小册子的内容共列六大问题，并为之一一解谜：一、昆仑一词何时始见于中国载记；二、汉武帝考定昆仑公案；三、中国境内外之昆仑；四、何者为神话昆仑？何者为实际昆仑？五、昆仑与四河；六、昆仑与中国。

1945年　四十八岁

1月1日　应重庆《南风》月刊元旦征文，撰《元旦日记》。此文对新的一年充满希望，"于国内，军事方面：希望桂林、柳州能于旧历年初收复。卅四年一年内，我们收复衡阳、长沙、中原，恢复卅三年春间状况。缅甸路完全打通，英美接济大量运进。十万青年从军运动如期完成，并能来第二个十万，第三个十万。政治方面：共产党诚心实意与国民政府合作。政治彻底改革，贪污现象逐渐消灭……于欧洲，则德国于卅四年前完全消灭，英美苏得以全力解决日本。卅五年日本投降，我们大得于一年后回乡"②。

1月25日　寒假期间完成《昆仑之谜》（约六万言）的写作。此书自上年"十二月七日起草，历时一月而脱稿，缮写修饰者又半月，而全文告成"（《昆仑之谜·自跋》）。书名《昆仑之谜》，实乃破解"昆仑"之奥秘，亦即求证中外文化同出一源，此源即为西亚两河流域，它是世界各个支派文化发祥的原点。比如，中国人向称昆仑为山祖，为诸神聚会之处。在西亚称神山为阿拉拉特，其名见于《圣经·旧约》：大洪水后，挪亚方舟搁于此山，于是神山阿拉拉特的神话传遍天下。如希伯来人称为伊甸，希腊人称为亚灵匹斯，印度人则称为须弥山，中国人称为昆仑山。

7月　重庆商务印书馆出版历史小说集《蝉蜕集》，收她近年短篇小说《黄石斋在金陵狱》《偷头》《蝉蜕》《回光》《秀峰夜话》《丁魁楚》《王秃子》，合为一集，约八万字。

8月　抗战胜利。张宝龄向武大机械系辞职，只身回上海探望父母。

秋后，武大已计划分批返鄂，负责行政的领导及员工先行，回珞珈山做回迁准备，其余的员工及学生分批返校。此时"让庐"的韦从序一家及袁昌英（杨端六时任

---

① 苏雪林：《昆仑之谜·引论》，台湾文物供应社，1956年版，第1页。
② 《元旦日记》刊重庆《南风》月刊1945年第1卷第1期。

武大教务长)一家先后离开乐山返珞珈山了。"让庐"房子一下变得十分空敞。原属袁家的大客厅,现在布置成大画室,可用尺幅大一点的川连纸作大画,尽情挥洒,作了不少大幅山水,并请擅长书法的刘永济①院长(陈源此时已离开武大文学院,赴英国伦敦,主持中英文化协会工作,院长一职由刘接任)在画上题字。

10月　凌叔华携陈小滢由乐山赴重庆,乘飞机回北平。珞珈三友中,仅剩孤寂的苏雪林还留在乐山。

1946年　四十九岁

2月　《文艺先锋》②第3、4期合刊,发表翻译的莫泊桑短篇小说《恐怖》。同月,上海《青年生活》半月刊第3期上,发表翻译的莫泊桑短篇小说《寻仇》。

3月　《文艺先锋》第5、6期合刊,发表翻译的莫泊桑短篇小说《奥当司王后》。

7月　暑假期间,随武汉大学最后一批教职工离开乐山,想到1938年春末离鄂避居乐山,不觉已经过去九年了,万分感慨。

8月　上海商务印书馆出版戏剧作品《鸠那罗的眼睛》,被列为该馆"现代文艺丛书"之一种。

本年上海新象书店委托由巴雷、朱绍之编选"当代创作文库",出版当代影响较大的15位作家佳作选集,每位一集③。《苏绿漪佳作集》共收其散文代表作《绿天》中的《鸽儿的通信》《收获》《我们的秋天》、小说《棘心》中第三章《光荣的胜仗》和第十一章《恨》。

编者在作者小传中介绍:"在女作家中旧文学造诣最深的是绿漪……她个性很强,和胡适是同路人,她和鲁迅先生开过笔战,因而名誉很高。她的作品虽然不多,但是她的作品篇篇都是佳构,尽极绮丽明朗之能事,写作技巧已到炉火纯青的境界,

---

① 刘永济(1887—1966):字弘度,号诵帚,湖南新宁县人。1916年清华大学毕业,中国古典文学知名专家,以治屈赋、《文心雕龙》享誉海内外。曾任东北大学、浙江大学、湖南大学、武汉大学教授兼文学院长,1966年10月,被打成"反动学术权威"而含冤去世。

② 《文艺先锋》1942年7月1日在重庆创刊,为中央文化运动委员会管辖,李辰冬任主编,张道藩为发行人。半年后由半月刊改为月刊,先后分别由王进珊、赵友培担任主编。

③ 上海新象书店出版"当代创作文库",遴选鲁迅、巴金、茅盾、老舍、郭沫若、张资平、郁达夫、叶绍钧、郑振铎、沈从文、丁玲、庐隐、冰心、苏绿漪、谢冰莹的作品。

是新文学运动前十年女作家的代表者。"《苏绿漪佳作集》1946年1月初版,1947年3月再版,足见其作品深受读者欢迎。

1947年　五十岁

2月　因注疏屈原《九歌》,撰《国殇乃无头战神考》。论文近三万言,条分缕析,先从"殇"字释义,进而言明"国殇应当仍编于《九歌》之内,国殇歌主,也仍然是一位神",即为"无头战神"。后又提供大量图片及文字资料来谈何谓印度方面的无头神,何谓希腊方面的无头神,何谓中国方面的无头神。反对楚辞旧注释"殇"指为国战死者,而主张"殇"是特别的字,乃战神公名,在中国典籍里,"殇"字是指身首异葬的战神——"九黎之君,号曰蚩尤"①。

6月1日　是日凌晨,武汉军警数千名包围武汉大学,镇压进步师生"反饥饿、反内战、反迫害"的正义活动,此次冲突造成5位教授、15名学生被逮捕,19名学生被打伤,陈如丰(政治系)、王志德(土木系)、黄鸣冈(史学系)3名学生遭枪杀,这即为武大校史上的"六一惨案"。

11月　赵家璧先生在上海创办晨光出版公司,发行由女作家赵清阁主编的《现代中国女作家小说专集——无题集》②,收录现代著名女作家作品,计有冰心《无题》、袁昌英《牛》、冯沅君《倒下了这个巨人》、苏雪林《黄石斋在金陵狱》、陆小曼《皇家饭店》、陆晶清《河边公寓》、王莹《别后》、沉樱《洋娃娃》、谢冰莹《离婚》、凤子《画像》、罗洪《刽子会》、赵清阁《落叶无限愁》。

1948年　五十一岁

3月　上海文潮出版社《文潮》月刊第5卷第6期,发表苏雪林用现代白话翻译的英国诗人雪莱的诗歌《年青的女囚》。

---

① 详见苏雪林:《屈原与九歌·国殇与无头战神》,台湾广东出版社,1973年版,第260页。
② 赵清阁先生在1989年将《无题集》修订重印,易名为《皇家饭店》,由湖南文艺出版社出版。

7月　北京怀人学会（为纪念清初来华的天传教神父南怀人①而成立），出版由善秉仁、苏雪林、赵燕升合编的 1500 Modern Chinese Novels and Plays（《1500 种近代中国小说与戏剧》，英文版），卷首为苏雪林撰写的《当今的中国小说和戏剧导论》，全书以 16 开道林纸精印，560 余页，售价 25 美元。

10 月 2 日　参观"全国木刻展览"（此次展览在武汉大学法学院举办）。本届展览汇集北平、上海、长沙、汉口近十年来三百余帧木刻精华，作品令人耳目一新，线条明快，人物轮廓准确，色彩明朗，表现巧妙。由此足见中国木刻水平大大提高了。

10 月 3 日　长沙参赛代表曾景初访问苏雪林，赠《曾景初木刻集》一本，"要求余为文字一篇，以便到汉口举行木刻展用。余不得已允之"②。

10 月 4 日　上午撰《题曾景初木刻集》，全文洋洋洒洒两千余言，将年轻木刻家曾景初作品引人入胜的特征一语道出："本集以人物为主，人物的动态，无非'静'和'动'，表面描写很容易，透露内心却难。景初先生的人物，动静两态都表现得恰到好处。像集子里的《野宴》《江畔》《卖唱者》《卖胡琴》是属于静的一类，可以把读者的精神解放到野花散馥、垂杨摇绿的空间里，或使人的心灵融化入斜阳深巷，耳边咽着那凄凉的三弦和曼声的哀调，深深地尝味着人生的悲哀。《卸煤的时候》《抢米》则属于动的一类，疯狂的群众，被饥与寒驱迫着，大海怒潮似的去与刺刀木棍斗争，抢夺一点仅足以维持残喘的物质。那扰攘的动作，紧张的空气，透出纸面，简直要绷断人的心弦，这种动乱时代的画面，描摹得真的深刻。"③

下午赴礼堂听胡适、李济在武汉大学的演讲。李济演讲题为《安阳青铜时代》，胡适演讲题为《两种世界两种文化》。演讲毕，"余趋前与胡握手，胡先生对我仍然认识，可见其记忆力之强"④。

10 月 5 日　胡适与李济两位先生应周鲠生校长之请，仍在武大演讲。胡适先生今日演讲题为《廿九年后看五四》。讲演毕，周校长邀胡先生至校长室茶叙。"余偕袁昌英同至校长室，始有与胡先生作短暂谈话之机会。余问：苏俄是否可以统治世

---

①　南怀人（1623—1688）：比利时天主教耶稣会神父，顺治十五年来华，官至工部侍郎，正二品，是康熙皇帝科学启蒙老师。
②　《苏雪林作品集·日记卷》第 1 册，台湾成功大学教务处出版组，1999 年版，第 2 页。
③　此文收入《读与写》，台湾光启出版社，1959 年版，第 187 页。
④　《苏雪林作品集·日记卷》第 1 册，台湾成功大学教务处出版组，1999 年版，第 3 页。

界? 胡氏含笑摇头。又问:共产党是否要推翻国民政府? 胡云不至于此。"① 茶叙毕,与胡适、李济两位先生同往东湖中学,会见东湖中学师生,胡适挥毫为该校题字"要怎样收获,先怎么栽"。

10月9日 《武汉日报》文艺副刊刊出《题曾景初木刻集》长文。

11月8日 物价飞涨,每担米已涨至180元。家中储粮仅数斗,以银圆13块,购得三道机米一担。

上午赴工学院参加教授会议,校长报告学校当局经济状况。诸教授发言皆以生活问题艰难,提议要求政府配以实物,并应据物价飞涨,适当调整薪俸。最后一致通过按季领薪(即一次发薪三个月),并从即日起,罢教一周。

10月12日 袁昌英长女杨静远赴美留学归来,馈赠苏雪林原子笔一支,此笔书写便捷,苏雪林爱不释手。

10月26日 学生孙某,携来元代柯九思青绿山水人物长卷求鉴定。观其笔墨甚嫩弱,绢色又太新,断其非真品。

近半月为偿两笔画债,上课之余,偷闲临窗画上几笔,但皆不满意。

11月18日 天气和暖,阳光暄丽,心情亦佳。上午将仿戴醇士《秋林远岫图》画完,自觉笔法墨色尚可,能够出手还画债了。

11月19日 "将耽搁数月之某轴画完,又将送黄子祥之画题款,作画月余,送出共三幅:一 王元楷,二 方欣庵,三 黄子祥也。其他诸画均有败笔,无法出手。"②

12月1日 致函善秉仁神父,附寄上林语堂、陈瘦竹、程省三照片三张,又寄近日所作松树屏山画一幅以作纪念,画上题诗云:"幽涧潺湲去,屏山入望高。晚间风力劲,万壑响松涛。"

12月5日 为天主教教友严蕴梁修士《玫瑰集》作序,修改并誊清后,全文共两千数百字。

12月24日 上午十时在中文系讲张先、柳永词。下午预备现代文学王统照、许地山、郑振铎三人讲义。本年讲授新文学,学生似甚起劲,自己亦颇感兴趣,恨不得一星期内连讲五个钟头,盖新文学内容甚丰富,若想讲得详细一点,则每周非有五小时不可也。

---

① 《苏雪林作品集·日记卷》第1册,台湾成功大学教务处出版组,1999年版,第4页。
② 《苏雪林作品集·日记卷》第1册,台湾成功大学教务处出版组,1999年版,第31页。

闻中航公司"霸王号"21日在香港失事,死33人,其中有彭学沛、冯有真和韩明夷,疑韩明夷即昔日景海女师旧同事韩女士也。韩女士若不逃难不致死于此次变故,八年抗战逃出大劫,终于死于内战,岂不可惨?

12月31日　赴法学院讨论时局,国共和谈无成功之望。温嗣芳教授大骂政府比军阀尤为贪污。袁昌英拟将幼子宏远携往桂林,自己与女儿静远留守珞珈。阅报知,台湾学生发电欢迎教育界人士赴台。又闻陈诚担任台湾省主席,得此消息,颇为心动,拟于寒假后设法赴台。在与姊相商时,遭其拒绝,她恐又蹈流亡四川之覆辙,故不愿意去台湾。

1949年　五十二岁

1月1日　元旦上午,武大教授于工学院茶话贺年,纵论时事。叶峤教授从英国BBC广播得知:蒋介石已主张与共产党谋取和平,自己愿意下野。闻此消息,与会者皆大踊跃。午后郭昌鹤(昔沪江大学学生,今任监察委员)来访。郭去后,吴宓伴权少文造访,袁昌英适在,谈话颇久,无非讨论去留及逃难事。

2月14日　时局动荡,武汉将易手,苏雪林决意东归上海。连日整理书籍,将廿五史、十通、廿五史补编及线装书装入木箱,存武大图书馆地下室。又去托熊国藻先生联系船票。

2月18日　与武大同人缪工程师夫妇及周煦良先生同乘招商局"江顺号",与大姐夫妇东下上海,于24日到达十六铺码头。侄经国、建业来接船。大姊随新婚次子欧阳建业住江湾路家中,自己住巨泼来斯路巨泼新村12号B座丈夫家——公公徐三先生已过世,婆婆健在,与仲康同住。

2月25日　在上海与六叔继颀(商务印书馆编辑)、堂妹袁苏燕生(嫁上海大律师袁仰安)、堂妹爱兰夫妇(嫁杭州中华艺术研究所王幹民)见面,不胜感慨。

3月10日　上午前往霞飞路1946号上海银行,访胡适先生,谈话甚久,将己欲离开大陆之想,坦诚相告,并赠送抗战期间出版的《屠龙集》《蝉蜕集》《鸠那罗的眼睛》《南明忠烈传》给胡适先生。

3月17日　往武康路280弄9号拜访顾颉刚先生,与顾已十年未见,观其头发苍白,但脸色红润,比之在四川时见到,身体康健多了,颇感欣慰。

3月18日　赴暨南大学访施蛰存,赠《1500种近代中国小说与戏剧》,以作纪念,并告施蛰存自己将要离开大陆。

3月19日　赴蒲石路访教友杨寿康(杨绛先生长姊),知其译作《死亡的意义》在教会颇受推崇,特致祝贺。

3月23日　与大姊一家前往杭州作短期旅游。除游览西湖名胜长堤、灵隐、岳坟外,特地抽时间参观西湖古物陈列所及浙江省图书馆。

3月24日　晚应杭州艺专校长林风眠之邀,出席其招待宴会。

3月26日　因已决定明日返沪,上午决计访浙江大学,拜访竺可桢夫人陈汲①。

4月1日　上午欲再往上海银行访胡适先生,先电话联系上海银行方面,云胡先生未出门。"余草草换衣,即行前往,蒙胡先生殷勤款待,为余筹画将来出路:若有办法,则赴国外,法国将来恐不安全,不如赴美云云。……乃劝速行赴港,写一介绍片与马鉴先生②,又赠余《胡适文选》《四十自述》《陈独秀论文书信》,签字其上,并与余拥抱吻颊而别,盖视余犹女,行此外国礼也。余感甚,泪盈于眶。"③

4月8日　撰《教授国文经验谈》。

4月28日　经天主教上海教区高乐康神父推介,香港天主教真理学会师人杰神父同意,该学会决定聘苏雪林来香港担任编辑(负责公教报纸、杂志、书籍的出版)。

整理自武汉大学带至上海的书籍、手稿、历年的日记等,装入一大木箱中,存上海夫家巨泼新村12号B座。

4月30日　与在沪文友赵清阁女士探望徐志摩遗孀陆小曼。"她那时住在翁瑞五家里,志摩逝世后,小曼穷无所归,依瑞五为活……我记得她的脸色白中泛青,头发也是蓬乱的,一口牙齿脱落精光,也不另镶一副,牙龈也是黑黑的,可见毒瘾很深。不过病容虽这样憔悴,旧时风韵,依稀尚存,款待我们也颇温和有礼。"④

5月2日　凌晨,乘招商局"海菲号"赴港。行前与大姊、燕生、兰妹、建业以及经国夫妇(妻王庆娥)、过继子细毛(即张国祚,后易名张卫)一一道别,不胜依依。

---

①　竺可桢先生的原配张侠魂,抗战时随浙大西迁途中,患病无药而亡。后竺可桢续弦的是陈源胞妹陈汲,陈汲乃苏雪林的好友。

②　马鉴(1883—1959):字季明,浙江宁波人。早年就读南洋公学,后赴美留学,获哥伦比亚大学教育学硕士,回国后任燕京大学国文系教授兼系主任。抗战胜利后,出任香港大学中文系主任。胡适此时写信给马,是向港大推荐苏雪林。

③　《苏雪林作品集·日记卷》第1册,台湾成功大学教务处出版组,1999年版,第111页。

④　苏雪林:《我所认识的诗人徐志摩》,见沈晖编:《苏雪林文集》第2卷,合肥:安徽文艺出版社,1996年版,第325页。

联想到自二月来沪,淹留三月,年过半百,终要告别亲人出走异地。凝视滔滔江水,前程渺茫,不禁黯然神伤!

5月5日　午后船抵港。真理学会师人杰神父派学会沈庆平先生与公教女作家诸正瑛女士登船迎接。

香港真理学会在港岛干诺道,交通甚方便。学会主持者师人杰神父为意大利人,华语、华文皆娴熟。该学会日常编务是以编辑、印刷宗教书籍为主,并办有周期性刊物,一为《公教报》,中文版由中国人编辑,英文版由奥国某小姐编辑;一为《时代学生》,专供中学生阅读,主编者为广东籍程野声神父。

分派给苏雪林的工作是为真理学会撰写稿件,为《时代学生》每月撰文一篇,为公教出版的重要书籍写序文及评介文字,同时将序文、评介联系刊于外界报刊,还要审阅、修改各处教友寄到学会的稿件,联络出版机构,予以承印、出版。每日仅上午赴学会上班,并提供早餐,编辑费港币每月350元。

5月12日　堂妹苏务滋①来真理学会造访,相约同赴如云旅馆拜访王芸生夫人。

5月16日　接上海兰妹航空快信,得知大姊已于5月13日随服役海军的小儿子欧阳建业夫妇,乘海军舰艇去台湾高雄左营海军基地驻扎。

5月31日　受师人杰神父之托,开始用白话文翻译法国里修的《圣女德兰自传》。《圣女德兰自传》又名《灵心小史》,1928年马相伯曾以文言翻译出版。由于马译的《灵心小史》未能照原作法文本子,且多有删削,故教会中人希望能重译。

7月8日　赴香港思豪饭店参观高奇峰弟子赵少昂、韩默深扇面展,果然奇妙。特在日记中记述:"中国绘画到了高奇峰出来,向前大跨一步,其弟子关山月、黎雄才、赵少昂等,较师之成绩尤为奇伟。昔人谓古文有'天下之美,萃于桐城',今余于画亦可谓'天下之美,萃于岭南'。盖诸氏之作,笔力苍劲,设色秀丽,光线浓淡尤佳,且能融中西笔法于一炉,齐白石、徐悲鸿不能及也。吴昌硕以隶篆入画,则书法而已,非画法也。画之正宗,不能不推高派矣。"②

8月20日　武汉大学中文系教授李儒勉、蒋师道赴英国学术交流,回国前,受学

---

① 苏务滋(1912—2002):安徽太平县岭下宝善堂苏文卿孙女,1937年毕业于上海光华大学教育系。香港《大公报》社长费彝民先生夫人。曾任香港中华总商会董事及妇女委员会主任,第五届、第六届全国政协委员。
② 《苏雪林作品集·日记卷》第1册,台湾成功大学教务处出版组,1999年版,第173页。

校当局指派,专程至香港真理学会探访苏雪林,力劝她回武大任教,苏思之再三,权衡利弊,婉言拒绝。购买一块进口衣料,托李、蒋带给好友袁昌英。

8月23日 上午完成《陆徵祥传》五校,此传连校五次,费去不少时间与劳力。下午撰《方君璧女士的画》。

9月3日 与《星岛日报》记者章秋水赴九龙,访亚洲文商学院钱穆先生,直接赴广州尚未回九龙,遂改访姚克夫妇①。

9月8日 《圣女德兰自传》已译完,全书由法文原著译出,计十二章约十万言。自5月31日开始至今,共三个月又八天,暂定名为《一朵小白花》,此仅是初稿,尚须斟酌字句,修饰完善,方可定稿。

9月20日 上午冒雨渡海至九龙,参观孙多慈画展。全部作品经眼后,"果然画得不错,工夫并不算深而天资高绝,炭描笔法异常灵活。中画亦有特殊造诣,油画则嫌滞浊。书法秀丽,其以一并未出国深造之人,居然有此成绩,真不容易。"②

10月13日 开始撰写罗光著的《陆徵祥传》的书评。因报纸副刊篇幅有限,每篇不得超过三千字,故将书评分成独立三篇。第一篇用真姓名,第二篇用笔名"天婴",第三篇用笔名"灵芬"。

11月23日 撰文评论吴经熊③翻译的《圣经》——《新经全集》。书评指出:"吴先生独立所译的《新经全集》,又公开于世界人士之前了。他翻译本书时,参照英、法、德、意、希腊、拉丁六种最正确的译本,中国基督教及天主教各种译本也无不搜罗,并博览梵蒂冈教廷图书馆所宝藏的古代手抄本多种,又采纳无数注释家的意见,与当代圣经学者反复商讨,费去了几年的精神气力,而后将全部新经翻译完全。这是吴先生继《圣咏集》以后的伟大的贡献,也是近代翻译史上最周详谨慎,最魄力磅礴的工程。"④

---

① 姚克(1905—1991):原名姚莘农,笔名姚克,祖籍安徽歙县,东吴大学毕业,为苏雪林高足。曾赴美国耶鲁大学专修戏剧,回国后任编剧及导演工作。抗战胜利后,定居香港,在中文大学、新亚书院任教。

② 《苏雪林作品集·日记卷》第1册,台湾成功大学教务处出版组,1999年版,第214页。

③ 吴经熊(1899—1986):一名经雄,字德生,浙江宁波人,东吴大学、沪江大学毕业,赴美获法学博士,著名法学家及国民党政要。去台后曾任"总统府"资政、国民党"中央评议委员"。

④ 《评价吴译〈新经全集〉》,见《灵海微澜》第1集,台湾闻道出版社,1978年版,第32页。

此稿誊清后,寄《星岛日报》副刊主编叶灵凤,他是上海美专学生,后参加创造社,也办过刊物,是从前在上海认识的作家。

12月2日　开始撰写《中国传统文化与天主古教》长文。

是年年末,收到在南京金陵女子文理学院任教的陈钟凡先生来函,云他已与吴贻芳校长商量,拟聘苏为该校文学院教授,薪水从最优等教职计算,随函寄来聘书,可谓特殊礼遇。想到离开任教十八年的武汉大学,想到不久前武大旧人来港劝回,断然否决,斟酌再三,复函恩师:"明年是一九五〇年,许多公教教友都要到罗马朝圣,我也想去,回大陆事,等我朝圣回来再议如何?"陈钟凡知道这是推诿婉拒之辞,回信大加责备,信末竟有"长与足下生死辞矣,斠玄和泪墨①"之言。

1950年　五十三岁

1月　《中国传统文化与天主古教》论文完成,全文两万五千言,由真理学会出版(此文后收入《屈赋论丛》书中,易名为《希伯来文化对中国之影响》)。

1月12日　收到陈钟凡师来信,云"金陵女子大学愿接受教书,底薪为256元,按时值增位数,又供给住处,公共食堂吃饭,女佣服侍"②。

如此优渥待遇,令人心动。如果本年不出国(指赴罗马朝圣),苏雪林则又打算回去教书。

5月8日　自年初即生赴法国之念。此念缘于1950年为公教圣年(每二十五年为一度),自耶稣诞生以来,已逾七十七度,而1950年又为"大衍之庆",世界各地教友纷纷组团赴罗马朝圣。作为天主教友,能躬逢其盛,赴罗马是难得的机遇,但苏雪林想赴罗马是乘机能到法国做屈赋研究,进一步探讨东西方神话的渊源,因为暂时避居香港只是权宜之计,而非久留之地。当苏雪林把欲去罗马朝圣的意图向师人杰神父禀报时,善解人意的师神父认为朝圣理由正大,当全力帮助,办签证、订船票,颇费周折。临行,善于洞察人心的师人杰神父似乎已探得她此行的真实意图,告知在欧洲如有撰述,仍要寄到香港真理学会,并言每月资助津贴150元,随时回香港,真

---

① 苏雪林:《浮生九四——雪林回忆录》,台湾三民书局,1991年版,第165页。斠玄:指陈钟凡,字斠玄。

② 《苏雪林作品集·日记补遗》,台南财团法人苏雪林教授学术文化基金会,2010年版,第7页。

理学会都会敞开大门。5月8日晚,登上法国邮轮"金邦昂号",开始第二次欧洲之旅。

6月11日　漫长的海上航行终于结束,上午九时,船抵马赛港。旋即购晚八时火车票,乘夜车赴巴黎。

6月12日　上午七时到巴黎,幸得供职中国驻法使馆公教作家卫青心的帮助,住宿"国际学生寄宿舍",由比利时籍裴玫修女①(裴玫为天主教"在俗女子修会"成员,相当于今日义工)服务接待。

6月13日　昔日中法大学同学方君璧②来国际学生宿舍造访。后又一同前往方君璧寓所,方电话联系潘玉良,至此三位老同学、老朋友二十余年后,又重聚巴黎。五时许,潘玉良始来,"十三年不见,并未甚老,谈至八时,乃由潘送归"③。

6月15日　国际学生宿舍李小姐陪同前往一法文补习学校,缴半月学费761法郎,领取学生证,进入教室,学习法文听力及会话。

6月28日　接英伦凌叔华函:云陈源来巴黎开会,她已嘱陈来国际学生宿舍探望。"午饭前通伯先生偕周麟来访,见其容貌较前为胖,并未变化,但头发则苍白矣。邀往中国饭馆吃饭,不过四菜三汤,居然付去1200方④。"⑤

7月4日　继续在补习学校缴费,学习文法及法文写作。

7月9日　"中华民国"驻法使馆来信,言需持护照赴使馆办留居法国证明,因赴意大利罗马,要有法国留居证方能入境。

7月20日　经卫青心与巴黎中国饭馆刘老板斡旋,刘老板答应去找熟人帮忙,一周左右法国巡警厅已将留居证办妥,这样就可放心去罗马了。

---

① 裴玫(1905—2000):比利时籍天主教修女,与苏雪林既为教友,又是多年的朋友。裴玫早年曾加入"雷鸣远女子服务团"(即"在俗女子修会"),服务团旨在帮助中国留欧学生解决生活上遇到的问题。

② 方君璧(1898—1986):福建闽侯人,现代著名画家,黄花冈七十二烈士方声洞胞妹。十四岁与胞姐方君瑛随寡嫂曾醒官费留学法国,入巴黎米里安画院习画,1920年考入巴黎高等美术学院,后与苏雪林、潘玉良同在里昂中法大学读书。

③ 《苏雪林作品集·日记补遗》,台南财团法人苏雪林教授学术文化基金会,2010年版,第68页。

④ 方:法郎的简写。

⑤ 《苏雪林作品集·日记补遗》,台南财团法人苏雪林教授学术文化基金会,2010年版,第77页。

8月1日　由于在香港办的护照是自香港去罗马,现在人到马赛、巴黎,按惯例,是在法国临时过境停留,这是有期限的,一般是居停一月,就必须离境。但苏雪林到法国后就上了补习学校习法文,且领到学生证,凭此就可留居法国六个月。考虑到她只身赴罗马不方便,法国朋友建议参加高弥肃、杜宝晋蒙席发起的中华朝圣团。1日下午随朝圣团一行,乘火车离开巴黎前往罗马。

8月2日　下午六时半车抵罗马,杜宝晋蒙席、徐熙光修士来车站接车,下榻罗马圣伯多禄大教堂附近的梵蒂冈修女所开设的旅社,每日房膳约200法郎,约合美金2元。晚八时,徐熙光修士陪同游览罗马广场。

此后十余天,或集体或单独参观了高里赛(Colsseo),即斗兽场(又称竞技场)以及罗马皇城遗址、原始基督教友墓窟——闻名于世的罗马地下墓道、梵蒂冈艺术陈列所、教宗图书馆及拉斐尔画室,凭吊彭贝依古城①,并驱车到意大利中北部,游览了久负盛名的翡冷翠②。

8月6日　下午六时,随中华朝圣团与世界各地来罗马的八万名信众,在圣伯多禄大堂,觐见教宗庇护十二世③,真正实现了朝圣的愿望。

8月17日　由罗马回到巴黎。此次罗马之行,每到一处,都有观感文字记录,并用航空快寄到香港真理学会主办的《公教报》上刊发,这些文章陆续发表时,报上题为《永城④朝圣记》连载。

9月1日　以"马丹苏"之名登记注册,进入巴黎大学法国文法系法语实语班学习法文,以便更好研读法文版各种古代神话著作,并利用真理学会每月的津贴,购买神话方面的著作。

9月15日　与好友画家方君璧同去旁听巴黎大学法国汉学家戴密微(Demieville)教授的课,又去法兰西学院旁听 ED. Horme 教授的"巴比伦与亚述神话"专题,该教授除介绍了一本他所著的《巴比伦与亚述宗教》外,还开列了十余种西亚宗教神话著作。逐一研读这些西方神话著作后,受益匪浅,对深入研究屈赋、解决屈赋中疑难问题充满了信心。

---

① 公元79年,威苏威火山喷发,瞬间埋葬了那不勒斯附近的彭贝依古城。
② 翡冷翠:即意大利名城佛罗伦萨,欧洲著名的艺术中心。自从诗人徐志摩《翡冷翠的一夜》问世后,国人皆以"翡冷翠"称佛罗伦萨。
③ 庇护十二世(Pius XII):罗马教皇派契利(1876—1958)。
④ 永城:指意大利首都罗马,是"永远之城"的缩写。

10月18日　上午上法文课两节。下午写了两封信,一致台湾省"教育部",言己为原武汉大学教授,现流亡海外,巴黎生活费用高,"教育部"是否能设置一项救助金,对海外学人有所救济;一致台湾"总统府"秘书长王世杰,告知自己在巴黎大学研究东西方神话,已向"教育部"提出资助申请,请其向"教育部"有关人员关照,能否有所救助。

10月25日　收到香港真理学会倪化东神父寄来的由真理学会出版的《一朵小白花》中文译本。书中有吴经熊博士与张维笃主教的序文。看到自己费数月之工夫、依据1923年里修真福德兰中央事务所出版之《真福婴仿耶稣德兰》法文本译成的《圣女小德兰自传》成书,尤其是在圣女的故乡,自觉万分欣慰。

11月9日　"余今日接程天放部长一函①,对余请求婉约拒绝,此路已断,以后只有靠卖文为活矣。"②程天放先生的信,是答复苏雪林10月18日寄给他信的回函,苏雪林在信中说,此番到法国来,是为解决屈赋研究中遇到的难题——域外文化是否在战国时期来到中国,为什么在屈原作品中出现了许多外来文化的因子。初步打算在法国做两年研究,因战后巴黎物价很高,生活不易,加之研究少不了要购必要的书籍与参考资料,恳请台湾"教育部"应视己为流亡海外的大学教授,能否设置一项救济金,给做专项研究者以一定的津贴,顺利完成其研究计划。程天放回复:"迁台不久,各部门都闹穷,哪能有钱救济流亡海外教授……所以我们对苏教授爱莫能助。"③

11月15日　苏雪林初到巴黎,住国际学生宿舍是双人间,由于同居者甚年轻,夜晚很迟才睡觉,影响了她的休息。同时苏雪林还要经常为香港真理学会撰稿,以换取每月25元美金的资助,甚感二人同居不方便。宿舍管事的裴玫修女,将自己住的单间让给苏雪林住④。

---

① 程天放(1899—1967):字佳士,号少芝,江西新建县人。1919年毕业于复旦大学,后赴美国、加拿大留学,获政治学博士。1929年至1930年曾短期任省立安徽大学校长、安徽省教育厅长。去台后1950年至1954年任台湾"教育部长"。

② 《苏雪林作品集·日记补遗》,台南财团法人苏雪林教授学术文化基金会,2010年版,第151页。

③ 苏雪林:《浮生九四——雪林回忆录》,台湾三民书局,1991年版,第175页。

④ 2014年9月5日,笔者赴巴黎探访苏雪林足迹,在巴黎圣·米西尔大街93号国际女生宿舍(即当年的国际学生寄宿舍)的2楼19号,寻找到了苏雪林六十多年前住过的房间(10平方米左右)。

1951年　五十四岁

1月1日　在国际学生公寓与管事小姐裴玫及留寓者欢度新年。新年放假，未去上课，上午赶写文章，下午寻出抗战时从四川带回的薄纸，装订日记本。"余自抗战入川，用此类薄纸本写过九本日记。去年到香港又写一本，1950年起，始改用香港洋纸本《我的日记》，然洋纸笨重，巴黎购买亦嫌太贵，故今年又用土纸本。"[1]

1月30日　为真理学会撰文《巴黎通讯》之一，题目为《花都漫拾》，写己寓居巴黎的直观印象，及对法兰西民族的个人看法。全文五千余字，眼中有物，内容充实，颇耐阅读。

2月4日　巴黎安南天主教联合会，每年春节也像中国人一样，贴春联、吃年夜饭。当天为腊月二十八日，受该会之请，早餐后，为该会撰联，并书春联一副云：

　　海外遇新年，互祝安康共尽一杯酒；
　　天边露曙色，相期猛晋敬答上天麻。

2月6日　今天是旧历大年初一。赴大学办事处询问听文化班演讲是否要再缴听讲费，答复需缴。过书店，购《奥德赛》及《神话画注》。

杨造绩神父与中国在法教友在活水轩聚会。

2月19日　晚上十时三十分，法国当代文学家安德莱·纪德病逝于巴黎寓所，享年八十二岁，他生前曾获世界文学奖与诺贝尔文学奖。

2月20日　上午在寓所借阅《纪德小传》，一边读一边用笔摘要译成中文。下午写作兴趣甚浓，撰《文坛巨星的殒落——纪德病逝巴黎》长篇通讯。傍晚稿成，写信致雷震[2]，连同稿件，一并寄至台湾《自由"中国"》杂志社[3]。

3月22日　与方君璧同去参观法国海外艺术家协会为潘玉良举办的春季沙龙

---

[1]　《苏雪林作品集·日记卷》第1册，台湾成功大学教务处出版组，1999年版，第258页。
[2]　雷震(1897—1979)：字儆寰，浙江长兴人。毕业于日本京都帝国大学法学院，回国后曾任中央大学教授，早期的国民党党员，1949年后去台。
[3]　《自由"中国"》是1949年由胡适、雷震、杭立武在台湾创办的半月刊杂志，该刊创办宗旨是要通过此刊要让"自由""民主"深入人心。

画展。

3月24日　参加国际学生公寓组织的春假旅行团,旅行团共14人,除了意芙小姐与寄宿生修女管事等7人为法籍,其余皆为亚洲的留学生,分别是中国云南籍的刘自强、刘自鸣姊妹,江苏籍的蒋美琳(潘玉良好友),上海音专教授唐珊贞,以及越南的宋娥娣、白雪小姐。

此行是赴法国西部名胜诺曼底(Normandie)附近一著名乡村名胜"白壤"(Blanche-Lande),旅行一周,参观沿海的几个乡镇,体验法国乡村生活,瞻仰著名的宗教建筑,归途经过里修,拜访圣女小德兰故居及她修道的圣衣院旧址。

诺曼底不仅是二战盟军登陆地,更是法国诸多伟大人物诞生地与艺术发祥地,久负盛名。如法国17世纪著名戏剧家郭乃依、拉辛(号称剧坛双璧)即生于此邦。19世纪伟大小说家福楼拜与其弟子莫泊桑小说中的许多人物即取材于这一带的乡镇。比如福氏名著《包法利夫人》中所描写的风俗、人情、生活环境,正是诺曼底一带的风光。再如莫氏短篇小说中的许多乡村小人物——农民及乡镇小市民性格中的狡狯,本质其实是忠厚,多疑其实是轻信,爱耍小聪明最后吃大亏的有点缺陷的芸芸众生,都是诺曼底人灵魂的真实写照。还有艺坛巨擘田园画家米勒的名作《晚祷》《拾穗者》,也是取自这里的乡村美景。此次旅行,诗作甚多,有《白壤即呈》诗4首,记述此行,录其中二首:

　　其一　碧草绵芊带露妍,黄牛三五卧春田。
　　　　　弥耶(米勒)杰作真堪赏,缕缕炊烟夕照天。
　　其二　蘋杨弥望自成行,海水粘天一抹苍。
　　　　　多谢主人留客意,空桑三宿永难忘。

6月1日　凌叔华爱女陈小滢来巴黎,一边学习法文,一边习绘画,因同住国际寄宿生舍,故能时相过从。昔日在乐山,她还是个十几岁的烂漫天真的小姑娘,如今却是年轻的新婚夫人了。

6月23日　赴巴黎大学Z教室参加法语能力笔试、口试考试,经过两个月紧张准备,总算顺利交卷通过了。

6月26日　"上午十一时,赴大学看榜,余之名字居然在内,计及第者共一百名,可称一榜及第,无怪蹩脚如余,居然得取。"①

好友方君璧在巴黎贡底画廊举办个人画展,陈列油画、水彩及国画三十余幅。巴黎学院院员、东方艺术院院长葛洛赛为画展作序,文学家弥亚孟德撰文在巴黎《艺术报》为之揄扬,巴黎《每日邮报》英文版亦有专门介绍。"兹将其迻译于后,以饷国人"②。

7月6日　将法国儿童文学作家梵赖雷的童话《水珠的冠冕》等十二篇有趣的故事,陆续翻译成中文,寄香港《时代学生》上发表,全部童话约有六万字,1954年由台北正中书局出版,题名《梵赖雷童话集》。

7月17日　与方君璧和刘自强、刘自鸣姊妹,由巴黎取道里昂,乘火车赴瑞士一游。法国人耽于享受生活,每至暑假,寄宿生公寓照例不留客,住宿者或度假,或另觅住所,待开学再搬回居住。

瑞士山光水色绝佳,气候宜人,度假者众。与君璧及刘氏姊妹作画、游山、写作、翻译,这段时间是在法国最惬意的时光。

8月16日　由瑞士返巴黎。17日赴英国驻法领事馆办理赴英国签证。

8月18日　与公寓中国留学生彭君结伴,乘海轮渡英吉利海峡至英国。陈小滢丈夫江涛至伦敦维多利亚车站迎接。晚餐叔华请客,菜肴甚可口。与叔华阔别七载,今见其丰神如故,只是微胖。饭后话别后彼此经历,谈至子夜时分,始在其房中睡行军床上,隔床夜话。

8月19日　上午叔华伴游伦敦国立画廊,该画廊收藏18世纪以来名画甚丰,流连观赏,至中午才在画廊吃了点心,聊作午餐,盘桓至下午四时始归。

8月20日　下午叔华陪游距其住所不远的黎琴公园,面积甚广,举目绿茵,任人自由行走,到处布置图案状花坛,鲜花盛开,可爱异常。园中有湖,游艇如织,穿梭于睡莲中,水中有鹅鸭与人同乐。此园还有莎士比亚露天剧场,专演莎翁名剧,叔华谓,待开演时,将请其观看。

8月21日　上午与小滢逛伦敦旧书铺。选购神话手册两本,付两磅五十先令,书价昂贵,令人却步。

---

① 《苏雪林作品集·日记卷》第1册,台湾成功大学教务处出版组,1999年版,第363页。
② 上述三部分法文、英文(有关方君璧画展的序言、评论及作者介绍)译成中文在《自由"中国"》1951年8月1日刊出,后收入《归鸿集》中。该集由台湾畅流半月刊社1955年8月出版。

下午叔华陪伴游览维多利亚纪念馆，见到许多百年前的展览会画片，皆为重大典礼时所绘，多为各国使节、贵族及王公大臣，佩剑制服，威武仪盛。其中竟有一领顶黼服之中国人，询知此人为一船主，驶一木船来参加盛会，仪容可观，大受英人欢迎。

8月23日　与小滢参观福尔摩斯展览馆及蜡像馆，所谓福氏展览馆，仅有一室陈列福氏侦探小说的各种译本，日本有译本在此陈列，而中国周瘦鹃、陈小青的译本则无。另有一室是福氏寝室，布置完全按其书中所述，蜡像馆人头攒动，观者甚众。

8月26日　叔华因家务牵累，由通伯先生陪同参观大英博物馆。依次参观埃及、巴比伦、印度、希腊、罗马等国各个时期的艺术精品。该馆特设中国瓷器馆，许多精美瓷器，令人称赏。最名贵的中国艺术品，乃为英人掠去的敦煌经卷及绘画，其中有晋代顾恺之的《女史箴图》。

8月29日　与通伯夫妇游览英国王室宫殿。先游大名鼎鼎的白金汉宫。宫临街道旁，仅为两层，窗户也粗制，简朴尚不如讲究之普通公寓。这大约是英国王室不同法国王室的最大区别，法王路易十四穷奢极侈，尤以凡尔赛宫为最，维多利亚女王崇尚简朴，故得民众拥戴。

王宫前有广场，上面建有维多利亚纪念碑。从广场穿过一个通道，可直达唐宁街十号，有别致小楼，别看此楼简单不起眼，许多惊天动地的重大决策，即在此楼中酝酿发生。距此楼不远，即为巴力门前的大桥，此桥因为大诗人惠特曼在此作长诗一首而闻名。巴力门建筑与巴黎圣母院为同一种类型，以精细制胜。出巴力门，可赴威斯脱敏士特儿(Westemister)大教堂，形制仿巴黎圣母院，规模较小。教堂内安葬名人较多，如狄更斯、哈代；未在此安葬者，则用石像纪念，如司各德、莎士比亚、拜伦等。英王加冕即在这个教堂举行。

8月30日　伦敦整日下雨，只得在叔华处整理游览途中所购书籍、画片，共分三包，挂号邮寄，免得路上携带。值得庆幸的是，游览地书店购书，一律半价，虽费去六先令多，总算不贵。"余今日用新购小缝纫机，将叔华送我料子做一短衫。自从刘自强小姐送我许多旧衣，余用以改短衫，短衫之多，不可胜数，现在之所以做者，试手而已。晚与王绶绾①先生卜象棋，渠棋甚精妙，余连输三盘，与江涛下一盘，小负。"②

---

① 王绶绾：陈小滢丈夫江涛的挚友。
② 《苏雪林作品集·日记卷》第1册，台湾成功大学教务处，1999年版，第401页。

8月31日 伦敦下雨仍未止。因决定两日后回巴黎,冒雨与叔华游康桥。康桥得名于剑桥,为世界知名大学,位于剑河畔,其实乃是一座大学城,因徐志摩赋诗而扬名中国。大学城内有二十余所学院,店铺应有尽有,各国学子慕名来此求学镀金。其特别之处在于,这座大学城中有许多数百年的教堂、图书馆,点缀在城中,显得可爱而美丽。徐氏《再别康桥》《我所知道的康桥》诗文中所描绘之三洞桥及河水,最值得一赏。

9月2日 在霏霏细雨的伦敦火车站与陈源夫妇及小滢话别。上车后,觅座位坐定后,感觉十分劳累。想到暑假中,7月游瑞士,8月赴伦敦,一路奔波,又提行李,自然疲乏。

自来法后,因为真理学会撰稿,每月可得到学会二十五美元津贴充作稿费。此次两处旅行,用去两百多美元,差不多是一年笔耕之资。巴黎生活费用高,加之遇到好书从不吝惜,计算资斧将告罄,顿生"长安居不易"的归乡之念。

9月12日 开始预备法文《楚辞研究缘起》论文[①]。此稿上半年已写有初稿,现一边修改,一边誊录。

誊稿间隙又写信两封,一致王世杰先生,告知打算回去教书;一致香港真理学会诸正瑛,因诸即将赴新加坡,托其帮忙联系到新加坡大学任教事。

10月10日 赴巴黎"中华民国"驻法使馆参加辛亥革命纪念日聚会。使馆转交王世杰自台寄苏雪林函。信中说:获悉其欲回来,已向台湾"中华"文艺协会张道藩、罗志希两先生处商量,预支稿费美金六百元,请使馆段先生代办协助返回。苏雪林初以为寄来之美金,是身为"总统府"秘书长的王世杰,说服台湾当局资助海外学人专项津贴,今闻乃"文艺协会"预垫稿费,则此文字债一生一世也还不完,故又不敢领取。想到雪艇先生(王世杰字雪艇)如此古道热肠,不知如何是好。

10月29日 接卫聚贤[②]从香港来信(卫聚贤1950年1月从内地至香港,从林宝权处得知苏雪林欲返回),云香港大学拟聘苏雪林任教,此乃苏意想不到之事。

12月25日 今天圣诞节,公寓放假,不备伙食,中午以鸡蛋、面包简单果腹,下

[①] 此篇论文是为取得"巴黎大学法国文法系法语实语班证书"而撰写。
[②] 卫聚贤(1899—1989):字怀彬,号介山,又号卫大法师,山西万泉人,著名的考古、历史学家。1927年毕业于清华国学研究院,他是苏雪林20世纪20年代在上海结识的学术界朋友。1949年卫聚贤去台后,在台湾、香港多所大学及研究机构任职。1975年从香港大学东方文化研究所退休后,还在台湾东吴大学任兼职教授。

午赴潘玉良寓所,就是否返回征询其意见。长谈中知玉良最近为人雕塑一铜像,得到十五万法郎,又卖了几幅画,手头有了钱,想到其夫潘赞化一家生活艰难,拟与救济。临别,潘玉良赠葡萄酒两瓶,以为节日之贺。

傍晚回到宿舍,开葡萄酒以面包、鹅头、牛肉汤招待来法习音乐的成之凡小姐①。

1952 年　五十五岁

1月1日　算起来到法国已一年半,法文长进未如预期,屈赋研究的课题又未得到巴黎大学汉学家戴密微教授的首肯与指导,自觉年龄渐长,老态渐增,展望前景,徒感伤悲。

寒假两周。第一周偿还信债,写信致教会、教友、亲戚、朋友数十通。第二周开始翻译巴黎 Fernard Nathan 出版社出版的各国民间故事集②,先译希伯来民间故事。工作六天,除去外出看歌剧及会客,实际五天,共得二万余字,平均每日四千。

1月8日　今天开始赴巴黎大学法兰西学院上戴密微教授的"中国俗文学"课,听课者有十余位,此课为半演讲式,每堂课为两小时。

1月28日　新年过后,突然有画兴,并尝试画人物,先后画了八仙图、刘海戏蟾、麒麟送子、中国龙。并用法国水彩画纸作中国山水,以宣纸临《壶峰秋色》。

2月4日　在方君璧寓所,会见蒋彝先生③,示以近作绘画请其评判,又请教中国画如何迎合外国人胃口,以便日后在外国可以画谋生。临别,对其将 CoCa CoLa 译为"可口可乐"大加赞赏。

3月15日　义卖展览会的第二日,"有一个法国太太找到国际学舍想买我的

---

①　成之凡(1928—　):现定居法国,她是苏雪林好友杨致殊的长女。杨致殊,北京女高师数学系毕业,在校时曾与苏雪林共同主办过《益世报》的《女子周刊》副刊。杨致殊后与著名报人成舍我结婚,生下长女成之凡,幼女成幼珠。1929年成、杨离婚,杨携二女定居香港。成之凡自幼有音乐天赋,1951年11月来法留学,居巴黎国际学生宿舍。

②　翻译各国民间故事,一是为香港真理学会办的刊物《学生时代》和《公教报》提供所需的稿件,二是检验自己的法文水平。这部分译作后来结集为《趣味民间故事》,1978年3月由台湾广东出版社出版。

③　蒋彝(1903—1977):江西九江人,1925年毕业于东南大学化学系,现代知名画家、诗人、书法家。1933年他在 CoCa CoLa 公司纽约、伦敦举办中文译名的比赛中,以"可口可乐"四字,拔得头筹,此四字发音响亮,与英语发音相似,既为音译,又是意译,闻名遐迩。

画,卖了几张给她,得了千余法郎。又有一位来法游历的美国小姐,想买点中国艺术品带回送给她母亲……又画了两张完全中国风味的,她才满意地付了六千法郎将画拿去"①。在旅费即将告罄时,意外有卖画收入,不无小补。

3月23日　看报刊上介绍苏联妇女生活文章两篇,并动笔译成中文。

4月1日　因想到不久要离开法国,前几天上课后,送上纪念册,想请戴密微教授在纪念册上写几句话,"今日赴大学上课二堂,戴密微将余之纪念册发下,写敦煌出世写本某无名诗人《白云》诗一首,诗乃唐人落番,思念故乡而作,颇切合余之心境,老戴亦有心人哉!"②

4月2日　《苏俄妇女之今昔》终于完稿,誊录完毕后约有八千字。自3月初接《"中央"日报》马星野社长信后,至17日才有暇收集有关资料,其间上课、作画、访客、写其他约稿,真正用于此文者,只十日左右。

4月6日　晚餐后,"与方君璧、蒋彝、陈通伯冒雨赴赵无极③寓所,看其近作之画。赵无极之画,远胜严德殊者,赵与妻共处,赵年约三十左右,其画均为新派"④。

昨日陈通伯先生来寄宿生宿舍,带来凌叔华赠送女式藏青短外套一件、袜子一双,与通伯畅叙近两小时。

4月7日　上完课后,开始撰写《我悔没有成为画家》,此类文字,写起来轻松,稿子可寄《天风》,题曰《海日楼漫笔》,并打算将来抽时间多写一点这类杂文。

4月9日　中午十一时,陈通伯陪曾宝荪⑤先生来访。据陈介绍:曾此次为出席瑞士国际妇女地位委员会的代表,替中国人增光不少。"她以其清晰的头脑,灵敏的手腕,及其流畅纯熟的英语,在会议上大露锋芒,博得全场的尊敬。"⑥

4月28日　近几天阅读《读者文摘》,觉得有些文章很有意思,遂抽暇翻译,其

---

① 苏雪林:《我的生活》,台湾文星书店,1967年版,第186页。
② 《苏雪林作品集·日记卷》第2册,台湾成功大学教务处出版组,1999年版,第50页。
③ 赵无极(1921—2013):法籍华人画家,江苏镇江人。14岁入杭州艺专,师从林风眠习画,1948年赴法留学,后定居法国。赵无极为现代抒情抽象派的代表画家,与美籍华人贝聿铭、美籍华人作曲家周文中被誉为海外华人"艺术三宝"。
④ 《苏雪林作品集·日记卷》第2册,台湾成功大学教务处出版组,1999年版,第53页。
⑤ 曾宝荪(1893—1978):字平芳,别名浩如,湖南湘乡人,曾国藩曾孙女,现代知名教育家。早年求学上海务本学校、浙江女子师范,1912年赴英国留学,获伦敦大学数学系理科学士。1918年回国后在长沙办艺芳女子学校。曾宝荪善演说,曾多次出席国际会议。
⑥ 苏雪林:《归鸿集》,台湾畅流半月刊社,1955年版,第56页。

中《动物的冬眠》《我已经嫁了他不是吗?》二文,今日寄至香港真理学会诸正瑛小姐处,请其选择登在教会主办的报刊上。

5月8日　日前曾晤陈通伯先生,云已有返台之愿,陈颇为赞成。"今日为余前年动身来法二周年,余第二次来法时,虽不如第一次之快乐及前程感之丰富,但亦颇有幻想,以为自己法文本有根柢,到法后精它一精即可对付,屈赋问题定可解决一部分。谁知来法后匆匆二年,法文不但无进步,反比来时退化,而生理状况则日益衰惫,近数月各种恶征一齐呈露,又闻大姊风湿未愈,故决计返……"①

5月12日　决意返台,整理来法时所购的各种图书、画册,加之带到法国来的书籍,足足装满两大箱。赴大使馆拜见段公使,请其代订船票。公使电话询问轮船公司能否订一张三等舱位,回答云:所有赴远东邮船舱位,均被定完,仅有6月6日自马赛启航的"马赛号"尚有一"旅客"(Touriste)舱位,此舱位介于二等与三等之间(法国邮轮皆为豪华型),到香港票价为十二万四千三百五十法郎,倘不预订,则须等到10月份才有空额,是否能有三等,不能承诺。于是返回寓所,与君璧算了一笔账:自6月到10月,要留居巴黎四个月,其间暑假两个多月,照例不能留居公寓,要搬出另租房或外出旅行,四个月的租房费、日用是一笔不菲的开支。现在有一豪华舱位,虽价钱贵三等舱很多,想想还是订下了却心事,况且赶在暑假期间回去,还不影响9月开学上课,当教书匠错过新学期开学上课,岂不要赋闲一年? 如此一想,也就释然。

5月19日　轮船公司派员来装运行李,两大木箱地理、艺术、历史、神话等各种书籍竟重五百斤,每公斤托运费三十法郎(自巴黎运至马赛港),一下子花去七千五百法郎。

5月30日　与国际学生宿舍珍重告别。赠丽丽、西西每人丝袜一双,送莫尼克一幅西湖织锦画,送海伦圣像二帧。来法时购买的收音机赠裴玫小姐。

午后潘玉良前来送别,携装框风景小油画一幅、印版画一大幅相赠。回赠玉良古松九老图一幅。另一幅九老图赠国际学生公寓。

5月31日　晨六时即起,整理携带行李。八时半方君璧、裴玫乘汽车来送至车站。到巴黎火车站见潘玉良、梁谓华、意撒贝儿已候多时。握别,登车时刚好九时。

---

① 《苏雪林作品集·日记卷》第2册,台湾成功大学教务处出版组,1999年版,第70页。

此次回台,自巴黎至露德的一段旅程①,是由画家方君璧与好友裴玫陪同的。巴黎到露德有十一个小时的车程,方君璧三十年前曾去过露德,这次是因为夏天要去西班牙写生,顺道再游露德,还可为苏雪林做旅游向导。苏雪林心向往到露德一游已经很久了,早就计划要来露德朝圣,真要感谢天主冥冥之中安排,赶在 6 月 1 日到达。

6月1日　今天为天主教界的圣神降临节,是天主教一年中四大瞻礼之一。晨七时半,在下榻的圣约瑟公寓望了一台弥撒后,与君璧、裴玫步行至圣母大殿,参加复活节的大弥撒。

露德圣母大殿乃天主教著名建筑,一座哥特式的教堂。正中为一座钟楼矗立青云之上,左右两旁为尖顶侧楼。圣母殿不同凡响之处在于,教堂前有一座高耸的旱桥,桥的两端延长成一半环,半环中央是一大广场。朝圣教友在广场集合。这半环形旱桥,好像是圣母伸出的一双玉臂,要把普天下她心爱的儿女一起拥抱,紧靠在她的胸前,与她的脉搏一起跳动!

走出圣母大殿,朝圣者都追随人流,去参拜玛萨比岩窟,看圣母玛利亚显现像。此窟在圣母殿右旁爱坡格山之麓,为石灰岩层的天然石窟。岩穴右壁上立有一尊大理石砌成的圣母像。圣母着白袍蓝带,双足拇指各有金玫瑰一朵,颈后有一道光圈,圈上有"我乃无原罪始胎者"字样。到此圣境,虔诚地购蜡烛一副,点燃后,在圣母像前祈祷良久。尔后又在圣母像边的圣泉池(装有水龙头)啜饮圣泉,二人含笑谓:希冀圣泉圣水能将生理机能彻底翻新,恢复年轻时心思洞彻、头脑灵敏、四肢轻便的青春岁月!

6月2日　前往露德之北的庇伦尼斯山探胜,此山有名胜歌泰瀑布闻名法兰西,峰顶有湖,名为戈贝,湖水澄澈,清可见底,犹如巨大翡翠碧玉,映着蔚蓝的天色,灵异非常。

6月3日　游览培彤伦岩洞。此洞距露德十五公里,是水成岩构造,洞分好几层,深入地底,各种奇形怪状的钟乳石幻化为千姿百态,令人叫绝,最奇者,人从陆地走进去,乘船从洞穴钻出来。

6月4日　九时半与方君璧在车站相拥,洒泪吻别。方君璧送一尊夜光圣母像

---

①　露德:位于法国西南部,与巴黎、马赛等距,三点恰似等边三角形。以庄严、雄伟的圣母殿闻名于天主教界,旅法的游人都能在圣母殿广场留影而觉不虚此行。

给苏雪林做纪念,祈祷露德圣母能给这位文学好友带去信德的光辉,一帆风顺。车轮滚动数十米,她仍痴立于月台上,不知何年再能相会。

6月6日　五时半即起床,可谓归心似箭。匆匆写了数封信致巴黎的朋友们,十一时三刻登船。两年留学生活结束了,再见,法兰西!

6月11日　邮船今日通过苏伊士运河。天气已渐热,甲板上聚集着人,在欣赏两岸景色。连日来,为打发寂寞,读法文版传记《莫泊桑一生》,此书曾读过中译本,现读原版,生字颇少,即有亦可猜测。来巴黎两年,虽未甚用功,法文究竟有些进步。

6月22日　中午船抵新加坡,因无伴,未登岸。在船上写法文信给方君璧,报告旅途见闻,共两页,颇觉有趣,以后与其通信,当用法文,督促勿将法文遗忘。

6月30日　上午七时,船抵香港。侄儿经国来接船,乘车至加多利道山景大楼,见到四妹袁苏燕生。见其居室宽敞整洁,铺陈华丽,为港九第一代新式建筑。下午赴真理学会,见到旧时同人,与诸正瑛叙别后事。

7月7日　接台湾方面来函,并寄来入境证。王雪艇先生来信云,已介绍至台湾师范学院任教,但校方需面谈始可聘定。中午务滋妹请吃饭,今年为其四十大庆,携衣料、水果致贺。妹婿费彝民对务滋甚为殷勤,关怀备至,两位居港妹妹,可谓有福。

7月20日　渡海乘电车到筲箕湾爱秩序台,访卫聚贤先生,告知近期赴台任教事,卫约定明日在筲箕湾海景楼宴请兼送行,并有饶宗颐、马鑑父子作陪。

7月26日　下午四时,经国、卫聚贤送至渣甸码头登船,除法国带来的两只大箱书籍,又增加了许多日用零碎物件,共有六件行李。

7月28日　上午九时,船抵基隆港。侄儿经书、妹婿施元炎上船来接。登岸后,台湾师省立范学院刘真院长夫人石裕青①、武大同人顾如女士、台湾武大同学会代表及各报记者十余人,至码头欢迎,如此隆重,始未料。中午在刘真家里午餐,饭后,拜访王雪艇夫妇。

《联合报》当日在第2版发表消息:"女作家苏雪林今由港来台,受聘台湾省立师范学院。"

7月29日　台北街头各报登载苏雪林抵台报道。《联合报》在第2版配发照片

---

①　刘真(1912—2012):字白如,安徽凤台人,1935年毕业于省立安徽大学教育系,后赴日本、美国研习教育。1949年担任台湾省立师范学院院长,后师院升等为台湾师范大学,又担校长,享有"台湾师范教育之父"的美誉。夫人石裕青,是刘真在安徽大学读书时的同班同学,安徽寿县人,黄花岗七十二烈士石德宽的长女。

及记者采访,标题为:《苏雪林昨抵台,文教界及妇女界均赴基隆码头欢迎》。

7月30日　由武汉大学旧同事顾如陪同前去拜见曾宝荪、罗家伦、张道藩及妇女会会长皮以书(谷正鼎夫人),并会见在台北的女高师同班同学钱用和与周敏[①]。

8月2日　《"中国"文艺》主编王平陵先生来访,赠《"中国"文艺》合订本一套,并稿费九十五元;王去后,雷震又派人送来发表于《自由"中国"》上的文章稿费二百五十元。接连收到稿酬三百四十五元,差不多是教书匠一个月的薪水。心想:看来在台湾只要努力写作,生活当不成问题。

8月3日　晚乘十时夜车,自台北至高雄,前往高雄左营纬四路海军眷村欧阳建业寓所,与淑孟大姊、建业夫妇相见,执手凝视,百感交集。

8月5日　补旅途日记(自7月14日至抵台湾,约二十天)。

8月7日　补毕日记,偿还信债。写法文信致方君璧、潘玉良,中文信致凌叔华、唐玉珊,长话难短,几乎每信都超重。

8月8日　旅途劳累,导致膀胱炎发作,赴左营海军医院就医,诊断为肾脏炎及贫血,医嘱休息加营养。

8月9日　为偿文债,不得不执笔为《读书半月刊》撰写《抵台观感》。

8月11日　翻译《巴黎通讯》上《匈牙利在慢性死亡中》。"拟将此篇材料分割为两部分:第一部分为匈牙利中等阶级的消灭;第二部分为匈牙利黥刑的风行,以备投《自由"中国"》。"[②]

8月13日　抗战前在武汉大学认识的青年写作者陈善新(柳浪),在今日出版的《新生报》上以笔名"杨岸"发表访问记:《苏梅在左营》。

8月17日　翻译法文版各国民间故事中的印度故事《四个婆罗门中最蠢的一个》,稿纸写满四大页,三千余字。

8月18日　译莫泊桑中篇小说《小洛克》,全文约有两万字,以前读过,尚易了解,翻译速度估计不会慢。

8月26日　下午终将莫泊桑中篇译完。其间因生病及水土不服,精神不济,未翻译。又写了致中国香港和法国朋友信多函,故耽误了翻译进度。

[①] 钱用和(1897—1990):字韵荷,又名禄园,江苏常熟人。1923年毕业北京女子高等师范,受聘江苏省立第三女子师范校长,1925年赴美芝加哥大学、哥伦比亚大学留学,1929年回国任教暨南大学。自1931年起,担任宋美龄私人秘书达五十年之久。

[②] 《苏雪林作品集·日记卷》第2册,台湾成功大学教务处出版组,1999年版,第107页。

9月12日　自8月中旬以来,翻译印度民间故事《鸟书》《四块红宝石》《永生的猫》《贪婪的国王》《聋子的喜剧》等七八篇。

9月16日　《读书半月刊》社来约稿,开出以下选题:我的写作生活、我欢喜读的书、读书对我写作的影响。

9月25日　收王平陵先生来信,得知莫泊桑《小洛克》已在《"中国"文艺》刊出四分之一,年内将刊完。

接到台湾省立师范学院国文系主任高鸿缙①先生函,聘其为国文系教授,嘱速将身份证寄往师院,报台北户籍,并盼速北上就任。

9月28日　自高雄左营赴台北。当日晚,师院临时将第六宿舍画家孙多慈一间画室暂时作为宿舍,给其居住,因美术系教授孙多慈即将赴美考察美术教育。

当晚睡在画室,墙上有一幅孙多慈所绘《寒江孤帆图》。因画室主人离台赴美时间仓促,尚未取走。此幅画构图简洁,平远幽深,质实空灵,苍凉逼人。画上题写五律云:

极目孤帆远,无言上高楼。寒江沉落日,黄叶下深秋。
风厉防侵体,云峰尽入眸。不知天地外,更有几人愁?

画下方题款有"壬辰暮春多慈写于台北师院画室"十四字,当是本年春时所绘。深谙画意诗情的苏雪林,一眼就看出作画者是以画与诗,寄情于水天永隔的恩师与情人徐悲鸿的。

9月29日　上午赴师院拜会刘真院长。商定为国文系一年级开基本国文课程,每周五小时;三年级开楚辞课程,每周四小时。领到师院出纳股预支付的10月份薪金四百一十元。

10月3日　在师院礼堂聆听潘重规②先生演讲,题目为《师范生之责任》。演讲内容从文字、历史、道德三个方面,层层递进,生动阐述师范生应肩负中华民族命脉之重大责任,滔滔两小时,掌声响数次,称颂潘为绝好口才的演说家。刘真院长不愧

---

① 高鸿缙(1892—1963):字笏之,湖北沔阳人,著名文字学家、训诂学家,台湾师范学院首任国文系主任,其学术专著《中国字例》闻名遐迩。

② 潘重规(1908—2003):婺源人,著名敦煌学家、红学家,中央大学毕业,曾任省立安徽大学中文系主任。去台后曾任台湾省立师范学院教授、国文研究所所长。

为"台湾师范教育之父",他十分注重延揽各类人才到师院任教,故台北师院被人誉为台湾首屈一指人才济济的高等学府。20世纪50年代初,许多由大陆到台湾的知名人士在师院任教。如外文系主任、作家梁实秋,国文系主任、知名文字学家高鸿缙,教育系主任杨亮功,体育系主任张庆英,社会学系主任孙邦正等。著名女兵作家谢冰莹、知名而才气逼人的女画家孙多慈、甲骨文专家董作宾、著名历史学家陈致平,皆在师院担任教职。尤其是师院还聚焦一批皖籍精英,从院长刘真到训导长叶守乾、王宗乐,再到知名学人与艺术家方东美、朱德群、巴壶天、吴世璋、程光裕、谢鸿轩、潘重规等一二十位学有建树的人士。

10月18日　侄儿经元携其表兄查显琳①来访。查为军中青年作家,与徐讦齐名,呈诗集一本、报刊结集小说一部,恭请表姑修正并作序。

10月23日　为本系学生演讲"新诗发展的三个时期"。谈新文学发展第一阶段胡适、刘半农等为新诗开拓筚路蓝缕,第二阶段以郭沫若为代表的西洋色彩的豪迈歌吟,但艺术不成熟;而后李金发为代表的象征主义诗篇,有些晦涩难解;真正给新诗带来生命的是徐志摩、闻一多一派的"新月""诗刊"派诗人。学生到场听讲的颇多,深切感受到台湾青年学子求知欲之旺盛。

是月为居台北一个月光阴,除了上课,接待宾客及访问故旧亲朋费去不少时间。拜访的客人有陈诚夫妇,贾伊箴、谢冰莹夫妇,雷震夫妇,杨亮功夫妇及杭立武、陈通伯、张沅长诸公。

10月25日　下午批改作文,眉批、总批颇耽误时间,但学生喜欢,故乐此不疲。吴文藻、冰心夫妇突然造访,颇感意外。经询得知,耶鲁大学邀请他们夫妇赴美教书,他们自日本飞到中国台湾②,拿耶鲁大学的聘书来台湾签护照,护照签好后,特请友人引领到师院探望苏雪林。

10月30日　为军中作家公孙嬿短篇小说集《海的十年祭》所作的序文,刊发于

---

① 查显琳(1923—):安徽怀宁人,苏雪林的表侄,笔名"公孙嬿""余皖人"。北平辅仁大学毕业后,投笔从戎,1946年加入国防部留美军官训练班受训。去台后,入陆军参谋部指挥大学,曾先后为驻伊朗、菲律宾武官。早期作品有《海的十年祭》《大兵谣》《孟良崮的风云》,退役后,赴美经商,现居美国。

② 1946年吴文藻受国民政府指派担任中国驻日代表团政治组长,冰心随夫前往,自此一直住在东京。此次由日本赴中国台湾,后来很蹊跷,吴文藻夫妇并未赴美,而是取道香港,经广州回到北京。

《"中央"日报》副刊。

11月2日　陈通伯先生回台湾述职。在陈返回欧洲时,要托其携带若干封信件至巴黎、伦敦的教友、朋友、文友,故利用周日无课机会,大写特写书信,计有杨造绩、明兴礼、顾保鹄神父、裴玫、唐珊贞、黄颂康、舒梅生、方君璧、潘玉良、凌叔华、戴密微等13人,直写到晚上十一时始毕,每信少则四五百言,多则三千言,这些信加起来总共逾万言。

11月10日　晚赴宁波西路22巷6号,出席"中国"文艺协会欢迎茶会①。由常务理事陈纪滢先生介绍到会会员与苏雪林见面,并对苏在文艺上的成就予以推介,继由苏雪林报告法国文艺近况与抵台观感。

11月19日　上午八时,刘真院长派车来接,同赴松山机场,迎接胡适自美国取道东京回台湾。到达机场,见接机者有王世杰、何应钦、蒋经国、张其昀、朱家骅、程天放、钱思亮等。八时半,大型飞机停坪,胡适出机门,立即被献花,拍照者相拥。安徽同乡会举横幅来欢迎。记者拍照包围着胡适,好容易才与胡适说上一句话,语未毕,即被簇拥者挤开。

11月21日　上午约女高师同学钱用和,赴福州路20号台湾大学校长钱思亮公馆拜会胡适。适逢胡适应邀出席国民党"中央"党部秘书长张其昀午宴,遂留下名片及短笺,改日再谒。

11月22日　下午与谢冰莹乘校车至介寿路台北迎宾馆,参加台湾大学、台湾师范省立学院两校五百余人欢迎胡适博士来台湾讲学②的活动。

11月25日　国文系上午邀请台湾大学董作宾教授来作甲骨文专题讲座③。学生坐前排,教授坐在后面几排。董作宾目光如炬,居然见到后排的苏雪林,频频点头示意。演讲毕,苏雪林趋前与之交谈。

11月28日　与谢冰莹同赴《自由"中国"》杂志社,出席该社成立三周年纪念暨欢迎胡适先生茶会。胡适先生作关于民主社会言论自由演说。胡云:"民主社会中

---

①　"中国"文艺协会:1950年5月4日,去台文艺界人士张道藩、王平陵、陈纪滢、郎静山等发起成立台湾"中国"文艺家协会,简称"'中国'文协"。

②　胡适此次由美国回台湾,是应台湾大学校长钱思亮、台湾省立师范学院刘真院长之请,来台湾讲学的。

③　董作宾(1895—1963):原名作仁,字彦堂,河南南阳人,著名甲骨文学家。北京大学研究所毕业,"中央"研究院首届院士,主要著作有《殷墟文字甲编》《殷墟文字乙编》。

很重要的一件事,就是言论自由。单单在宪法上有保障言论自由的规定是不够的,我们还须努力去争取。如果我们不去争取言论自由,纵使宪法赋予我们这种权利,我们也是不一定会得到的。①"

11月29日 今日无课。《儿童周刊》郑洪初日前征文约稿,整个下午撰中国民间传说《冬瓜郎的故事》,直到晚餐后近九时才完稿。

11月30日 下午应邀至温州街16巷16号访黄君璧夫人储辉月女士②。出示其新作八十幅,令人大开眼界。"储辉月师事黄君璧先生多年,为其入室弟子,后以志同道合,结为伉俪,赵松雪与管夫人之风流韵事,复见于今日,实为艺苑美谭。"

12月3日 晚赴师院礼堂聆听胡适"杜威哲学"第一讲。杜威为胡适留美的导师,生于1859年10月,逝于1952年6月,与胡适亦师亦友的深厚情谊维系三十九年。杜威六十岁时在北京讲学,胡适为他翻译,后来杜威到太原、天津、济南讲学,胡适一直追随其左右做翻译。杜威在北京过六十岁生日时,胡适参加了他的生日庆典,过七十岁生日时,杜威在国外,胡适在上海中国公学做校长,没有机会为导师庆生。1939年,杜威八十岁时,胡适在美国做外交官,参加了杜威的八十大庆。1949年杜威九十岁时,胡适在纽约出席了他的生日聚会。胡适追随导师的殷殷之情,令听者动容。

12月6日 看了储辉月女士的画作,有一股评论其画的冲动与灵感,当日全天完成三千余字的《储辉月女士的画》。文末,感慨地写道:"中国画到了末期,远远离开了自然,日以临摹前人之作为能事,文人画狷狂恣肆,近于狂禅,都是国学的致命伤。但临摹乃是基础工夫,基础筑得坚实之后,再去印证自然,融会变化,显露自己个性与天才,始足自成一格。储女士十余年临摹古人的苦功,并未白费,她现在所有的得意之作,都自实际写生得来,布局应用透视之学,赋色亦肖似自然,而其意境则多推陈出新,往往有如前人所未到者。个人虽非画家,亦略知其中甘苦,今见储女士的大作,认为近代不可多得之奇才,不胜惊佩。"③

---

① 见曹伯言、季维龙:《胡适年谱》,合肥:安徽教育出版社,1986年版,第740页。
② 黄君璧(1898—1991):原名允瑄,晚号君翁,广东南海人,现代著名国画家、美术教育家,台湾师范大学艺术系主任,擅长山水,传统功力深厚,在台湾美术界与张大千、溥心畬并称"渡海三家"。
③ 苏雪林:《归鸿集》,台湾畅流半月刊社,1955年版,第130页。

12月8日　撰《中国图书的厄运》①,历数自秦火到近现代,中国饱经战乱及外族入侵,图书典籍遭遇十大厄运,令人痛心疾首。

晚七时,再次赴礼堂听胡适"杜威哲学"第二讲"杜威哲学思想在技术方面的应用"。

12月16日　下午应付杨群奋先生稿约,撰《黔首一词来源之臆测》,举《尚书》《诗经》《孟子》《吕氏春秋》诸书为例,洋洋四千言,证"黔首"一词不始于始皇称帝以后。

12月23日　晚六时赴厦门街孙继绪寓所。此次胡适先生来台讲学,原北京女高师众弟子仅在公共场所见过老师几面,现胡适先生将到台南访问,故由苏雪林、钱用和、孙继绪发起,在孙寓设家宴,集合居台北的江学珠、周敏、江俊华等同窗,恭请胡适老师、台大校长钱思亮夫妇出席。师生共聚一堂,谈笑甚乐,气氛温馨,佳肴丰盛,滋味可口,直至九时半,尽欢而散。回首女高师学生时代,忽忽三十余年矣!

1953年　五十六岁

1月11日　胡适先生自台湾南部回台北,应刘真院长之请,连续在师院演讲两场。第一场为"禅宗史的一个新看法";12日为第二场,谈谈"传记文学"。胡适开篇就说:"我觉得二千五百年来中国文学最缺乏最不发达的,是传记文学。""传记可以帮助人格教育。""希望大家就各人范围之内来写传记,养成搜集传记材料或爱读传记材料的习惯。"

连续两晚在礼堂听演讲,受益颇多。胡适一生写了多部传记,从老子、吴敬梓、张伯苓到为女高师学生李超作传,可谓身体力行。

4月　担任"中国"文艺协会小说研究组讲员,此职务之责任,是在文协定期例会时,报告小说创作及评论。

6月　《"中国"语文》第2卷第5期发表《离骚浅论》上篇,第6期刊发下篇,全文一万五千余字,开台湾学者研究《楚辞》风气之先。

7月　暑假期间,将1928年北新书局版《绿天》进行修订。初版《绿天》仅四万余字,修订后增益至十三万字,分为三辑。第一辑收原版六篇文字。第二辑为1934

---

① 此文收入《最古的人类故事》,台湾文星书店,1967年版。

年夏与仲康(张宝龄)避暑青岛写的两组散文《岛居漫兴》及《崂山二日游》。第三辑为用童话体裁写的独幕剧《玫瑰与春》与《小小银翅蝴蝶故事》。

12月　台湾海洋出版社出版张漱菡主编《海燕集》,内收苏雪林神话小说《森林竞乐会》①。

本年应天主教会于斌(野声)号召,作画多幅参加在菲律宾举办的"国画义卖展览"用作慈善。台湾画坛溥心畬、黄君璧、郑曼青、陈定山、孙多慈,及陈含光、于右任等书法家,都纷纷献出作品。苏雪林买来宣纸、颜料,画了数十幅,装裱后寄给于斌主教。

本年辞去师院专任教授之职,改为兼任教授。原因是觉得一面教书,一面写些应酬的文章,耽误了屈赋的研究,应该将全部精力投入屈赋研究。其时,担任"教育部长"的张其昀(晓峰)甚理解其心迹,遂在"教育部"辖下的编译馆为她安排一编辑职务。但"教育部"不提供住房,必须仍住在师院第六宿舍。既在师院居住,就不能不替师院教书,故仍教低年级国文与高年级"楚辞"课,所以就由专职教授改任兼任教授了。

1954年　五十七岁

2月27日　胡适回台湾,27日晚钱用和、孙继绪、苏雪林、江学珠、周敏、江俊华等女高师旧友设宴恭请胡适先生。

3月　台北新创作出版社编《自由"中国"创作选集》出版,内收苏雪林神话小说《蜘蛛的故事》。

7月　翻译法国童话《梵赖雷童话集》,由台北正中书局出版。

9月　台北胜利出版公司出版《雪林自选集》,内收小说、散文、评论十多篇,约九万字。

11月　1953年刘真院长奉"教育部"指派,赴美考察教育。旅美一年,陆续写给师院师生长信八通,报告美国教育现状、旅行见闻及考察心得,这些信函都在师院院

---

① 张漱菡(1930—2000):安徽桐城张英、张廷玉之后,台湾著名美女作家,不仅其长短篇备受读者追捧,尤以古典诗词见长,深得文坛耆宿苏雪林称道:"于今文坛上男女作家,国学根底都差,偶作旧体诗词,平仄不调,又走韵,像她写得那么好旧诗词,没有几个。"

刊及有关报刊发表。刘院长归来后,将已发表的长信,重新编排,又增附录两篇,定名《旅美书简》,由台湾"商务印书馆"出版。该书出版后,苏雪林撰长文评介《旅美书简》(此文收入苏雪林《归鸿集》中)。

是年还为公孙嬿短篇小说集《孟良崮的风云》(台湾文物供应社出版)作序。

1955 年　五十八岁

6 月　台湾省立师范学院升等为台湾师范大学,刘真由院长改任校长。梁实秋由外文系主任升任文学院院长。师大学报编辑部向校内征稿,苏雪林楚辞研究论文《九歌少司命》,经梁实秋院长审定,发表于师大学报第 1 期。

8 月　台湾畅流半月刊社出版苏雪林散文《归鸿集》,列为"畅流丛书"之一种。该集收苏雪林 1950—1955 年留法及在台期间所写散文、评论文章四十七篇,约十六万字。

是年秋,新加坡南洋大学创立,聘林语堂先生为校长,林自台湾带了一批学者赴南洋就任。南洋大学文学院向台湾师范大学潘重规、苏雪林二位教授发来聘书,潘先生应聘,苏雪林考虑刚从巴黎归来不久,年近六旬,不愿再作海外之行,未应聘,但推荐好友凌叔华去就聘。凌后来在南洋大学教授的现代文学及写作指导,就是校方原打算请苏雪林教授的课。

1956 年　五十九岁

5 月　台湾文物供应社出版《昆仑之谜》①。此书稿完成于 1945 年 1 月,寄重庆《说文月刊》卫聚贤处,原拟在该刊发表,后因故未能刊发。抗战胜利后回武汉大学,在武昌寻觅出版社出版此书稿,终因时局动荡,未果。1947 年由其六叔、供职商务印书馆的苏继庼介绍,该馆接受此书稿,并付排,但因纸张紧缺,终未能开印。幸作者本人保存该馆的排印本,携至台湾又经十年,终于面世与读者见面。

---

① 《昆仑之谜》是苏雪林避居四川乐山研究屈赋的一本重要考据著作,全书虽仅六万余字,却是检索了汉以后许多地理、历史、文学典籍后,形成个人观点明确、论据充分的力作。20 世纪 20 年代的"李义山恋史之谜"、40 年代的"昆仑之谜"与 80 年代的"屈赋之谜"构成了苏雪林学术研究中的考据"三谜"。

8月 台湾省立台南工学院改为省立成功大学,由原理工科学院升等为综合大学,新任校长秦大钧遍揽人才,为充实文科师资阵容,特聘苏雪林为成功大学中文系主任。苏雪林决定应聘,出于以下因素考虑:

一、房子。自海外回到台北三年多来,头两年借住画家孙多慈一间画室,两年后孙自欧美考察归来,师院分配学院附近教工宿舍一间,无厨卫,不能开伙,吃饭在师院食堂,无法接胞姊淑孟来与己同住,照顾饮食起居。自台北南下就任成大之职位,校方配住宅一幢——日式带院子的平房,有大小卧室三间,客厅一间,厨卫齐全,有前院三十余坪(每坪为3.3平方米),后院八十多坪。宽敞舒适,与台北斗室蜗居有天壤之别。家姊淑孟现寄居儿子儿媳处,有如此宽敞之住宅,接淑孟与己同住,重组"姊妹家庭",互相照顾,不再孤寂。

二、学术。台北商业化气氛太浓,熙熙攘攘,迎来送往,应酬太多,耗费无数光阴。台南宁静祥和,文风很盛,倘能在此完成屈赋大业,不啻为明智之举。于是遂辞去"教育部"编辑与师院兼任教授之职。

是年秋季开学前,由台北南下台南成功大学就任。把家安顿好,与中文系教授、副教授见面后,发现只有她与讲师萧传文是女性,自忖中文系有资深教授、副教授十多位,作为女性在如此环境下做行政领导,不免发怵,加之自己从未有做行政的经验,脾气及个性都不能担任这一职务。于是当即向学校请辞,推荐由年高德劭的施之勉教授担当此任,自己做一名普通教授。

秦大钧校长善解人意,准允。校方配给系主任的一幢房子,也不收回①。

成大中文系第一届招生46名(男25人,女21人),苏雪林开"基本国文"课,每周五小时,每隔两周作文一次,并批改;"中国文学史",每周三小时,讲义由授课者自编。

10月 将胞姊淑孟自高雄左营接来同住。胞姊长她三岁,已六十有三,晚年能再一次享受姊妹家庭之快乐。课余姊妹二人在院子里除草、翻土,前院种了芒果树两棵,栽种了蝴蝶兰;后院除了种木瓜、凤凰木、芒果树外,抗战时在四川的灌园之兴又高涨起来,开了两畦菜地,种了丝瓜、豆角、白菜。又向人家讨了小狗、小猫,整个院子充满了生机,建成了一个无比温馨的家。

---

① 台南市东宁路15巷5号的日式独幢平房,从1956年直到苏雪林去世,她一直在此与胞姊同住。现成功大学已将其修缮,辟为"苏雪林故居"。

是年，修订本《绿天》由台中光启出版社出版，初版三千册，面世不久，就销售一空。

是年年底，台北书局出版萧铜主编《六十名家小说选集》，收苏雪林神话小说《骚西》。

1957年　六十岁

1月12日　寒假期间，集中精力修订《棘心》。修订的原因是五年前未经作者授权，香港出现《棘心》翻印本，错字、脱字及文理不通处甚多，令其不快。近一两年此翻印本又流传到台湾，北新书局原版署作者为"绿漪女士"，翻印本居然用真名"苏雪林"，文友们皆认为是作者自己在台湾重印的，为消除盗版的恶劣影响，更应该对读者负责，故加以修订。

2月2日　"今日接凌叔华自台北来信，云于一月廿六日抵达台北，看了一些朋友后，即闹着过年。天气又坏，不能出去，拟于数日内赴台中，住其表兄蒋东孚先生家，去看故宫所藏之书画，问余能到台中与她盘桓几天否？"①

2月3日　傍晚收到凌叔华寄自台中的限时信，"已达台中，嘱余前去一晤，匆匆收拾，晚餐后，即搭七时十八分慢车赴台中……到台中为午刻正，雇一三轮车赴向上街，路甚远，门牌又找不到，久之始得，揿铃良久始有人来开门，幸与叔华相见，当晚即与叔华共榻"②。

2月4日　早餐后，与凌叔华乘车赴台中北沟古物保存所③，晤该所主任庄严先生。一上午参观精品古画（宋、元、明、清）十余幅，册页十余本。中餐由古物保存所孔德成先生招待，甚丰盛。饭后又继续参观，逢此机会，实属难得。晚餐由凌叔华表兄蒋东孚先生做东，庄严、孔德成先生亦受邀作陪。

晚上与凌叔华观看蒋东孚所收藏各种古物，大开眼界。

2月5日　与凌叔华及其表兄一家游日月潭。在涵碧楼吃午餐，餐后雇艇游光华岛，观赏原住民歌舞。晚上自台中车站与凌分袂，乘夜车回台南。

---

① 《苏雪林作品集·日记卷》第2册，台湾成功大学教务处出版组，1999年版，第193页。
② 《苏雪林作品集·日记卷》第2册，台湾成功大学教务处出版组，1999年版，第194页。
③ 古物保存所：台北外双溪"故宫博物院"未建之前，从大陆故宫运到台湾的各种文物六十余万件，皆藏在台中郊区雾峰北沟。因此处逼仄，只能保藏、保管，不能对外展览。

2月6日　谢冰莹携女自台北来访,陪游台南名胜,参观成功大学。并陪访钱歌川、萧传文两位文友。

2月15日　《新生报》副刊发表《九章浅释》。

3月5日　《三大圣地巡礼》①由台中光启出版社出版,寄来样书五十本。

1950年赴罗马朝圣,写有游记数万言,寄香港真理学会所办的《公教报》发表。后来又游法国里修、露德两处名胜,随笔记录,并未整理成篇。1956年将已发表的罗马游记,与里修、露德两部游记合并为一集,题为《三大圣地巡礼》,约十二万字,交光启出版社出版。

4月23日　谢冰莹写信来,言刘真校长仍欲请她北返师大任教。因孙多慈教授近期要搬新居,倘北返,多慈会将师大分配给她的房子相让,闻此不觉怦然心动。台南房子虽好,但距离文化中心台北太远,恐将落伍,但又虑台北生活费太高,按目前教授薪酬仅台币八百元,必入不敷出,颇费踌躇。

5月8日　刘真校长寄来师大聘书。是走还是留,此事非同一般,大费周折,不知如何抉择。

5月11日　凌叔华自新加坡来函,言在南洋大学教授新文学、基本国文、汉语语法,并告7月暑假时返英国。

5月20日　在课余时间一周内,完成"教育部"委托审阅《中国小说之源流》《诗钟之起源及其格式》《台湾文化研究》三篇论文的审读及评审意见。

5月28日　3月初,曾收到"教育部长"张其昀先生函,云"教育部"拟出版《孔学论集》,嘱作文。后因授课繁忙,一直未动笔。日前终将《汉代纬书中之孔子》写讫,计二万言,挂号寄出。

7月17日　在东宁路寓所,接待台北辅仁大学方豪②神父率领大专公教学生访问团到台南参访,四五十位年青学子站在客厅中,几乎将客厅挤倒。

7月19日　《"中华"日报》公布"教育部"学术审议委员会新聘委员名单,共六人,依次为苏雪林、高明、梁容若、陈纪滢、李曼瑰、谢冰莹。

---

①　《三大圣地巡礼》与1960年出版的《欧游猎胜》为同一本书,为苏雪林赴欧洲罗马、里修、露德朝圣所写的游记。

②　方豪(1910—1980):字杰人,笔名芳庐、绝尘,浙江杭县人。1922年入杭州天主教修道院,专修拉丁文、神学、哲学,1935年晋升神父,任教浙江大学、复旦大学。1949年去台后,在台湾大学、辅仁大学任教授,1974年当选"中央"研究院院士,有《宋史》《中西交通史》等著作。

8月4日　三民书局经理刘振强自台北来访,该书局已将苏雪林神话小说《天马集》列入下半年出版计划,为使该书内容更完备,近期打算补写四篇:一、《银色的恋爱》;二、《自怜》;三、《女面鸟的歌声》;四、《魔鬼的覆灭》。

9月11日　为《文坛》穆中南先生约稿撰《校书记》,谈己在大陆出版十几本书的校对体会。古人说:校书如扫落叶,越扫愈多。"我常说书中错字,像是有隐身法的小精灵,他似埋伏于字里行间,不应该出现的时候,他们决不出现;又像是小说上所说的混世妖魔,不到应该诞降的时候,他们也决不诞降。他们就要这么捉弄你,磨难你,才能甘心的!"①

9月30日　《棘心》修订本出版,光启出版社寄来样书及自购二百本。

本月呈中国文学系施之勉主任关于开设"楚辞"课程的教学计划。先授通俗易懂的《离骚》,再教《九歌》,使学生对屈赋有大致的理解,然后再去教最难了解的、有大量上古文化及中西神话的《天问》。此教学计划,以每周两小时进度,一学年授完。施之勉同意该教学计划。

11月18日　神话小说《天马集》由三民书局出版,书局扣去自购一百五十本的书款,支付作者的稿费仅两千五百元。一本十七万字的小说集,足足忙了半年时间。加之付印前作者本人精心校对三次,占用大量时间,收入仅些许,看来在台湾靠卖文为生,十分艰难,不胜唏嘘。

11月30日　"教育部"第一届文艺奖金提名人选为:诗歌无人(空缺),散文有苏雪林、张秀亚,小说有王平陵、陈纪滢,戏剧有李曼瑰、陈万里,美术有郭明桥、孙多慈,音乐为金许闻韵。

12月4日　乘夜车赴台北,参加12月6日"教育部"学术奖金评审会议。

12月5日　赴师范大学拜会文学院梁实秋院长,又赴温州街访毛子水及罗家伦夫妇。

12月8日　除12月6日参加张其昀召集的文科学术奖金评审会议,余下几日在台北穿梭访问文友及好友,如曾宝荪姊弟、王平陵、李曼瑰、许绍棣、孙多慈夫妇、陈致平、袁行恕夫妇、何凡、林海音夫妇以及王蓝、缪天华、梁寒操、钟梅音、卢月化、黄归人等。南下一年多,能与"文协会"及"妇女写作协会"的男女文友相会,至为兴奋。

---

①　此文收入苏雪林《读与写》一书,台湾光启出版社,1959年5月出版。

12月21日　荣膺"教育部"第一届文艺奖(散文门)首奖,奖金两万元,这在当时教授月薪仅八九百元的台湾来说,可谓不菲。

12月31日　《"中央"日报·学人》专栏刊《盗火者受梏故事之流变》八千字长文。此乃《天马集》中《盗火案》,言希腊神话中普罗美修士是造福人类的神,他不顾个人安危,从主神宙斯那里偷来火种,却遭受宙斯惩罚的来龙去脉。

1958年　六十一岁

5月5日　致函胡适先生。"阅报惊悉长公子思杜先生噩耗[①],不胜痛愤,吾师父子情深,当然更是难堪。"信中还说因照顾胞姊,已从台北到台南成功大学任教。随函附寄近年在台湾出版的《棘心》《天马集》及旧著《玉溪诗谜》《昆仑之谜》。

5月14日　收到本月12日胡适自南港"中央"研究院寄达的长函。信中云:"承问及小儿思杜的消息,至感。我猜想这个去年8月自杀的消息是一种恶意的谣言,故意在五四前夕放出。"[②]在谈及苏雪林在《棘心》中追念五四的"理性女神"的有关文字时,胡适谈出自己的看法:"我很同情你的看法,但我(觉得)五四本身含有不少的反理智成分,所以'不少五四时代过来人'终不免走上反理智的路上去,终不免被人牵着鼻子走。"[③]

10月16日　应台南《"中华"日报》副刊编辑之约,嘱写一批昔日大陆文坛作家逸事及作品评介的文字,每篇限定两千字之内。写了《幽默大师的论幽默》与《最近坠机丧身的郑振铎》两篇后,就以功课忙,婉拒不写了,其真实原因是不习惯写限制字数的文章。

12月29日　收到胡适先生寄来自制贺年卡,上书"敬贺新年"四字墨宝,至感至慰。

---

①　苏雪林信中称思杜为胡适长子,是笔误,长子为祖望(1919—2005),幼子为思杜(1921—1957),胡适去台时,思杜留在大陆,1957年被打成右派后,上吊自杀。
②　台湾"中央"研究院胡适纪念馆藏《胡适、苏雪林来往书信》第六函(1958年5月12日胡适致苏雪林)。
③　台湾"中央"研究院胡适纪念馆藏《胡适、苏雪林来往书信》第六函(1958年5月12日胡适致苏雪林)。

1959年　六十二岁

1月1日　新年伊始,元旦抒怀,颇多感慨:"虽楚辞研究已有端绪,尤其近月讲《河伯》篇,信心尤增强,然写完《九歌》尚待年月,写完《天问》《离骚》《九章》《招魂》《远游》则更不知何时?若两目明瞭,身体强健,尚可徐徐为之。今日一目忽废,一目亦在朝不保夕之状况中,难以用功。"①

1月3日　应《自由青年》总编辑吕天行之请②,开始准备材料,为该刊开《文坛话旧》专栏,每月撰文一篇。

1月11日　为《自由青年·文坛话旧》专栏撰《黄色文艺大师郁达夫》。文中对郁达夫的创作动机予以针砭:"他自己曾不讳地说'著书只为稻粱谋',写作动机卑下如此,当然写不出好东西。""郁达夫最黄色,而且黄得发黑的是他的长篇小说集《她是一个弱女子》。""他尽量迎合一般小市民的品位,大写其淫猥下流作品,居然博得'颓废大师'的称号。""他的作品充满毒害青年纯洁心灵的毒素,与今日台湾黄黑作品相较,也不过是五十步与百步之差。"③

1月13日　上午写自己开书店、自己出版、自己发行的上海滩另一位作家张资平,题目也很诙谐,为《小说商场老板的张资平》,指出张资平在上海卖文为生,批量生产的雷同的长短篇小说三四十种,封其名号为"多角恋爱作家""多产作家""小说商场老板作家",其"文笔粗率,趣味低级,专以色情或富于刺激性的材料,迎合小市民的心理,其作品可说又黄又黑,毫无艺术价值可言"④。

1月16日　林海音寄来法文版《希腊神话图》一本,邀约从书中择选十至十二幅图,加以注解,并说明图中的内容,以普及读者对希腊神话知识的了解,以便在她担任编辑的《文星》杂志上发表。

2月10日　昨日为偿文友林海音文债,上课后居家饮浓茶、抽烟,集中思想撰写《希腊神话略谈》,全文约七千字。当日早晨将昨日未完成的誊清,赴校上课时顺道

---

① 《苏雪林作品集·日记卷》第2册,台湾成功大学教务处出版组,1999年版,第363页。
② 吕天行(1919—1997):字健甫,湖南人,国立政治大学毕业。十六岁开始写作,二十一岁起独立主编过刊物及报纸副刊,历任台湾"中国"文艺协会理事、台湾"中国"青年写作协会理事。
③ 苏雪林:《文坛话旧》,台湾文星书店,1967年版,第59、63页。
④ 苏雪林:《文坛话旧》,台湾文星书店,1967年版,第69页。

寄出,如释重负。

下午开始为《自由青年》杂志撰写《诗人徐志摩的预言》。

2月15日　半月以来,除了上课,接连写了如下文章。一、《希腊神话图注》(计十二幅图)约二千字;二、《希腊神话及其艺术》七千字;三、《诗人徐志摩的预言》四千字;四、《龙马》三千字;五、《河伯的形貌》五千字。总字数逾两万言。另致刊物编辑、文友、教友信函二十一通,精力绞沥过度,睡眠欠佳,每晚都要吃安眠药,方能入睡。

2月22日　凌叔华自台中来探视。下午睡起,陪同游台南名胜赤崁楼、亿载金城、安平古堡、开元寺、延平郡王祠。晚餐淑孟以红烧牛肉、清蒸鱼款待。席间有凌叔华认识的杨端六侄女、在台南教书的杨安祥作陪。

晚与凌叔华共宿一室,对床闲话,至子时才睡。

3月3日　整理"中国文学史"讲义,将《元明清的长篇小说》一章,扩展内容,提炼深化,改成《论中国旧小说》一文,忙了整整一个下午,居然成功,但尚须斟酌,以备完善。

3月5日　今日无课。将屈原《离骚》,逐句注解,用去一整天光阴。"可见屈赋不易教,但对自己有益,虽劳亦乐也。"[①]

3月17日　连续两天撰写《绅士流氓气质各半的周作人》。文章简述周作人教书育人、著书立说的伟绩,尤以人类学、民俗学卓有建树,其对新文学贡献,可以说不亚乃兄周树人。文中对周作人为人与为文的剖析,可谓入木三分:

"周氏尝说他自己心里住着两个鬼,一个是'绅士鬼',一个是'流氓鬼',因为心里有流氓鬼,所以看到那些峨冠博带道貌俨然的假君子,便非常讨厌,他便要施展出流氓手法来,剥去他们的衣冠,给人瞧瞧他们真正的丑恶面目。但作人心里的绅士倒不像这类人,他只是个文质彬彬,爱重礼貌,凡事又喜讲个理儿的上流人物而已。当流氓们聚集一起,要开山堂,结拜把兄弟,去到世界大闹一番时,绅士鬼便从他心灵另一角落踱了出来。只要绅士喝声'不行',流氓亦只有敛手后退……周氏前半世是叛徒(相当于流氓)占优势,后半世则隐士(相当于绅士)居上风。"[②]

3月25日　校《读与写》书稿。右眼未坏前,十四万字书稿一日一夜即可校完,

[①]《苏雪林作品集·日记卷》第2册,台湾成功大学教务处出版组,1999年版,第391页。
[②] 苏雪林:《文坛话旧》,台湾文星书店,1967年版,第33页。

今则每校三小时便要休息,夜间又不能校对,工作效率明显因年老目昏而降低。

3月30日　致六页长函给胡适先生,除了问候,书信中有以下内容:一、祈盼老师能将《中国哲学史》《白话文学史》写完,学生有生之年能拜读;二、告知台湾远东出版社出版的《胡适文存》、敦煌书店影印的脂砚斋本《红楼梦》错讹甚多,能否补救;三、成功大学为其应征"中研院"院士申报的研究屈赋的文稿、资料共二十六种,望拨冗嘱有关人寄还,因教学研究之需,尚要参考;四、想读罗尔纲《师门五年记》,老师处倘有,请赐一册。

4月3日　撰写《我所认识的女诗人冰心女士》。文章回忆与冰心在重庆担任"蒋夫人(美龄)文学奖金征文"评审事。

4月18日　又到《自由青年》发稿日期,下午将《〈海滨故人〉的作者黄庐隐》完稿。此稿写得很顺利,庐隐为女高师同班同学,在上海时又常见面,故下笔流利,三千多字文章,几乎一挥而就。

4月19日　接吕天行函,嘱五四将至,刊物将登载有关五四的人与事文章,并限定二十五日前能将稿子寄编辑部。

4月21日　午睡后,写吕天行约稿,题目拟为《五四话胡适》,至晚饭前完成了三千字。

4月22日　下午继续写《五四话胡适》文章,完稿后将题目改作《纪念五四兼论胡适先生》。文章指出五四的两大元勋为陈独秀和胡适,但二位先贤后来却遭到许多顽固派的攻讦,故在文中特别强调:"五四这个纪念日产生于民国八年五月四日,距今整整四十年了。这个纪念日象征着中国新旧文化的大过渡、大蜕变,也就是说古老陈腐的中国,涤荡旧习,重新做人的始点;走出故垒,迈开大步,踏进廿世纪时代的发轫,它的关系是极大的,不幸它所遭受的误解也特别多。"[①]

4月23日　上午王蓝及女作家尹雪曼来访[②],通知26日赴高雄参加"中国"文艺家协会南部分会成立大会,并要求在会上作二十分钟演讲。

4月26日　上午冒雨乘车赴高雄《新生报》报社三楼,出席文协南部分会成立大会,到会四十余人,见到艾雯、郭良蕙、郭晋秀、童真等七八位女作家,中午在高雄

[①] 苏雪林:《文坛话旧》,台湾文星书店,1967年版,第1页。
[②] 王蓝(1922—):笔名果之,河北阜城县人,台湾知名作家与画家。尹雪曼(1922—2008):本名尹光荣,河南汲县人。曾任《中华》文艺月刊社社长、台湾"中国"作家艺术家联盟会长。

厚味楼饭店餐叙。

4月28日 致函胡适,谢寄《师门五年记》二册,随信寄去《纪念五四兼论胡适先生》六千字长文。因从报上得知,胡适将于五四纪念日当天参加文协座谈会,并在会上演讲,不知此文之意见可否做参考。

5月4日 上午应台南师范之邀,作五四纪念日演讲,题目为《五四与文学革命》,内容共四点:一、文学革命的历史;二、文学革命的必然性;三、文学革命的成果;四、今后文学趋向之途径。

5月9日 将日前写就的《〈天问〉导论》寄《新生报》杜呈祥先生,此文是为该报《读书周刊》所撰。因此文近万言,写信致杜,可分两期刊载。

5月13日 《论中国旧小说》已在香港《大学生活》刊物全文登出。这篇近两万字的专论,将中国汉以来的各类小说分为两大类,即旧式短篇小说(如汉魏笔记小说、唐宋传奇、宋代话本、明清的短篇小说)与旧式长篇小说(以四大名著为代表)。该文在论及旧式长篇小说时,汲取近人版本考据的成果,提出了许多令人称道的真知灼见。如"近日台湾将胡适先生所得脂砚斋《红楼梦》付印,才知原书疵病甚多,高鹗等为之伐毛洗髓,大加改削,《红楼梦》始成一部好书……近人乱诋高鹗,大约是未曾读到脂砚原书"。又如在论及明清小说艺术优劣时,说"以文学艺术论,《醒世姻缘》远在曹雪芹《红楼梦》之上。盖曹书经过多次洗刷修改,始有今日之观,而蒲书则完全出于一人手笔之故"。

5月20日 接到吕天行限时信,谓诗人节将至(台湾将端午定为诗人节),请撰应景之文在《文坛话旧》上发表,并开列台湾新诗坛诗人若干名。阅后觉得所列名单无一够得上诗人节资格,想写新诗坛的李金发,无奈一时手头资料缺乏。

5月23日 花了两天时间,撰成五千字的《我认识陈独秀的前前后后》。文章回忆抗战初,陈氏由南京出狱后,来武汉小住时与之有过两面之缘,一次在武汉大学听其演讲,一次专程到汉口拜访。

5月25日 台中光启出版社将《读与写》列为该社"文艺丛书之八"出版,全书十四万字,分为三辑。第一辑"国文研究之部",收《怎样识字及运用成语典故》《怎样读书》《怎样作文》《怎样教授国文》《一个国文教员的问题》《我对方块字的看法》六篇。第二辑"文艺理论之部",收《谈文学创作的动机》《记叙和写景的技巧》《文学写作的修养》《文学的功用与其对国民品性的影响》《对战斗文艺的我见》《作家论》《我的写作经验》七篇。第三辑"文艺书评之部",收《谢冰莹与她的〈女兵自传〉》

《〈陶渊明评论〉读后感》《读〈新月集〉》《严友梅的童话》《孙多慈女士的史迹画及历史人物画》《题〈曾景初木刻集〉》《钟道泉先生国画题记》等十八篇。

6月4日　"今日无课,在家写'悬圃'①,将英文尼布申尼撒二世之悬空花园一段译成中文,该园基础高三百五十尺,形方,周围一哩四分之一强,如此宏大之建筑,居然能筑成之,亦奇迹也。"②

6月6日　连日来注解《天问》,释"悬圃""层城"③,抄录历代研究者注疏。"今日由洪兴祖④补注得悉司马相如《大人赋》有'贯列缺之倒景'一语,乃知屈原《远游》'上至列缺',果为天缺。服虔注为'天闪'⑤,大误。'天闪'如何可至?又如何可贯呢?余自从事《天问》疏解,于今将及二月,得释文十八篇,几乎每月皆有新的发现,诚为做学问至乐之境。"⑥

6月8日　收到"中央"研究院寄来的《"长期发展科学委员会"会员申请表》,逐款填写,内容繁密。1958年4月10日,胡适就任"中央"研究院院长之职。为提升台湾的科技及人文研究水平,会同"教育部"于1959年2月2日成立"长期发展科学委员会"(简称"长科会"),胡适任该会主席,梅贻琦任副主席,杨树人为执行秘书,由各大专院校及科研机构推选及个人申请,经"长科会"评议后才能确定为"长科会"研究人员。遴选为"长科会"研究人员后,根据个人专题研究计划及成果,由"长科会"每月拨付研究补助经费一万六千元台币(苏雪林后来成为"长科会"研究员,每月领研究费即是此数)。在当时大学教授薪水不高(苏雪林刚回到台湾时,在台湾省立师范学院时每月薪金才四百一十元)的生活状态下,实行此种襄助研究费的办法,是鼓励科研人员不为生活干扰,专心研究而能出成果的良策。

6月11日　写长函致胡适。报告研究楚辞十多年来的心得及对中国先秦文化结构的新发现;告知成功大学文学院推荐她及其他三人申请"长科会"人文科学研究人员。随信附寄楚辞研究论文《共工头触不周山》《女岐与九子母》《昆仑的悬圃》

---

① 悬圃:语出屈原《天问》:"昆仑悬圃,其尻安在?"神话传说中,悬圃在昆仑山顶。
② 《苏雪林作品集·日记卷》第2册,台湾成功大学教务处出版组,1999年版,第427页。
③ 层城:神话传说中昆仑山上的高城。
④ 洪兴祖(1090—1155):字庆善,宋代丹阳人,楚辞研究大家,著作有《周易通义》《楚辞补注》等。
⑤ 服虔:汉代河南荥阳人,初名重,又名祇,字子慎,著有《春秋左氏传解谊》。天闪:雷雨天时,天空的闪电。
⑥ 《苏雪林作品集·日记卷》第2册,台湾成功大学教务处出版组,1999年版,第427页。

《昆仑的层城》四篇。

6月13日　收到胡适寄来六页长信。胡适在信中说:"院士候选人,你在提名之中(指3月21日胡适主持'中研院'审核院士候选人评议会),当日审查时,因为原没有'文学'一类,也没有'美术'一类,故你不在候选人之内。"对苏雪林的楚辞研究,劝她要谨严小心,重视资料及证据运用,不可入迷而不能自拔,信末特别写上"敬祝你的眼病有好转,体力有进步"①。

6月14日　回复胡适13日来函。信中坦言对院士落选毫不介意,只想专心研究楚辞这门学问,并建议"中研院"办一个学术刊物:"现在我向老师建议,能否以'中央'研究院之力办一个学术周刊,或半月刊之类。台湾文艺空气尚称浓厚,学术空气则太稀薄了。有一个学术季刊,一年只出四期,还常常脱期,《大陆杂志》是半月刊,稿费太薄,地盘亦不甚公开。前些时,《'中央'日报》办了一个《学人》,是罗家伦等倡导的,不久又落于少数人之手,我们稿子送去,一年也刊不出。现在该刊不知何故已不续出。《新生报》又办了一个《读书周刊》(字是老师题的,但不知何故未签名),只有七千字地位,文章略长,便被凌迟碎割,请问有谁爱看?所以'中央'研究院办学术刊物,是义不容辞的,未知老师有意否?"②

6月19日　应儿童杂志社黄归人(黄守诚)先生之约,为该刊撰写《我的童年》系列散文,回忆童年时代在祖父衙署里度过的天真烂漫的岁月。

6月23日　为《自由青年》赶写七月号《文坛话旧》专栏文章《新诗坛象征派创始者李金发》。在这篇四千字的长文中,条分缕析中西象征诗的特色,指出中国新诗坛象征诗的创始者,是留学欧洲的雕塑艺术家李金发。分析李金发诗歌"朦胧晦涩""跳跃式的句法""拖沓杂乱,无法念得上口"的诗风,影响中国新诗的健康发展,并列举《自由青年·新诗园地》上曾发表过的一些诗作,"奇怪隐僻,叫人读不懂的佳作"为"晦涩暧昧到了黑漆一团的地步"。对此她深为忧虑,故在文章结尾直言不讳地写道:"五四后,新诗由《繁星》《春水》《草儿》《女神》发展到了新月诗派,已有走上轨道的希望。忽然半路上杀出一个李金发,把新诗带进了牛角尖,转来转去,转了十几年,到于今还转不出,实为莫大憾事。李氏作俑固出无心,为了那种诗易于取

---

①　台湾"中央"研究院胡适纪念馆藏《胡适、苏雪林来往书信》第十一函(1959年6月13日《胡适致苏雪林》)。
②　台湾"中央"研究院胡适纪念馆藏《胡适、苏雪林来往书信》第十二函(1959年6月14日《苏雪林致胡适》)。

巧，大家争着做他的尾巴，那则未免可羞吧！"①这篇论李金发象征诗歌给诗坛带来负面影响的文章，观点明晰，语言犀利、辛辣，出刀见血，再现她为文的一贯风格。她自己心里很清楚，此文一出，必将引来诗坛一场轩然大波或一场论战，但为了中国新诗的健康发展，她全然不顾。她在第二天(6月24日)的日记中写道："将昨文改了一页，又加注若干段，忙了一个钟头，文成。自读颇觉有力，此文发表将引起台湾诗坛一点波澜。李金发所倡象征体，在中国诗坛兴妖作怪二十余年，到了台湾风后，这种风气更盛之，理应有人出来反对一下。"果不出所料，她后来就与台湾新诗的"播种者"覃子豪②先生，打了一场关于象征诗体的论战。

　　苏雪林的《新诗坛象征派创始者李金发》在《自由青年》(第22卷第1期)刊发后，激怒了覃子豪，他当即撰《论象征派与中国新诗——兼致苏雪林》(刊《自由青年》第22卷第3期)，文中提了八条论据，证明中国新诗受象征派、受李金发的影响而得以繁荣，全盘否定了苏雪林认为中国新诗受象征派的不利影响。接着苏雪林又撰文《为象征诗体的争论敬答覃子豪先生》，覃又撰《简论马拉美、徐志摩、李金发及其他》的长篇大作，借《自由青年》为阵地，你来我往，展开了热烈的论争，引起诗坛与广大读者的关注、参与，比如读者门外汉撰《也谈目前台湾新诗》参与讨论。客观地说，这场论战对台湾现代诗的发展是有益的。后来苏雪林因目疾加剧，且又有繁重的教学任务，不想就此问题再无休止地争论下去，遂写了《为象征诗体的争论致〈自由青年〉编者的信》，表明个人不再就此问题打笔仗。信中说："我们意见距离这样远，再辩论一万年，也不会有什么结果，覃先生尽管一篇一篇写下去，我这一方面恕不再答复了。"③

　　6月28日　复信致胡适。胡适6月26日写信告诉苏雪林，他将于7月3日赴檀香山，出席夏威夷大学主办的东西方哲学讨论会，并接受该校赠予的荣誉博士学位。苏雪林写信向老师祝贺并送行。在信中谈到，最近"香港《大学生活》有一篇

---

① 苏雪林：《文坛话旧》，台湾文星书店，1967年版，第160页。
② 覃子豪(1912—1963)：四川广汉人，诗歌评论家，台湾"蓝星诗社"的发起人，曾主编《蓝星诗选》，出版钟鼎文、余光中、郑愁予等人诗作，与钟鼎文、纪弦被誉为现代"诗坛三老"。重要诗评集有《新诗向何处去》《诗的解剖》《论现代诗》等。
③ 苏雪林：《文坛话旧》，台湾文星书店，1967年版，第196页。

《胡适先生访问记》，老师对于流行的所谓'现代主义'的诗体大为反对①，我高兴之至，因为我对于近五十年的新艺术，和支配中国诗坛三十年之久的象征诗体，也是非常讨厌的"②。

7月6日　撰长篇回忆散文《沉江诗人朱湘》。朱湘与苏雪林既是大同乡（都是安徽省籍），又在安徽大学共过事，苏雪林对朱湘可谓了解颇深。1932年朱湘穷困潦倒时，苏雪林曾给予救济。文章凭着对朱湘及其诗歌的深入了解，剖析了朱湘投水自杀的深层原因："朱氏的自杀，是过去诗坛一个悲剧，他为什么自杀，至今尚找不出确实的理由，失业，夫妻不和，当然是原因之大者。可是，这两件事也不致严重到用自杀来解决。我想朱湘之病大概是为了呕心作诗，过度消耗心血而起。我们作家创作的文思——也可说灵感，是一种极其神秘的东西，它来的时候汹涌如海潮，奔腾如风云，灼热如烈火……但它一时停止呢？那又像涧泉之忽然涸竭，看你在它面前渴死。""朱湘为了诗思枯竭略久，便认为此生已矣，草草结束自己的生命，未免太性急了。"③

9月2日　本年6月向"中央"研究院申请的"楚辞研究"项目，经"长科会"评议审定通过，予以资助。自本月起，"长科会"资助申请人经费，随薪俸一并由成功大学发给。

9月15日　连日来赶写《叶绍钧的作品及其为人》《幽默作家老舍》《安那其主义作家巴金》《左翼文坛巨头茅盾》等文，为《自由青年·文坛话旧》专栏所用，因即将赴台北治疗眼疾④，担心吕天行催稿，便多写一点，以防该刊专栏断稿。

9月21日　上午十一时乘火车赴台北治眼疾。此次赴台北就医，成功大学爽快给了一年长假。因为自1952年任教以来，她已任教满七年，按台湾规定，教授任教

---

①　1959年5月16日，胡适接见台湾大学6名侨生，谈到作诗问题时说："如果要给别人看，那么一定要叫别人看得懂才对……大部分抽象派或印象派的诗或画，都是自欺欺人的东西。"又说："我的主张，第一要明白清楚，第二要有力量，第三要美。文章写得明白清楚，方才有力量；有力量的文章，才能叫美，如果不明白清楚，就没有力量，也就没有美了。"（《胡适晚年谈话录》，见1984年5月4日台湾《联合报》）

②　台湾"中央"研究院胡适纪念馆藏《胡适、苏雪林来往书信》第十九函（1959年6月28日《苏雪林致胡适》）。

③　苏雪林：《文坛话旧》，台湾文星书店，1967年版，第87、88页。

④　苏雪林两年前观日食，未采取防护措施，不幸右眼被强烈紫外线灼伤眼底，患黄胆体受损症，台南医院眼科久治未愈。

满七年,可以享受一年学术假期。考虑眼疾非短期能治愈,台湾师范大学请其在师大文学院兼任"基本国文""楚辞"两门课(每周六小时),同时在师大第六宿舍配宿舍一间,可谓两全其美。火车下午六时半到台北车站,台湾师范大学苏淑年、孙多慈及《新生报》副总编辑张明到车站迎接①,并帮助运送行李到第六宿舍安顿。

9月25日　晚偕孙多慈教授赴南海路历史博物馆拜会蒋复璁先生,交谈甚久。临辞别时,"蒋复璁馆长云:'本馆展览故宫名画三百种,共六巨册,价一百五十美金。有优先权者打对折,为七十美元。'然七十美元,我也买不起也"②。

9月28日　接到当局教师节茶会的邀请,因眼疾未能到会。

10月6日　在师大医务室检查身体,初疑有黄疸、肾炎等症,经病理化验后排除。又请天主教欧阳神父施按摩之术,主要按手上经络。友人代为请到一名帮工,代烧饭及照顾饮食起居。

11月2日　写信致胡适,报告来台北治眼病事,并感谢老师及王世杰先生促成获得"长科会"研究费。信中还重点谈到因反对台湾诗坛的"现代主义"诗派:"谁知竟引起轩然大波,一面是这派诗的领导者覃子豪作文攻击我,一面是青年诗人屡次写匿名信来污言秽语地谩骂我,并以'暗杀''毁容'相恫吓。我见他们不可理喻,在《自由青年》上发表了一个声明,放弃论战。但这个问题并未就此了结。"③

11月5日　《公务人员退休法》在报纸上公布。其中一条规定:"文教人员必须在大专院校连续任教满二十年,才可享受退休待遇。"看到此规定,不免为己担心:因为虽然自1925年回国后,就在东吴、沪江、安大、武大任教达三十四年,但中途离开内地到香港一年,又到法国两年,中断了三年(未"连续任教"),会不会在退休时遇到麻烦呢?

11月25日　赴南港"中央"研究院拜谒胡适,承留饭。交谈颇久,胡适命司机开车,送其回师大宿舍。

本年向"长科会"提交的楚辞研究论文是《河伯与水主》。在这篇八万余字的论

---

① 苏淑年(1930—2006):安徽颍上县人,台湾省立师范学院毕业,留校任图书馆典藏部主任。她是苏雪林的干女儿,晚年的苏雪林经常得到她的照顾。张明(1915—2004):江苏南通人,资深新闻工作者,又是以笔名"姚葳"发表散文的作家。

② 《苏雪林作品集·日记卷》第2册,台湾成功大学教务处出版组,1999年版,第474页。

③ 台湾"中央"研究院胡适纪念馆藏《胡适、苏雪林来往书信》第20函(1959年11月20日苏雪林致胡适)。

文中,搜罗及考证的资料甚为丰富。"我这篇论文是论屈原《九歌》中《河伯》的。我说河伯是黄河神,但它策源西亚。西亚有一位历史甚古的水神名曰'哀亚'(Ea),它于天地未造成时即已存在。天地未造成时整个空间充满甚深无底、其阔无边的大水,名曰'深'即深渊,哀亚即为此深渊之主。天地造成后,它即为天地之主,是独尊无贰的,后来各神逐渐兴起,它的地位亦渐低,但总算一位尊神。齐地八神一曰天主,我以为即水星之神哀亚。这当是它地位尚未降时传入我国的缘故。世界各国皆以其国最长最大之一河,称为水星之神,即幼发拉底河,称为哀亚所主。印度是恒河,我国则黄河。"①

1960 年　六十三岁

1月3日　下午赴台湾妇女写作协会举办之茶话会,欢迎李曼瑰②归来。会上曼瑰女士演讲欧美游历与西方妇女文化活动情况。

1月4日　上午与好友李青来女士赴南港向老师胡适贺年,胡适以盛馔款待。临别题著述相赠。

1月6日　致函胡适先生。"我们几个女师大旧学生,拟于本周以后、旧历年前,在厦门街82巷2号孙继绪家,公请老师暨令公子及媳妇、钱校长③夫妇等,望老师决定适当的一天,于三日前函知我,以便分头去邀集那些同学。因为同学们有居北市者,亦有居郊外者,非早日通知恐不及集合也。"

1月14日　收到胡适先生回函:"你们几个女师大同学聚餐事,我总觉得叫你们费力费钱,我很不安,日子最好请你们自己决定。我看我的日程,一月廿一(星四)、廿二(星五)、廿三(星六)、廿四(星期)都没有晚饭局,请你们决后早点通知我。客人之中也不必邀我的儿子、媳妇,媳妇新归国,应酬太忙。钱校长也实在太忙,不

---

①　苏雪林:《浮生九四——雪林回忆录》,台湾三民书局,1991年版,第189页。
②　李曼瑰(1907—1975):广东台山县人,著名戏剧家。1926年保送燕京大学主修中国古典戏剧,1934年赴美入密西根大学英文系研究戏剧。1940年回国任教于金陵女子文理学院,1949年赴台任台湾师范大学、艺专教授。代表作有《楚汉风云》《大汉复兴曲》等数十部。
③　钱校长:指台湾大学校长钱思亮。

必增加他的负担。你们以为如何？谢谢你们的好意！"①

1月24日　晚六时半，在台北厦门街孙继绪寓，宴请胡适先生。"胡先生穿了一件灰色绸面的丝棉袍，容貌有点清癯，已不像1952年和1954年间那么的精神焕发……是日在胡先生跟前，我们又回复到四十年前女师大学生时代，满口老师，老师，争着向胡先生敬酒敬菜，我们纵情谈笑，随便吃喝，同学间还像小孩子般不时打打闹闹，胡先生兴致也逐渐高起来，和我们谈了很多的话，大笑过好几次，那席酒确吃得痛快之至，欢乐之至！"②

3月11日　为尽快治好眼疾，经人介绍赴台湾大学医学院眼科杨燕飞主任处诊治。细致检查后告知：眼底黄斑部分神经灼伤坏死，想彻底治愈，希望渺茫。

3月31日　收到《龙冈季刊》一本，此刊为海外华侨刘、关、张、赵四姓宗亲会所办。该刊"居然将余数年前在某报所刊《关羽受国人崇拜之原因》转载"③。

4月10日　治眼期间，尽量减少伏案写作。赴台北植物园参观宋洪霞庆沙画，顺便又到新闻处看画家叶醉白马画展。

4月16日　《"中央"日报·中学生周刊》版面上，当日刊发之前约稿《我的读书经验》。

5月3日　下午三时，与作家陈纪滢、姚葳应"中广"电台之邀，在该台播音室作"台湾作家对大陆作家广播"④。

5月10日　端午将至，段成泽登门约写纪念屈原文章。

5月17日　"今日早起将屈原文章又重誊了几页，始觉此文已勉成格局，也算是一篇颇有分量的文章⑤。"

5月29日　为天主教会办的刊物约稿而撰写的《人生与真理对话》⑥，诙谐幽默。文章以学长、学弟口吻（学长为主，学弟为客），客问主答，一问一答，纵论人生哲

---

① 台湾"中央"研究院胡适纪念馆藏《胡适、苏雪林来往书信》第二十二函（1960年1月14日胡适致苏雪林）。
② 苏雪林：《眼泪的海·宴请的回忆》，台湾文星书店，1967年版，第70页。
③ 《苏雪林作品集·日记卷》第3册，台湾成功大学教务处出版组，1999年版，第21页。
④ 陈纪滢（1908—1997）：本名奇滢，笔名有滢，河北安国人，著名作家兼报人，抗战时期在武汉、重庆主编《大公报》副刊。姚葳（1915—2004）：女作家张明的笔名，江苏南通人，台湾《新生报》副总编辑。
⑤ 该文章题目为《伟大的爱国辞人屈原》。
⑥ 《人生与真理对话》一文收入苏雪林《灵海微澜》第4辑中，台湾闻道出版社，1996年版。

学问题,读来饶有兴味。

6月4日　写长信致胡适先生。主要内容两项:第一,为自己及一好友求老师墨宝,以作纪念①;第二,对近日报纸报道康有为妻子贫病交加,希望社会贤达施以救助的消息,表示怀疑,写信给胡适,求证自己的疑问是否正确。信中云:"这几天报纸闹着康有为结发夫人梁随觉及长子寿曼贫病求助消息,解囊者甚多。我素来钦佩康梁,本该出点钱凑过热闹,不过我也从老师学得一点'历史癖'和'考据癖',遇事便利用这二件法宝。觉得康夫人母子年龄可疑。戊戌政变距今已六十三年,康有为那时大概已有三十六七甚至四十出头,他若未死,到目前该是百岁以上了。中国人多早婚,康结婚年龄当在二十上下,距今也有八十年。而现在这位康夫人只有八十二岁,又说民国前十二年在广州和康结婚,这是难以令人置信的……若说这位梁随觉老太太是康有为的续弦,甚至是如夫人(康原有数妾)也可以,寿曼是他幼子也可以,说是结发原配及长子,则骗人了。"②据章诒和《往事并不如烟》中《最后的贵族——康同璧母女之印象》介绍:康同璧(1883—1969)为康有为次女,早年赴美留学,1960年她已七十七岁高龄,倘报上所云之梁随觉为其母,则母亲仅比女儿年长五岁,怎么可能? 由此可知苏雪林的怀疑是有根据的。

6月6日　为戏剧家李曼瑰教授近期公演历史剧《大汉复兴曲》,撰《评〈大汉复兴曲〉》③长篇剧评。

6月28日　接到成功大学中文系施之勉主任函,告知学校已将下学期续聘教授的聘书草约提前发到系里,暑假前须来系里签约。

7月14日　赴"中央"研究院台北办事处,缴本年"长科会"楚辞研究学术论文《〈天问〉正简及疏证》油印本(个人出资请师范大学文书组简锡祺刻钢板油印),约二十五万字。论文将《天问》内容分五个部分,即天文、地理、神话、历史、乱辞,依据个人研究心得,逐一加以疏解、补正。

7月15日　章君谷先生主办的文艺刊物《作品》举行座谈会邀请该刊撰稿人每

---

①　胡适1930年在上海中国公学任校长时,曾给苏雪林写过一副对联。上联:寄愁天上,埋忧地下;下联:眼观四面,耳听八方。对联左上角注:上联语出汉仲长统述志诗,下联典故出封神榜。可惜这副珍贵的墨宝,在八年抗战颠沛流离中遗失了(见苏雪林《眼泪的海·附录》)。

②　台湾"中央"研究院胡适纪念馆藏《胡适、苏雪林来往书信》第二十四函(1960年6月4日苏雪林致胡适)。

③　此文刊《作品》1960年第1卷第7期。

位写一篇演讲稿,冒着炎热撰成《〈红楼梦〉与偶像崇拜》三千余字。

7月25日　台北文友卢月化①生日,妇女写作协会总干事刘枋②召集诸女作家在成都路酒楼为其庆生,并请苏雪林赴席。14位女作家欢聚一堂,既是卢月化生日聚会,又是为苏雪林送行(因29日要回台南,结束在台北一年的客居生活)。

7月29日　乘火车到高雄。因尚在暑假中,先在姨侄欧阳建业处与胞姊同住一段时间,暑假结束,即回成功大学教书。

7月31日　阅报知,自8月1日起,邮资涨价一倍。自昨日至今日下午共写国际航空信致方君璧、潘玉良等七通,本省亲戚、文友、杂志编辑信十七封,总计二十四封,"若非为了邮资要增,二日内无论如何写不得如此多之信也"。

苏雪林自青年时代在外地求学,就开始写信与父母联系,与外界交通,此习惯一直保持了近八十年,尤其是到了晚年,独身孤寂,写信成了她与外界联络与倾吐苦闷的最好方式。她写信还有一个习惯,就是"搭信"。所谓搭信,就是请收信人转寄一封或转交一封她致另一人的信,比如这次她寄至法国方君璧的信,就搭寄一封给潘玉良的信。为此,她早年就置备一座天平秤,对邮局限定各种信件的重量,烂熟于心,如致某人的信不超重,就搭写一封,或写好信封,请收信人收到后,贴邮票寄出,或请收信人另备信封,按她开列的地址寄出。当然能将她信中搭信寄出的收信人,都是她的亲友及熟稔的好朋友,知道她有此癖好,乐于其成,而对于泛泛之交的人,她是不会请其转寄搭信的。笔者20世纪90年代初,就曾转寄过她致作家杨静远、冰心、赵清阁、侄儿苏经世、干女儿秦传经及李俨等人的信。由此足见,她一生是多么俭省。

8月9日　致函"中研院"历史语言研究所劳干院士③,谈及正在阅读、抄录《脂

---

①　卢月化(1907—1997):浙江嵊县人,中央大学外文系毕业,1936年获巴黎大学文学博士。1949年去台后,任台湾大学外文系教授。课余创作不少脍炙人口的散文,如《莱梦湖畔》《作家与作品》《生平二三事》等。

②　刘枋(1919—2007):山东济宁人,1938年考入北平中国大学化学系。毕业后从军,任第八区一六七师政治部干事,领少校军衔。1949年去台后,主编大型文艺刊物《文坛》,为台湾"文艺协会"发起人之一。她是台湾卖文为生的自由职业者,散文、长短篇小说、广播剧样样都拿得出手,演、编、导俱来,被文友戏称"十项全能"。作品有《逝水》《坦途》《千佛山之恋》《故都故事》《吃的艺术》等。

③　劳干(1907—2003):字真一,湖南长沙人,历史学家。北京大学毕业,进"中央"研究院历史语言研究所,主要研究汉代历史、语文、文字。1962年受聘赴美国加州大学任教授,后定居美国。

砚斋批本〈红楼梦〉》。信中说发现原本《红楼梦》:"文理謇涩,饾饤满纸,不但说不上一个'好'字,竟还说不上一个'通'字,若非高鹗等为之伐毛洗髓,大加修改,此书如何可以见人?"①表示会将原本中"别字""错字""欠妥遣辞""不通之造句"一一列出,让读者与改本对照,自作权衡,谁优谁劣。

8月18日 将近期读《脂砚斋批原本〈红楼梦〉》心得形成一万七千字长文《试看〈红楼梦〉的真面目》,寄《作品》编辑部。此稿写得十分顺手,自11日动笔,修改、誊写费时一周。其间还写了十数封信,看了几场电影,真正用于写稿时间,也不过三四日。

9月4日 与大姊自高雄返台南家中。整理从台北买来的图书及各种参考资料,一一分类上架,以备随时取阅,此项工程浩大。去台北时就已带去四箱书籍,后又陆续购置与收到各种赠书,加起来数量惊人。

9月24日 收到文友林海音新出版小说集《城南旧事》,驰函祝贺并致谢。

9月26日 成功大学刘显琳总务长通知:教师节当局有请帖请其参加,望做准备,28日派车来接送至车站,乘火车往台北。

9月28日 与成功大学其他五位资深教授去台北,赴教师节当局宴请。"四时半与众共赴中山纪念堂,则客已满座,五时正'总统'莅临。会见'总统'已数次,此次见其特别愉快。"②

9月29日 拜会在师范大学任教的好友谢冰莹(冰莹不久前从马来西亚回国),晚宿其寓,与冰莹畅叙重逢之喜悦。

10月9日 阅报知,雷震案已宣判,涉案人雷震处徒刑十年,刘子英处十二年,马子骕处五年。当日在日记中写:"雷(震)收容匪谍罪状似难成立,而刘之究为匪谍与否亦不能确定,且政府逮捕雷震,又声明《自由"中国"》可以照旧出版,反对党亦可照旧组织,大是失策。"③

10月12日 收到"教育部"聘书,约请10月19日赴台北参加罗锦堂博士论文答辩。

---

① 台湾"中央"研究院胡适纪念馆藏《苏雪林的信》第二十五函(1960年8月9日苏雪林致劳干)。
② 《苏雪林作品集·日记卷》第3册,台湾成功大学教务处出版组,1999年版,第101页。
③ 《苏雪林作品集·日记卷》第3册,台湾成功大学教务处出版组,1999年版,第106页。

10月24日　成功大学中文系聘其为中文系三年级导师①。

10月25日　自10月10日开始动笔撰写《世界文学史第一幸运儿——曹雪芹》,其间除了上课,还计划到台北参加博士论文答辩,中间耽搁六七天,实际用于写作时间,不过一周而已。在这篇两万字的文章中,以大量例句,证明曹雪芹的手稿原本与后来的流传本存在巨大的差异,曹氏是在《红楼梦》一书流传过程中——由手稿的粗糙到通行本逐渐完善尽美中享受了一百五十余年的盛名的。全文内容包括:一、曹雪芹是怎样的一个人;二、《红楼梦》多歧异本的问题;三、脂四本是否即是原稿或与原稿最为接近;四、《红楼梦》的写作是否有所凭借;五、《红楼梦》获得读者欢迎的缘故五个方面的问题。厘清了《红楼梦》的版本沿革及对曹雪芹、高鹗重新认识的问题②。

11月3日　收到张作梅寄来《跂园诗钞》十册,此乃就读北京女高师时,教授古典诗词的顾竹侯师的遗作,为其哲嗣顾翊群先生出资影印。

11月6日　致长信寄胡适先生。内容大致为:一、问候。此次老师自美返台,师母未能同行,女高师在台湾的同学都感到很惆怅。二、随函奉上顾竹侯师遗作《跂园诗钞》一册,以作纪念③。三、因《"中国"语文》发表李辰冬先生关于讨论《红楼梦》的版本问题,李文捧曹雪芹诋斥高鹗,苏雪林深为高鹗鸣不平,撰《试看〈红楼梦〉的真面目》,列出《红楼梦》手稿中别字、杜撰字,以及书中措词轻重失当、文理蹇涩不通处多条(文章刊发章君谷先生主编《作品》上),担心批判曹雪芹的文章,使拥曹者们"替曹雪芹辩护,觉得我指斥雪芹,不仅煮鹤焚琴,而且伤天害理"④,想听听老师的态度,并祈盼老师"出马支援"。

11月9日　台北女作家参观团一行16人,在谢冰莹团长率领下,参观完横贯公路⑤,路过台南,下榻台南饭店,并集体前往东宁路拜访苏雪林。

---

① 成功大学中文系施行导师制,由资深教授指导学生的学习及毕业论文的撰写。本届中文系三年级学生注册数为14人。
② 此文收入苏雪林《试看〈红楼梦〉的真面目》,台湾文星书店,1967年版,第167—201页。
③ 顾竹侯:即顾震福(1871—1935),江苏淮安人,晚清著名文字学家。与胡适同在北京女子高等师范授过苏雪林的课,胡教中国哲学,顾教文字学及诗词选。
④ 台湾"中央"研究院胡适纪念馆藏《胡适、苏雪林来往书信》第二十六函(1960年11月6日苏雪林致胡适)。
⑤ 横贯公路,全称东西横贯公路,为台湾第一条连接东海岸与西海岸的公路,横穿中央山脉,全长190公里,自1956年7月7日施工至1960年5月9日通车,耗资4.3亿新台币。

11月24日　收到胡适先生长函。谢苏寄赠顾先生《跬园诗钞》,并谈了对曹雪芹手稿谈了看法。"我写了几万字考证《红楼梦》,差不多没有一句赞颂《红楼梦》的文学价值的话。大陆……也曾指出我只说了一句'《红楼梦》只是老老实实地描写这一个坐吃山空、树倒猢狲散的自然趋势,因为如此,所以《红楼梦》是一部自然主义的杰作'。其实这一句话已是过分赞美《红楼梦》了……我曾经见到曹雪芹同时的一些朋友——如宗室敦诚、敦敏等人的诗文,我也曾仔细评量《红楼梦》的文字以及其中的诗、词、曲子等等。我平心静气的看法是:在那些满洲新旧王孙与汉军纨绔子弟文人之中,曹雪芹要算是天才最高的了。可惜他虽有天才,而他的家庭环境及社会环境,以及当时整个的中国文学背景,都没有可以让他发展思想与修养文学的机会。在那个浅陋而人人自命风流才士的背景里,《红楼梦》的见解及文学技术当然都不会高明到哪儿去……我向来感觉,在见解上,《红楼梦》比不上《儒林外史》,在文学技术上,《红楼梦》比不上《海上花列传》,也比不上《老残游记》。"①信中胡适还告诉苏雪林,"你在《作品》上的长文,我已经看见了……我当然同意你说的'原本《红楼梦》也只是一件未成熟的文艺作品'。但我也觉得你在《作品》上说的有些话也未免太过火"②。

12月12日　当选台湾成功大学教授委员会监事。

12月17日　致函胡适先生,祝贺七十寿诞。信中谈已对胡适先生于中国文化贡献的肺腑之言。"第一,是白话文学的提倡,于今中国已成了白话文的世界,虽有一二抱残守缺者拼命在弄他们的联文、律诗、楹联等等,究竟获不到广大读者的拥护。第二,旧文物制度的评判,如'贞操问题''我对丧礼的改革''不朽''我的对于西洋近代文明的态度''请大家来照照镜子''名教''整理国故与打鬼''信心与反省',老师的态度是温和的,议论是公平合理的,其威力之强,则胜过那些偏激的破坏主义者万倍。第三,是科学的治学方法,像《红楼梦》《水浒》的研究,即其显例。我也是老师仙丹点化的一个,所以我成为一个专讲理性的人文主义者。"③

---

①　台湾"中央"研究院胡适纪念馆藏《胡适、苏雪林来往书信》第二十七函(1960年11月20日胡适致苏雪林)。

②　台湾"中央"研究院胡适纪念馆藏《胡适、苏雪林来往书信》第二十七函(1960年11月20日胡适致苏雪林)。

③　台湾"中央"研究院胡适纪念馆藏《胡适、苏雪林来往书信》第二十八函(1960年12月17日苏雪林致胡适)。

1961年　六十四岁

1月17日　胡适写了一封长信寄给苏雪林。胡适在信中谈到他对曹雪芹残稿与曹雪芹本人的态度:"曹雪芹是一位最不幸的作家,很应该得到我们在二百年后的同情的惋惜与谅解。曹雪芹有种种大不幸。他有天才,而没有受到相当好的文学训练,是一大不幸。他的文学朋友都不大高明,是二大不幸。他的贫与病,使他不能从容写作,使他不能从容细细改削他的稿本,使他不得不把未完成的稿本赶抄去换银钱,买面买药,是三大不幸。他的小说的结构太大了,他病中的精力已不够写完成了,他死时只留下一部未完成的残稿,是四大不幸。这些都是值得我们无限悲哀的同情。"①

2月10日　赴台北"教育部",受邀参加台湾大学中文系研究所罗锦堂博士论文《现存元人杂戏本事考》答辩②。本场答辩,为台湾"教育部"授予的第一位文学博士衔,故"教育部"极为慎重,特别组成答辩委员会,主考官为"中央"研究院院长胡适,委员有台静农、梁实秋、李辰冬、苏雪林、戴君仁、郑骞七位资深教授与著名学人。

6月15日　致信胡适。谈到成功大学希望自己能申报"中央"研究院院士的甄选。"今年'中院'选举院士,成大当局劝我参加,希望我能中选为成大增加声誉;我也觉得自己余年无几,也望能于未死前得到这个光荣,未知老师能不骂我虚荣心重而赐予帮忙么?"③

6月20日　台南某远洋轮上船员到东宁路造访苏雪林,带来了张宝龄已于本年2月12日因病在北京逝世的消息(1949年后,张宝龄曾在辽宁大连造船厂工作数年,后调入北京机械部第三局任副总工程师)。此消息是他在海外遇到的也是做海员的一位亲戚告诉他的,这位大陆亲戚受张家之托,请他回台南转告苏雪林。想到自1925年与张结婚,"命运将两个绝对不同的灵魂,勉强结合在一起"(《绿天·自

---

① 台湾"中央"研究院胡适纪念馆藏《胡适、苏雪林来往书信》第二十九函(1961年1月17日胡适致苏雪林)。

② 罗锦堂(1929—　):字云霖,甘肃陇西人。台湾大学文学博士,香港新亚学院教授,美国夏威夷大学东亚语文系教授,著作有《佛说阿弥伦经注解》《元人小令分类选注》等。

③ 台湾"中央"研究院胡适纪念馆藏《胡适、苏雪林来往书信》第三十二函(1961年6月15日苏雪林致胡适)。

序》),维持夫妻名分三十六年,但真正同居在一起不足四年(在苏州不到三年,在乐山一年),诚如自己切身感受:"个人婚姻是啜饮命运的苦酒。"送走了客人,两姊妹都不免黯然神伤……

6月25日　本年度交"长科会"论文《东皇泰一与木星之神》。

7月26日　上半年除上课外,集中精力撰写疏解《天问》的论文,出资请人刻钢板油印,装订成册。"全文共二十五万余字,此书告成再写《九歌》,则屈原研究之大难关已突过,《离骚》《九章》《远游》《招魂》无多话可说,我二十余年以来,心常痛苦,以为将赍志以没,不意居然有完成之日,亦良慰也。"①

8月7日　收到王世杰先生寄达限时信,告知"中央"研究院仍然按惯例,本年不增选文学与艺术界的研究人员为院士,建议撤回院士申请书。

8月8日　致长信给胡适先生,详细报告研究屈赋的艰苦历程,同时告知此次申请院士非个人自愿,而是成功大学方面力促。"今天又写信,是为上回说的竞选院士的事。从前为这事曾失败过一次,本不该再冒昧尝试,但这一回却并非由我主动,是成大当局敦促着做的,说争个院士好为成大光荣。不过我一直不放心,前天写信问王雪艇先生,假如竞选无望,不如撤回申请书,免得第二次落选惹人耻笑……雪艇先生昨日特来限专信,说'中央'研究院院士不取文学、艺术的人,他和老师都同意我撤回申请。我今天不顾倾盆大雨,赴校去找本校教务长办这件事。"②

8月27日　台南铝厂总工程师郑逸民先生逝世,为郑逸民下属丁陈威之请,代拟挽联:

凤恙偶重婴,遽息尘劳朝帝阙。
长才犹未展,空留硕画在冬官③。

9月12日　乘车赴台北,前往"中央"研究院图书馆查阅楚辞研究的有关图书资料,顺便拜见胡适及台北的一些文友。

9月17日　谢冰莹陪同,乘车赴南港"中央"研究院学人宿舍。安顿住宿后,胡

---

① 《苏雪林作品集·日记卷》第3册,台湾成功大学教务处出版组,1999年版,第233页。
② 台湾"中央"研究院胡适纪念馆藏《胡适、苏雪林来往书信》第三十七函(1961年8月8日苏雪林致胡适)。
③ 冬官:古代以四季命官名,冬官指掌管工程机械。

适派秘书来请二人至其寓晚餐。

9月19日 自今日始在图书馆查阅、借读有关屈赋注家的资料。"上午在图书馆抄了若干材料,发现'六译馆丛书',其中居然有《楚辞讲义》,虽不多亦难得,乃急撮要抄之。"①

9月25日 九时曾到杨希枚②研究室看其李约瑟所著 Scienee Civilisation in China(yoseph needhom),其中有大瀛海图数幅。

9月28日 今天是孔子诞辰,也是台湾教师节。蒋介石在中山纪念堂光复厅,宴请大专及中学资深教师,苏雪林作为从教大专院校三十年以上资深教授四人中之一,特别受到蒋介石褒奖。当天出版的《新生报》刊发记者专访并配发照片③。当日出席宴会的有胡适、张晓峰、梁实秋、毛子水、钱思亮、曾宝荪、赵少铁等。

10月2日 离开"中央"研究院,向胡适先生辞行,适逢胡适进城不在院内办公。留函申谢。

10月4日 胡适复函。"这回你来南港小住,使我得多见你几次,我很高兴。可惜我们没能多谈谈。我劝你不要轻易写谈《红楼梦》的文字了。你没有耐心比较各种本子,就不适宜于做这种文字……不必听章君谷的话,你另挑一个题目写文字吧。办杂志的人叫你写《红楼梦》的文字,那是'唯恐天下不乱的心理,他不管苏雪林女士的晚年目力与体力与耐心是否适宜于做这种需要平心静气的工夫而不可轻易发脾气的工作!'你听听老师的好心话吧!"④

10月5日 苏雪林致胡适函。遵嘱不再作关于《红楼梦》文章,在《作品》上发表文章,实在是推托不掉章君谷先生三番五次的约稿。信中还说:"老师动说我好发脾气,对我性格似乎尚欠了解。我幼年时柔顺得像只小绵羊,成人后,一直以性情温和著称。到了老年火性始稍大,但也要遇见极不平事始行发作。老师又劝我不可发'正义的火气'。我以为一个人乱发脾气固不好,事关正义而应说的话不敢说,应做

---

① 《苏雪林作品集·日记卷》第3册,台湾成功大学出版社教务处出版组,1999年版,第260页。

② 杨希枚(1916—1993):北京人,著名人类学家。武汉大学生物系毕业后,进入中研院史语所工作,研究殷墟头骨,主要著述收入《先秦文化史论集》。

③ 此次宴请资深教授,事先在报纸上公布受邀者名单,报社记者预先专访,在教师节当日于报上刊发专访及受访人照片。

④ 台湾"中央"研究院胡适纪念馆藏《胡适、苏雪林来往书信》第四十五函(1961年10月4日胡适复苏雪林函)。

的事不敢做,沁沁眱眱,唯图自保,那也是不对的。我很疑惑这不像一个老师教训学生的话。或者老师这话另有解释,我一时懂不过来。在南港时屡思以此求教,因没有得着机会,因循未果。希望老师将来有暇,或有兴致时再赐教而已。"①

10月10日　胡适复苏雪林长函。闻不作《红楼梦》文章,甚喜,并在信中举例说明校勘版本于研究之重要性。回答苏雪林的疑问:"现在我可以谈谈'正义的火气'。你若记得我前年发表的《容忍与自由》,就可以明白我所谓'正义的火气'是什么。

"'正义的火气'就是自己认定我自己的主张是绝对的是(注:原函'绝对的是'字下有圈),而一切与我不同的见解都是错的。一切专断,武断,不容忍,摧残异己,往往都是'正义的火气'出发的。

"我在1946年北大开学典礼上演说,曾引南宋哲人吕祖谦的话作结:'善未易明,理未易察。'懂得这八个字的深意,就不轻易动'正义的火气',就不会轻易不容忍别人与我不同的意见了。

"我当时引那八个字,在场的一千多人大概至多只有几个人懂得那八个字的重要性……你说你'到了老年火性始稍大'。我请你想想吕伯恭的那八个字的哲学,也许可以收一点清凉的作用罢②?"

10月18日　成功大学周还先生赠苏雪林七律诗一首,云:"苏雪林教授为今代女文学家,夙所钦佩,国中嘉树屡荷移植,爰赋长句以谢,即请郢政。"

宅处东宁附近邻,学人身价果超伦。
谜诗商隐能翻旧,神话楚辞又唱新。
嘉禾移来渐葱翠,培材不倦佩陶甄。
中西典籍勤精究,传世文章自有真。③

11月11日　自月初读谭嗣同集中文章,对其思想钦敬不已,写了数篇文章。

---

① 台湾"中央"研究院胡适纪念馆藏《胡适、苏雪林来往书信》第四十六函(1961年10月5日苏雪林致胡适函)。
② 台湾"中央"研究院胡适纪念馆藏《胡适、苏雪林来往书信》第四十七函(1961年10月10日胡适致苏雪林函)。
③ 《苏雪林作品集·日记卷》第3册,台湾成功大学教务处出版组,1999年版,第276页。

"今日写文章甚忙,所写乃《谭嗣同全集》内容之若干处,即其反君主、反异族政府、反伦常是也。余文长三千五百字,题曰《维新前一个中国的愤怒青年》,浏阳时代距今已七八十年,而思想进步如此,亦殊异特。南海《大同书》思想突过时代数世纪,浏阳亦然,而浏阳尤足称为思想界之急先锋。"①

11月13日　英国作家贝文巴赴台南访苏雪林。

11月19日　受台南市社教馆童家驹馆长之请,与成功大学中文系尉素秋、李勉、萧传文三位教授,担任台南市诗歌朗诵比赛会评委。赛后的优秀作品汇成《诗歌朗诵集》,为之作序。

11月22日　读朱慧洁女士《提篮话旧》散文集②。这本书是友人王礼卿先生送来的,作者是位中学教员,托王礼卿先生请心中景仰的前辈作家苏雪林先生为之作序。读后,觉得内容充实,语言感人,值得介绍。

11月27日　读毕朱慧洁女士《提篮话旧》,成诗四首。

> 提篮在手话家常,主妇厨中日日忙。
> 写出廿年离乱恨,泪痕血点恻人肠。
>
> 烽火漫天铁马嘶,流离蜀道忆当时。
> 女儿曾唱从军乐,不让花兰一代奇。
>
> 纷纭世态与人情,堪羡毫端刻画精。
> 不比寻常杂脍味,朱盘托出五候鲭。
>
> 道韫才华未足夸,词坛今日尽名家。
> 喜从苜蓿空盘外,又见才人笔吐花③。

---

① 《苏雪林作品集·日记卷》第3册,台湾成功大学教务处出版组,1999年版,第285页。
② 朱慧洁:1916年生,卒年不详。本名朱慧淑,浙江江山市人。南京女子法政学校毕业,爱好文艺,曾任《"中央"日报》文艺副刊编辑,遭排挤后去职。1947年赴台谋职,任台北中学教员,《提篮话旧》收散文、短篇小说31篇,内容含蓄真挚,震撼读者心灵。后又发表中篇小说《火祭》。
③ 《苏雪林作品集·日记卷》第3册,台湾成功大学教务处出版组,1999年版,第291页。

11月30日　自10月初至11月下旬,除正常教学外,集中精力写了十多篇纪实系列散文《台北行》,分小标题独立成篇,记录在台北访友,在南港读书、查阅资料,拜见胡适等活动。如《文坛近闻二三则》《到南港》《书城谒大师》《"中研院"图书室简介》《春风再坐》等约五万言,陆续在《作品》上发表①。

12月15日　赴台北,与谢冰莹同去台大医院探视胡适先生。

1962年　六十五岁

1月1日　"今年余过年心绪之坏,为历年之冠! 盖以目疾剧增,有双盲之厄,想于明夏办退休焉。退休虽可办,而栖身则无所,年老无家,若身体强健尚无所谓,有病痛则自觉生活无保障,其况未有不易言者;若无宗旨信仰,则当设法自行了结,现在此事又不能行,生既不能,死又不可,人生到此田地有何意味可言乎?"②

2月10日　寒假期间有两大收获,一是温习法文生字,每日抽两小时温生字表上记录的生字百来个,对于读法文版神话著作有帮助。二是读书兴趣强烈,读完顾颉刚的《古史辨》、钱穆《湖上闲思录》,又读梁任公《古书真伪及其年代》《老孔墨以后学派概观》,总读量逾百万言。

2月24日　晚听"中广"新闻,获悉胡适院长在欢迎院士酒会上突发心脏病,与世长辞。惊定后悲从中来,掩面大哭。当晚决定第二天早晨乘早车北上,瞻仰遗容、吊唁江冬秀师母。

2月25日　下午二时到台北车站,雇车直赴殡仪馆,一入灵堂,即失声行礼,到灵帏后瞻仰遗容。看到胡先生静卧于玻璃盒橱中,泪止不住,大哭一场。出灵堂又至福州街26号吊唁师母家人。

晚宿师大第六宿舍苏淑年小姐处。

2月26日　乘早车回台南。下午到台南家中,接受"中广"电台采访。晚听广播,知台北之行,瞻仰遗容、吊唁师母,不但广播播报,报纸亦刊载了。

2月27日　在回台南的火车上,曾拟了一副挽联,今日请成大中文系同人卓秀

---

①《台北行》系列散文,后收入纪念胡适逝世五周年出版的散文集《眼泪的海》中,台北文星书店,1967年3月出版。

②《苏雪林作品集·日记卷》第3册,台湾成功大学教务处出版组,1999年版,第307页。

岩君,写在七尺白布上,寄台北极乐殡仪馆治丧委员会。挽联云:

  提倡新文化 实践旧德行 一代完人光史册;
  武士死战场 学者死讲座 千秋高范仰先生。

  自台北吊唁归来后,悲痛难抑,和泪撰《冷风凄雨哭大师》①。
  2月28日 上午撰《适之先生和我的关系——悼大师话往事》。
  3月1日 下午将昨日悼念文章完成,全文三千五百字。接写第三篇文章《反鲁事件所引起的风波》,追忆1936年,为鲁迅逝世致函蔡元培、胡适的信,以及胡适复信引起"左派"围攻之事。
  3月5日 收到"中央"研究院徐芸书先生来函,嘱请与成功大学土木系相商,代为设计胡适先生坟墓形式。
  3月6日 寄函雷震妻宋英女士,请她寄胡适先生来台湾的演讲集,以备写悼念文章参考。
  3月7日 撰《读王荆公事略》。
  3月9日 撰悼念胡适先生第四篇文章:《胡先生在成大的演讲》。
  3月11日 撰悼念胡适先生第五篇文章:《宴请的回忆》。
  3月12日 撰悼念胡适先生第六篇文章:《胡先生的论学与读书》。
  3月14日 撰悼念胡适先生第七篇文章:《关于胡先生身后的几点建议》。提议共分七点:一、早日整理遗著;二、早日编写传记;三、选取先生最好的一帧遗像,加以复制,以为钦敬者供奉,并着手铸半身、全身铜像;四、设立纪念馆;五、政府优恤遗属;六、明令褒扬,立传;七、设计、建造坟墓下葬,选址要考虑开阔平阳之地,墓前要有可容千人列队瞻礼。
  3月29日 将胡适近年来写给自己的信十函,包装封套寄"中央"研究院收藏。
  4月2日 开始撰写《我的生活》回忆散文第一篇《我的孩提时代》。
  4月7日 谢冰莹自台北来台南。午后到东宁路寓所看望苏雪林,晚饭邀于维

---

  ① 《冷雨凄风哭大师》刊1962年3月2日《联合报》副刊。此文见报后,好友姚葳(即女作家张明)在《新生报》当副刊编辑,来函请苏雪林多写几篇,并拟了一个总题目"悼大师,谈往事"。故从第二篇起,所写悼念胡适的文章,就陆续刊发于《新生报》副刊上。

杰先生及冰莹的两位学生来,宾主畅饮,十分快乐。冰莹不愿住宾馆,要宿苏寓,联榻畅叙,对话而眠。谈到暑假邀孙多慈教授去日月潭小住,冰莹兴奋地说:"三人行,她画画,我俩写文章,其乐无比。"

4月13日 "今日翻译创世史诗,身体只是疲乏且心绪不属……午睡一觉起来,翻译史诗进行稍快,此首史诗共43页,每页33行,共1419行,若每日能译10页,则四日可毕,然10页一定做不到,每日5页亦要八日工夫,希望以后上课不致如今日之累。"①

5月30日 撰长篇论文《我研究屈赋的经过》②,全文五个部分。一、前人研究屈赋的方法;二、我无意间发现探讨屈赋的新路线;三、关于屈赋第一步的论著;四、关于屈赋第二步的探讨;五、1960年迄今的工作。

6月15日 在台湾《传纪文学》③创刊号发表回忆童年的散文《儿时影事》。

7月20日 上午乘火车到台中,践谢冰莹之约赴日月潭避暑,约在台中车站见面。孙多慈临时有事,不能来了。冰莹另邀台湾师范大学苏淑年及赵莹女士——她们二位直接到日月潭教师会馆④。当晚四位住宿教师会馆。

7月21日至28日 游览日月潭美丽景点光华岛、玄光寺、涵碧楼,观看德化社原住民的山地歌舞。在宁静的会馆附设的图书馆看书、撰稿,惬意舒心。这里是教师们的天堂。诚如刘真夫人石裕清女士说:"教师们一年到头辛辛苦苦,只有到这里休息一两天,精神会得到一点安慰。"

7月29日 与谢冰莹同至台北。拜访"中央"研究院院长王世杰,提出利用暑假到"中研院"学人宿舍(蔡元培馆)读书,利用"中研院"馆藏图书,研究屈赋,获准。

7月30日至9月5日 这一期间在"中央"研究院学人宿舍做住院专题研究。

7月31日 拜访王雪艇院长,谈此次专项研究计划。

8月2日 拜谒院内胡适先生灵堂,参观胡适故居。

---

① 《苏雪林作品集·日记卷》第3册,台湾成功大学教务处出版组,1999年版,第352页。
② 《我研究屈赋的经过》刊《作品》1962年第3卷第7期。
③ 《传纪文学》1962年6月1日创办,每月一期,三十万字。创办人为刘绍唐(1921—2000),他自创办起,集发行人、主编、社长于一身,独立办《传纪文学》近四十年,直至逝世为止,享有"台湾传纪文学之父"的美誉。
④ 日月潭教师会馆,是1957年刘真先生任教育厅长任上,专为大中小学教师假期游览日月潭名胜而兴建的,住宿为半价,是教师们的一项特殊福利。此后又在台北、台中、高雄、花莲建造教师会馆,除本省教师外,也接待来台的国际教育界人士,收费亦为半价。

自8月6日起，摘录郭沫若的《甲骨文研究》，制成读书卡片。

8月7日　抽空去院内图书馆检阅《道藏》，摘录"荧惑"与"罗日侯斗姆"及"九子母"资料；又抄"释及祖妣""释干支"等处不易得之珍贵资料。

8月10日　全天撰《南港谒灵记》，晚饭前稿成，全文五千二百字。

8月14日　出资请台湾师范大学艺术系阙明德先生雕塑胡适先生半身铜像，拟作胡适先生墓园上安放①。

8月16日　在图书馆检索并摘录古籍中民俗学有关资料。

8月17日　江冬秀来南港，前往拜会，并谈及胡先生塑像事，邀约同去阙明德工作室看塑像模型。

8月18日　校《作品》第3卷第9期《南港谒灵记》清样，认真校对灵堂中蒋介石、陈诚亲笔书写之挽联，此二联最能扼要概括胡适先生生平行状，故引入文中。

蒋介石撰联：

新文化中旧道德的楷模；
旧伦理中新思想的师表。

陈诚撰联：

开风气而为之师，由博涉融合新知，由实验探求真理；
瘁心力以志于学，其节概永传寰宇，其行谊足式人群。

8月29日　为文友卢月化近作《作家与作品》写评论，称道作者此书新颖独到："其一，传记与轶事混合，其二，叙述与批评并用，而最大好处则能抓住文人相通之精魂。"②

9月6日　结束在"中央"研究院的读书生活。最后二十天竟然将《甲骨文研究》十二三万字全部抄完，并临摹书中图录，甚感欣慰。

---

① 胡适先生之墓，位于南港"中央"研究院正门对过的胡适公园内，胡适遗蜕是1962年10月15日下葬的。

② 《苏雪林作品集·日记卷》第3册，台湾成功大学教务处出版组，1999年版，第410页。

9月7日　在师范大学谢冰莹寓所,会见卢月化、孙多慈。

9月8日　离开台北,乘车赴高雄左营,探望胞姊淑孟。

9月24日　本学年任课为:中国文学史三年级一个班,二年级一个班;楚辞为选修课,初为3人,后增至7人。

10月4日　台湾三民书局将神话小说《天马集》再版,并寄来版税两千一百元。

10月5日　上午整理楚辞讲义。下午"与大姊搭三轮车赴世界影院看李丽华、严俊主演《杨贵妃》。余对李丽华素不认为美,亦不认她演技如何超卓,然看了《杨贵妃》,对她成见为之改变"。

10月10日　撰论屈原作品。久已打算将历代名家诗论整理成一本书,屈原为第一篇,其余为陶潜、曹植、阮籍、李白、杜甫、韩愈、白居易、李贺、李商隐、苏轼、黄庭坚、陆放翁、元遗山、王渔洋、袁枚、黄公度、龚自珍共18人。

10月12日　写信给谢冰莹,告知胡适先生灵柩安葬时,因身体有恙不能到台北。请她务必到南港,代其安慰胡师母,并将安葬详情驰函相告。

10月14日　收到于凌波居士寄赠所著《向智识分子介绍佛教》。此君乃一青年医生,对佛史、佛教教义及传布中国情形均能扼要介绍,殊属难得。曾在《畅流》上读到此君连载长篇小说《春鸟梦残》。

10月15日　"孙多慈寄《细说清朝》二册,灯下略阅,觉得甚好,非消闲之作也。"①

10月20日　收到孙家骥寄来的《台湾风物》,"其中有杀首子,嫁不落家与生葬,对国殇仍主为猎头祭枭,而以殇为伥,但伥音长,而殇音商,二者究不能混为一也"②。

10月25日　出于好奇,自沿街书摊上买了一本郭良蕙的小说《心锁》,因见报上凤兮骂此小说并诋毁郭良蕙③。

11月7日　由于身体原因,不能赴台北出席妇女写作协会笔会,写信致谢冰莹,请她代表出席,并表示《心锁》绝对不是淫书,更不同意注销郭良蕙女士"中国"文艺

---

① 《苏雪林作品集·日记卷》第3册,台湾成功大学教务处出版组,1999年版,第430页。
② 《苏雪林作品集·日记卷》第3册,台湾成功大学教务处出版组,1999年版,第431页。
③ 郭良蕙(1926—2013):山东巨野人,复旦大学外文系毕业,享有"最美丽的女作家"及"琼瑶之前的言情小说家"称号。主要作品有《禁果》《圣女》《女人的事》《心锁》等,尤其是《心锁》描写女性心理,入木三分。凤兮(1919—1988):本名冯放民,笔名良禽、凤兮,江西九江人。

协会会员资格。随函寄《心锁》给谢(谢也为郭鸣不平,要写文章回击凤兮),要她仔细读一下,《心锁》究竟是怎样一本书①。

11月25日　台南女中郭蕙英、张理玱、宋德美、曾秀芬、王畹香、郑月云、王美琏、麦宇文,几位喜欢写作的文艺青年,专程到东宁路访问文坛前辈苏雪林,请教怎么读书,提高写作水平。

11月28日　写一封长信给政治大学侨生文艺社社长蔡骤强,回答其来信中问及的如何评价余光中的新诗。

12月2日　为《作品》撰写回忆散文《我的生活》第二篇《辛亥革命前后的我》。文章从家庭背景及祖父为官、父兄所走的道路,与自己的亲身经历,剖析个人有强烈的民族主义思想:"于今基于我的楚辞研究,知道世界文化同出一源,区区种族的歧见,更属无谓,我算已摆脱了狭小的民族主义圈子,迈进阔大的世界主义天地了。可是,不知什么缘故,我对满清仍抱甚大的恶感……假使宣统还想复辟,我也要去做革命党的。"②

12月7日　本年交"长科会"研究楚辞论文《东君与云中君》,东君指日神,云中君为月神。

1963年　六十六岁

1月1日　"余每年元旦必有一番感慨,今则觉滥调可厌,不如有一分力努力一分,且人已老到无进境地步,虽欲强自策励,亦无甚用。"③

2月5日　费了五天时间,写张秀亚所译《圣女小德兰回忆录》读后感,稿成约九千字,寄《文坛》主编穆中南先生④。

2月12日　将1936年夏与陈默君、周莲溪在黄山消夏的美好回忆写成介绍黄山美景的散文《黄海游踪》。三日之内,写了七千字,边誊录,边润色,文思源源而来,自觉虽老迈,尚能为文也。

---

① 1962年郭良蕙《心锁》问世后,以凤兮为首的几位卫道者自居的作家,敦促"中国"文艺协会注销其会员资格,并呈"内政部",宣布《心锁》为禁书,一时闹得沸沸扬扬。
② 苏雪林:《我的生活》,台湾文星书店,1967年版,第72页。
③ 《苏雪林作品集·日记卷》第4册,台湾成功大学教务处出版组,1999年版,第1页。
④ 《文坛》发表此文时,题目易为《读张译回忆录》。

2月14日　撰写纪念胡适先生逝世一周年的文章,题目是《适之先生周年祭》。

2月20日　《掷钵庵消夏记》写讫,全文五千字,连同《黄海游踪》共一万二千字。致函《畅流》半月刊王琰如①,告知二文可配画若干(选出自欧洲带回的一幅《天都顶上看莲花》,又新作《黄山西海门》,连同稿件寄出)。

寒假二十余天,共写长短文章六七篇,约三万字,画画四幅。

2月21日　因写黄山游记,萌发诗兴,成诗三首:

(一)休惊满纸绮烟霞,黄海豪游事足夸。
　　曾蹑白云三百丈,天都顶上看莲花。
(二)枝头小鸟唱绵蛮,露滴征衣昨雨斑。
　　指点岚光卅里外,排云双阙是黄山。
(三)山静似太古,日长如小年。
　　钵庵消夏趣,好向借先贤。

2月23日　画《黄山西海门》后,又有诗兴:

海水万重碧,忽涌金银台,神光离合间,仙灵共徘徊。
别此逾廿载,干戈遍地哀,名山曾有约,头白好归来。

3月10日　撰《我的生活》第三篇《我与国画》。全文约八千字,前半部分写学画经历,后半部分谈改良国画的意见:一、要师法自然;二、要讲究透视;三、要讲究画面色彩与空气;四、整幅画面要有立体美。

3月13日　成功大学教务处刘显琳先生来寓求画,作《黄山西海门》,自感"此画构图别致,且山岩万壑,气魄雄浑,故余甚喜之"②。

3月16日　画兴陡然又起,上午作《远山飞瀑》,下午临元人《武夷放棹》图。连同日前《黄山西海门》一幅,三幅画刘显琳皆喜欢,并坚持要落款,"余之书法奇劣,

---

① 王琰如(1914—2005):本名王琰,笔名一言、琰如,江苏武进人。1949年到台湾,担任铁路局《畅流》半月刊编辑多年,台湾妇女写作协会总干事。著有小说《长相忆》《新苗》,散文集《心祭》《我在赞比亚》《旅非随笔》《文友画像及其他》等,与苏雪林相交近半个世纪。

② 《苏雪林作品集·日记卷》第4册,台湾成功大学教务处出版组,1999年版,第32页。

实在要不得,但刘先生一定要我写,无论如何推辞不了"①,只好为之。

3月26日　读学生谢幼伟(谢毕业于东吴大学,后赴美留学)君寄来所著《西洋哲学史》,"果然写得甚好!盖谢君对于西洋哲学具有一番研究功夫,故其著作均取自第一手,非如他人浮光掠影抄撮成篇也"②。

4月1日　读《古事比》,此书乃清初桐城方中德(方以智之子)竭一生之力所著,采掇完备,读后可增益许多国学知识。

4月12日　纪念母亲节,撰《母亲节谈为人子女之道》。文章针对现代社会家庭问题、子女教育问题,以实例针砭社会种种不良现象。呼吁"当此母亲节的来临,希望身为子女者,思母氏之劬劳,念母恩之罔极,更要加倍地尽子职,不大知孝道的,要向母亲衷心自忏,诚意乞恕,以后努力做个孝顺子女,如此,则对于这个大好节日,才算没有辜负"③。

4月14日　整理读书笔记,准备本年度提交"长科会"论文《离骚新诂》。因牵涉上古东西方神话,陆续由法文翻译《侠马修故事》《阿波罗故事》及英文版《埃及日神故事》,经与中国神话传说一一比照,从中找出对应线索,以便于疏解注释。

5月2日　向"中国"文艺协会推荐潘琦君为本年度文学奖候选人。

5月4日　与本校尉素秋、李勉、赵吉士四人,受邀担任台南市诗歌朗诵会评委。

8月12日　上月中旬钱穆先生自香港来台,住台湾大学医院诊治胃溃疡。日前出院,南下看望一批老朋友。成功大学中文系主任施之勉教授设家宴请钱穆夫妇,并请苏雪林作陪。

10月18日　日前接到剧作家李曼瑰女士来函,云新作历史剧《楚汉春秋》在台北艺术馆公演二十余日,本月18日为最后一场,希望能来台北一睹为快。上午八时乘早班车赴台北,谢冰莹二时由车站接送至李曼瑰家。

晚餐后,与李曼瑰及其二姊同赴南海路艺术馆观剧,在剧场会见卢月化、钟梅音。

10月24日　乘车赴南港"中央"研究院,在胡适墓前,与"中研院"胡颂平、王志

---

① 《苏雪林作品集·日记卷》第4册,台湾成功大学教务处出版组,1999年版,第34页。
② 《苏雪林作品集·日记卷》第4册,台湾成功大学教务处出版组,1999年版,第38页。
③ 苏雪林:《风雨鸡鸣》,台湾源成文化图书供应社,1977年版,第166页。

维等上香祭拜,因为今日为胡适先生正辰①。

11月26日　今日无课,整日撰写《南港谒墓记》。文中详细描绘胡适墓园的形制、规模及周围环境,追忆与胡先生四十多年的深厚师生情谊②。

本年度向"长科会"提交楚辞研究论文为《离骚新诂》,约十三万字。

1964年　六十七岁

1月1日　为台南二中学生办的文艺刊物《耕耘》创刊撰文《为〈耕耘〉说几句话》,鼓励青年人勤奋练笔,敢于创作,指出年轻人的作品有"新鲜的意境与独特的风味"③,值得推介。

1月2日　应《野风》刊物约稿,写《病中读〈今古奇观〉》。

1月10日　整理读书笔记中摘录的许多有关"圣"字的资料。其中外国方面的资料来源于法文辣贺斯大字典,又检索英文字典与法文字典对照。费时一周,终将万字考释长文撰成,名为《中外圣字意义辨》,寄《现代学苑》。

1月13日　"读李敖《独白下的传统》中的《老年人和棒子》,知其痛恨老年人,不自今日始。"又"王平陵先生已于昨日下午十二时四十分病况恶化④,逝世于台大医院,甚为嗟叹。闻其夫人打扫屋子,自椅上摔下,跌至半身不遂,今平陵又逝,诚可惨也……老人一个个凋零,李敖不必痛恨矣"⑤。

1月22日　午后起床,读《西游记》观音禅院一节,突生灵感,认为可敷衍一篇寓意小说。

1965年苏雪林先生在新加坡南洋大学执教时,应马来西亚《蕉风》月刊主编黄

---

① 正辰:犹正日,指办婚丧事的那一天。胡适先生1962年2月24日遽逝于"中央"研究院酒会上,故每月24日,旧属们都将此日作为先生忌日,在墓前陈列祭品,以寄哀思。

② 此文曾刊《"中华"日报》副刊,后收入作者纪念胡适先生逝世五周年专集《眼泪的海》,台湾文星书店,1967年3月出版。

③ 台南二中学生陈宪彰、翁信吉、王义男怀着对前辈作家崇拜的心情,数次到东宁路访问苏雪林,一定要苏雪林为他们创办的《耕耘》写点东西,以作创刊词。

④ 王平陵(1898—1964):本名仰嵩,字平陵,江苏溧阳人,知名报人,曾任《"中央"日报》副刊主编。1938年3月"中华全国文艺界抗敌协会"发起人,有诗歌、小说、文艺随笔四十余种。去世时报纸称其为"清贫中辞世的文艺斗士"。

⑤ 《苏雪林作品集·日记卷》第4册,台湾成功大学教务处出版组,1999年版,第150页。

崖先生至南洋大学组稿之约,创作小说《观音禅院》,以"海云"笔名,刊发《蕉风》1965年第2期上。黄崖是马来西亚华侨,又名黄约翰。

1月27日　接张晓峰函,文化学院拟收集她的作品及著作,设专室陈列,自架上取书九本,包扎妥当,附邮寄出。

自今日始,撰写《楚辞研究提要》。

1月28日　"购买刘心皇著《从一个人看文坛的说谎与登龙》①。胡适之一生挨骂,彼并不回答,但亦收辑之,历史家例应如是也。"②

2月11日　继续撰《离骚疏证》,认为屈原返乡途中,欲制芰荷为衣,芙蓉为裳,此乃水仙之服,这与结局从彭咸所居互相呼应,古人于此从未道也,可谓发千古之秘。

2月18日　今日注疏"女媭"四种说法,主张仍为屈原之姊,巫女、保姆、女侍皆不足据,谓为其妹亦不足据。

3月6日　接到台北妇女写作协会限时信,台湾省妇女写作协会推荐本年度优秀女作家,苏雪林与张秀亚当选,于本月9日上午九时在台北中山纪念堂,接受国民党"中央"党部委员唐纵颁发奖章。因上课,未能赴台北领奖。

4月6日　收到李敖来信,并寄来《胡适研究》一本。来信索胡适寄给她的信,复函云:个人保存的胡适信札,已全部寄"中央"研究院胡适纪念馆。

4月16日　动笔为《"中华"日报》副刊撰《我写作的习惯》《我的笔名》。

4月21日　费了近两天时间(除去每日两节课),撰写《评〈胡适评传〉》,拟以笔名"碧屏"发表。

4月28日　"上午将《胡适评传》书评改写二页,全文现已变成八千余字,亦算一篇长书评,国内无处可发表,拟寄香港《祖国周刊》。"③

5月13日　"下午赴校上课二堂,讲得甚为精彩,教书并不难,只须腹中有点真东西,更加口才好,自易吸引学生之注意力。口才好,而腹中空空,则为浮华;腹笥充

---

① 刘心皇(1915—1996):幼名天成,字赞卿,笔名刘心皇,河南叶县人,大陆去台作家。是台湾"中国"青年写作协会发起人之一,任该协会总干事,有诗、散文、小说多种,主要成就是研究现代文学史。刘心皇的这本书是以个人偏见来诽谤苏雪林的。
② 《苏雪林作品集·日记卷》第4册,台湾成功大学教务处出版组,1999年版,第157页。
③ 《苏雪林作品集·日记卷》第4册,台湾成功大学教务处出版组,1999年版,第190页。

实,而口才不足以达,则为呆滞,两者皆不为学生所欢迎也。"①

5月16日　《"中华"日报》副刊发表疏解《离骚》之文《芰荷衣与芙蓉裳》。

8月13日　因利用教授学术假一年的机会,即将要赴新加坡南洋大学任教②,居家整理图书,计有大部头图书《通鉴纪事本末》《唐宋明清诗别裁》《渊鉴类函》《艺文类聚》《太平广记》《太平御览》《历代说部大全》《说库》等,装入两个大木箱中。

9月1日　上午乘火车赴台北。苏淑年、谢冰莹于下午二时在台北车站迎接。暂居师范大学第六宿舍谢冰莹寓所,等待新加坡移民局签证。

9月2日　与淑年同赴福州街拜访刘白如(刘真,字白如)夫妇,告知利用学术休假,将赴新加坡任教。

9月3日　上午携茶叶两筒,拜访江冬秀师母。见其步履维艰,询以故,告知风湿病发作。闲谈中流露其对"中研院"王世杰院长不满之情绪③,特以温语安慰,并答应见到王院长时,将此意见转达。辞别师母后,雇人力车至杨亮功先生家辞行,杨的"安徽土音甚重,余耳又背,十解七八而已"。中午时分,杨又打电话召刘白如夫妇来,共进午餐。老同乡、老上司共聚首,交谈融洽④。

9月6日　上午与苏淑年至曾宝荪、曾约农家道别⑤。临别时,曾宝荪赠贝镯一串,叮嘱云:"梁园虽好,不是久恋之家,希望早日归来。"

9月8日　开始整理行装,将五大件行李压缩为四件,一阵忙碌。"多慈来,美丽如昔,计其年当已五十出头,而视之如三十许,驻颜有术,真可怪也!"⑥

傍晚偕谢冰莹赴厦门街113巷12号张明(笔名姚葳)家,台北女作家及文友假张寓为苏雪林饯行,当晚来送行的女作家除了谢冰莹与姚葳外,还有林海音、王琰

---

①　《苏雪林作品集·日记卷》第4册,台湾成功大学教务处出版组,1999年版,第196页。
②　依据当时台湾"教育部"之规定,教授任教满五年,照例有一年带薪学术假期,苏雪林自1956年至成功大学任教,早已满五年。此时新加坡南洋大学来中国台湾招聘,遂应聘。
③　"不满之情绪":是指胡适先生逝世后,王世杰继任"中央"研究院院长。江冬秀指责王世杰对胡适遗著整理、出版领导不力,胡适故居亦未得以很好修缮等。
④　杨亮功是安徽巢县人,曾任安徽大学校长;刘白如是安徽凤台县人,曾任台湾师范大学校长,苏雪林在安大、台湾师大都任过教,故称杨、刘为老同乡、老上司。
⑤　曾宝荪(1893—1978):湖南湘乡人,字平芳,号浩如,民国教育家,曾国藩曾孙女。曾约农(1893—1986):伦敦大学博士,台湾大学教授,台湾东海大学首任校长,与堂姐曾宝荪终生献身教育。
⑥　《苏雪林作品集·日记卷》第4册,台湾成功大学教务处出版组,1999年版,第252页。

如、徐钟佩、刘枋以及陈纪滢、公孙嬿(查显琳)夫妇。

9月9日　自台北乘飞机赴香港。

9月11日　昨日台风袭击香港,普降豪雨,机场关闭,交通几至瘫痪。上午雨势已渐止,台风也转向,班机恢复航行。潘重规夫妇及妹婿袁仰安到机场送行。下午五时半到星洲,四妹袁苏燕生偕其女及陈铁凡、陈致平、孟瑶来接机①。

9月12日　拜见南洋大学董事会临时主席刘孔贵,文学院院长王德昭,中文系主任张瘦石及总务长、注册部主任等。南洋大学配教授寓所"彭亨楼"一号让其居住②。楼房位于山上,葱绿满眼,环境清幽,但离上课的教学楼甚远,好在有定时交通车接送。

9月14日　南洋大学中文系分配任教的课程是"诗经""孟子",每周各四节。"诗经"课原为台湾师大中文系主任高鸿缙先生所授,他数年前即应聘至南洋大学,不幸于去年突患脑溢血客死异邦。"诗经"从未教过,又有高先生懿范在前,颇为踌躇,所幸燕生妹好友陈铁凡,把高鸿缙先生留下的一部注满疏解的屈万里《诗经释义》送来,说先看屈注,再看高注,并参考其他资料,足可对付。系里同人说,此间学生求知欲甚旺,又尊师重道,对儒家经典极为崇拜,只管壮胆开讲吧。

9月20日　当日为旧历中秋佳节。陈致平来邀至系主任王德昭家共度中秋,并留影纪念。

晚七时,南大中文系同人在"云南园"酒家,为苏雪林任教南大举办欢迎宴会。当晚赴宴者为南大同人及原师大同事陈致平、孟瑶等十余人,济济一堂,至为欢欣。宴毕,又与部分留学的台湾侨生至陈致平龙牙路三十巷十九号寓所赏月,玩至十二时,尽兴而归。

新加坡虽位于赤道之上,夏季气候并不十分炎热,城市处于芳草、树木点缀之中,繁花似锦,终年鲜花盛开,生活费用不高,饮食也因华人众多,较为习惯。更为可喜的是,虽在异邦,昔日师院旧同事颇多,如沙学浚、陈致平、巴壶天、李辰冬、李日刚、陈铁凡、徐佩琨、郑资约等,来往亲密,并不感到寂寞。

10月2日　应新加坡广东籍人士陈光平先生之邀,为其所办文艺刊物《恒光》

---

① 陈铁凡:南洋大学中文系教授。陈致平:台湾师范大学教授。孟瑶(1919—2000):即杨宗珍,知名作家,台湾师范大学教授,她与陈致平是先一年来新加坡南洋大学任教。

② 南洋大学教职员宿舍颇多,助教、职员皆派有单独宽敞宿舍,所居楼房皆以马来西亚各洲之名来命名,"彭亨楼"即马来西亚一个洲的名字,此外尚有"柔佛""吉打""雪兰"之类的命名。

撰《女词人吕碧城与我》。文章首先叙述1918年在南京与吕碧城大姊吕惠如(时任南京第一女子中学校长)谋面,继而回忆1928年吕碧城自欧洲致信北新书局李小峰,索购《李义山恋爱事迹考》。李小峰后将此信转交苏雪林,嘱其寄书给吕碧城。后因某种原因("我想碧城女士那封信并非是写给我的,何苦去献那种殷勤?最大原因,则因吕氏'碧城'二字之名取自李义山《碧城》三律,'碧城''紫府'虽属神仙之居,但自从我在义山诗集里发现唐代女道士不守清规,惯与外间男子恋爱的事迹……如此,则清高严洁,迥出尘外的仙居,一变为那些不端男女们密约幽期,藏垢纳污之所,对于吕氏那个美丽的名字,唐突未免太大了,所以更没胆量把那本小书献给她。"①),没有与才调高绝、容貌秀丽的女词人通信、联络,现在想起这一段曲折,而引为终身憾事。

10月19日　新加坡学校及公教机关每月发薪酬两次,当日领到上半月薪俸三百七十余元(新币一元折合台币为十四元),合台币五千余元,每月教授薪俸达万元,远远高于台湾教书收入(苏在成功大学每月仅领台币二千元),这样就能有余钱接济家姊及大陆贫困的亲友。

10月22日　上午赴校上"诗经"课二节,准备充分,板书亦简明扼要,学生听得入神。直至下课后,仍有学生围住问东问西。前闻此地学生勤勉好学,诚不虚言。

11月9日　下午在文学院礼堂听新加坡总理李光耀先生演讲,题目为《教育之重要》。李虽能说华语,但却为南洋官话,加之听力欠灵,十句中,仅二三句能解。

11月24日　朱昌云编辑出版的《学源》11月号上,刊苏雪林《致朱昌云函》,内容是谈对《学源》上黄秋先生《吕碧城〈晓珠词〉命意》一文的不同看法。

12月3日　应新加坡大学之邀②,赴该校文学院演讲,讲题为《从屈赋看中国文化的来源》。苏雪林在引言中,开门见山地提出:"中国文化究竟是中国人关起大门创造的,还是曾受别国文化的影响?这是一个大问题。以前有若干外国学者对这个问题加以讨论:第一派主张埃及说,谓不但中国文化自来埃及,中国人也是埃及的苗裔。第二派主巴比伦说,其说曾使我国学人发生莫大兴奋,著论附和,如丁谦、蒋智田、章炳麟、刘师培等人皆是。其中刘师培主张尤烈。第三派主印度说,谓中国文化

---

① 《女词人吕碧城与我》,载新加坡《恒光》月刊,1964年第3期。
② 新加坡大学于1962年成立,南洋大学是1956年成立的。1980年二校合并,更名为新加坡大学。

系由阿利安种之首陀罗人所传入。第四派主中国文化必源于另一较古民族,谓巴比伦、印度、中国的文化,均为现已消灭的某一古老民族所传授。"接着进一步阐明自己的观点,"我是主张中国文化与世界文化是同出一源的。二十余年前,我撰写《昆仑之谜》,便曾大胆宣言道:故以夏禹为中心,而中国古史问题可以解决;以昆仑为中心,而中国古代地理及中外交通史问题可以重新估定;以屈原《九歌》为中心,而中国天文、地理、历法、神话及战国整个学术史问题亦可迎刃而解,三者合并之结论,首要者为证明'世界文化同出一源',次要者为证明'中国古史混有外来神话及历史成分'及'战国学术思潮乃外来文化刺激所产生'。由是,则先秦史地与文化将全部改观,其关系岂不诚重且大哉!"[1]

12月18日 应马来西亚作家黄崖先生之邀,与孟瑶(杨宗珍)作马来西亚观光之旅。晚十时自裕朗乘窄轨火车出发,第二日八时到达吉隆坡,黄崖先生驾车迎接。

12月20日 黄崖先生做导游,带领苏雪林与孟瑶赴马来西亚名胜怡保游览。怡保本地名流朱昌云等七八位华侨,在风景点三宝洞设素餐一席款待。饭后乘车绕怡保市一周,沿途满目胶林椰树,一派热带风光。

怡保市很小巧,但却有一湖名"太平"闻名遐迩。湖水碧绿,观之如翠玉现于目前,湖中遍植莲、藻、菱、茨,加之湖边垂柳婀娜,各种热带花卉竞相怒放,尤以胡姬花(蝴蝶兰)摇曳生姿,楚楚可人之态,令人心旷神怡。数年前好友谢冰莹在此教书三年,常在信中述及太平湖美景,今亲临目睹,着实可爱。立身湖上,突发奇想:故乡名太平,此湖亦为太平,若能在此买亩余土地,筑室于此湖畔,终老此乡,可谓享清福耳。

晚间与孟瑶同宿槟城金山酒店。

12月22日 孟瑶为槟城大中学校文艺青年作"怎样写作"的演讲。她以自己的写作体验,谈读书、积累、练笔对于写作的重要性,生动的事例,超凡的口才,渊博的知识,优雅的谈吐,博得听讲者阵阵掌声。

12月23日 苏雪林为黄崖先生举办的"文艺讲习班"成员作《从屈赋看中国文化的来源》报告。此题为南洋大学演讲的重复。因坐而论道,未用板书,故简明扼要。两小时演讲毕,有听讲者竟商榷将讲稿借去,连夜抄写。此种好学风气,大陆及台湾学生尚所不及。

---

[1] 此演讲稿收入苏雪林《最古的人类故事》,台湾文星书店,1967年版,第33页。

12月24日　槟城侨领温先生开车接送,游槟城极乐寺。此寺乃前清宦游本土者捐款所建,有康有为、岑春煊、陈三立镌壁大字及题诗①,寺中所藏佛经乃三立由国内请来。晚寓槟山酒店,居高临下,风景比金山酒店更胜一筹。

12月25日　当日为圣诞。早起与孟瑶在酒店前廊观日出。直到七时许日始出,因风大空气冰冷,害怕感冒,遂改为散步,并观酒店大厅圣诞装饰。

12月26日　黄崖先生及侨领赵尔谦在酒店宴请并送行。马来西亚一行,甚为惬意,前后九日饱览海山之美,各景点可用"秀丽明媚"四字加以点评。

12月29日　新加坡南洋大学采用春季入学制(中国台湾及大陆一般为秋季),自9月来此任教,仅教三个月就放寒假,结束一学年。因该校聘为一年,故年底又将下一年聘书送到,这样势必到明春才能返台。于是她遂向成大请假半年(学术休假仅为一年),成大视此特殊情况,很通融地准假了,遂安心在新加坡笔耕砚田、舌耕杏坛了。

12月30日　南洋大学放寒假。在陈致平先生处借到其女琼瑶的小说《几度夕阳红》,看到手不释卷,又从孟瑶那里借到琼瑶已出版小说一套,有《窗外》《烟雨濛濛》等长篇及《潮声》《幸运草》几个短篇。才二十几岁的高中生,尚无大学文凭,写起小说来,出手不凡,一篇比一篇写得好,看来她不仅遗传了父母的基因,而且有特殊的禀赋,可谓文苑的一朵奇葩。

12月31日　年尾总是要生伤感情绪。想到年近古稀,却飘蓬海外,遂作《狮城岁暮感怀》四律。

> 其一　客乡久作故乡诗,又挟琴书别客乡。
> 　　　不任青蝇污白璧,肯搔华发走炎方②。
> 　　　卅年忧国曾何补,万里飘蓬不自伤。
> 　　　但愿女嫛无恙在,太平犹待共扶持。

---

① 陈三立(1859—1937):字伯严,号散原,江西修水人。晚清维新派名臣陈宝箴之子,陈寅恪、陈衡恪之父。

② "不任青蝇污白璧,肯搔华发走炎方"——此二句是指1962年春胡适先生逝世后,苏雪林在报上连续发表怀念胡适的长文,引起仇胡、反胡人士的反对,其代表人物刘心皇(《幼狮文艺》主编)、寒爵(韩道诚,《"中国"时报》主笔)在报上连篇累牍写反对苏雪林的文章。这也是苏雪林先生当时接受南洋大学之聘的原因之一,离开台湾,暂时让耳根清净吧。

其二　如山忧患一肩担,风骨由来胜铁男。
　　　毒蜮几番狂射影,鲲鹏九万快图南。
　　　炎凉旦暮君何苦,衣狗推移我久谙。
　　　独喜蕉红椰绿地,推窗日日对晴岚。
其三　积谗从古骨能销,万口都瘖恣彼嚣。
　　　名士果同刍狗贱,国门忍见虎狼骄。
　　　徙薪无德翻成怨,御盗开门又自招。
　　　回首龟山三十里,斧柯莫假且长谣。
其四　浮海南来岁欲分,耳边今已绝狺狺。
　　　不偕群鹜争余食,自有名山可策勋。
　　　云梦尚堪吞八九,鸡虫那更较纷纭。
　　　年来世虑都消尽,只愿余生事典坟。

此四律,后收入 1982 年台湾正中书局出版的《灯前诗草·炉星之什》卷中。全诗流露对无聊文人刘心皇、寒爵谗言诋毁的悲愤、无奈与客居异邦"推窗日日对晴岚""年来世虑都消尽,只愿余生事典坟"的宽慰心境。

1965 年　六十八岁

1 月 1 日　在新加坡过新年。垂暮之年来到异域,百感交集。加之目力衰退(右眼多年前因观日食意外受损),看书、撰稿仅凭左眼,常觉眼睛疲乏,倘双目而盲,不知如何是好。

读新到《南洋商报》共十六大张,有李辰冬、巴壶天、钱歌川、王德昭等新加坡的台湾朋友在报上著文,远在英伦的凌叔华在报上亦有文字,不禁动起撰文的兴趣。

1 月 19 日　与文学院王德昭院长,谈本年想增开"楚辞"课,暂定每周两节,目的是想让海外学子了解屈原及中国文化,此动议被院长采纳。这样上半年教《诗经》《孟子》《楚辞》;下半年教《诗经》《楚辞》《史记》《文选》,以上功课每周两小时,计每周上课八小时。

1 月 21 日　上午陈致平先生偕其爱女琼瑶来访,交谈甚欢,并问及其创作情况。琼瑶是昨日凌晨自台北来新加坡省亲的。

1月22日　赴陈寓回访陈氏父女,与琼瑶谈创作一个小时。

1月26日　校方考虑苏雪林教授年龄大,住"彭亨楼"1号,距上课的文学院太远,需乘车往返,适有"柔佛楼"7号有人搬出,遂将此楼分配给她。此房与"彭亨楼"面积相等,距图书馆及文学院比旧居省一半路程。

2月4日　当日是中国春节大年初三,看了一场电影《天仙配》,为上海天马电影制片厂出品。演员是安徽黄梅剧院演员王少舫、严凤英,对白、唱腔皆是熟悉的安庆口音,闻之甚为亲切。此片外景奇丽,内容紧凑,实为到狮城所观中外电影十余部中第一佳片。

2月8日　读清人姚际恒《经学通论》,文理深奥,又多酸腐之论,实在体味不到读古人书的快乐。

2月9日　读胡朴安的《诗经学》,感觉与读姚际恒的《经学通论》迥异,胡书易解,取材亦丰富,颇受益。

2月15日　连日居家撰《诗经通论》讲义,参照三十余年前自编《中国文学史》,增加的内容为个人读各家《诗经》注释之心得,撮其要者,告知学生。

2月25日　接台湾《畅流》半月刊编辑王琰如关于出书函。《畅流》拟出专号,嘱请撰短文两篇:一为《台湾作家金、马、澎湖访问记》一书写前言①;二为权熙哲先生《韩译中国女作家短篇小说》作序。

2月28日　取琼瑶《几度夕阳红》阅读,读后不忍放下,虽要备课(今天为周日),但读她小说诱惑力太大,值得细读、品味,至少要看两遍才好。为黄崖约稿而作的小说《观音禅院》,已刊《蕉风》2月号。

3月1日　阅读《几度夕阳红》,直看到晚十一时半,真想写篇《琼瑶论》。

3月31日　将《李义山诗的特色》寄黄崖(《蕉风》主编)。

4月1日　为糜文开、裴普贤伉俪合著的《诗经欣赏与研究》撰写跋文。

4月3日　白天撰《史记研究概要》。晚看赵翼《廿二史劄记》。当天还在日记中写道:"余十余年来止阅与楚辞有关之书,他书阅之甚少,今为预备功课,不得不看点书。"

---

① 1952年台湾文艺界组团赴金门、马祖、澎湖等地劳军,苏雪林为团长,团员有王蓝、陈纪滢、穆中南、张明、林海音、王琰如等。作家们所写的访问记大部分在《畅流》半月刊发表,现《畅流》编辑王琰如将作家们的访问记结集成书,请苏雪林撰写前言。

4月13日　王德昭院长建议:由于《史记》无学生选修,请改授《论语》,仍为每周两节。遂应允。

4月24日　撰《史记命名问题》一篇,寄《学源》杂志朱昌云先生。

5月21日　利用周五下午至周日无课之隙,应黄崖先生之邀,与孟瑶再度赴马来西亚,此次赴马六甲,仍为演讲及观光。

当晚在马六甲市政府礼堂,苏雪林作第一场演讲,题目是《论中国旧小说》。

5月22日　黄崖先生做导游,尝广东人所开的点心铺生鱼粥及早茶。再至马六甲培风中学访黄润岳校长,此校为该市唯一一所华侨学校。又至青云亭、三宝井等名胜勾留。中午于凤凰酒家用膳,做东者为华侨教师会黄润岳校长。

晚七时,同赴华侨教师会馆,孟瑶做第二场演讲,讲题为《诗与散文》,材料甚丰,且事先准备提纲,发给听众。待听众散去,在会馆喝咖啡、品当地小吃,闲话至十一时始归旅馆。

5月23日　周日早餐后,与黄崖先生作别,一沈姓司机用轿车载二人返回,车行三个半小时到达南洋大学。

7月19日　读《天方夜谭》。此书抗战入川时曾读过。好书不厌百回读,今隔廿余年重读,仍觉有味。据考证,此书系七八世纪时,阿拉伯人所作,亦有资料谓,此书当我国唐宋时代所著。但唐之传奇,宋之白话小说的描写,皆无此书细腻委婉,由是可证阿拉伯文化在我国文化之上。

7月30日　自6月初陈致平夫妇赠爱女琼瑶新著《潮声》以来,课余总爱读上几页。上午突来灵感,想撰《琼瑶论》,批评一代天才女作家琼瑶。写了一点,往下难以操笔,暂放下。

7月31日　上午监考。下午睡起,继续写《琼瑶论》。写了几页,自觉不如意,可能题目太大,想改为小一点题目,如《永远莫放下你这支笔,琼瑶!》。

8月3日　终将批评琼瑶一文完成。最终题目为《永远莫放下你这支笔——给琼瑶》。读了一遍后,不禁感慨:四千余字文章,写得如此蹇塞,实在不痛快,怕真是老了?!

8月4日　上午赴文学院监考两小时。归来后看昨日文章,连日来文思不畅,今忽畅达,改动文中数处,并有《狮城寄琼瑶女士》二律凑出,诗云:

其一　绝代才华陈凤凰①，当年见尔始扶床②。
　　　白诗搜访来胡贾，左赋传抄遍洛阳。
　　　自古文章有真价，岂因群吠损光芒？
　　　客窗快读三千牍，贮待新编再举觞。
其二　喜摩老眼看英才，海外相逢亦快哉。
　　　贤母今朝常接坐，雪鸿他日盼重来。
　　　华年卓就人争羡，慧业前生世共猜。
　　　寰宇文坛无我席，盼君椽笔一争回。

午后稍睡，起身将二诗誊就，携琼瑶著作四本及评论、赠诗，往"霹雳楼"访陈致平及其夫人。他们读后，谓赞美过度，恐招人忌妒，大有不敢付刊之意。

8月15日　写信给琼瑶，内附改动后的《狮城寄琼瑶女士》诗二首，其中第一首诗"当年见尔始扶床"易为"宝刀出治已如霜"，"岂因群吠损光芒"易为"岂因群吠损毫芒"；第二首诗中"贤母今朝常接坐"易为"贤母今朝常接席"，"寰宇文坛无我席"易为"寰宇文坛无我份"，"盼君椽笔一争回"易为"盼君彩笔一争回"。

8月16日　收到黄崖先生寄来新到《文星》杂志一份，内有李敖诋毁琼瑶歪文，草草读过，心中实在不平。在日记中写道：现在岛内不断有人嫉妒琼瑶，谩骂瞎诋，受莫名其妙势力排斥、打击，才二十几岁的小女生，你可要挺住啊！

8月18日　今日将《狮城寄琼瑶女士》稿寄黄崖先生，以期在《眉林》上发表。

8月19日　吴体仁先生携古画一轴造访，画中有鸡数只，请题咏，一时高兴，写五绝四首，全系打油，不足存也。

9月9日　收到琼瑶信，知悉《狮城寄琼瑶女士》及《永远莫放下你这支笔——给琼瑶》诗、文已在《"中华"日报》副刊发表。

9月10日　今日中秋。忆去年来新埠不久即中秋节，原师大旧同事十余人在"云南园"酒家，共度佳节并致欢迎。一年匆匆过去，嗟叹时光荏苒。晚《南洋商报》社论编辑冯先生夫妇驾车接至郑光汉先生家，共度中秋。今晚座中客有李浪西、潘

---

①　琼瑶生于1938年4月20日，是龙凤胎中的长女，小名凤凰。
②　苏雪林与琼瑶父亲陈致平是台北师范学院老同事，苏在中文系，陈在史地系，两家居处甚近，同时苏与琼瑶母亲袁行恕还是画友，时相过从。"始扶床"为夸张语，言苏初见琼瑶时，她年龄很小，小学尚未毕业。

受、吴体仁、冯氏夫妇等。酒至半酣,有张姓女士至,细端详原来是陈友仁①夫人张荔英,留法西画家——张静江女公子,现在新加坡艺专授课。陈逝世后,改嫁何某。张女士已六十六七岁,看上去若四十许,搞艺术的还有驻颜之术,令人钦羡。

10月1日　下午五时,与陈致平夫妇赴红灯码头,观此地佳肴华年佳会,除有各色点心,还有画展、雕刻展,尤其是热带鱼展,配以各种灯光,十分美观。一种浅绿色小龟,百十成群,联袂出游,从未见过,流连不忍,看了许久。

10月15日　当日突然对绘画发生兴趣,是否为日前看琼瑶之母作画而受感染?陈夫人画艺颇高,工笔、写意均能作,先绘梅鸟图,又改画百合、蝴蝶图。

10月18日　看新寄到11月《蕉风》,见上月寄出的《诗经研究》刊于第一篇。下午睡起,将百合、蝴蝶画成,此画若能画于绢上,则成绩当最好。心中思忖:花鸟一科,对我已无缘,画工笔,眼力不行,作写意,手腕无力,倘有心于画,不如仍画山水,聊以助兴耳。

10月20日　晚七时,赴文学院第二讲堂,听本校贺师俊教授"中国古代青铜器"专题演讲。贺为清华毕业,留学巴黎,获博士学位。

10月24日　今豪雨,未赴堂望弥撒。买布亲自裁制第二件格子布旗袍,旗袍与洋装不同,任何部分都不能有分寸差错,否则会合不起。因无纸样,时时担心陨越,颇费工夫。

10月26日　早餐后,写楷书一张。一张寸楷不过四十字,而足费时一点钟,加上磨墨,至少要一个半钟点。可见写字画画与弹琴相似,都大费工夫,且须付毕生精力。在此原子时代,要做之事太多,安能仅为此哉?

10月28日　上午无课,阅报后去"霹雳楼"陈致平先生家。因日前陈夫人叩门来寓找人谈心,未能尽兴。陈先生今日有两堂课,故能与陈夫人畅谈往事。

据陈夫人云:抗战爆发后,夫妇二人自北平逃至河南,又辗转入川,后又回到湖南,孪生一子一女,长为女,即琼瑶,小名凤凰。畅叙近两小时,携琼瑶新出版长篇小说《船》而别。

午睡后阅读《船》,全书约三十万字,自下午二时读至晚十一时,居然看毕。阅读速度不差,担心目力受损。

---

① 陈友仁(1878—1944):祖籍广东梅县,出生于英属西印度群岛的特立尼达,为台湾知名人士。

11月6日 连日来南洋大学学生闹学潮,校方已开除学生85人,布告贴于图书馆。学生罢课,正常教学秩序大乱。无课上,正好可利用此空闲作画。画董其昌《奇峰白云图》一幅,先用墨笔打底,笔致略嫌枯。

11月7日 天气晴朗,八时半即到八条望弥撒一台。下午看新到的《读者文摘》。以新买马燮堂中楷,写《麻姑坛》一张,羊毫新笔较如意,觉间架结构较前满意。写完字后,又将拟董其昌"奇峰白云"画完,自觉尚看得过去。

11月8日 临王蒙《夏山隐居图》。此幅为大画,今以尺幅临之,比例嫌逼仄,不甚满意,因无画可摹。下午至图书馆,借故宫名画数册。

11月9日 看报练字毕,将《夏山隐居图》画完,视之,洋洋可观,顿使作画兴趣大大提起。

11月11日 十时后赴陈致平先生家,闲话此次南大学潮。陈夫人坚留用餐,夫人不但善画,烹调技艺不凡,其多才多艺,世所罕见,无怪能生琼瑶一样之才女也。

11月12日 昨、今二日临明代画家之作。一为明刘瑶清《白轩图》(狭长中堂画),一为明陆师道《携卷对山》。

11月14日 赴华侨商会观郎静山影展。所列作品大部分为十多年前之作,新作亦不见如何出色,足见年老之人进步之难。本拟一见作者致候,适逢静山外出,未遇。

11月15日 上午看报练字毕,临戴醇士《峨嵋图》。所用之纸,系十余年前自法图所购厚水彩纸,虽比普通水彩画吸墨,然纸质太硬,下笔不易藏拙。

11月18日 《南洋商报》载:池谷关彗星,近来已在本埠每夜四时出现,此乃百年难遇之天象,不可不看。遂于凌晨三点半起床,持手杖、手电,登南大新图书馆楼顶。原以为报纸发消息,观者定不乏人,谁知楼顶仅吾一人有此雅兴。仰视天空,天宇正中果有一串小星,其状微曲,如报上所云弧形者,其光朦胧,不甚明显,又云发出炫目的光辉,特别明亮。今观之,殊不像报上所描摹,亦与幼时所见彗星大异也。

11月20日 学潮仍在继续,无学生来上课。画画、写字、做衣服,打发时间而已。下午睡起,仍续前日做短装衣衫。做衣衫开始易,其后安领、安袋渐难,旗袍如此,西装亦如此。做一件衣衫费时四五日,若以此时间写文,可得数千或万字,省却区区工钱,反牺牲甚大,实乃多年习惯与兴趣,追溯起来,当自留学法国时有此爱好。

11月24日 今日开始复课,但学生来上课者寥寥。"诗经"课来学生三分之一,"孟子"课仅来四分之一,希望以后会渐多。

11月25日　朱昌云办的《新潮》只刊发《史记命名考》的上部,下部稿件不知下落,如此办刊,何其怪也!

12月6日　晚孟瑶来,赠所著《中国戏曲史》四册,四十余万字,台湾文星社出版。文星出书惯为长18.5厘米、宽10.3厘米的狭形小册,每册售十四元。灯下看了若干页,资料搜罗果然丰富。孟瑶来此教书两年,而收获此著,可谓教学相长。

12月7日　自本月2日,拟作梁伯誉《云绕夏山》图,试纸数次,画画停停,均告失败。原图为直幅,改作横幅,颇费脑筋,加之又用普通水彩纸,纸不顺手,然构图倒也较为满意。

12月12日　大雨,未赴圣堂礼拜,以整日之功又作第二幅《云绕夏山》。此幅比第一幅气势雄伟,但构图还不尽如人意。自留法以来,作画喜用法国水彩纸,虽亦能受笔与颜料,然色终不如宣纸鲜明润朗,何时能像陈致平夫人那样自由控制宣纸,尽情挥洒呢(注:苏氏作画习惯用裱过的宣纸或上过矾水的绢,若直接用宣纸,用笔怎是感到拘谨不自在)?

12月15日　上午赴校上"诗经"课两堂,"孟子"课一堂。午睡后继续临恽寿平《春山欲雨》图。

12月19日　今日为雨季中难得好天气,与杨咸贤夫妇及其子女同去柔佛州哥打丁尼观瀑布。此地距狮城约两小时车程,沿途皆山林地带。瀑布并不大,叠石为坎,阻水为池,孩童在池中嬉戏或游泳,游人则坐两山之间磴道观赏天然美景,席地吃携来野餐,直流连到下午五时许乃尽兴而归。

12月25日　上午携近日所作绘画,拜访陈致平夫妇,并请他们题款。交谈中得知他们已决心返台,这也坚定了自己归计的打算。想到来南洋一年有半,舌耕所得,大都捐输大陆苏、张两家亲属,每年端午、中秋、新年三节,经香港四妹汇出之款,当在七百美元以上。不如早日返台与胞姊团聚,一心作屈赋研究。

1966年　六十九岁

1月8日　今日在家临戴醇士山水,用陈致平太太所送上矾宣纸,果然易于着墨,但上色总是淡淡。改用从牛车水①上海毛笔店买来之纸,裁一小幅试之,不如绵

---

① 牛车水为狮城的一条街,华商店埠颇多,若上海城隍庙、北京前门大街,聚居华人甚众。

纸，类似在四川时所用的川夹宣，笔在纸上显涩滞。

1月14日　阅台湾《皇冠》杂志载《蒋碧薇自传》，虽云是实录平生经历，但嫌其过于质朴，质朴至极则流于枯燥。又作小画二幅，一为米家烟雨，一为寒林落叶，此类小品笔墨甚为简单，作时仍需聚精会神，画一笔，谛视审顾，抽抽烟，喝喝茶，若像赶路一般，则定要失败，艺术乃贵族化之物，于此可见。

1月20日　今日为旧历除夕，居家临戴醇士《寒山霁雪》。松阴石濑已画完，觉颇惬意。但画山岩微雪，则大失败，下笔总感不满意。晚赴陈致平家吃年饭，陈太太办了许多佳肴，大饱口福。

1月21日　上午赴图书馆参加新年团拜，拍照留念，光阴迅速，来新加坡已过了两个旧年。下午看《蒋碧薇自传》，全书约六十万字，第一部写《我与徐悲鸿》，第二部为《我与张道藩》，两部各三十万字，文笔尚洗练，惜过于矜持，可谓贵夫人自传。

1月29日　上午与陈致平夫妇、孟瑶来到狮城郊外一公墓，祭扫高鸿缙先生（原台湾师范大学同事，赴新加坡外教，于1963年6月18日病逝于狮城）。墓在公墓最尽头，致平先生购花一束，献于墓前。墓碑上有高先生遗像，笑容可掬，栩栩如生，众人于墓前合影一帧留念。

2月2日　读《皇冠》消遣，见封面以特别字号标出青年作家大荒《有影子的人》[①]，誉为文坛出现的一颗新星。十万字左右的长篇，看了足足一整天，文笔固有力量，小说情节不甚合理（两位地位不同之男女忽发生奇恋，过程无交代），有的竟为荒谬。

2月3日　读《蒋碧薇自传》中《我与悲鸿》第三篇，颇生感慨，在当日日记中云：此篇"写得不痛不痒、无痛快淋漓、深彻入骨之描写，似乎忌讳回护处太多，但读其第二部《我与张道藩》第一篇，始知民国十五年，张与蒋尚在巴黎留学，彼此已产生情愫共六年。抗战爆发，蒋迁居张第，二人正式恋爱开始，其后蒋入川，悲鸿亦自桂林返，屡次向蒋求和，而蒋始终冷漠，盖一寸芳心已为张攫去矣。徐亦似乎有所感觉，故屡言'人心大变''不可再合'，终于迁出家庭而走上岔路。此事怪徐乎？怪蒋乎？两皆不可怪，两人亦须负责，是所谓孽缘也。余幸而一生竞业自持，从无恋爱纠纷传流

---

① 大荒，本名何厚枝，又名伍鸣皋，1930年生，安徽无为县人，1949年去台。曾在军中服务二十年，后在中学及大学任教。代表作有长篇小说《有影子的人》、短篇小说集《火鸟》、散文集《春华秋叶》、诗集《存愁》《台北之枫》等，2003年在台北逝世。

人口,既保清白之名,亦免许多烦恼,比较起来,尚算值得。"①

2月4日 今日为传统中国元宵节。赴新加坡国家图书馆参观叶逢仪国画、油画展,叶的作品具创新特色,远甚以往一般画展。南洋人才济济,可见一斑。观展毕,雇车驶至新娱乐影院看锡剧《双珠凤》,此剧由江苏省锡剧团演出,上海电影厂拍摄。剧本出自苏州评弹,服装皆用旧剧,舞台布景殊欠美观。剧中人霍小姐女扮相不美,其后改男装,反倒显英俊异常。总之,此剧远在《姐妹易嫁》《花为媒》之上,值得一看。晚赴海滨观赏元宵夕烟花,虽遇几场小雨,也无返回之念,足见今日游兴与年轻人无异。

2月5日 昨日连逐欢场,虽感疲乏,但一夜酣睡后,体力恢复。上午赴图书馆借画册十五本,行书一册。在图书馆见徐悲鸿所藏《八十七神仙》手卷,乃为白描,云系李龙眠所绘,徐氏若得为真迹,当价值连城矣。

下午睡起,将擦洗过明刘瑶清《白轩图》重画一次,改画后居然成功,虽不佳,但比第一次所画,在构图上能站得住。晚看《读者文摘》,无甚精彩篇目,足见此杂志十余年来已江郎才尽。

2月8日 接苏淑年、谢冰莹函,知陈致平夫妇已于31日下午抵台北,其在香港仅留一夕,足见归心似箭。

2月10日 以借来画册中选画元方从义山水,此幅用笔甚奇,与自己笔路相合,居然一日之中成功一幅,虽万万不及原作,然比过去所画,似乎胜多了。因腕力太弱,作画难于进步,唯能用颤笔为黄鹤山樵路数,亦喜学米家雨景,以后不妨在此二家上用功。

2月11日 南洋大学下学期是否续聘,仍无消息。出入境证已将届满。看报、写字毕,临摹明王绂《草堂春树》。此为狭长形中堂,想将构图改为长方,又对其上半幅结构不满,改来改去,弄得不上不下,最终将此幅画完,自觉有进步,心中甚惬。

2月14日 看报、练字毕,开始学草书,以赵松雪千字文为本。又画一幅小画。

2月22日 居留证本月底到期,是否续聘,校方必须尽快予以答复。此邦办事效率太低。下午饶院长、李主任偕至,告知六十岁以上者恐难续聘,如此则自己与徐佩琨、李亮恭等十余位六十以上者,皆须离去。如此也好,早作归计,嘱人订机票,决定26日返台。

---

① 《苏雪林作品集·日记卷》第5册,台湾成功大学教务处出版组,1999年版,第16页。

2月23日　今日将书架上书取下,装入麻袋,共满满三麻袋。果如饶、李所言,六十岁以上者无一接到聘书,仅郑资约、杨光德二位收到聘书。

2月24日　书籍、行李托轮船公司水运,整理箱箧至午夜,共六件,轮船公司约定明日下午来运。

2月26日　昨天与诸友告别,归来又整理行李,很晚才睡下。凌晨郑资约来寓,交谈片刻。六时许,林珊家司机携行李下楼登车往机场进发。八时与同回台湾的杨树人先生登机飞香港,下午一时许抵港。入候机室,忽有电话寻呼,乃四妹袁苏燕生至出关口约见。待三刻钟后,乘原机飞台北。五时许飞抵台北,苏淑年恐未接到电报,未能来接机。当晚宿师大第六宿舍。

2月27日　谢冰莹一早即到第六宿舍,与之相拥而泣,约中午去她家吃饭。

3月1日　今日李曼瑰、卢月化来第六宿舍相见,并联络谢冰莹、叶蝉贞同去卢寓吃饺子。晚与苏淑年同至陈致平家,庆贺陈氏夫妇结婚三十年。

3月2日　赴南港"中研院",会见徐高阮、杨希枚,又拜会王世杰院长、胡颂平等。晚回台北拜见师母江冬秀。

3月5日　与女作家严友梅同车赴曾宝荪寓所拜望,曾头发尽白,人亦较前消瘦,唯精神仍矍铄。

3月7日　下午与苏淑年同赴南港"中研院",接待韩国大学中文系主任车柱环先生。车研究楚辞,相互交流研究楚辞心得。并与淑年至胡适先生墓园拜谒。

3月8日　晚赴女作家叶蝉贞之约,邀来谢冰莹、李曼瑰、卢月化等人,名义为苏接风,实为女作家借此一聚也。餐后,又同访蒋碧薇女士,蒋发型已变,剪髻,貌转少妇相。

3月10日　赴外双溪"故宫博物院"参观,并拜见蒋复璁院长。在书画、钟鼎、玉器馆驻足流连,陈列藏品甚丰,大饱眼福。

3月12日　自新加坡归来,逗留台北十余日,会客、访友,诸事顺遂。上午苏淑年送至台北车站,乘车返台南,卢月化、刘维典、何锜章到车站送别。下午一时抵台南,雇三轮车返家。见大姊自患心脏病后,身体衰弱,比一年半前差甚。

3月14日　赴成功大学人事室报到,填复配证,再至文学院请系主任盖章。三时赴校上"文学史""楚辞"课各一堂。

3月15日　今日按阳历为六十九岁寿辰,大姊欲具膳为庆,因连日来酒宴过频,肠胃失调,尽力辞之。

3月21日　整理书斋,暂不用之书,均送入小房藤箧中收贮。杂书太多,尤以刊物为最,几泛滥成灾,拟大加淘汰,但书刊论斤卖,又觉不值,颇费踌躇。

4月9日　上午接到大成轮船公司挂号信,云大成轮行至泰国曼谷水域,于3月24日突遇火神,头等舱及部分货物被烧毁。担心托运的六件行李是否一并遭殃,若付之一炬,衣服杂件不足惜,唯参考书、讲义、笔记乃千挑万选之精粹者。又文稿一大包,约百万字,失去永不可再得。自得信后就十分焦灼,浑身发软。

4月17日　上午得轮船公司来信,知行李六件侥幸无恙,一颗悬着的心终于放下,大成轮船是14日到高雄港的。

4月26日　因赴南洋大学外教,"长科会"研究费申请中断近两年。今从学校领来申请书,填表,并附《天问》《离骚》讲义共三大册,作为送审材料,以作未来研究课题。

5月3日　早餐后得丁作韶派人送来便笺,嘱下午三时赴南门路"中广"电台,参加座谈"今后文艺应走的方向"。

5月4日　上午将昨日座谈演讲词写完,约一千五百字,以备"中广"电台下午派人来取。

5月29日　整理自轮船公司取回之书籍、讲义。其中有新加坡大学学报、南洋大学学报数本,两种学报上皆有发表的文章。又将在南洋大学讲授《楚辞》讲义四种装订成册。

6月5日　早餐后,撰《〈广汉〉诗解》,全文约三千字,此为在南洋大学教授诗经课程,由讲义整理而成。今后倘有暇,陆续写这样的单篇文章,将来聚集,可成《诗经研究》一书。

6月6日　每日读报,已成多年习惯。现在订两份报纸,每报皆有副刊,每日必占据两小时宝贵光阴,午睡一小时,起来煎茶饮酌又一小时。夜间听广播,或看书,常致失眠,一日时间所存有限(除去上课)。更有每月收到七八份杂志,每份少者十余万字,多者四五十万字,择要阅读亦要读六七十万字,平均日读二三万字,又喜治理前后院园艺,慨叹时间真不够用!

6月7日　读韩国车柱环《陶潜诗笺注补稿》(刊《出版月刊》13期),与陶澍集解及李辰冬评论对阅,顿觉车笺远胜陶、李二氏。致函车柱环,并附寄《天问》《不周山》等抽印本四种。

6月10日　整理旧稿。一、《雪林自传》寥寥数篇,字数不够出一本书;二、《雪林评论》,长短文三四十篇,字数当在十万字以上,若将四十年写作回忆加入,字数更多矣;三、《雪林译作》,以翻译莫泊桑小说为最多,但失去数篇,如《补草椅的女人》《珍珠小姐》以及几个恐怖短篇,究竟何时失却,今已不忆。忙至十一时许才睡。

6月28日 日前接旧生何锜章(台湾师范大学毕业,留校任教,并在文星书店做兼职编辑)函,云台北文星书店老板萧孟能托何与她相商:该书店拟出版苏氏著作十本,每本十万字左右,稿酬每本四千元,版权归文星。这十本书,新作固好,旧作(已出版)也可。上午驰函何锜章,并附寄近年来发表在报刊上的学术文章汇编,名《海蠡集》,约十万字。

下午续编第二集,拟题名《龙血集》,因首篇《闲话战争》,古语又有"龙战于野,其血玄黄",固而得名。苏雪林自幼性喜动物,故其作品结集,多以动物名之。如抗战时随感集名《屠龙集》,学术文章结集名《青鸟集》、历史小说名《蝉蜕集》,神话小说为《天马集》皆是。

7月19日 续编第三集,其集文字多杂文,有二三十篇,题为《鸡肋集》。

7月24日 校改昔年在《文学》杂志上发表的戏剧《鸠那罗的眼睛》。此剧仅三万余字,又增加文艺性较重的篇目,合成一集,名《鸠眼集》。编讫后,觉得戏剧与文艺性杂文混在一起,觉得不太好,想挤出时间再撰戏剧一二种,合集为《雪林戏剧集》为是。

7月25日 校改《蠹鱼集》。此集为大陆商务印书馆出版,最长一篇为《〈九歌〉中人神恋爱问题》,三万余字,论述九歌与河神祀典的关系。

7月28日 校阅《屠龙集》,重读此集,百感交并,避地乐山岁月,历历在目。其中散文《青春》《中年》《老年》《家》《炼狱》等,今日万万写不出。晚七时,谢冰莹携干女儿何小姐自台北南来探望苏雪林姊妹。

7月31日 校改《南明忠烈传》。此书文白杂糅处需大动干戈,工程颇不小。

8月6日 连日来,将报刊上发表纪念胡适先生的文章剪贴,又贴衬《台北行》若干篇,合约十一万字,题名《伤麟集》。

8月10日 大忙一整天。将已编的十三种集子,每集列目录于首页,又将各集篇幅略作调整。《鸠眼集》去除,改名《征雁集》,此集中去《鸠那罗的眼睛》,增加者多为游记。《鸡肋集》易为《鸠鸣集》,因鸠能预知晴雨,此集文字皆为时论,多预言之语,以"鸠鸣"为题,似为妥帖。

8月12日　五点一刻即起身,天尚未明。到图书馆学生宿舍处散步。"日行万步"是最近报纸宣传语,今试作尝试。然老人是否有此精力,更是否有此时间,则未可知矣。

8月20日　久不写文章,试撰《南洋旅居半年记》。可能因校改、编辑旧作,神伤目疲,顿感吃力。尤以目涩为甚,中心焦虑。倘因此而导致目盲,不能伏案工作,加之脾气躁急,长久卧床,食息需人服侍,连发"奈何、奈何"的感叹!

8月25日　撰《童年所忆》,记在祖父兰溪廨署中一群女佣的有趣故事。有相信土方治病的李妈,讲长毛故事的潘嫂、方妈及王师娘的悲剧,以及连珠嫂受师爷勾引怀孕等,都绘声绘形描摹于纸上,凸现那个时代小人物的生活与命运。

8月29日　修改、誊抄《兰溪廨署女佣群像》,全篇万余言,寄刘绍唐主编《传纪文学》社。

8月30日　看报上载:大陆红卫兵到处串联造反,"破四旧"之风席卷城乡,担心在上海商务印书馆老迈的六叔苏继庼、故乡太平县的二哥苏仲文、浙江的外甥欧阳师等亲属,能否躲过这场劫难。

9月1日　撰回忆散文《我的母亲》。关于对母亲的忆念,自己时常在文章中涉及,写对母亲的爱,最详尽为《棘心》中慈母的形象。这篇散文摒去《棘心》中已经描述过的母亲对己的关怀、抚慰,重点写母亲的敦厚、善良、孝慈对自己一生人格的形成与影响。

9月2日　撰《我的教书生活》,以留校安庆第一女师附小一段,至为精彩。

9月5日　读9月份《皇冠》,有琼瑶的《寒烟翠》、《蒋碧薇自传》、张爱玲的《怨女》,"爱玲文笔老练,然过于琐碎,余殊不喜"①。

9月6日　撰《我与旧诗》。回忆幼年承四叔家教,跟他学诗,又读《唐诗三百首》及父亲授其《古诗源》《古诗十九首》等,养成喜欢作诗的习惯。全文洋洋洒洒一万五千余言,历述其学诗、写诗经过(该文载《自由青年》第37卷第3、4两期)。

9月10日　院内昙花今晚开放三朵,似有莲花香味,玉色莹然,别具一格之美。九时许,开至约八九分,未完全绽放时摘下,去红色之萼及花蕊,仅取花瓣,水沸时放下即溶,其味略如百合,分三碗,与人姊、经书(苏雪林侄儿)分食。经书云:此汤不仅富营养,还可治疗喘疾。

---

① 《苏雪林作品集·日记卷》第5册,台湾成功大学教务处出版组,1999年版,第118页。

9月12日　接凌叔华自英伦寄达之信。叔华云：将于6月底赴加拿大教中国现代文学，通伯已退休，与外孙女同住。想到叔华离英后，通伯将就食于外，老境未免可怜。

9月18日　因卢月化将赴黎巴嫩，不知何时再能相聚，决定乘早车赴台北送行。下午二时到台北，住师大第一宿舍。晚访卢月化，聚谈甚欢。后叶禅贞又至卢寓，赠新书《怀乡集》。

9月19日　萧孟能与何锜章来访。商谈文星出书事，萧言：一、动物书名生僻古奥，不易被读者理解，影响销售，建议改去，重新拟名；二、十本中有两本缓印；三、《南明忠烈传》文白杂糅，需改写。

9月26日　与冰莹同去胡师母江冬秀处拜望，携水果罐头两听、肉松两罐做礼品，以孝后辈之敬。

9月27日　与李曼瑰赴松山机场，乘飞机至花莲，参观横贯公路，游太鲁阁。先至花莲市阿美族文化村，看阿美歌舞，服装艳美，舞姿亦佳妙，比之日月潭所观者，不可同日而语。

9月28日　由花莲乘金马号大巴进入太鲁阁：笔立万仞的高山，皆大理石山，车穿行在层层凿开之山缝中，足见工程之艰难。自太鲁阁至天祥之途，景观最奇，自天祥又至梨山则稍逊。晚与曼瑰宿梨山宫殿式宾馆楼上，同室联榻交谈，甚感惬意。

9月30日　今日方君璧返台，至松山机场迎接。君璧着灰色旗袍，头围纸花一串，容颜与十余年前相似，头发仅鬓角稍白，远看则满头乌发，保养得很好。见面相拥，喜不自胜。同至候机室，有《"中央"日报》《联合报》记者来访，不知记者用何速记法，一大串谈话仅记数语，一画了事，凡十余画即成长文，其速记法太神奇。

10月1日　方君璧此次回台，要在历史博物馆开画展，展出国画、西洋水彩画一百七十余幅。展览于今日下午两点开幕，上午伏案急就文章，撰《方君璧女士画展简介》，共一千七百字。

下午在展览会上见到王世杰、林海音，将画展简介交海音转交张明（即知名编辑、作家姚葳），以便尽快在《新生报》刊发。方君璧此次展出作品中，以一幅黑猫及日本大嘘居士相，最引人注目，几幅花卉更是笔力苍劲老辣，比之昔在巴黎所见之作，不可同日而语，进步神速，令人刮目。

10月3日　将叶蝉贞《怀乡集》校阅一遍。蝉贞一再请为作书评，不得已又读一遍。十余万字的书，连看两遍，并做介绍提纲。晚即开夜车将此书介绍写完，名为

《月是故乡明——评叶蝉贞女士的〈怀乡集〉》,约两千字。

10月4日　昨谢冰莹与林语堂电话相约晤面,林氏于今日十二时送女儿返美,约定十一时在松山机场相会。偕冰莹、蝉贞乘车至机场,见林氏夫妇已在恭候。林夫人已老迈,皮肤起皱,语堂倒精神饱满,活泼愉快。与其谈文坛近况,希望林氏出来整顿时下台湾文风,领导文坛,林谢以年老不欲多事,办刊物亦再无兴趣,直到其女儿登机才作别。

10月5日　下午与方君璧赴台北参加法、比、德、瑞留欧同学会聚会。见到许多久违留欧学长,尤以欣慰能见到李石曾先生,李今已八十有余,仍健旺,毫无龙钟之态,真乃养生有术。

晚赴张明家。每次来台北,她都要做东宴请,实在不好意思。作陪有章君谷、赵友培、钟梅音、李曼瑰、童氏夫妇、谢冰莹夫妇,济济一堂。席间,章君谷谈到蒋碧薇与张道藩情事。说张道藩晚年余情不断,常打电话约蒋相见,碧薇均婉拒。张现已入荣民医院,失眠症已无法医治(长期注射失眠之药,今已中毒,不可再注射),恐将因此而殉情,其法籍夫人不知将来如何生活,举座皆唏嘘。

10月6日　全天在忙文星书店要出版十本书的目录,直到临睡前才编好九本,书名也改来改去,总觉得不满意。最后一本《我的生活》目录尚未编完。

10月7日　接胡秋原先生函,云《"中华"杂志》欲介绍方君璧先生,嘱务必要赶撰一千余字介绍,此信2日寄至台南,大姊又转寄台北,往来历四日。该杂志每月10日出版,此文肯定赶不上10月号了,但又不能不写。于是推却访友之约,闭门撰《方君璧女士的画》,以限时信寄《"中华"杂志》。文谣比人情债还要重要,有时简直是一种苦刑。

10月8日　"文星十书"的书名,原先拟的动物书名全部推翻,自己拟定了几个,何锜章拟了几个,总觉不甚满意,而书店老板又催得急,只好如此了。十书的名称依次为:一、《〈九歌〉中人神恋爱问题》;二、《试看〈红楼梦〉的真面目》;三、《人生三部曲》;四、《秀峰夜话》;五、《最古的人类故事》;六、《闲话战争》;七、《我论鲁迅》;八、《眼泪的海》;九、《文坛话旧》;十、《我的生活》。

与苏淑年、顾友如乘计程车同赴北投公馆路陈致平家别墅,探望琼瑶母亲。陈夫人自从居乡间后,病状减轻,精神亦有进步,在陈家午餐后,作别而归。

10月9日　居家写十书序文,一日可写两篇,短者一千余,长者三千。若无人来访,不被打扰,五日可完成,但誊缮殊非易事,但愿按计划完工,不要临时别生枝节。

10月13日 本欲今日完成最后两本书序言的草稿,可上午方君璧与其侄方贤齐邀约游览北部名胜野柳,此处距台北约一个多小时车程。轻铁栅门,需步行十多分钟方可达海滨。可观者是奇石林,一处有人头山、石钟、鲤头诸景观,另一处有仙履、女王头、海龟等,究其景致比之青岛远逊。若非闻野柳之雅名,定不会来观。台湾虽为海岛,海滨风景,无一处足观。游至十二时,在海边野餐,吃带去的水果、糕点。二时返回台北,饮浓茶、抽烟,仍觉疲乏。晚餐后,翻看自己的青岛游记,觉得三十年前所写的文章,如今无论如何也写不出。

10月14日 与谢冰莹同至方贤齐家,送方君璧返美(15日乘机去美国)。到方寓时,见高朋满座,皆送别的亲友。方君璧取出纪念册,册中竟有留法时在里昂为其录长篇五古《观弈》一首,读之,殊觉汗颜。冰莹思索片刻,在纪念册上写满一页短辞。君璧再三请求留言,无奈也抽笔写了数行,写与君璧交往,亲如姊妹的情意。

10月18日 叶蝉贞、苏淑年陪侍,赴台北车站南旋。此次来台北,匆匆住满一月,访友、郊游、写文章,又为文星书店出书,大忙特忙,虽很累,但心情颇愉快。

10月27日 自18日回台南,八九天来,除写了几封致友人长信(致蝉贞、冰莹、琼瑶、锜章、曼瑰、淑年)外,皆在桌上撰写十书序言,原在台北所拟稿,大都推翻重写,七日中,共撰写十篇序,约三万三千字,累得疲乏至极,握笔之手已僵硬伸不直。

11月4日 致函刘绍唐,请他将《我的教书生活》寄回修改,并告知将已撰好的《鲁迅传论》寄他,全文一万六七千字,问他能否在12月份《传纪文学》上刊出。

11月11日 赴学校成功堂参加校庆典礼。礼堂装点花团锦簇,罗校长、潘厅长及台南市政界首要相继演讲。会上还颁发资深教师奖章,分二十五年、二十年、十年三种,苏雪林荣获十年资深奖章一枚。

11月16日 高雄《新闻报》驻台南特派记者张钧,在校总务处张稼民陪同下来寓,请为该报撰一篇中华文化复兴运动文章,言辞恳切。因前允《"中华"日报》也是这类文章,但尚未动笔,无奈只好两家各写一篇。张稼民约定第二天八点钟来取稿。下午开笔,居然写了两千多字,尚余一煞尾,明晨起早可完工,题目为《论复兴中华文化必须注重民主与自由》。

11月17日 《"中华"日报》策划在该报出"中华文化复兴运动专辑",请为撰文,既为《新闻报》写了,不能不为《"中华"日报》写。上课两堂后,小睡片刻,动笔撰稿,幸文思敏捷,一下午居然完稿,定题为《复兴中华文化谈科学与历史》,约两千字。晚八时半散步时,投成功大学邮箱,又偿还一笔文债矣。

11月22日　"赴校上文学史课,讲'雅'为中原正声,即夏声,并联带讲夏、秦、汉、唐四帝国。此段每年上文学史必讲,居然吸引学生很注意。老油条教书匠,开留声机骗人,居然骗得圆满,亦要学问有根柢,否则亦将败露。凡学有根柢之人,上课左右逢源,有七十从心所欲不逾矩之乐。"[1]

11月30日　接凌叔华来信,云陈通伯(西滢)自联合国教科文组织退休后,竟无一文退休费,甚以为怪。难道多年服务该机构,竟然是编外人员?待手边几篇文章写完后,致她一函,详细询问他们的生活状况。

12月2日　收到刘绍唐寄来《传纪文学》,《鲁迅传论》已刊出。

12月30日　赴校领取下半年"长科会"研究费六千九百余元,大学教授月薪仅二千三百余元,足见"中研院"对学人从事研究之关注、襄助。

12月31日　本年最后一日。自2月底由南洋返台,教书、写文章匆匆逝去十个月。本年文星书店出版自己十本书,诚为大事,为以前所未有。

1967年　七十岁

1月3日　今天仍是新年假期中,每年此日皆为写信日。全天共写信八封,有长有短,寄岛内、大陆和海外地区,信债已还,可稍停一段,专心读书、写作了。

1月5日　赴校,将呈"长科会"《九章》研究报告交注册处。成大中文系学生来,为《成大青年》(中文系学生所办)索稿,取《秀峰夜话》序文一篇[2],交与发表。

1月23日　因楚辞课上讲屈原作品《远游》,取司马相如《大人赋》与屈原《远游》对勘,乃知《大人赋》抄袭《远游》,非《远游》抄《大人赋》,对此将撰专文作评述。

1月31日　订购台湾"商务印书馆"梁容若《文学家十人传》[3]。自谓:读书总胜于看电影,或看无聊之文学杂志。今日之文学读物多内容浅薄,文理极劣,不值一读。惜余一只好眼已坏,一只视力不济,强为支持,不能长时看书,不然暮年老境有书消遣,乃老人幸事。

2月4日　应台南一中之邀,赴该校为师生演讲。八时许,校长陪同参观校中文

---

[1] 《苏雪林作品集·日记卷》第5册,台湾成功大学教务处出版组,1999年版,第153页。

[2] 《秀峰夜话》是苏雪林早年创作的历史小说集,初名《蝉蜕集》,1945年由重庆商务印书馆出版,现为"文星十书"之一。

[3] 梁容若(1906—1997):河北行唐县人,笔名梁子美、梁盛志等,台湾东海大学中文系主任。

艺陈列室，见悬挂余我者收藏郑板桥兰竹三幅，朱熹对联一副，齐白石画虾蟹一幅，未知为真迹抑或为赝品。近九时开始作演讲，讲题为"文学有用论"。

2月9日　今天为旧历年正月初一。在日记中感慨：自从离开大陆，已过去十八年，由法国来到中国台湾，也已十五年。光阴如此之快，而年纪则垂垂老矣。当趁有限年月，完成屈赋研究，庶不虚生一世。

2月13日　近日读书兴趣甚浓。看《柏拉图五大对话集》，竟一整天不忍释手，直到晚十一时看完才罢。书中说，希腊苏格拉底时代，酷好男风，爱情一词，不存在于男女之间，而存在同性恋二男间。又苏格拉底坚信灵魂不死及天堂、地狱之说。

3月2日　林海音主编《纯文学》杂志，屡次来信，嘱写评论凌叔华，皆答以叔华作品手边无存(离大陆时，许多文学著作保存上海张家)无话可说。未料到海音竟至南港"中院"图书馆，把《绣枕》全文抄录寄来，此情可感，不得不写了。下午写了一半，仿《文坛话旧》之体例，文中亦有不少笔墨赞美凌叔华容貌。

3月4日　连续两天将林海音文债还了。《凌叔华其人其文》，共五千字。并将叔华绘画四张："珞珈三友"(袁昌英、凌叔华、苏雪林)合影一张，连同稿子打包寄给海音。又将《闲话战争》序言抄一份，寄往《"中央"日报》副刊，足足抄了两个小时。

3月16日　午后，"中广"台南分部尹文小姐来寓，受袁暌九台长之命做录音采访(因报上登台北文星书店为老作家苏雪林出十本书的消息)。因自知讲话杂皖浙之音，非常难听，不愿录音。然记者专为此而来，被逼无奈，只好问什么答什么，费时半点钟。晚"中广"电台在《锦绣天地》中，将访问录音播出，竟然自己都听不懂，也不像平时说话声音。

3月25日　林海音寄来《纯文学》第4期，《凌叔华其人其文》已刊发，但却错为《其人其文凌叔华》，殊不妥。文星书店将预订六十套十种书亦寄到。拆开一套，见十书封面皆作翠绿色，玲珑可爱的开本，加之印刷精良，颇喜。

3月27日　上午打包寄书。一套书十本打包、签名，约二十分钟，寄谢冰莹、李曼瑰、林语堂、罗光总主教。

4月3日　按阴历今日为二月二十四日，乃七十周岁诞辰日。大姊淑孟办了一桌菜，与侄经书三人共享。去照相馆照了几张相(深衣、浅衣、白鞋、白袜、单人半身及全身照皆有)，又与经书、大姊合影一张。

4月9日　台大外文系毕业生王祯和持李曼瑰手札造访，交谈两小时。王现在台北国泰航空公司任职，对写作甚有兴趣，因有志写作，放弃赴美留学。

4月13日　寄函沉樱①,附寄《文坛话旧》一本。晚于灯下看沉樱译茨威格《一个陌生女人的来信》,果然写得好,一口气看完才睡。

4月24日　顾保鹄神父送来光启出版社账单:《绿天》去年12月出第5版,印1000册,售出350本;《读与写》去年6月出第3版,售出225本;《棘心》去年出第3版,售出315册。

4月27日　新到的《纯文学》杂志,重新发表庐隐女士的《海滨故人》。此小说三十多年前就看过,当时只觉得头绪杂乱,思想颇幼稚,懒得多研究,今重读,似仍觉未必佳。

5月3日　与绿蒂(即诗人王吉隆,笔名绿蒂)赴台北,应朱西宁、朱桥邀约,5月4日参加文协座谈会。

5月4日　下午与谢冰莹出席文协座谈会,先由林语堂先生演讲,后由各位作家即席发言。(本次座谈会主旨为:本省文艺界同人宣言:向弥漫文坛的黄黑灰妖风进军,大举挞伐,彻底扑灭。)晚在台北饭店餐叙。

5月5日　与理毓秀等一行,赴台北新庄看房子②,因距市区太远,房子格局也小,又至辅仁大学附近的公寓,皆不中意(比之台南带前后院的居所)。于斌总主教欲聘苏雪林为"中国"文化复兴研究院主任,职位等同研究所所长,名誉好听,但职务烦琐,未允。

5月17日　接陈源自英伦来信,自述老来生理状况:记忆力日退,不但人名、地名多不能记忆,及成语、常用词汇也无从寻觅,文思阻塞,难以下笔,看书阅报极迟缓。回信云:此老年衰退症,与自己俨然相符,人老生理退化,自然铁律,谁也不能逃脱,极力劝慰。

5月20日　撰写《九歌》总论,细析九神性质。全文约两万字,分七大段。一、《九歌》的时代与地域;二、《九歌》的篇数问题;三、《九歌》何以为整套神曲;四、《九歌》乃祭九重天天神之歌;五、七曜与九曜;六、九重天神是些什么神;七、结论。

5月26日　赴校上文学史课,李贺讲毕。开始讲李义山与女道士及宫嫔恋爱事。本年任课仍为每周七小时("文学史"四小时,"楚辞"三小时),功课虽不多,但

---

① 沉樱(1907—1988):山东潍县人,原名陈瑛,笔名沉樱、陈因,著名女作家、翻译家。代表作有《春天的声音》《我们的海》。

② 台北许多女作家希望苏雪林退休后,能搬到台北居住,尤其是好友理毓秀(武大校友),故有新庄看房一行。

对年老之人,仍是负担,且影响屈赋研究进程,希望年内能允退休。

6月2日 应成功大学之邀,林语堂夫妇到台南,午后由成大中文系老师引领至东宁路苏寓拜访。苏谈及近日《"中华"杂志》和《联合报》副刊上,严明与葛某反驳林氏关于一百二十回《红楼梦》均出曹雪芹之说,林言,今日《联合报》上已有答辩文。临行赠林氏夫妇《天马集》《绿天》《读与写》各一本。

6月11日 连日来为白蚁所苦。藏书木箱中白蚁筑窝,蚀去重要杂志及书籍,木箱已被蚀得百孔千疮,搬至院中焚烧,捣其巢穴。白蚁任何地方可生,任何物可食,危害大焉。想到武汉大学校友会在台北办《珞珈》会刊,屡次约稿,今撰《白蚁成灾记》一文,用以交账。

6月13日 摘抄《论衡》。闻亚里士多德有"方天之说",《论衡》亦有方天之说,乃王充所倡。拟将此条抄下。三十年来看书太少,《论衡》《吕览》《淮南》未看几篇,可叹,拟补课。

6月14日 报刊充斥黄色文艺妖风,下午睡起,饮浓茶助兴,撰《我们能任凭黄色文艺永远猖獗吗?》①,署名老梅。此文为台北"五四座谈会"内容之深化。全文二千余字,文章结尾写道:"对于这类陷溺青年,酝酿不良风气的黄色文艺,必定严厉取缔,至少不容它在报纸上大登特登。我知道人家会骂我'老顽固',骂我'思想落伍',可是,我不在乎。要知道个人毁誉为事甚小,青年身心健全与否,关系着国家民族的前途,为事则大,我们怎可为了怕骂而置身于度外呢?"

6月17日 赴校参加成功大学第七届毕业典礼,各学院派毕业学生代表登台领文凭(以往全体登台,甚费时,今改良,省时不少),本届毕业生900多名。

林语堂先生今天在毕业典礼上作《从物理观点论中国阴阳家》的演讲。

7月6日 本月8日为王云五先生八秩寿诞,致信祝贺。取商务《新撰普通尺牍》参考,写一篇四六骈体文贺寿辞,另备寿仪二百元,亲赴邮局寄出。

7月9日 连日来撰《九章》疏解,日思夜梦,萦绕脑际皆屈子英魂。昨日就榻,神思飞跃,灵光乍闪,精神振奋,起床疾书屈原《九章》各篇写作顺序,倘不将新的思想火花与认识记下,则稍纵即逝。《九章》写作先后次序为:一、《惜诵》;二、《抽思》;三、《思美人》;四、《涉江》;五、《橘颂》;六、《哀郢》;七、《惜往日》;八、《悲回风》;九、《怀沙》。

---

① 刊于1967年7月23日《"中华"日报》文教《论衡》版。

"《思美人》与《抽思》为同时作,即屈原南行途中所作。《涉江》是第一次放逐江南时作,其兴致颇高且有开篇数段游仙语,可证。《橘颂》乃赠一青年朋友,此青年之名(或小名)或为橘,故橘颂乃双关语。《哀郢》是顷襄王廿一年,秦将白起入郢前,屈子自贬所闻战事危急,郢都有陷落之危,自江南赶到都城郢,将家眷送至远离楚都安徽陵阳(今皖地石台)安置,然后再折返回贬所而作的。《哀郢》后又作《惜往日》。《悲回风》作于秦兵拔巫黔中郡(秦于怀王十六年,使人要求黔中地,以武关外易之,足见秦之欲得黔中甚急,因此地势足以围楚,迫使楚东迁),屈原不能再安于原处作秦囚,乃向东北行走,过洞庭而投汨罗,写《怀沙》作绝笔。"①

7月13日　继续撰《九章》论文。画《楚辞》地图三张,以游国恩、蒋骥书中插图做根据,适当补充,以为论文之需。地图先以铅笔起草,再用毛笔墨水描粗。其中一张着色彩,虽不精美,但醒目可用。

7月30日　看报知,韩国与印尼足球赛在台北举行,韩国胜。明日"中华"台北队与日本队比赛,爱好足球者谓:我队技术占优,体力远逊日本。为此而大发感慨:"中国民族自来孱弱,今尚任淫秽小说横加斫丧,不知负文教之责者,何以视同无睹?可叹!"②

7月31日　接香港贺广慈神父约稿函,撰《瘦猪与仙脂》一篇寄去,因他主编的《良友之声》,肯登这类民间故事。本年度"长科会"论文《远游与招魂》,已于7月12日寄往"中央"研究院。

8月1日　利用暑假,粘贴自南洋携归的剪报资料。此事颇费神费力,接连忙碌三个下午,只贴了一个月的剪报,留新加坡一年又半,剪报集存千余张,若全部贴完,恐耗去数月工夫,不免对已贴报爱好心灰意冷。

8月2日　上午留法同学丁作韶博士至寓,为其夫人胡庆蓉所撰的《滇边游击史话》一书求序。今年暑假本欲好好休息,不作脑力,因去年为十本书的出版忙了一年。已欠下文友梅逊、张漱菡、谢冰莹、岫老四篇书序待写③,现又加上胡序,共五篇。作序殊不易,要耐心细读原著,看来这个8月,将在忙碌中度过。

----

① 《苏雪林作品集·日记卷》第5册,台湾成功大学教务处出版组,1999年版,第249页。
② 《苏雪林作品集·日记卷》第5册,台湾成功大学教务处出版组,1999年版,第259页。
③ 岫老,即王云五(1888—1979):原名之瑞,字岫庐,笔名龙卷风,广东香山人,知名的出版家,曾任商务印书馆总经理,与苏雪林有半个世纪的友谊。1967年王云五撰《八十自述》,请苏雪林作序。

8月4日 费两日之工夫,将梅逊著作两种看完,又费一日之功把评梅逊文撰就,约二千字,誊抄毕,寄《"中华"日报》。

8月6日 读丁作韶博士《东南亚游记》,全书十八万字,需整两日才看完。丁书不看完,《滇边游击史话》无从着笔作序。

8月9日 上午动笔写《滇边游击史话》序,由于被胡庆蓉女士朴实无华的文笔所感染,写得相当顺利,三千余字的文章,下午誊为清稿。

8月10日 读报后,专看张漱菡《翡翠田园》①,全书上下两部四十余万字。上下午看完上部,若非右目失明,左目有白内障,则一日一夕可看完。

8月17日 开始撰《翡翠田园》评介,中途来客访谈,又赴学校化工学院,为朋友之子转系事奔走,写文章之事,只好被迫搁置。

8月18日 按所列写作纲要,边构思边撰,边写边誊清稿,此乃整理文思之习惯良法,其间又有杂事打岔,未能撰就。

8月19日 午睡后,将昨日未完之稿完成。苏氏在《〈翡翠田园〉读后感》中,特别强调纯文学对当时文坛的积极作用:"我希望大家把《翡翠田园》这本书细读一下,才知道目前文坛层出不穷、浮薄空洞的恋爱故事之外,尚有所谓不是消闲的文学。也希望那些专门制造腐蚀青年意志,甚至毒害青年身心的恋爱故事作家们,能否改变他或她的笔路,也来学写些有益世道人心的文章。"(全文刊于1967年9月18日《"中华"日报》副刊)

8月20日 前日接好友邢广生长信,满满七大张,数千言,皆谈往年趣事。复函也是长信,解答她来信所提各种问题,写这封长信,耗费整整一日光阴,尚有一大页,待明天才完成。

8月21日 上午将寄广生长信写完寄出。又写致陈致平夫人长信,谈关于国画问题。

8月22日 费时一天半,将致陈夫人信写毕,共十一张纸,约万言。

8月30日 连着几天校阅旧著《南明忠列传》,改正不少错字及误植。文星老板萧孟能肯出加倍稿酬购买此书,故只能细心对部分章节修改、增删,以臻完善,因

---

① 张漱菡(1930—2000):安徽桐城人,张英后裔,马其昶外孙女。幼随父母远游日本、英国,先后就读上海启明女校、震旦大学文理学院,1949年暑假随母去台旅游,后留居台湾。出版小说、散文五十余种,逾千万言。代表作有《意难忘》《江山万里心》《七孔笛》《翡翠田园》《胡秋原传》《荷香集》等。

当年撰此稿时,避居乐山,寻资料、查图书甚不易。

9月10日 "昨晚得浩如先生信,云杨端六先生已逝世。渠长兰子(即袁昌英)十岁,今年寿八十三四,宜其逝也,但余颇为伤感。"[①]更为好友命运担心。

9月19日 撰《南明忠列传》序文,因此书是再版修订,当另撰序文,原序附后。三四千字的序文,断断续续写了三天,乃过去所未有之事,难道真的老了吗? 脑筋退化,无能作为乎? 当晚在日记中对人生颇生感慨:"人生不过七十余年,少壮思想未甚成熟,五十后已成熟,而运用十年,至多十五年,精神便已衰竭,虽视息人间,行尸走肉而已,然则人生运命亦诚惨苦,人之贪恋生命者,殊可嗤矣!"

抄录旧稿民间故事《冬瓜郎》,寄香港贺广慈神父,他主编的《良友之声》要此类稿件。

9月22日 为台湾中法同学会会刊撰稿,题为《由聊斋偷桃谈印度魔术》。这篇文章是由张星烺先生《中西交通史》中关于幻术而受启发,居然写了两千五百字。

9月23日 "在书橱中寻到昔在法国时所撰法文稿 *Les Chandelles mystercouse*,重抄一遍,改正若干错误,此为十余年二赴法国时窗课,虽幼稚,今已写不出,连同昨日所写中文稿,一并寄《中法同学会通讯》编辑吴嵩庆。"[②]

10月7日 为楚辞研究急需查找相关资料,如《巴比伦创世史诗》等,决定赴台北师大图书馆、"中研院"图书馆借阅有关图书。拟住在龙泉街苏淑年宿舍。

10月9日 上午到师范大学图书馆,查阅该馆藏书"中国内乱外患丛书"(神州国光社发行),抄录若干宝贵资料。下午与淑年去历史博物馆,参观张大千画展,感觉大千先生布展的画,作风虽云改变,实则仍不脱己之窠臼。

11月3日 撰《再谈二郎神——二郎神与猎人星》。指出民间所传的二郎神,非李冰仲子,非赵昱、杨煜,也非封神传里的杨戬,实为西亚神话中的生神旦缪子变衍,旦缪子在天上为猎人星座(The Constellation of Orion),亦为牧人星座(Bootes)。

11月4日 撰《三谈二郎神——二郎神劈山救母》。文章厘清二郎神传说故事,其源来自西亚。并指出凡神道,历史越古,传说就越远,地位亦越高,故事益繁复、衍变。二郎神是中国民间传说里地位极崇高的神,元曲中就有《二郎神射神魔镜》与《灌口二郎斩健蛟》。而"劈山救母",乃《西游记》中孙悟空对二郎神说:"曾

---

① 《苏雪林作品集·日记卷》第5册,台湾成功大学教务处出版组,1999年版,第279页。
② 《苏雪林作品集·日记卷》第5册,台湾成功大学教务处出版组,1999年版,第284页。

使斧劈桃山的是你吗?"其实中国此类故事中的二郎神,实来源于创世史诗(距今五六千年)里能斩妖除魔的天神马杜支①,传至中国后,二郎神又为后羿,隐约间又有大禹的影子,变为上古诸神综合化身了。

11月11日　香港四妹(袁苏燕生)寄来挂号信,云大陆岭下二哥绍章(仲文)6月作古,二嫂亦摔断大腿,真是不幸。

11月17日　本学期仍教文学史与楚辞两门课,虽教过多年,但上课前仍要温习,担心讲得不流畅。尤以楚辞课,不断研究中又发现许多新资料,需加入讲义中,讲给学生听,上课前往往要忙一个小时做准备。

11月27日　成功大学拟举办画展,今为作画日。仿傅抱石《九老图》,用旧纸先用铅笔钩轮廓,以黑笔画线条,费了两小时,似不甚满意。

11月29日　重画《九老图》,并着色。

11月30日　下午赴成功大学招待所,欢迎法国汉学家康德谟(Canax Kal tan mank),中文系全体教师及部分学生到场。这位汉学家甚爱道教,其同来的弟子,曾接受张天师道籙,将来欲以道教权威,称雄西方世界。苏雪林与其弟子唐亦男在欢迎会上作道教与中国文化的发言。

12月9日　今日为题画款日。在大幅山水上题诗一首,又题《九老图》,字虽拙劣,然胆却壮,不若往昔之战兢。接着钤印,然三十年前购之西泠社的印泥,今已干枯,和油调许久,印泥始化开,颜色似大相径庭。

12月14日　将半月以来所绘大小画,计十二幅,题款盖印,雇车送交学校总务部,画债已还,一身轻松。

12月31日　今天是本年最后一日,自前年返台,忽忽二载,屈赋研究仅撰《九章》论文五篇,自谓成绩甚劣。唯今年3月,在文星出书十种,算完成一大事。

1968年　七十一岁

1月1日　新年第一天照例对去年岁月发感慨,对来年都有若干计划与希望。

---

① 苏雪林为诠释中国流传甚广的二郎神故事,特别撰写近两万字长文《谈二郎神》,梳理民间及宋代文人著作中对二郎神的误解,指出我国古史中掺杂神话,历史人物每由神话人物变成,二郎神亦其一例。详见苏雪林:《屈赋论丛·谈二郎神》,台湾"国立"编译馆,1980年版,第341页。

今年祈盼能将屈赋《招魂》《远游》的论文写完,完成《屈原年谱》。

1月10日 写信致李曼瑰、谢冰莹,又写一长信与陈晓林("建国中学"高中部学生,文学爱好者)。"余总想与此君联络,俾其能号召同志,结成团体,一齐反对当前文坛黄、黑、灰毒焰。盖中老年暮气皆太深,懔于明哲保身之训,不敢多事,唯有希望青年们起来反对,青年一起,则此类黄灰作家将有所忌惮,以彼等所欲哄骗、争取者,皆为青年也。"①

1月13日 为成功大学文学社团"成大青年社"撰稿,该社刊物《成大青年》派二学生来索稿,费二日之功,撰五千余字文章《〈招魂〉为屈原作说》。

2月4日 应台南空军供应站之邀,上午为军中文艺青年作《关于我的写作与研究》演讲。前部分谈己四十年写作经验、体会,后半部分则讲学术研究,尤其在研究《楚辞》过程中,尝到发现的快乐而乐此不疲。

2月14日 收到学生寄来的《草原》杂志,此种刊物风格特殊,内容丰富,值得一览,有埃及神话、民歌搜集纪事。所录民歌多为七言恋歌,极通俗,不及常见的竹枝词及六朝子夜歌。

2月24日 文星老板萧孟能坚持要大修改《南明忠烈传》,驰函告知大修改不可能,一无时间,二眼力不允许。写信嘱将原书退回。致函商务印书馆王云五先生,征询该馆有意印行此书否。

2月25日 收到台湾"商务印书馆"寄来的《鸠那罗的眼睛》样书十本。此书为1946年上海商务印书馆的重排版。

3月25日 近一周,对撰民间故事短篇甚有兴趣。此类故事皆幼时听大人所说,几十年过去了,仍历历在目,真所谓俗语所云"老人记远不记近"。连撰《野人外婆》《保俶塔的故事》《蜈蚣与金鸡》《仙掌与明珠》《屋漏》,每篇两千余字。

3月26日 又受女作家施卓人(笔名重提)之请,约写评介,费二日工夫看完她的二十万字小说《长夜》。施卓人,浙江嵊县人,1921年出生,笔名重提、千里、灵泉等,她是一位基督教作家,代表作收入《雪泥集》《重提自选文集》中。

3月28日 誊清《长夜》评介,写一函,连同文章寄施卓人。

3月29日 画一扇面,送唐亦男。将扇面自扇骨脱下,以棉花蘸粉,擦去扇面上

---

① 《苏雪林作品集·日记卷》第5册,台湾成功大学教务处出版组,1999年版,第328页。

污渍,以便于任意挥洒。下午画成,勉强看得过去。

4月11日　午后收到冰莹信,知老友张道藩病危,住荣总加护病房。

林姐:
　　收到你的信数多天了,章徽颖先生去世之后,又死了一位王慰祖先生,宋孝忱先生中风,如今还在医院,不能说话,师大今年流年不利,我忙着这些丧事,心里万分难过!今天我又去看了道藩先生,不能看到他,只和张太太谈了十分钟的话,不知道能不能救,他如今一直在昏迷状态中⋯⋯祝你
健康
　　　　　　　　　　　　　　　　　　　　　　　　　　冰莹上①

想到师大旧同人,一个个逝去,老友们都逐渐凋零,倍感忧伤。

4月13日　自看《中国家庭问题》与王尚父的《野鸽子的黄昏》后,触动写文章的欲望。断断续续写了两三天(皆因杂事打扰),今日始将《谈孝道及安老问题》杀青,足有五千言,誊清后寄给穆中南主编的《文坛》。

5月3日　接美国研究中国文学的马格利特女士来信,急需早年发表的《周作人先生研究》论文②,自己手头仅有一份当年发表于《青年界》杂志的剪贴,只好出资请人誊抄。

5月4日　将《周作人先生研究》论文改写一段,贴在原文改动处,又加上善秉仁《文艺月旦·甲集》中《周作人小传》附上寄出。

5月9日　膀胱炎发作,不能撰文,看《皇冠》杂志。司马中原《冰窟窿》写得颇有趣。琼瑶的《夜语》,多有新撰词汇,想必其母袁行恕女士幼教、家学栽培之功莫大也。

5月17日　写一信与马格利特女士,将需要之周作人文章寄出。

5月31日　教务处派中文系二年级男生伴法国来华学中文的戴博文女士来访,

---

①　《逝水浮云曾照影——名家与苏雪林书信选》,台湾成功大学中国文学系,2007年版,第351页。

②　《周作人先生研究》,为苏雪林任教武汉大学讲授"新文学"时所撰写的重要论文之一,发表于《青年界》第6卷第5号(1934年12月)。全文一万余字,从周氏著作来剖析其思想与趣味,揭示周作人先生不但是文学家,而且是思想家,历来被文学史家公认为研究周作人的重要论文。

自然勾起赴法时一些回忆,间或亦能与之以法文交谈,一小时后别去。自 4 月 17 日动笔疏解《九章》,一个多月仅将《思美人》《橘颂》《惜往日》《悲回风》《怀沙》五篇草草注完。

6 月 1 日　上午兴致颇高,取在南洋时所学米南宫笔意,画了两幅,题款送唐亦男,她甚喜此二幅,因此相赠。

6 月 8 日　读《醒狮》第 113 期,最后一页上有费会昌先生《谭嗣同先生的诗求解》,谓谭有律诗四首,是"无上难题","断非寻常人所能索解,如能解者,可做我老师"。又说"这四篇,梁启超不敢强解,告人曰'读之怆然涕下',可知他懂是懂的,只是讲不出而已"①。在此之前,自己也曾在《饮冰室诗话》中读到过任公上述之语,也曾想索解谭诗意蕴,皆因他事,未能成愿。今忽见费会昌请人解读,突然触发兴趣,决定索解。

6 月 12 日　赴校上课二堂,急匆匆回家,润色谭诗最后几段文字。

6 月 13 日　自上周星期六开始索解谭诗,此日最后誊成清稿,足足花了五六天时间,全文一万余字。此文颇长,刊于何处,颇费脑筋。写一函致傅宗懋先生,请其支持能否于 8 月份《东方杂志》上刊出②。

上午听广播报道,张道藩先生于昨天下午四时逝世,闻此不胜悲哀。张自 3 月跌扑伤及头颅,一直昏迷住院,终被死神掳去,又逝去一位老朋友!

6 月 15 日　成功大学中文系推荐苏雪林为本年中山文艺奖候选人。

"读宫崎寅藏(按:笔名白浪滔水)所写的《三十三年落花梦》,全书五万余言,一个下午读完。对此书慕名已久,读后大失所望。"③

7 月 13 日　今日将《九章》中《悲回风》《怀沙》译毕,日后倘有时间,拟将《离骚》《九歌》《天问》《九章》《招魂》《远游》,均用白话译出,以成一集。

8 月 13 日　好友方君璧回台湾,上午乘"观光号"火车南下。下午二时赴台南车站接回,住东宁路寓所,闲谈不已,至晚十时止,可谓知音。

8 月 14 日　陪方君璧出游台南名胜,包了一辆三轮,游赤崁楼、延平祠、文庙、开元寺诸景。君璧对台南文庙之古色古香颇欣赏,流连很长时间,并云要来此写生。

---

①　苏雪林:《谭浏阳感怀四律臆测》,收入《苏雪林作品集·短篇文章卷》第 3 册,台南财团法人苏雪林教授学术文化基金会,2007 年版,第 229 页。
②　《谭浏阳感怀四律臆测》刊《东方杂志》复刊后第 2 卷第 2 期。
③　《苏雪林作品集·日记卷》第 5 册,台湾成功大学教务处出版组,1999 年版,第 404 页。

8月15日　方君璧上午在客厅作画,共画兰花三幅,以雪林院中所栽之盆兰为标本,平均一刻钟即画一幅,足见其笔法纯熟。

8月17日　校对论文《〈诗经〉的常识和研究》,全文二万四千余字。方君璧支画架画后院竹棚及盛开的黄莺花,取景佳,画亦美。写信致凌叔华,告知"君璧在台南,每日与余闲话绘事、出游,甚惬意"。

8月19日　写信致法国潘玉良,内附美金支票一张,请其代购质松之Ingres纸,并寄"文星十书"一包。

8月20日　寄法国巴黎大学汉学家戴密微一包"文星十书"。画了一幅小画寄潘张玉良,与方君璧同赴邮局发出。而后陪君璧参观成功大学理工学院,并至成大招待所看储辉月女士(画家黄君璧夫人)画及马电飞水彩展。

8月22日　方君璧今天在家为苏雪林画像,系用日本所产棉花纸、中国笔与颜料。方君璧画人物肖像素来称绝,色彩、神态皆奕奕,他人学不到。画家今日精神旺,画毕像后,又作旱水仙一幅。

8月23日　上午出寓所,将方君璧所绘之肖像送万隆摄影馆摄影(方君璧原打算将原画赠苏雪林,留作纪念,但苏却认为方的画太贵重,不肯接受,愿摄影留存)。

8月26日　今日台南大雨,留在家中。方君璧在客厅画带篓西瓜,旁附白菜两棵、茄子几个,灵动有生气,颇好看。翻译《巴比伦创世史诗》,眼疲时,立在一旁看君璧作画。

9月4日　与方君璧游高雄南端垦丁、鹅銮鼻、观海亭诸胜景。

9月6日　晚与方君璧闲话至十一时。睡在床上醒来,已凌晨两点,见隔壁灯光灿然满室,知君璧在作画。君璧年逾古稀,但精力充沛,不异少年,白天可整日作画,晚间能看书至凌晨三四点,而第二日精神仍勃勃。报上言杨传广为亚洲铁人[①],方君璧亦可称亚洲女铁人。

9月10日　昨以方君璧所赠之中国纸煮硾笺作小幅山水,久不临纸,手甚生涩。上午以日本画纸临陆廉夫《潇湘烟雨图》,此纸性能在煮硾笺之上,但运笔腕弱者仍不能发力,故败笔甚多。中国画纸大多试过,皆不如法国画纸Ingres顺手。

午后得潘玉良来信,甚喜。老朋友十余年不相见,忽然互通鱼雁,当然别有一番

---

① 杨传广(1933—2007):台湾省台东县原住民阿美族人。体格健壮,是1954年马尼拉亚运会十项全能冠军,1960年罗马奥运会十项全能银牌获得者,人称"亚洲铁人"。

滋味。

9月12日　方君璧一早携画具赴文庙,她要去画文庙中数株芭蕉(上次游时,即看中此芭蕉可入画)。"在客厅用所赠日本纸临《黄鹤山樵》①,此种纸类绵纸,笔墨顺手,较易画。后又改在台南画店所购的台湾薄绵纸,临自作一幅,也颇趁手,笔在纸上,毫不生涩之感,以后画画当专用此纸。"

9月13日　上午送方君璧至台南车站,珍重道别。约君璧下月再来台南小住(君璧此次在台可逗留至十月底),可以开心聊天并作画。

9月14日　第4届"'中华'文化复兴"纪念刊寄来征文,将去年文艺节演讲题"文化复兴更应注意战斗文艺",改写后半段,寄出。

9月15日　午睡后陪大姊赴台南国华影院,看李翰祥导演《北极风情画》,此片与《塔里的女人》同为无名氏所作②。剧中将某革命同志"双撑白眼看天下,偶遇知音一放歌",误为"双睛白眼看天下,偶遇知音一放声";吴樾刺出洋五大臣,误为刺两江总督戴沣,好笑之极。

9月16日　一早乘车,十二时到台北车站。先逗留几日,看画展、会朋友,月底参加当局教师节盛宴。住师大苏淑年家。午后与淑年赴中山纪念堂看林寿山画展。

9月18日　上午九时赴方君璧寓,闲话片刻,同去历史博物馆看张大千画展。展出画作颇丰,除《长江万里图》又有多幅首次展出,大小均有,皆为佳作。其中《瑞士雪景》中的雪之状极妙,非笔墨所能到,不知如何能绘出,想大千别有秘法。与君璧各预约一套(此次画展作品)画册,价三百六十元。又买了汪亚尘、林清霓等人画作。

9月19日　步赴衡阳街台湾"商务印书馆"贩卖部,购石涛画册一本、白石画册一部。又至大陆书店购郑文公碑一本。

9月20日　与方君璧同赴外双溪"故宫博物院",先看青铜器,许多商彝周鼎从未见过,又至明清书画部,参观古人名画,大幅画宽约六尺,长约丈许,魄力宏伟,令

---

① 《黄鹤山樵》为元代画家王蒙绢本立轴山水。见《苏雪林作品集·日记卷》第5册,台湾成功大学教务处出版组,1999年版,第442页。

② 无名氏(1917—2002):本名卜宁、卜宝南,又名卜乃夫,现代小说家,原籍江苏扬州,生于南京。中学未毕业,只身赴北京,在北大旁听,自学成名。30年代开始创作。1943年以"无名氏"发表《北极风情画》,享誉文坛。"文革"时遭磨难,1982年获准离境,卖文为生。作品有《塔里的女人》《金色的蛇夜》《死的岩层》等三十部。1985年与马福美结为伉俪,定居台北。

人惊叹。参观时与方君璧戏言:倘能在此间做一馆员,日夕饱览国宝,真为人生乐事。"故宫博物院"印行的名画三百种,纸张、印刷皆精良,共六册,分二函,价六千元,可打八折,价四千八百元。此次北行,携款九千余元,但近几日已用去两千。尚要在台北请客数席,至少要预留五千元始可应付。故先在售画部预订,俟至台南后再汇款。

9月21日 下午与方君璧乘车同赴七张(台北新店),赴许绍棣、孙多慈家宴。多慈真是多面手,教书、绘画、厨艺样样拿手,所烧菜十余色,精美可口,令人食指大动。

9月22日 与苏淑年同去探望琼瑶之母袁行恕女士,在其寓长谈两个多小时。袁病体支离,精神尚可,但望上天保佑平安。

9月26日 晚六时,在信谊路名菜馆心园,宴请台北各界宾朋。计有王雪艇夫妇、刘真夫妇、曾宝荪姊弟、戏剧家李曼瑰、画家方君璧及师大旧同人、"中研院"的朋友、诗人、作家等36人。席开三桌,每桌一千二百元。

9月27日 中午叶蝉贞来,雇车同赴博爱路竹林餐馆参加庆生会,到会女作家20余人。席中琦君代众人献绒花一朵(女作家中苏年龄最长,成就最大),致敬前辈。此次女作家聚会,缺一活跃人物,人称记者、老编的张明(即姚葳),她因患高血压,引起偏瘫。众人在饭局上醵金延医,以示问候。

9月28日 今日为教师节[①]。蒋介石在阳明山中山堂宴请全省大中小学校长及资深教授。苏雪林接到请柬后,于中午十一时坐王雪艇先生车赴阳明山。十二时三十分蒋介石发表演讲,约半小时后,宴会开始。

10月3日 自台北返回后,患感冒四五日,今日感觉咳嗽减轻,喉也不肿,连日倦态为之一扫。雇一车赴台南社教馆参观欧洲名画展,自达·芬奇至现代塞尚、高更、凡·高、马蒂西等,虽仅四十余幅,但多为精品。当日在日记中写下观感云:"塞尚等初破旧法,尚有规矩可寻,其后画家卤莽毁裂,完全走入邪道,始作俑者,其可恕耶?"[②]

10月5日 获"教育部"任教四十年奖金六千元,赴邮局汇出四千八百二十元(其中寄费二十元),订购《故宫名画三百种》。

---

① 每年9月28日(孔子诞辰日)是台湾的教师节。
② 《苏雪林作品集·日记卷》第5册,台湾成功大学教务处出版组,1999年版,第451页。

10月11日　方君璧果不食言,上午由台北乘车南来,下午两点驱车迎接。

10月18日　与方君璧游台南东门路附近秋茂园。其园为黄秋茂私人园林,不收门票,任人游览。其园特点有二:一、园内果树成熟果实,可自由摘取,但需事先征得守园人同意;二、园中雕塑、绘画皆以孝道为主题,如慈母与爱子,二十四孝彩绘图画、孝子负母周游寰球等。每日上午九时至下午五时开放,游人颇多。

10月28日　收到孙多慈来信,此信很长,摘抄前一小段。以见两位同乡兼老友之间的深厚情谊。

亲爱的雪林吾友:

　　日前接到您的信,又承赐赠尊著十一册①,本拟立即修书致谢,但日间忙着教书、开会、烧饭买菜,夜晚便阅读您的大著。现在差不多已经全部看完了。流畅的文笔、丰富的内容、卓越的见解、坚定的信仰、深邃的学识,越读越使我不愿掩卷,有时竟然看到午夜,但这两周读书的结果,也使我增加了很多的知识及许多我以往不知道的文坛逸闻,真是钦佩无似!但愿您这些大作能普遍地让中学生们都能读到,以充实他们的知识!

　　这次你能惠然北来②,得以把晤,欣慰何似!只可惜为时太短暂,不能畅谈为憾。我也很想几时能去南部专访,秉烛夜游,促膝长谈!但现在上课期中,无法分身,奈何!或许明春或寒假中可以摒挡一切,去您处小住三五日,吾友如寒假能来台北更佳,可住于我处。至盼!至盼!匆祝

健康,令姐前,乞叱名问安!

　　　　　　　　　　　　　　　　　　　　　后学　多慈敬上
　　　　　　　　　　　　　　　　　　　　　十月十五日

10月30日　以薄绵纸仿墨井道人③笔意,作画半张,因纸裁得太短,看起来不雅观,又裁一张续画,此张作练笔。

11月1日　写信致章钟珂,告知因年龄及身体状况,辞去《智慧月刊》长期特约

---

① 指10月10日苏雪林寄"文星十书"及《鸠那罗的眼睛》共十一册给孙多慈。
② 指9月28日教师节苏雪林去台北参加政府在阳明山中山堂举办的宴会。
③ 墨井道人:即吴历,清常熟人,字渔山,号墨井道人,工山水,风格秀润,与王翚齐名。

撰稿之职。

收到潘玉良寄来的法国水彩纸三张,裁一薄纸试之,水墨能渗开,亦可洗擦,唯纸质过于坚实,画中国画殊不便。

11月4日　一早起来,画了几笔画,将昨日另起之一幅差不多画成。匆匆赴校上课,咽喉又哑,话讲不出,至感怅恼。自云:教书匠如唱戏者,全靠喉咙,一倒仓则万事皆休。

11月10日　接当局请柬,出席召集文化、教育界人士讨论文化复兴问题的会议,因身体原因,未赴会。

11月12日　本日为孙中山先生百龄晋三诞辰,全台放假一日。

早起作画兴致颇浓,以绵纸画一小幅山水,又将昨日《恒春①沿海所见》一幅润色,再画《石梁观瀑》一幅。

11月13日　连日作画,既有成绩,也有画坏废纸数张。较满意为《恒春沿海所见》《春树湿云》《石梁观瀑》三幅。午后又将《横贯公路》已成之半幅加足为一幅。

11月16日　用方君璧所赠矾纸作画,颇为顺手,本不想再画了,专心于《屈原传论》的撰写,但仍心悬楮墨,又临沈竹宾画一幅。计9月份所画满意者十三四幅,潦草者有七八幅,选满意者去装裱,次者留作底子,将来可按其格局重画。

12月7日　写字三张,几费去两小时。字不练,则作画不能题款,上课板书亦慢而无力,但练字耗费时间太多,感叹年老之人,寸阴皆属宝贵,然又不能不练,费精力也无可奈何。

12月12日　收到林海音限时信,嘱撰有关徐志摩的文章,答应试写一二篇。

12月18日　下午睡起,将《我所认识的徐志摩》一口气写完,计约七千五百字,从头至尾看了一遍,改正错字,赴邮局以限时挂号寄林海音。

12月21日　全天写圣诞贺卡,未练字。中旬已忙了一阵,赶寄南洋、欧美和中国香港朋友贺卡,上午则写寄台湾老友新朋圣诞、新年卡。几十个贺卡忙下来,太费光阴,还要到邮局寄出。人类总是免不了要背各种包袱,历史文化、风俗习惯均有,圣诞新年即是其一,大部分人未能免俗。

12月30日　自23日起,抄高鸿缙遗作手稿《诗经释义》,整整抄了一周,并将高先生所绘春秋地理图画出。高先生在南洋大学授"诗经"课,甚是精彩。高故世

---

① 恒春:台湾最南端的沿海,1968年9月,苏雪林与方君璧到此一游。

后,手稿一直存于苏雪林处达三年之久,之后要还给高夫人,故只好费点时间抄出,以做日后研究《诗经》;参考。

1969 年　七十二岁

1月2日　台湾"商务印书馆"寄来《南明忠烈传》四校稿,晚餐后开始校阅,发现仍有若干错字,感叹校书之难。

1月20日　"中广"台南广播电台尹文、李菡小姐来访,诚请为台南广播撰文,盛情难却,取前年演讲稿《不可轻视文学的作用》,改了一页,寄出。

1月24日　读《新闻报》:"美国人耗费五千万美元研究飞碟,现已有结果,谓飞碟不过是气候失常之云气幻影,或人工所为,并无其事。令余殊感失望,盖余固希望其他星球有较地球优异人种,来地球解决各种纠纷,今则已矣,如探月结果,月球荒凉无生物痕迹,亦使我幻想之破灭。"[①]

"中央"通讯社黄肇珩女士寄来限时函,《读者文摘》向苏雪林征稿,题目为《女人对男人最先注意的是什么?》(What women first notice about men?),觉得以此类题目询及景迫桑榆的老妇甚感可笑,然而又怕她打长途电话催稿,无奈只好费两小时应付近千字之文,限时寄出。

1月27日　上午开始撰写"长科会"论文《屈原评传》提要。午后又继续写了若干段。

1月28日　台南市政府田先生送来台南市歌三十首,请苏雪林甄选,挑出其中五首,略加改窜。此三十首市歌系台湾人所作,称为佳作者甚少。田约翌日下午五时后来取。商务印书馆寄来《南明忠烈传》样书二十本。

2月1日　完成《屈原评传》,全文九千五百字,自上月27日动笔,到今日上午誊清,其间还监考、校对《南明忠烈传》、接待来访,自觉脑力还算敏捷,虽吃力尚能应付。

2月8日　收到潘玉良寄自巴黎的信[②]。

[①]《苏雪林作品集·日记卷》第6册,台湾成功大学教务处出版组,1999年版,第10页。
[②]《逝水浮云曾照影——名家与苏雪林书信选》,台湾成功大学中国文学系,2007年版,第399页。

雪林姐如见：

　　所托我买的画纸，于昨天就寄上，是你以前寄来的纸样子的牌子。Ingres 能合用好极了！令我亦欢喜。

　　多谢寄来许多你的著作，我每晚都拜读到夜深两三点钟，不想睡！实在佩服得很！

　　将来有好的机会，我很希望能到台湾去和你在一起谈谈，看看台湾的好风景，一定非常快乐的。或者会少些病痛，可以多活几年呢！别的事我亦不要再去举行了。现在夜已深，余以后再叙，希望常通信，再长谈。此祝

新年如意

潘玉良上
一九六八年十一月廿二日夜二时

　　2月17日　今日为旧历新年元旦，上午赴大学成功堂参加新年团拜。下午画张善子、张大千合作贺卡上的一幅《幼虎出山图》。

　　2月23日　应《"国语"日报·书和人》专栏之约，动笔写自传性质类稿件，长短不拘，今年为鸡年，首篇且名为《己酉自述》。

　　3月3日　自2月23日起草撰写《己酉自述》以来，断断续续写了八九天，虽是回忆文章，不必像写论文找资料，但亦要避免与以往类似文章重复。今日将全文写完，有一万三千多字，大致内容为少年时代祖父倚署往事回忆，五四时代求学经历、留法时期国外学习的回顾等等。在谈到晚年研究《楚辞》时说："我的屈赋研究，今已将次完稿，解决古史问题，大小数百，证明了世界文化同出一源，中国文化并非闭门独创，也属世界文化一支。"[①]

　　3月8日　校对成功大学学报近期拟发表的研究屈赋长篇论文《湘君与湘夫人》。

　　3月12日　成功大学学生文艺社团邀请演讲，起草演讲稿《神话与文学》。

[①] 苏雪林：《己酉自述》，载《苏雪林作品集·短篇文章卷》第5册，台南财团法人苏雪林教授学术文化基金会，2010年版，第13页。

3 月 18 日　晚七时,在成功堂演讲《神话与文学》①,历时一小时又半,听者甚众。内容为:一、神话之产生。"初民生活于危险迫害之中,切盼有一种力量为之保障。他既幻想冥冥中有神灵的存在,就想靠神灵庇护,以获安全,初民的艺术像绘画、雕刻、音乐、舞蹈,大半属于宗教性。"(即神话成分)二、创世史诗,是神话也是文学与艺术。"美国卡斯特教授著《世界最古的人类故事》,曾介绍一些已有四千年历史的文学作品。本书中属巴比伦部分者,为《吉尔曷姆士的冒险》《神之战》《魔与蛇故事》。属赫提故事部分,则为《失踪的神》《石怪》等,这类文字都是神话……希腊神话,这是世界最美丽、最有趣的文学,永远闪着瑰丽夺目的光芒,响着震荡心弦的节奏,是欧洲文化史上一个最宏伟的成就,也是欧洲文学的渊源。"三、关于中国神话及文学。"比较早的甲骨文都是些'卜辞',商民族虽迷信鬼神,讲鬼治主义,卜辞不过是些关于祭祀、狩猎、出战向鬼神询问吉凶之辞,语句简单,说不上神话。"但到了《诗经》时代,神话已零零碎碎显现在作品中了。如《商颂·长发》:"洪水芒芒,禹敷下土方。"顾颉刚先生在《古史辨》中已证大禹为天神而非人。"到了战国时代,域外文化又大量涌入我国,屈原的《九歌》《天问》《离骚》《远游》《招魂》表现这种域外文化色彩极为鲜明而资材则更充实,中国神话文学以这一时期为最盛。"

3 月 29 日　28 日上午赴台北,专为看戏剧家李曼瑰新作历史剧《汉武帝》首场演出。此剧规模宏大,演员阵容也可观,全剧五幕演毕,需三个半小时。

4 月 1 日　动笔写《汉武帝》剧评,写了数百字,忽归人来访②,中断。

4 月 2 日　下午续昨日《汉武帝》剧评,约两小时完稿,共四千余字,写得甚为满意。写限时信致李曼瑰,并将剧评的稿子一并寄去。

4 月 9 日　《大华晚报》来信索稿,既厌烦这些无休止的文债,又不好直言拒绝,实在没有办法,因为这些闲笔墨文字,太耽误时间。慨叹人已老迈,时间不多了。

4 月 11 日　今日无课,将《大华晚报》所索之文写就,约二千字,内容为台湾教书匠买房之艰难,题目为《蜗居梦》。

---

①　《神话与文学》,全文约一万二千字,刊 1969 年《东方杂志》复刊第 3 卷第 3 期。
②　归人(1928—　):本名黄守诚,笔名归人。黄归人,河南汤阴县人。安阳高中毕业后从军,去台后辞军职,从事写作、出版,有散文《怀念集》、小说《弦外》等。

4月12日　日前于斌神父升任枢机①,《善导周刊》来函,嘱作文庆贺。8日晚撰《于枢机对中国天主教和国家的伟大贡献》,9日寄至高雄,10日即刊出,若每个出版社办事效率皆如《善导周报》,足令人痛快。

4月13日　"教育部"征文:撰通俗民族英雄故事,限字四千至六千。因民族英雄故事贮存资料极多,拟撰一篇应征。

4月15日　整天撰《张煌言传略》,下午四时半稿成,约六千字,当即寄出——因今天为截稿最后一日。

5月22日　读《韩昌黎集》,觅得资料若干。"韩愈人格矛盾,有以下数端:一、卫护儒教而喜与僧道往来;二、《谏佛骨表》风骨凛然,而谪潮州则屡诗嗟怨,上表苦求放还;三、三上宰相书求仕,不惜以盗贼筲库自比;四、上宰相李实书,极阿谀之能事,为《顺宗皇帝实录》又丑诋之;五、反对丹药,自己却服琉璜,得病而死;六、笑人不解文字,饮唯知醉红裙,自己又纳三妾,张籍诗所谓'为出二女侍,合弹琵琶筝'是也;七、《示儿》诗,以功名富贵为人生最后目标;八、喜以赌博取人金钱;九、喜作谀墓文,取厚酬。"②

7月22日　利用暑假一个多月时间,集中精力撰《屈原研究》,今日终于完成,全文约十万言。自1959年申请"长科会"研究项目"屈赋研究"以来,此篇论文算是项目结题终篇。明年向"中央"研究院"长科会"改请"《诗经》研究"项目。

7月30日　整理画桌,预备毛笔、颜料,又寻出画册,于小室中开始画吴舮庵《古树寒鸦图》。

8月3日　自30日作画以来,虽有若干事耽搁,至今二幅尚未完工。将昨日临墨井道人画,添了数笔,又另纸开始"画吴观岱之石岩。此画二十余年前曾临过数幅,今以洋纸画之,为求速成,十分不理想。画乃艺术之事,须五日一山,十日一水,缓缓为之"③。

8月5日　早餐后,临胡念祖《丽水精舍》。此幅近树远树甚多,笔法求精,当小

---

① 于斌(1901—1978):1933年以神父之身,自罗马传信大学返国,担任全国天主教公教进行会监督,翌年兼任全国天主教学校视察主任。赴台后为恢复辅仁大学竭尽全力。于斌精通拉丁文及英、法、德、意大利、西班牙、葡萄牙诸国文字。1978年7月带病赴罗马参加教宗保罗六世葬礼,因劳累突发心脏病,于7月16日遽逝罗马。

② 《苏雪林作品集·日记卷》第6册,台湾成功大学教务处出版组,1999年版,第62页。

③ 《苏雪林作品集·日记卷》第6册,台湾成功大学教务处出版组,1999年版,第97页。

心,慢工出细活。

8月9日　《大华晚报》将《蜗居梦》样报寄来,是稿刊于7月8、9两日。

8月12日　"南洋邢广生寄来美金二百元,有四人要我之画,两人出一百元,另二人,一五十,一四十元,广生尚贴了十元。"①

8月21日　杨亮功先生来函,诚邀赴台北参加高等教育资格考试阅卷。时间为9月11日至9月30日,地点在台湾大学图书馆内。杨在函中云:"若在台北无安身处,可到他家落脚。颇费踌躇。因一则在别人家扰人太久,不便;二则他家须脱履入室,这在'解放脚'者大为困难也。"②此事尚待考虑。

苏雪林四岁被祖母缠足,直到九岁,母亲从山东回来才放脚,但已"形残",故一生视此为憾事。

将自己的著作分类制成表格,并附英译名,殊为麻烦,足足弄了一个上午。这几年每年供给外界自传资料及著作名称,不知耗费多少光阴,尤其作家收入有限,且须赠送著作,频年来,赠出不计其数,所需费用亦甚可观。

暑假中作画二十余日,有十多幅画较为满意。

8月22日　写信致师范大学总务处长王振鹄,欲借女生宿舍一间,以备阅卷期间用。

8月24日　日前接何锜章函,嘱作《蚕之由来》。下午动笔,于晚餐前一小时完稿,约二千字,写信致考选部,推荐襄试委员二人,一为谢冰莹,一为何锜章,希望二人能获准。

8月25日　《教友生活》的沈骥来信索关于教师节文字,感觉此为应景文字,撰来不难。先从类书上摘录师生故事若干则,再谈师道及今日教育状况,一上午近三千字文章写成,题为《教师节谈师道》。"近感头脑颇觉灵敏,写一小篇文章不感费事,草一短笺,数分钟挥就,想是夕阳西坠之回光耳。"③

8月27日　昨日张法润与王淮、唐亦男夫妇来寓,各挑了一幅暑期中所画的山水,今日将送张法润的画题款,并为七绝一首:"春严急浪放舟行,镇定心君亦不惊,世路险巇逾万倍,无荣无辱自和平。"

---

① 《苏雪林作品集·日记卷》第6册,台湾成功大学教务处出版组,1999年版,第104页。
② 《苏雪林作品集·日记卷》第6册,台湾成功大学教务处出版组,1999年版,第108页。
③ 《苏雪林作品集·日记卷》第6册,台湾成功大学教务处出版组,1999年版,第110页。

8月31日　上午在邢广生索要的《十万烟云图》画上题诗云："十万云烟苍郁图,襄阳而后有廉夫。蓬窗阳墨师前哲,能博幽人一笑无?"

9月3日　撰《屈赋中的外来语》,稿成约有两千五百字。

9月5日　上午乘"光华号"赴台北,正午抵台北车站,谢冰莹来接车,坐计程车到李曼瑰家(李主动写信诚邀苏雪林阅卷期间住她家,故师大借女生宿舍事作罢)。下午携礼物拜访杨亮功夫妇。

9月8日　阅卷地点改在台北徐州路台大法学院,上午阅卷四十三份,中午何锜章做东,赴"新陶园"吃广东馆子。下午阅卷三十六份。

9月16日　连日来阅卷,每天八九十份乃至百余份。中午赴重庆南路一段复兴园,参加女作家庆生会,居住台北女作家差不多皆来,女作家王琰如新书出版,到会者每人赠一本。午后回阅卷处,又阅五十余份。

9月17日　下午阅卷完毕,乘计程车赴空军医院,探望久病的龚慕兰(龚声涛胞姐)。她卧床已不能发声,盘桓至傍晚,怅然离开。

9月19日　阅卷的最后一日,仅剩六十四份,至下午一时全部阅完。此次共阅一千零八十卷。每份卷酬劳三元,外加车费每日五十元,伙食及住宿费计二千余元,计领到五千六百余元,相当于大学教授一个半月薪水,虽辛苦十余天,亦算不错。

9月20日　受李曼瑰之邀到中山堂看日本歌剧《夕鹤》。故事发生在日本,演员为日本人,但歌声、音乐则纯西洋式。日本文化不像我国传统文化压力太重,故艺术家能融汇日西,自由创作,结出丰硕果实,国人应从日本文化中有所借鉴。

9月21日　今日为难得轻松、开心一天。上午与李曼瑰姊妹、谢冰莹、孙继绪、苏淑年、赵莹、叶蝉贞,同车赴金山青年活动中心游览。此地有"石门"奇景——巨崖中裂为一大门,令人称绝。后又至海滨浴场,吃一顿丰盛午餐。天黑又在活动中心吃晚餐,移椅户外,处在海边,享受夜凉,海上渔火连绵一片。众人皆乐,或猜谜或说笑话,流连至十一时才归,宿金山活动中心。

9月22日　金山青年活动中心为名建筑师修泽兰设计,中心每年到暑假,则召集大专青年学子到此受训、游乐。此地距台北名胜野柳步行仅十五分钟。女作家叶蝉贞尚未去过,故又与李曼瑰、谢冰莹陪叶同赴野柳一游。五年前曾与方君璧同游,今闻又添不少新建筑,值得一看,果然气象一新。游毕,纷纷在海边名景女皇石下拍照留念。

10月23日　赴光复校区上文学史课,今日讲"孔子不作'十翼'说①"。课后将文学史讲义(油印)两本带回,因光启出版社应允将此讲义正式出版,拟抽时间将先秦数章予以整理。

11月2日　看今日所购《春秋》杂志,上有《城隍爷与崔府君》一文。过去一直认为崔府君即神话传说中的死神,今读此文考证,受益匪浅。

11月3日　将数月前所写《虚礼与浮费》一文,寄《文坛》穆中南先生。上课二堂,第一堂讲"二南"(《诗经》中《周南》《召南》)独立之理由;第二堂讲楚辞《湘夫人》。下午看胡厚宣《甲骨商学论丛》第一册,此书为抗战时避居四川乐山所购,一直带在身边,始终未通篇浏览,今得以静心看个大概。

11月10日　易君左来成大演讲。演讲毕,由中文系教师谢一民(苏雪林任教台北师院时的学生)伴易来访,后陪同易、谢赴成大礼贤楼,参加罗云平校长欢迎易君左宴会。

11月17日　文学史课将《国语》《论语》讲毕。"今日开始讲《孟子》,共讲三节。一、孟子喜以齐东野语诋自己,偏喜作野语。二、极力推崇尧舜,于燕国禅让,则反对甚烈,又喜以伦常大帽压人。三、为达成自己意见,不惜伪造史实。"②结论:孟子实乃口是心非之人。

11月19日　继续讲《孟子》。主题为"孟子学孔而违背孔子尊王之道",言孟子潜意识中之帝王思想浓厚。

11月21日　"教育部"寄来升等论文一本(萧传文③《中国小说史》),请其审读。论文中所引小说资料与《红楼》《水浒》续书尚不完全,如陈忱《水浒后传》、俞万春的《续水浒》均未提及,因此二书无论是内容、语言,都可称旧小说中上乘,不引入论文中论及,殊不妥。

12月7日　一年一度圣诞即将来临,每年此时都是大写书信时刻。今日共写信十四封,字数逾万言,计有在美国的方君璧、经国俤等六封,在南洋的邢广生等五封,在中国台湾的孙多慈等三封。

12月9日　上午上课两堂,下午写信致潘玉良、凌叔华、卢月化。

---

① 《易》的《上彖》《下彖》《上象》《下象》《上系》《下系》《文言》《说卦》《序卦》《杂卦》十篇,总称"十翼",相传为孔子所作。

② 《苏雪林作品集·日记卷》第6册,台湾成功大学教务处出版组,1999年版,第150页。

③ 萧传文:湖南醴陵人,女作家,曾任成功大学教授。

12月14日　每年圣诞、新年都要写精致贺卡百数十个,加上邮资合三四百元,光阴耗费尚不算在内。互递贺卡,以叙衷情,人生在世,信奉待友不可薄也。

1970年　七十三岁

1月3日　每至新年,感慨万端。近年愈来愈感到身体日渐衰弱,每想做点事,而身体却感疲乏,只好什么也不做。自认"生命历程已将到尽头,若明夏不办退休,则'屈赋新探'永无出版之期,不可不惕"①。

1月26日　校改《中国文学史》讲义第二、三两章,即周民族前期文学与后期文学。

1月30日　校改《中国文学史》讲义第八章,将增添的枚乘、苏武、李陵《古诗十九首》之材料,写在讲义天头及页面左右两侧,足足忙了两个钟头。

1月31日　向"长科会"申请"《诗经》研究"项目获准。

2月5日　今日为旧历除夕,民间对过旧历年兴味淋漓,异常热烈。感叹国人收入比美国人少,其善于浪费则远胜于美国人,过年铺张即是一例。校《中国文学史》讲义最后一章《现代文坛鸟瞰》,乃新文学研究之简述。倘光启出版社应允出版另一本关于《新文学研究》讲义,则此章两万余字的简述,拟不能放在《中国文学史》的最后一章,即使要保留,也要大加修改,不能让两书重复。

2月6日　正月初一,旧历元旦。照旧历,人又长了一岁。上学期起即感到精力渐差。自寒假起,就偷空抓紧校改《中国文学史》讲义,以期能早日将这伴随自己几十年心血的一部书出版。花了半个月时间完成校改,以后只是添写、组织以臻完善了。念兹在兹的还是楚辞整理,亦希冀在上课间隙慢慢完成。

近年生理方面逐渐衰迈,脑力亦退化,若为个人半生研究楚辞,即将最后完成计,现在提出退休固最适宜。所担心者,生活费上涨惊人,退休后仅靠退休金一二千元银行利息,如何能支撑家用? 其次是著作评奖,退休教授无份,楚辞研究成果想申请奖金资助出版,已是空谈。遑论其他未出版之著述呢? 每想到此,常夜不能寐。

上午去王淮、唐亦男家拜年,王淮送印刷精美的张大千、郎世宁画各一幅。

2月27日　收到台北武汉大学同学会来函,云雪公(王世杰字雪艇)八秩华诞,

---

①　《苏雪林作品集·日记卷》第6册,台湾成功大学教务处出版组,1999年版,第170页。

恭请撰写祝词庆贺。

　　3月4日　将贺雪公八秩华诞贺词撰就，寄出。四言贺词如下：

　　　　维岳降祥，挺生哲士。学贯中西，博通经史。
　　　　海外学成，声誉鹊起。气度雍容，渊淳岳峙。
　　　　祭酒太学，东湖之滨。碧瓦相望，绛帐生春。
　　　　盈门桃李，培育群英。琏瑚之器，为国幹桢。
　　　　天步艰难，冠气日急。折冲坛坫，公义是执。
　　　　目电口河，敌气为夺。匪公荩谋，国安得活。
　　　　今长中院，领袖群伦。汤盘垂训，日新又新。
　　　　求贤海外，仆仆风尘。促进学术，大雅扶轮。
　　　　欣逢耋庆，福寿康强。国之大老，为夏华光。
　　　　僻处南土，未克登堂。谨献芜词，聊当一觞。

　　3月6日　致函王雪艇先生，贺其八秩寿诞。

雪公校长先生阁下敬启者：
　　自违榘范，倏又半年，遥盼祥辉，徒增向往。本月十日恭逢八旬大寿之辰，艺林专宿，海内同钦；鲁国灵光，寰中共仰。及门三千人，材皆桢干；从政数十载，功在邦国。堂上梁妻相庄鸿案，阶前兰玉歌舞莱衣。南极之星长明，大椿之瑞可待。询今日莫大之喜事，学苑罕遇之光荣也，林凤荷青睐，应侪觞献，惟以道路阻隔，未克挚衣，谨具芜函，以申贺意，专此
　　祇请钧安，诸惟蔼照。

　　　　　　　　　　　　　　　　　　　　　　　苏雪林拜上①

　　3月15日　读报知，陈通伯（陈西滢）在英伦，突然中风，急送医院，病况严重，正全力抢救。闻此消息，甚为挂念——通伯患高血压已有数年，此次中风，势难治愈。

---

① 《苏雪林作品集·日记卷》第6册，台湾成功大学教务处出版组，1999年版，第201页。

3月18日　写信致台北留法同学会,因有课务,不能到会团聚。晚看"台视"戏曲节目——评剧《三进士》,老旦扮演者为杜月笙妻姚香谷女士。姚女士唱腔甚佳,惜做功欠稳重,有火气。杜月笙另一妻孟小冬亦善唱,号冬皇,唱功更在姚之上。

3月28日　收到"教育部"寄来审读书籍《谈儿童文学》。匆匆费近两小时读毕,日后再写评语。

3月29日　当天是复活节,赴成大学生中心望弥撒。上午将审读《谈儿童文学》的评语写讫,誊至审读书评的表格上,并评分,弄妥后,赴邮局寄出。

3月31日　据《"中央"日报》载,陈源先生于29日晚在伦敦病逝,回想四十余年友谊,就此了结,不胜悲怆。下午写信致凌叔华,告以节哀顺变。

4月2日　上午撰《悼陈源教授》,约一千七百字,寄给《"中央"日报》孙如陵,倘能顺利刊出,再写关于《西滢闲话》及与鲁迅笔战之文。

4月3日　台北武汉大学校友会刊物《珞珈》寄来"王世杰校长祝寿专号",一直看到晚餐前,才将祝寿诗文读毕。

4月5日　午睡后,检出比利时神父善秉仁1948年由北平怀仁学会出版的《1500种近代中国小说与戏剧》①,此书前的导论《今日中国小说与戏剧》,是受善神父之托于1948年撰的。现在想把这篇导论译成中文,放入《中国文学史》的最后一章,但英文久荒疏,翻译恐困难。

4月7日　《悼陈源教授》文,已在台湾《"中央"日报》副刊发表。

4月11日　接凌叔华来信,云5月护送其夫骨灰来台安葬,顺便参加故宫博物院画会。

4月14日　撰《陈源教授逸事》,约四千字,寄林海音主编之《纯文学》。全文共四部分:一、陈源教授与鲁迅的恩怨;二、陈源教授的爱伦尼②;三、《西滢闲话》;四、

---

①　英文版《1500种近代中国小说与戏剧》,为比利时天主教神父善秉仁所撰,原为法文,书名为《应读和禁阅的小说》,中文名为《说部甄评甲集》,1946年由北平怀仁学会出版。书中提及包括新文学在内小说、戏剧提要共600种,分为"禁""限""众""特限"四类,后由景明先生译为中文,因此书兼及小说与戏剧,不能冠以"说部"二字,遂易名为《文艺月旦甲集》,并附加北平中法大学教授赵燕声先生所作《作家小传》100余人。1947年秋,善秉仁又将此书译为英文,并修正内容,增加篇幅,更名为《1500种近代中国小说与戏剧》,嘱天主教友苏雪林女士撰《今日中国小说与戏剧》一文作为导论,置于书前。赵燕声先生的《作家小传》也扩充至270余人,译笔出自北京大学教授蒯淑平女士之手,流畅优美。全书以16开林道林纸精印,560余页,洋洋大观。

②　作者自注:所谓爱伦尼就是Irony,有嘲谑、讽刺诸义,相当于我国的俏皮话。

外冷内热的陈源教授。

苏雪林对陈源先生《西滢闲话》评价很高，也颇中肯。她在文中说："这些闲话当时在《现代评论》上每周发表一篇，性质属于批评文学，时事较多，文学艺术亦曾涉及。《西滢闲话》何以使陈氏成名，则因每篇文章都有坚实的学问做底子，评论各种事理都有真知灼见。尤其时事文章，对于当前政治社会的各种问题，分析清楚，观察深刻，每能贡献很好的解决方法。至于文笔则又修饰得晶莹透剔，更无半点尘滓绕其笔端。"①

接潘玉良来信，知她患高血压甚久，入院四次，尚未愈。盛成去探视，告以台南中药铺有草药，名"仙草"（台湾山地产的一种草药，治疗高血压有奇效，俗称"仙草"）可治此症。故寄来美金五元，请为购买寄往法国。

4月16日　复潘玉良函，购买"仙草"一大包，约十一两，赴邮局寄去。想到她孤身一人，寄居海外，临老境又疾病缠身，十分难过。

4月19日　读《皇冠》琼瑶新作《星河》，内容复杂，文笔清畅有力，一篇出手，纸贵洛阳。其母袁行恕乃一天才，其子女个个秉母遗传，实可羡。

4月25日　今日一整天撰母亲节谈为母之道的文章，至晚饭前完稿，约四千五百字，总算把要说的话都说了。

5月3日　写信致潘玉良，并附美金一百元支票，嘱其就医养病，早日痊愈。

5月22日　收到潘玉良来信，她将美金支票又寄回，此人廉介如此，殊可佩。

5月27日　将《纯文学》和《"中央"日报》副刊所载悼念陈源教授的文章六篇，校正错字后，寄《珞珈》编辑徐效贤，因《珞珈》要出悼念陈源特刊。

6月6日　审读"教育部"寄来的《敦煌发现唐人选唐诗》《新文艺概论》，起草审查意见。后者抄袭文字太多，无甚见解。

6月25日　收到《珞珈》"追悼陈源先生专刊"，所发表的六篇悼念陈源先生文章，皆全部刊出。

6月27日　当日为周末，乘早班车赴台北。一为参加29日蒋济荣、苏淑年婚礼，一为面晤自英伦返台的好友凌叔华。

中午抵台北，下午赴台北中泰宾馆会见凌叔华。她比十年前微胖，尚不显老，凌叔华劝其来宾馆同住，但畏宾馆冷气侵人，未允。

---

①　《陈源教授逸事》，见《苏雪林自选集》，台湾黎明文化事业公司，1975年版，第145页。

6月28日　上午赴台大医院外科讲堂,参加武汉大学校友会举办的陈源先生追悼会,出席者150余人,追悼会上发言的有王世杰、温宁源、李熙谋等。追悼会毕,与顾如邀凌叔华、陈次仲(陈源之弟)夫妇赴功德堂吃素餐。

下午探望师母江冬秀,蒙赠胡适遗著四本。师母寿八十一,精神尚可,不显老态,闲话数小时,别去。

6月29日　上午与凌叔华相约赴台北"故宫博物院",参观故宫乾隆皇帝书画及文房珍玩。中午,应"故宫博物院"副院长何联奎之邀,与凌叔华至红宝石餐厅用餐。晚六时,出席中山纪念堂光复厅蒋济荣先生与苏淑年小姐婚礼。

7月3日　誊抄论文《〈远游〉与〈大人赋〉——中国文史上一件大窃案的揭破》。这篇近两万字的论文,是其研究楚辞的重要论文之一,也是中国文学史上的重要评论文章,说它重要,是因为这篇论文揭露了中国文学史上一件大窃案:司马相如的《大人赋》是抄袭屈原的名作《远游》。苏雪林在论文的结尾部分写道:"我在这里再说一遍,这篇《大人赋》的'命意'是采取《远游》的;全篇'结构'和'段落'是模仿《远游》的,所用'辞汇'也是从《远游》撷摘而来,'神名''地名'也十九雷同于《远游》,不过又凑了些《离骚》的材料……这位文抄公正像小学生的描红影,而且是极拙劣的描法,又加以神话知识的贫乏,短短七百字的文章,闹了二十几条大错,真是糟天下之大糕!这种弟子还来学楚辞体写文章,若被原为老师的三闾大夫读到,不气得胡子直翘,不把他手心打通才怪!"①

7月14日　上午撰《招魂》评论,解析《招魂》究竟为何人所作。写了六大页稿纸,约三千六百字。

7月15日　续写评论,写了三大段(招楚怀王、招淮南王刘安、从招魂中看楚文化的水准),约四千字。

7月18日　连续五天,终将《招魂》评论写完,计三万言,连同日前所撰《远游》疏解,大约有七万字。

7月23日　今日将《远游》文中道家思想写完,使该文又增加了一万余言。

7月24日　绘了两幅图,一图为《远游》行程路线,一图为司马相如《大人赋》路线图,两相比较,一目了然。两幅图皆附论文中。

7月28日　赴校教务处,交"长科会"研究论文《远游》与《招魂》,两篇论文合

---

①　苏雪林:《屈赋论丛》,台湾"国立"编译馆,1980年版,第472页。

计八万余言。

10月10日　撰《中国文学史》序言。光启出版社顾保鹄神父,热心在宗教界为广大教友普及中国文学,愿意出版苏雪林教授20世纪30年代在武汉大学自编的讲义《中国文学史略》。出版社的邀约与她多年在教学中的构想不谋而合。"我久想写一本中国文学史供大中学生,或有意于研究中国文学者参考,苦于杂务太多,始终无法着手。这一年中我算有点闲工夫,才将历年所收集的资料,加以编排整理,写成了一本廿万字左右的书。因字数不多,原想题为《中国文学史纲》,或缀以'简编''史略'字样,现竟定名为《中国文学史》。"①

11月15日　向"长科会"呈送本年度论文《诗经通论》。

1971年　七十四岁

1月31日　台北爱眉文艺出版社出版苏雪林历史小说集《秀峰夜话》。此小说为鼓舞中华民族抗击日本法西斯的斗志,根据《南明忠烈传》的部分材料敷衍而成,该传介绍了晚明几百位抗清复明的仁人志士的事迹,初名《蝉蜕集》,1941年5月由重庆国民出版社出版。现经作者校订,易名为《秀峰夜话》,列为爱眉文艺出版社"爱眉文库"之十一种。收短篇历史小说七篇,即《黄石斋在金陵狱》《偷头》《蝉蜕》《回光》《秀峰夜话》《丁魁楚》《王秃子》,约八万字。

4月5日　李曼瑰利用春假游嘉义,自台北来台南,至东宁路探望苏雪林,二人促膝长谈数小时。

7月8日　暑假期间整理"屈赋新探"系列第一本著作《屈原与九歌》。

7月29日　收到谢冰莹来信。谢冰莹与丈夫贾伊箴赴美探望儿女,欲至高雄乘海轮前往。"一来可省一百多美元,二来可休息,三来可以写点东西,可是手续很慢,也许赶不上船期,如来得及,我们由高雄上船,那时(8月初)一定去看你和姐姐。"②

9月12日　李曼瑰来函,告知谢冰莹于8月31号晚在航行于太平洋海船上跌

---

① 苏雪林:《中国文学史·自序》,台湾光启出版社,1970年版,第1页。该书荣膺"文复会第三届中正奖最优著作奖"。

② 《逝水浮云曾照影——名家与苏雪林书信选》,台湾成功大学中国文学系,2007年版,第357页。

断臀骨,伤势严重,放心不下,当即写信致其美国小儿子处问候,愿佛保佑慈莹①,早日康复。

11月1日　撰《〈诗经〉里的神话》,刊台湾武汉大学校友会刊物《珞珈》第32期。

1972年　七十五岁

3月5日　为早年任教台北师院时的学生何锜章诗集《荷叶集》作序。序文中充分肯定何锜章创作的新诗,为台湾诗坛注入新鲜的活力。"他这本《荷叶集》,虽有韵脚,并不严格,可算是些自由诗的体裁。我以为青年磊落豪放的气概,也正需要这种体裁,始能充分表达。格调精严,固见功力,过严反会扼杀诗的生命。"②鼓励年轻诗人,"不受传统束缚,能够自己去寻找适当的词汇、创造新鲜的句法,而表达出他们自由自在、活活泼泼的生命"③。

3月16日　有感于教育行政部门为延揽海外学人,录用青年才俊,更改教授阶级退休不限年龄之议:"凡逾六十五岁一律强迫退休。"为《醒狮》杂志撰专文谈自己感受,题目为《强迫年长教授退休感言》。

4月19日　胞姊淑孟上午在客厅被椅绊倒,左髋骨、尾闾骨跌断,二便失禁,急送左营海军医院治疗。医云:因跌断处,无法用板夹固定,只有开刀。锯去损骨,换以不锈钢。考虑到患者年逾八旬,且有心脏病、高血压,与甥欧阳建业商量,采取保守疗法。

7月24日　淑孟姊在医院病床上躺了三个多月,终因小便不通,引发尿毒症,于24日晨6时10分病逝,享寿八十一岁。家姊病重时,外甥欧阳建业及甥媳懿玉劝其皈依基督,姊首肯后,即召牧师至病榻受洗,故其葬仪一遵天主教教礼。棺殓后,葬高雄左营冈山燕巢基督教墓地。

7月27日　姊去世后,终日以泪洗面,悲悼之情,难于言表。自1931年任教武

---

① 谢冰莹于1956年在台湾拜慈航法师为师,法名慈莹。
② 《苏雪林作品集·短篇文章卷》第3册,台南财团法人苏雪林教授学术文化,2007年版,第96页。
③ 《苏雪林作品集·短篇文章卷》第3册,台南财团法人苏雪林教授学术文化,2007年版,第96页。

汉大学后，即与胞姊同居，其间除在香港一年及留法二年，在台北三年因无房，被迫分居外，其余近四十年，可谓手足相依。今幽明两隔，重晤无望，能不痛乎！和泪撰长联一副，以志其哀：

半世纪干戈俶扰，忧乐相共，甘苦同尝，助余著述有成，人争羡无双贤姊。犹忆烹茶夜话，天意岂难知，看东方已微露曙光，故里同归当有日；

四十载手足扶携，寒暖护调，米盐料理，多君关爱无限，我宛有第二慈亲。不图撒手先行，命途诚莫测，念妹氏亦盈颠华发，泉台重聚不多时。

1973年 七十六岁

5月4日 "屈赋新探"系列著作第一本《屈原与九歌》（扉页亲题"敬献淑孟大姊之灵"，以示悼念），由台北广东出版社出版。此书能得以出版，赖以出版界元老王云五先生鼎力玉成。苏雪林晚年在回忆录《浮生九四——雪林回忆录》中云："我的屈赋研究，既以全部写成非出版不可。那时各书店，一听说我要他们出这个著作，一个个摇手不迭。我想求之南洋，求之日本，信不知写了多少封，人也托了无数位，幸得贵人相助，居然如愿。这贵人便是王云五先生。他虽未读及我书，却知我不是一个乱说话的人，书必有些价值。他那时恰在中山学术文化基金会当一名董事，因得我请求之信，言之于会长孙科哲生先生，给了我四万元印书费……此书原印一千五百本，一千本平装，五百本精装。"[①]

5月11日 诗人陈秀喜陪音乐人林某至台南造访，林即将赴澳洲开音乐会，拟将《离骚》改为合奏曲，搬上舞台演出，前来请教。赠来访者《屈原与九歌》等书三册。

5月17日 台湾"教育部"有文规定：为吸引海外归来留学人员，今夏凡超过六十五岁的教授一律退休。上午赴成大人事室询问退休待遇。云：凡不能在一地的大专院校连续二十年任教者，退休费为数甚少，仅新台币十七余万元。苏雪林自1931年秋至武大任教，1949年春离鄂赴港，仅为十八年；1952年至台湾师院（后改为师大），1956年到成大，截至退休1973年，在成大只教十七年。虽说平生任教学校七

---

① 《浮生九四——雪林回忆录》，台湾三民书局，1991年版，第252页。

八所,任教年限达四十余年,但中途因诸多原因,未能连续任教,故影响退休费已成必然。

6月6日　赴校取本月薪金四千二百十七元五角,因教授会扣去二十元,"小康计划"捐一日所得八十七元五角①,研究费每月二千元不在其内。

6月20日　本年度仍以《诗经》研究(以十五国风为题),作为交"长科会"的论文。自四月初起草,到本月中旬改定誊清,约七万三千字,连同中英文提要各一份,托中文系于维杰老师转交教务处。

7月24日　今日为胞姊逝世周年祭,命经书侄购熏鱼、鸡肝等姊生前爱吃之物。上午即在其遗像下摆上四肴一果,燃起香烛,换黑色孝服,在家姊原寝室中,对遗像行三鞠躬礼,默祷姊在天之灵安息,保佑子侄安好。

7月27日　赴成功大学人事室,办理退休事宜。人事室时冠杰主任谓:退休费及福利互助费共二十六万九千五百元,如继续公费医疗保险,则每月需缴保费二百六十余元(身后可得资助九万余元,由指定人享受资助费)。想到台湾私立医院就医太贵,决定续保,身后受益人为外甥欧阳建业及侄儿苏经书、苏经元三人。

退休证一旦颁发,"长科会"研究补助费,每月二千元则停止,区区二十万退休费,放在银行,年利息仅一分三厘七,每月所得利息甚微,赖何为生?她不禁担忧老来生计,难道真要卖文养老?

8月5日　读卫聚贤《十字架在中国》后有感。卫在著中说:"'华表为十字架之变形',殊难令人信服。盖华表本为交午之木桩,所以下帝王及贵族之棺者,交午者所以系下棺之绳索,不使下坠太速也,其后乃变交午之木为柱,侧两耳与十字架何关?假如有关,则墓中人必须为基督徒,而墓中人非儒即佛。又谓'架下所雕浮雕为天使及魔怪',天使与魔怪安能并存?又墓中俑,女侍冠饰赖天主教修女。不知考此种修女冠饰始于何时,而竟六朝中已有此,可乎?"②

8月11日　自三四日前,早晨即开始持杖散步,感觉全身肌肉不似去年风湿症后,步履维艰。以后坚持每天至少要走二千步,如此对身体大有益。

8月27日　上午乘台南至高雄直达快车,与王淮、唐亦男夫妇游佛光山,佛寺建

---

① 1972年台湾省为实现"增加财富,消灭贫穷"的施政目标,于6月16日颁布《台湾省消灭贫穷计划纲要——"小康计划"》,鼓励公教人员捐款。

② 《苏雪林作品集·日记卷》第6册,台湾成功大学教务处出版组,1999年版,第325页。

筑规模宏大，人称为远东第一，主持释星云大师盛情留寺午餐。

9月6日　早晨散步三刻钟而返，将送邻居丁太太小幅山水画完，还好，不十分难看，但与想象中成绩相差则远。自思原想退休后，以画卖钱（新加坡的好友邢广生来信说，"南洋有人要买你的画"，此前已卖去数幅），聊作小补。今看起来，似无可能。因中国画以线条取胜，因自己腕力太弱，乃天生弱点。又自然回忆这二十几年练习绘画过程，似乎每以十年为间隔期：50年代初，在巴黎对画一度疯狂迷恋，常于灯下率性而为，连续画一两个月。尤其是1953年，于斌总主教想在菲律宾办一个义卖画展，筹措一笔慈善资金，请孙多慈与她多画点画（孙画了十余幅，她一下画了二十余幅）；60年代中期，在南洋大学，与琼瑶之母袁行恕女士，终日切磋画艺，又画了一二十幅。自南洋归来，成功大学举办教师画展，一时兴起又画了十几幅。南洋好友邢广生（安徽人）热心在南洋代销，画了二十多幅，已卖去十九幅。今夏退休后，又来画兴，改用绵纸（以往多用法国水彩画纸），两月内画了十余幅，有一半尚未完工，自感画艺进境甚微。

9月10日　收到"教育部"文科著作申请研究奖金表格，填写《屈原与九歌》申请表，并附该书出版以来报章评价五篇。

9月12日　收到刚出版的《"中国"语文》，本期上刊发女作家刘明仪（笔名朴月）评论《屈原与九歌》一文。

9月14日　阅报获悉："考试院"院长孙科（号哲生）于13日因心肌梗死病逝台北荣民总医院，享寿八十又三[①]。对孙院长遽逝甚为悲悼。因自己近两年来屡受孙院长青睐，前年荣获中山学术文化基金会（孙科任该会会长）优秀著作（杂文集《海蠡集》）奖金五万元，去年又获该会资助出版《屈原与九歌》经费二万元。

9月18日　受丁文治总编辑之约，为《书目季刊》撰文《域外文化来华的来踪去迹》，约四千五百字。

9月19日　接美国杨安祥女士函（袁昌英教授侄女，原任教台南某中学，后移居美国），告知二伯母于今春4月28日病逝于故乡醴陵，闻此讯息，若受电极，心脏震荡，欲哭无泪。忽念及7月接英伦叔华信，云袁昌英回醴陵故居，不意今则返乡而

---

① 孙科（1891—1973）：中山先生之子，字连生，号哲生，就学美国，曾获加利福尼亚大学文学学士、哥伦比亚大学经济学硕士。任过中山先生秘书。1952年移居美国，任"中美文化教育基金会"董事长。1965年赴中国台湾，任政府资政、"考试院"院长等职。

逝,平生第一知己兰子(苏对袁爱称)肖马,至今未逾八十,倘不遭"文革",则会在珞珈山以享天伦,尚望将来有重逢的一天,今则撒手西归,能不痛且哀哉!

9月22日　写信给凌叔华,报告袁昌英噩音。

9月25日　为悼念好友袁昌英逝世,和泪撰长文《哭兰子》,一面誊抄,一面哀痛哭泣,去年丧四十年相依为命老姊,今又失生平唯一良友袁兰子,遗她一人于世,其味何堪!原拟为二千字,稿成竟达三千五百言。看了数遍,改正落字及错字,寄《"中央"日报》副刊。

9月26日　校改旧作《卅年写作生活的回忆》,交慈晖出版社黄雀珍女士,因该社拟编辑出版台湾《女作家写作谈》一书。

9月29日　自本月9日起停笔作画,今忽来兴致,以白绵纸画张大千《黄山图》,此画用仅剩一张白绵纸三分之一,一直舍不得用,今无意中用之,自觉稍满意,构图用笔皆不坏。

9月30日　收到刘大悲挂号信,云吴稚晖逝世廿周年,拟出纪念册,请当年留法同人撰文。三十年前曾写过《吴稚晖先生与里昂中法学校》,收入《归鸿集》。

10月1日　报载党国元老,创办海外中法大学的李石曾(煜瀛)昨日因消化道出血,急送台大医院,不治而逝,享寿九十四。李、吴二老皆创办中法大学有功之臣,在纪念吴稚晖先生文章中,拟可增加几句话,以示哀悼。

10月3日　昨日《"中央"日报》副刊已将《哭兰子》全文刊出。

早餐后,撰《屈宋楚辞连语王注疏证》论文,文章开头"引梁章钜文选旁证,论'委蛇'二字之变体凡二十余条,指明是古人写别字,因中国文学统一之时甚迟(可以说是到今日尚未完全统一),故历代文人写字时常以同音字乱写,无人以为非,于是造成每一辞汇有数种及十余种不同写法,今成训诂学、考证学一大负累,而后人反以中国文字变化孳乳之多之,多认为荣耀,亦可笑也"[1]。

10月6日　动笔写纪念吴稚晖先生之文。吴先生乃中国现代一特殊人物,成就与学问很大,不知从何处着笔。只好从在法国里昂与先生交往相处起笔,算是里昂杂忆吧。

10月16日　开始誊抄前几日所写《域外文化两度来华的来踪去迹》,此文增至七千字,为研究屈赋重要成果之一,更是其探究屈赋的根据。学术界反对者一向认

---

[1]　《苏雪林作品集·日记卷》第6册,台湾成功大学教务处出版组,1999年版,第354页。

为"域外文化在汉以前传入中国是决不可能的",这篇论文以中国历史学、考古学,尤其是对屈原作品作深入探讨,指出"域外文化两度来华的'来踪''去迹',固不能像佛教文化和西洋文化之载诸史册,易于查考,它所留下的痕迹,却明明白白存在我们文化体系里,成了我们的新血轮、新细胞,甚至于新生命"。"我所主张域外文化曾二度来华,第一度在夏商前……第二度域外文化传入时代是在战国中叶,'来踪'极其明显。不过以前尚未为人知,今借助于我的楚辞研究,隐蔽之幕始大揭"(参阅1973年《畅流》8卷7期《域外文化两度来华的来踪去迹》)。

10月17日 今日为火星逼近地球四千数百万公里之日。报载台北市因阴雨,天文爱好者爬上圆山天文台茫无所见,败兴而返。十多年前在台北,亦为火星迫近地球而专赴圆山,以天文望远镜一睹火星之貌,此眼福终生难忘。

11月27日 接到香港堂妹袁苏燕生(袁仰安之妻、二叔苏锡衡次女)来信,云任职上海商务印书馆编辑六叔苏锡昌(继顽)已于本月6日逝世,遗体已火化,将来骨灰要运到太平岭下,葬于祖父祖母墓侧,闻此不胜悲悼。因六叔在商务任职甚久,昔年在沪过从甚密,尤其对自己研究楚辞最为关切并给予鼓励。

12月7日 慈晖出版社编选《现代作家情书选》,拟收录苏雪林散文集《绿天》中《鸽儿的通信》。

1974年 七十七岁

1月1日 当日为退休后第一个元旦。早起散步二千余步。午后校《天问正简》,去年岁尾已校阅部分,早日校毕,已便尽快出版。

1月17日 《天问正简》校毕。今始撰《天问正简》序言,序文从1938年撰《天问整理的初步》谈起,到1942年在四川乐山发现《天问》存在错简,后又发现《天问》神话部分中有《旧约·创世纪》的全部内容等。最后很有自信地说:"我固曾屡次声明,《天问》这篇大文是'域外文化知识的总汇',不但天文、地理、神话来自域外,即历史和乱辞也羼有不少域外文化分子。我又说秦以前我国已接受过两度域外文化,一度在夏商前,一度在战国中叶,即屈原时代,假如屈原不生当那个时代,伟大的楚辞不会产生。"

1月22日 当日为旧历除夕。整理客厅,将慈母、大姊、六叔遗像挂在正中,取碟六个,装瓜子、花生、柳丁等供上。后园蝴蝶兰正开放两朵,采来修剪后,置放一瓶中,供在遗像下方。形影相吊,悲从中来,不禁泣下,倍觉凄凉。

2月8日　校改《离骚》。先将导论校毕,又校《离骚》疏解正文。

2月23日　花了十三天时间将《离骚》校毕,疏解中有部分改写。当日起开始校改《九章》。

3月5日　校《哀郢》。其中有"当陵阳之焉至兮,淼南渡之焉如"二句,疑屈原流放时曾到陵阳。陵阳,属皖地,即距故乡岭下十五里的石台县陵阳镇。

收到慈晖出版社寄来黄柳丝编选《现代名作家情书选粹》,收录有苏雪林《鸽儿的通信》,谢冰莹《伟大的前程》,李唯建、庐隐《云鸥情书》,徐志摩、陆小曼《爱眉小札》,朱自清《给亡妇》,落华生《无法投递的邮件》《张道藩与蒋碧薇的通信》等现代20位名作家书信。

4月4日　中文系夏裕国送来台北师大周何升等的论文《屈原研究》一册,约三十五万字,请审读。自感目力大逊去年,看书模糊不清,甚吃力,但是有关他人升等,又是关于楚辞与屈大夫的论文,当勉力为之。

4月6日　费两日工夫将周何论文一册读完,判评七十分,并写审读意见书一份。

4月17日　中午中文系尉素秋教授请客,邀赵璧光、苏雪林、唐亦男,赴台南天府酒家小酌。饭后又同至社教馆参观张大千先生画展。此次画展,多为大千小幅遣兴之作,笔力较前胜多矣,非常好,来回看了两遍。

5月11日　为林清泉《心帆集》撰序,一千余字的文章,写了一天,自己感到真的老迈了吗,可叹!

5月12日　日前谢冰莹寄来新作《旧金山之雾》,邀写介绍。午后,饮茶提神,四时开始写《旧金山之雾》评介,晚饭前竟顺利写完,约一千五百字。

5月13日　上午将昨日所写评介稍加润色,寄《"中央"日报》副刊。并写一信给谢冰莹,告知评介已完成,寄《"中央"日报》副刊待发表。

5月27日　闻台北天主教朝圣团于5月26日南下至台南市开山路中华圣母堂,欢度耶稣升天节(即耶稣复活后第四十天升天,每年5月26日为之纪念)。中午乘计程车至"中华"圣母堂教友中心,会见方豪神父及其他诸位教友,询问孙多慈来否,方豪云:她因临时有事,未能随团南下。闻之,不觉怅然。

5月31日　终于将三十八万余字的《天问正简》校毕,又把序言稍作润色、修改,比原作增加些许,主要是增加怀念去年逝世的六叔的文字。"去年十一月间,我家唯一长辈——六叔继颢先生以老病在上海谢世,虽他已享高龄,离开这个多灾多难的世界,未始非福。但六叔是学界一位学者,也是吾家一位圣贤,其一生行谊足以励薄俗而风末世,所以他的逝世,令我们子侄倍感悼痛。我之研究楚辞,也有得于老人诱掖不少,他尝节衣缩食购买有关楚辞的著作,供我参考;也常写信和我讨论问题,他本是研究地理的人,我的《昆谜》一书,多蒙他的指示,所以成书极速。我蒙叔父的厚惠,无法报答,现在只有用这本书来纪念他老人家,聊表寸心而已。"①

6月4日　致法国张维笃主教长函,费二小时光景,约四千字。日前收到美国蒋彝先生函及寄来《明报》上杨振宁访大陆观感一文,今抽时间复,以免蒋彝悬念。回忆在法国与蒋在潘玉良寓所见面,忽忽已二十余年了。

7月23日　抄1943年旧作《张自忠殉国三周年诗六首》,寄《珞珈》季刊。

7月25日　谢冰莹由台北到台中,午后自台中至台南东宁路访苏雪林,未住招待所,晚宿苏寓,聊天甚久。

7月26日　将日前所绘黄山西海门小幅松岩图赠谢冰莹。谢又就此图自己临了一幅,谢画黄山松树,苏画山,算是合作一幅,留作纪念。

7月28日　校阅《天问》历史部分,关于鲧禹父子治水事迹有新发现:"即息土与芦灰非一物,鲧初以芦在深渊中造地难成,乃窃上帝之息土,因而获罪,特权符第二层,置小几上之三堆土疑即息土,此亦即我国尧字也,芦灰在深涧到处皆是,无待于窃,而息土则在帝所,非窃莫得。"(详见《天问正简·鲧禹事迹与西亚神话之符合点》)

9月1日　收到方君璧信,知她5月间赴巴黎住一个半月,会见留法时诸多老友,潘玉良咳喘仍未愈,曾入医院治疗,出院后,人稍胖。所居房屋已从顶层迁至二层,有厕所、厨房,比二十年前方便许多。此屋太老,政府拟拆去另建,建毕原住户仍可得其居,闻之,稍放心。

10月7日　入秋后,天气甚热。翻看《绿天》中的《青岛游记》。《绿天》自二十多年前在台重印以来,并未认真读过。今重阅,觉得二十年前文笔、才华尚可,今日无论如何写不出此等文字。《绿天》重印以来,已出到七版,每版即使印两千册,亦当有一万四千册,加之自购三千册,近两万本。

10月11日　读郭立诚女士《中国产育礼俗考》,出入经史,搜罗完备,洵为一极

---

① 《天问正简·自序》,台湾广东出版社,1974年版,第11页。

有价值之民俗学论文。

10月23日　读《新闻报》"乐府艺苑"栏目,有齐骈邨《伐纣点滴》,因对《伐纣》一剧甚不满意,久有话要说,遂起草《谈伐纣》一文,上午起草,下午誊抄毕,约两千字,立即付邮寄出。

11月8日　香港袁苏燕生来台,专为扫淑孟大姊之墓。晚十点抵台南。

11月9日　"屈赋新探"系列之二《天问正简》,由台湾广东出版社出版,全书四十万字。扉页题"谨以此书纪念六叔继顾先生"。

12月15日　接李曼瑰来信,提及孙多慈住荣总医院已好几个月,病无起色,一度曾大出血,急救后已脱险。遂寄一信贺卡安慰她,又赠《天问正简》一册。

1975年　七十八岁

1月1日　阳历年元旦,散步后回寓。四望寂寞,阳历年人多不愿意过,何况世局险恶。

许久未写文章了,自觉思维活跃,文思畅顺,继续撰《心灵的探险与学术研究》。

1月2日　上午将《心灵的探险与学术研究》誊毕,约三千字。挂号寄《"中央"月刊》,不知能否在下月刊出。

1月8日　开始写《读尹雪曼著〈文人与书〉有感》,文思似不像开始撰《心灵的探险与学术研究》那样艰涩,看来为文要经常,一放下不写,就感手生,头脑沉滞。争取在旧历年前多写几篇。

1月9日　昨日接章君谷函,请为"中华"电影制片公司拍摄的谢冰莹的《女兵日记》,在《皇冠》杂志上写一篇关于与谢冰莹交往的文字。

1月10日　早餐后,煮水泡茶,为谢冰莹的影片《女兵日记》写《银幕上的男女二兵》,写得较顺畅,至十时一刻写完,自觉写得满意,约一千二百字。

1月16日　接《"中央"月刊》寄来《心灵的探险与学术研究》校样。《皇冠》限时挂号亦寄到,校改《银幕上的男女二兵》。

1月21日　下午乘车赴台南社教馆,参观黄君璧画展。观黄君璧先生以前画山,如纸屏风,风吹欲倒,今则遒劲,果然进步,令人刮目,称一代宗师,诚当无愧。购印制的两札画山册页,每札十张,仅十五元,又购印章石两块。

2月2日　谢冰莹移居美国后,其原寓暂给师大于敦德先生居住。上午于敦德偕成功大学王承志来访,云受谢冰莹先生之托,将《女兵日记》版税台币六万元赠苏雪林,特专来禀告,如接受,当即由台北汇来。当二人面婉拒——教授退休后,生活虽艰难,尚不致他人捐助,自信且还可卖文小补。并请于敦德转告谢冰莹,谢谢她的厚意。

2月17日　上午阅《"中央"日报》,于文艺版中惊悉好友孙多慈于13日在美治癌医院病逝①。

2月20日　下午收到女作家叶蝉贞、姚葳来信,都言及孙多慈病逝之事。寻出《畅流》上写孙多慈教授二文,《读与写》上论《孙多慈女士的史迹画及历史人物画》,浏览三文,以为悼念。日后台北艺术界好友为孙多慈出纪念册,则拟将三文寄出。"想不到多慈比我年轻十七岁,竟先我而去。她虽生得娇嫩,身体却相当强健,从未闻她有何病痛。"②

2月22日　昨日撰《悼多慈——兼谈其病》,文思迟钝,陆陆续续写了二三千字。今开始誊抄。自认为誊抄乃作文之妙法:草稿错乱,誊写时专注,文字即成条理,稚弱文句可变整炼,想不起来的词汇、成语及意思,皆可由誊文时想起,此程式屡验不爽,誊后得三千余字。此文寄《"中央"日报》副刊王理璜小姐。

3月1日　《"中央"月刊》来信嘱作民族文艺方面之文,动笔写了一点,文思尚不蹇涩。

3月3日　改定《"中央"月刊》所需之文字,题为《民族与民族文化》。文中开头畅言:"我论文化重开放而轻保守,主张吸收众长,而培养自己的高深丰厚,所以并不讲究什么民族文化,况且文化是为民族而存在,并非民族为文化而存在。以文化与民族比,文化的传统无妨断绝;而民族的生命必须绵延。不过,我近来研究了一些历史例子,又觉得文化与民族有析不开的关系,文化沦亡,民族也将随之消灭。"这篇近五千字长文,历数世界文明古国之文化发展,如两河流域、印加、玛雅及中国古文化发展脉络,将历史发展、文化推进、民族荣衰,一一展开,给人以耳目一新之感。文章后半部分谈到民族与文化关系时说:"中国过去虽或半部,或全部,被征服于异族,我们的文化却整个征服了他们。久之,这些异族也都同化于我们了。这能说不是我

---

①　孙多慈是1月7日赴美延医,仅月余即西归,倘在台或可延宕若干时日,但因其既患乳癌,则病愈无望。

②　《苏雪林作品集·日记卷》第7册,台湾成功大学教务处出版组,1999年版,第231页。

们文化的大胜利吗?"在谈到如何培育我们民族文化时,她语重心长地说:"文化之为物,虽甚坚强,实则异常脆弱,像栽种鲜花,必须日日培植它,灌溉它,它才会扬葩吐蕊,放出娇美的色香,一松开手,就萎谢了。"(《"中央"月刊》7卷12期)

3月5日　昨日午后到台北。此次北上一为治病,二为迎接卫聚贤自香港来台小聚,三为赴许绍棣家吊唁孙多慈。

中午与卫聚贤女儿卫灵均乘车前往机场,接机客人有魏子云、刘维典、赵姓法官及记者数人。拍照留念后,驱车至台北山西酒店,宴请卫聚贤先生。

3月7日　赴郭振华处针灸,左右臂并耳轮扎数针,云可治耳聋。

中午卫灵均电话告知,其父拟请她前往饭店一叙,到后乃知是赵丕承、刘维典、孙家骥等做东,专请卫聚贤、苏雪林二人之宴会,主客有十二人,菜肴精美可口。

3月8日　当日是妇女节,与苏淑年、钱蘋、梁中铭之女梁香中,同乘车赴新店许绍棣家。许先生在门外迎候,引入屋内一室,壁上悬挂多慈遗像三幅,来者献上鲜花供于遗像下,行礼祭拜,后许与众人详谈多慈病重赴美治疗事。

3月9日　林海音十一时来邀,同赴四维路张明家聚会。台北女作家到者十余人,有张秀亚、潘琦君、吕润璧、郭可珍等。席间又谈起孙多慈病逝事。

3月29日　收到美国俄亥俄大学图书馆来信,并附美金支票二十元,欲购《屈原与九歌》两本。

4月2日　开始整理自选集文稿,从稿件袋中共检出散文、小说等,计有十二三万字。

4月5日　为旧历二月二十四日,乃七十八周岁生日。前日收到陈碧美自香港寄来红色羊毛衫一件,以作生日贺礼,谢冰莹也寄来贺卡庆生,自己对生日不注意,好友则记住,可感。十时许侄儿经书父子携大红玫瑰十二朵至。不久,台北一侄经元亦到,姑侄雇车赴南门路湖南面馆,吃四冷碟、四小盘、醋熘大黄鱼一尾,外加一汤及寿面一大碗,一总六百元,算是庆生了。

晚十一时,蒋介石因突发心脏病,抢救无效,逝世于台北荣民总医院。

4月7日　成功大学中文系学生来寓,探询卫聚贤先生来成大演讲日期。按惯例,学人来校演讲,必须于十日前申请场地。致台北卫灵均一短简,速告来台南准确时间,以便早作安排。

4月9日　上午赴校礼堂,参加祭奠蒋介石仪式。在庄严肃穆的遗像下,恭敬地行鞠躬礼。晚七时,电视转播台北民众追悼仪式。

4月10日　晚得卫聚贤限时信,拟于18日来成大演讲。昨接《文坛》来信索文,嘱务必写一篇悼蒋介石文。感觉近日脑力迟钝,待一两日再动手著文。

4月12日　悼蒋介石文,昨日起草,今日誊清,约两千字。题目为《北极星沉——兼述几次瞻仰蒋公的回忆》。

4月14日　晚七时,赴台南胜利路天主教堂。教友们为蒋介石举行追思弥撒,念玫瑰经半小时,追思半小时。

4月17日　下午与唐亦男及成大中文系学生会干事数人,赴台南车站迎接卫聚贤先生南来。晚五时许,"观光号"快车到站,卫聚贤着长袍下车,迎上寒暄,同乘车赴礼贤楼下榻。卫言在车上用过一便当,陪伴饮茶,闲谈至晚六时始别。

4月18日　命侄儿经书将客厅、后院、书房等整理,又将帆布床支起。十一时半女工来,命雇计程车去礼贤楼接卫聚贤先生。记者、摄影电视节目制作人陆续到达后,卫始来。女工回来后,即下厨备午膳。午餐后,卫睡帆布床休息,四时醒,款以西瓜,并闲聊。五时半,中文系学生来接至成大礼堂演讲。

5月2日　接《文艺》姜穆主编信,需要提供用原子笔写字一张,画一小幅,生活照片四五张,以作该刊发表。因画时缺蓝颜料,画得还不如二十余年前在巴黎时好。

听唐亦男说,程发轫先生心脏病发,猝然亡故。程老先生寿已八旬,因精力充沛,著作甚勤,退休后教课仍不辍,卒致有此变。当日在日记中自警:老就是老了,不可不警戒耳。

5月3日　抄尉素秋教授悼蒋介石《金缕曲》一首,将昨日所作"天都莲花二峰"题款,又取出"黄山西门"影本一幅,写一笺,封入信中寄姜穆。

下午唐亦男陪一男士造访——韩国来成大中文系交换教授尹永春,年四十余,甚老实,著有《现代中国文学史》(注:内有苏雪林章节),回赠他书九本:《中国文学史》《文坛话旧》《我论鲁迅》《棘心》《绿天》《读与写》《南明忠烈传》《秀峰夜话》《唐诗概论》。

5月5日　近日突萌发画画兴趣,想画华山图。第一幅构图不理想,作废。画第二幅,觉得画笔不顺手,觉不大如意。凡作画最怕模仿,模仿的总不如灵感突至时妙笔,年来总觉得画艺能卖钱,此虽妄想,或者能有实现之一日耶!

5月10日　检出旧文十余篇,拟加以整理,与《悼蒋公》文一并付印。重读抗战中所写《莫再徘徊莫再观望》,此文乃四川土纸所印,模糊不清,须重抄。

5月13日　将距今三十余年旧文寻出,"乃是1967年拟给文星出版之一集,本拟题集名为《鸣鸠集》,以'鸠鸣'则雨将至,喻余早知时局之将恶化也。后因文星不受,搁置至今"①。计三十余篇,约十七万字。抄毕《莫再徘徊莫再观望》,此文乃1944年间,政府征集十万知识青年从军时所作,约四千五百字,距今已三十余年。

5月18日　在旧稿中发现1945年的元旦日记,题为《新年希望》,刊于重庆《南风》月刊元旦号上,其中预测时局进程颇为灵验。如:"国内,军事方面:希望桂林、柳州能于旧历年初收复。这一年内,我们收复衡阳、长沙、中原,恢复卅三年春间状况。缅甸路完全打通,英美接济大量运进。十万知识青年从军运动,如期完成,并能来第二个十万、第三个十万。政治方面:共产党能诚心与国民政府合作……文化界方面:希望我们文化人鉴于这次局面之险恶,懔于亡国惨祸之可骇,并体认皮之不存,毛将焉附之义,多多努力于民族向心力之策进,莫再像七年以来一贯干着相反的工作。""太平洋方面:则希望英国强大艇队将来可调来远东,与美海军协力作战,……德意在卅四年之前,完全崩溃,英美得以全力解决日本。卅五年日本投降,我们得于一年后回乡。"②

5月20日　抄抗战时期撰《瞿式耜守桂林及其最后》一文,因系土纸印,字迹模糊,重抄后,约有四千八百字。

5月23日　整理宗教性散文,历年所写宗教性文字有十二三万字,写信致顾保鹄神父,请其代印。其中有作于1938年的《清末知识阶级的宗教热》及《一个皈依天主教五四人的自白》两篇。

5月25日　撰《"中国"名词之由来》,此为昔年写《昆仑之谜》积累之资料。检《昆仑之谜·昆仑与中国》一节知:"我国自称'中国',盖闭关时代,本部与四裔相对待之名词。顾此语亦受巴比伦影响。今日西亚楔形文字发现于地底者,尚不见自称其国为'中国'之语。然观乎昆仑号为地中央,及冀州、齐州之号为中国,吾知'中国'一词亦来自西亚矣。"

6月9日　很有兴趣读到《"中国"时报》副刊上登载《史前文明的奥秘》一文,瑞士邓尼肯著。邓氏为著名史前文明及人类演化史专家,曾提出外太空人于史前就来到过地球造访。因对此类说甚感兴趣,花一百二十元,邮购《史前文明的奥秘》一

---

① 《苏雪林作品集·日记卷》第7册,台湾成功大学教务处出版组,1999年版,第278页。
② 《南风》1945年1月第1卷第1期,第56页。

6月21日　近一个月来,除写少量文章,看了以下感兴趣之书:一、《世界文明史》二册(都兰博士著);二、《最后的难题——福尔摩斯侦探案》;三、《神秘的百慕达三角》《西方国家的自杀》;四、《史前文明的奥秘》四册。

6月23日　想在7月底以前,写《有翅膀的人》《地底城市》《史前外太空人已来访》《人生善恶论》《古代的记忆》《〈山海经〉〈屈赋〉〈淮南子〉中的奇事》《水底的三神山与阿特兰替斯》等历史、文化类文章。

6月24日　看《神秘的百慕达三角》第二遍,颇受启发,拟写《百慕达三角与屈赋》,另写一篇批评邓尼肯《史前文明的奥秘》。

6月24日　唐亦男来,约同游佛光山。七时许乘计程车前往,一小时许始达。闻星云法师正在上课,同去课堂听讲,唯耳背,听不清。赠《天问正简》一本给星云。参观佛光山图书馆,大部头书甚多,仅《大藏经》就有四五种,佛教杂志亦多。

7月8日　撰《再游佛光山》。文思蹇涩,开了一个头,写了一页。看报、杂事打岔,未竟。

7月9日　今日排除一切干扰,专心写《再游佛光山》。初拟写二千字左右,结果越写越顺,写完后竟达四千字,本来是敷衍之文,写到后来却相当精彩,出乎自己预料,可谓与佛有缘。

7月15日　开始撰长文《史前文化与屈赋》,上午写到阿特兰替斯。

7月16日　收到许绍棣寄来谢寿康画竹一幅。此画是许在整理亡妻孙多慈遗物中所发现。当是过去谢寿康②托孙多慈转交,多慈一时事忙,忘了此事,现物归原主。

7月19日　收到《"中国"语文》7月号,《"中国"一词之由来》已在本期刊出。"刊物未寄来前,悬悬而盼,见文刊出,亦不感如何欣喜,老人心理真是奇怪,连自己都不了解。"③

撰《邓尼肯著作与屈赋之关系》。

---

① 《史前文明的奥秘》,瑞士邓尼肯著,全书共四册:第一册《文明的历程》,第二册《来自外太空的播种者》,第三册《史前星际大战》,第四册《史前文明的奥秘》。
② 谢寿康(1897—1974):字次彭,号苑田村人,江西赣县人,早年留学比利时,1921年在法国与苏雪林相识。台湾"中国"文化大学研究部教授,善画艺,尤擅长墨竹。
③ 《苏雪林作品集·日记卷》第7册,台湾成功大学教务处出版组,1999年版,第310页。

7月24日 得理毓秀来信,云李曼瑰住台北三军总医院,患肠癌,且扩散至肝脏。当即致一信给李曼瑰。

7月26日 连日为老友李曼瑰患病惴惴不安。孙多慈患癌,尚拖了数年,今李曼瑰肠癌已致肝肿大,情势危殆。李曼瑰素来看重事业,有病不入院检查,拖延成大患,真令人悲伤。

7月31日 大雨滂沱,不能外出散步。抽烟一支,天色尚朦胧,即在书房改文。《史前文化与屈赋》一文,自7月15日动笔,到今改定、誊清,一万六七千字,写了半个月,差不多每天一千余字。自认此文为近年力作,尤其是在暮年,每天能如此,觉得甚不易。

全文自希腊哲学家柏拉图对话写起,到屈赋中《离骚》所指的西海,从史前阿特兰替斯的消失,到今日百慕达的存在,历数史前文明与今日世界的演进,阐释史前文明与屈赋之间存在某种密切的联系,令人耳目一新,如历视野大开之境界。为此,苏雪林非常自信地在文章《前言》里说,史前文化与屈赋有斑斑可查的联系,"我知道读者乍看这个题目,定然失笑,以为苏某人研究屈赋真的走火入魔了……不过我要请读者少安毋躁,读完此文,再下评论。要知屈赋充满域外文化分子乃不争之事实,那些分子又来自史前文化,我使两者发生联系,并不悖于事理"①。

8月16日 《"中华"日报》副刊登出《再游佛光山》,如此长文,一次刊完,甚慰。

连续几天专心校《楚骚新诂》。去年曾校过一遍,今再校仍发现有若干要改处。有人谓校书如扫落叶,越扫越多,诚非虚言。

8月23日 晨读报,惊悉师母江冬秀于昨日病逝台大医院,讣闻上说享寿八十二岁。知有误,盖胡师若在世,今当为八十四岁,师母比胡师大一个月,亦为八十四岁。报载胡祖望将于下周二(26日)返台奔丧。决计提前赴台北,一参加师母之丧,二探视李曼瑰。

8月31日 接苏淑年信,知胡师母9月2日开吊出殡。上午乘"莒光号"赴台北,下午四时到台北车站,乘计程车去苏淑年家。晚饭后上街购白布八尺,写好挽联,到胡师母家。会见胡祖望先生,在师母遗像前行礼祭拜。

---

① 此文原刊1975年《东方杂志》复刊号第9卷第7期,后收入《屈赋论丛》,台湾"国立"编译馆,1980年版,第544—573页。

9月2日　上午八时赴台北殡仪馆,祭礼刚开始。在遗像下行三鞠躬礼,到纱幕后瞻仰仪容,见师母安详睡在纱罩中,人本胖硕,今则稍瘦,面颜也黄黑,体形似比生前短了许多。十时三十分大殓,师母的棺木甚大且深,覆尸为绣花夹被。

此日来吊者,所见者有严家淦、蒋经国,各文化学术界名流如沈刚白、毛子水、杨亮功等。十一时许出殡,一刻钟后到胡适公园山上,亲见师母棺下葬——抽去胡适墓上的活动水泥板,即与胡师同穴安葬。

9月4日　上午与王雪艇先生通电话,告知即乘车前来拜望。见了雪老,知太太赴医院就诊,仅其一人在家。"雪老人苍老许多,发亦变白,说话声音极低,老人家今已八十五六,又遭丧明①之痛,越显憔悴,健康大受影响,谈话四十多分钟后拜辞。雪老派车送到师大苏淑年寓。"②

9月5日　上午先与曾宝荪先生通电话,后乘车去看望。见她红光满面,精神甚佳,其弟约农则老态毕露,促膝谈了一个多小时,辞出。

下午赴三军总医院第三病房,探望病中的戏剧家李曼瑰。

9月6日　昨晚唐亦男至台北,今早即到苏淑年寓。苏雪林特地赶赴台北市参观历史博物馆"中西名画家画展"。因当日十时要乘车回台南,匆匆用早餐后,与唐奔赴南海路历史博物馆,等待九时开馆。

此次画展盛况空前,共展中西名画1000幅。其中中国画包括张大千60幅、黄君璧66幅、溥心畬遗作325幅;西画则有毕加索80幅,马蒂斯、米勒、夏洛尔、达利等人原作及100多幅复制品。尤为难得的是大千先生收藏的毕加索《西班牙牧神像》与马蒂斯的两幅作品,素秘不示人,今能展出可谓眼福不浅。走马观花在二楼、三楼观看溥心畬、黄君璧作品。溥有多幅大画,极具功力。

十时前匆忙到车站回台南。人到车开,甚巧。

9月9日　回到台南几日里,补写8月31日至9月7日日记,每日三四百字,约三千字。整理一部散文集子,写李曼瑰《瑶池仙梦》剧评。起草《参加江冬秀师母丧礼记》。

9月10日　将胡师母丧礼记誊抄毕,且撰且誊,至晚饭前完成,约三千字,寄何报刊发,尚未定。

---

① 丧明:语本《礼记·檀弓上》:"子夏丧其子而,是丧其明。"后指丧子。
② 《苏雪林作品集·日记卷》第7册,台湾成功大学教务处出版组,1999年版,第336页。

9月17日　接到台大中文系研究所博士班陈慧桦、古添洪来信，他们拟编一本《神话与文字的关系》，欲收《山鬼与酒神》一篇入编，遂寻出1947年7月号《"中央"周刊》，全文约两万字，校改后，写信附寄。

9月18日　寻找旧稿，无意中见到《中西音乐家故事》稿子，一为钢笔，一为毛笔，此乃抗战时在四川乡下，用毛笔缮写练书法，字虽不好，倒也不讨厌，感觉今日是无论如何也写不出了。

10月3日　费二日之功将《〈九章〉总论》抄完，约八千字，细阅一遍后，改题为《论〈九章〉》，寄《新生报》副总编姚葳。

10月10日　《"中国"语文》本月号已将《胡师母丧礼记》刊出。

10月13日　开始撰酝酿已久的《焚书》一文，上午看钱用和《浮生八十》后①，写了一千五百字。

10月15日　阅《资治通鉴》、都兰《世界文明史》，寻找中西焚书例证，如回教徒焚亚历山大图书馆之书，即在都兰书中觅得。

10月17日　《焚书》一文写了五天，午后细加校阅，终完稿，共五千字，欲寄《"中央"月刊》。

文章除写到秦始皇、王莽、刘聪、石勒、梁元帝（即隋代牛宏言中国图书"五厄"说）焚书外，还引外国亚历山大图书馆被焚，西班牙人焚毁阿拉伯的典籍，西班牙人烧毁墨西哥、秘鲁的书籍。"焚书之事有基于政治原因者，如秦始皇是。有基于宗教信仰之异者，如阿拉伯大将，及狄奥非罗、蓝莲主教是。有基于狂暴无知者，如西班牙之大焚阿拉伯图书是……笔者撰写这篇文字，是想表明一个意见：书是不可焚的。没有价值的书，将来自会给时间的大洪流冲走，何待于焚？有价值的书，民族文化的典籍，则又何忍毁灭？诚恐将来还有人激于一时冲动，重演这种暴行，所以不得不剀切言之，叫大家提高警惕。"②

---

① 钱用和(1897—1990)：字韵荷，江苏常熟人，与苏雪林为北京女高师同班同学。1925年赴芝加哥大学留学，1929年回国，任教暨南大学。1931年起任宋美龄私人秘书。晚年出版《韵荷存稿》《浮生八十》《欧风美雨》。

② 苏雪林：《遁斋随笔·焚书》，《"中央"日报》出版社，1989年版，第38页。

10月22日　一早就收到苏淑年限时信,知不妙,拆开后知李曼瑰①果于二十日晚病逝台北三军总医院,为之泪下。

10月24日　昨日下午撰哀戏剧家李曼瑰联,上联一气呵成,下联则改了几次,终不满意。午后文思活跃,将下联完成,似可寄出。全联如下:

抡如椽笔,把楚汉间事,搬上舞台,骏马名姬,哀蝉落叶,无限英雄泪,美人情青史,冷灰腾异采;

建文字友,在国难末期,相逢瑶岛,同游共宴,说艺谈文,难忘买山盟,知己成黄墟,凉笛怮悲怀。

10月26日　读《"中央"日报》知,李曼瑰丧事于11月7日上午八时在台北市殡仪馆家祭,大殓,八时半举行追思礼拜,江联华牧师主持。致苏淑年一信,嘱买白布,请汪中撰写,至时送至灵堂悬挂。

10月28日　撰《金缕曲·闻曼瑰噩音泫然有感》。

其一　噩梦成真讣。叹斯人、竟缨斯疾,扁佗难救。搔首问天天不语,但觉寸心欲腐。又失了、平生良友。庸众偏能长寿考,痛英才一夕归黄土。死生理,难推究。

病中来札藏怀袖。展玩时,墨痕黯淡,知君心苦。犹记榻边言切切,要我移家去住。买山约、自嗟孤负!把臂入林原有待,刹那间,永隔幽明路。魂不返,空延伫。

其二　莎翁身久殁。幸东方、纤纤弱质,能传衣钵。青史如山翻不尽,多少奸邪贤哲。借优孟衣冠画刻,剑气珠光腾踔里,古英雄一一须眉活。罗万象,如椽笔。

频年逐逐劳车毂。忘眠食,健康暗损,病根潜伏。要把奇花兼异卉,遍植此

---

① 李曼瑰(1906—1975):广东台山人,1934年燕京大学毕业后,获巴勃奖学金,赴美国密歇根大学研究院英文系戏剧组留学,1936年获硕士学位。次年到纽约,在哥伦比亚大学选修现代戏剧、戏剧写作。1940年返国,任金陵女子文理学院英语系副教授。1949年到台湾后,任台湾师院、"国立"艺专教授。平生剧作数十部,知名如《天问》《大汉复兴曲》《汉武帝》等,作品收在《李曼瑰戏剧集》(1—8集)中。

间荒漠,更勤洒甘泉一掬。为艺殉身今有几?看斑斑心血凝成碧。思高躅,泪霑臆。

10月29日　昨日一夜未眠,因作《金缕曲》脑子兴奋所致。查手边宋词书籍,未见宋词人作此词牌,赴中文系借《词韵》,图书室铁门未开,当再查书后,细数字句,免贻笑大方。

10月31日　为李曼瑰作词,大伤脑力,皆因久不写诗词之故。将二首词抄寄诸问娟,以做进一步修改。

接到台北戏剧中心杨柳村寄来《李曼瑰戏剧集》八本,李氏重要著作皆有,此为亡友遗著,当是重要纪念物。

11月1日　读李曼瑰剧作《冤家路窄》《尽瘁留芳》。又看《天问》,此剧为1941年李曼瑰在重庆时所作,此时年仅三十五岁,可谓出手不凡。李曼瑰曾在美国留学,学的是戏剧,返国后即不断有新作问世。

11月12日　动笔撰写《纪念李石曾先生逝世二周年》。写了一上午,得二千字。

下午睡起,看《幼狮文艺》。读到详细介绍李曼瑰生平及作品介绍的文章,想起曾答应《传纪文学》写关于悼念李曼瑰文章,拟作《李曼瑰教授及其重要剧作》一文。

11月13日　誊清《纪念李石曾先生逝世二周年》,全文约三千字,以限时信寄给其夫人李田宝田师母。

11月20日　开始撰写《李曼瑰教授及其重要剧作》,先写李曼瑰生平介绍,约二千字。

11月22日　续写李曼瑰教授在戏剧方面贡献,归纳有以下数端:

一、组织"三一戏剧艺术研究社";

二、创办话剧欣赏会;

三、成立小剧场运动推行委员会;

四、成立"中国"话剧欣赏演出委员会,举办青年剧展,世界剧展,颁发各项金鼎奖;

五、成立"中国"戏剧中心;

六、成立"中国"青年剧团;

七、创办文化学院戏剧电影研究所;

八、主持出版《"中华"戏剧集》《自由"中国"话剧六十种选集》(含多幕剧48部,独幕剧及儿童剧12部)。

李氏一生著作,多至六十余种,中英文皆有,仅介绍其比较重要之中文剧作。

(甲)文艺性剧目(也可说是妇女问题剧):有《天问》《女画家》《戏中戏》①。

11月25日 连日来撰写李曼瑰戏剧方面成就。

(乙)社会性剧:有《冤家路窄》《时代插曲》《淡水河畔》②。

(丙)教育性剧:如《尽瘁留芳》③。

(丁)历史剧:为李曼瑰倾心而作,其成就最为卓著。计有《王莽篡汉》《光武中

---

① 《天问》,1941年在重庆时作。此剧在美国时是用英文写的,英文剧本作《当女人变成男人的时候》,又名《杨世英》,写一女教授的悲剧,后以此故事改写为《天问》,1953年在台北正式公演时为五幕悲喜剧。

《女画家》,五幕纯悲剧,作于1955年。写女画家史坤仪,因受情敌廖无双误会,被枪击右臂致残,不能作画,但却意志坚强,不畏谣言及谤毁,四处飘泊,练习用左手作画,以有限的生命绘出自己生命最美的图画,不仅绘出令人进入圣境的《圣像》,还绘出改正历史上错误的《补天图》,最后在圣灵缭绕的歌声中,含笑而逝。

《戏中戏》,三幕喜剧,1942年于重庆时所作。此剧为家庭恋爱喜剧,写音乐家陆彭年与女科学家范平喆夫妇由欲离婚到重归于好的故事。其中又在剧中巧妙地安排了陆范夫妇之子陆天籁与青梅竹马女伴史华清曲折的爱情故事,可谓戏中有戏,一石二鸟,全剧最后以大团圆收场,陆、范重归于好,其子天籁与华清小姐也恋爱成功。该剧服装、对白、表演极具喜剧气氛,演出时剧场效果极佳。

② 《冤家路窄》,三幕喜剧。写抗战大后方社会上各色人等的情态。剧中有发国难财的商人、交际花、女律师、空军军官等,人物刻画入木三分,体现特定历史时代下,各社会阶层的生活状态。

《时代插曲》,四幕喜剧。写抗战后期三个家庭的生活状态。广东朱家,丈夫带病经营商业,以图发财,妻子却沉溺于麻将赌博;张家父子六人,丈夫为尽职之公务员,妻亦贤惠。但长女爱慕虚荣,失身于贪污舞弊之上司;长子无志上进,只想入赘于富家,继承产业,次女乃一优秀女青年,为本剧中心人物,幼子为天真活泼之少年,供给剧中无数之笑料,令人捧腹。翁家女儿虽受过新式教育,却无灵魂,满口洋文,中文则常读别字。全剧人物众多,作者处理得井井有条。

③ 此剧共四幕,为李曼瑰纪念亡友广东著名医生伍智梅女士而作。伍智梅女士逝世后,曾获台湾当局旌表"尽瘁留芳",故以此作为剧名。剧中人物漆若兰(即伍智梅的化身),为仁爱医院的院长,爱朋友,爱病人,爱人才,剧中突出表现她乐观、慈爱、宽厚的性格,主持医院时操劳过度,心脏病突发逝世。

兴》《楚汉风云》《汉武帝》《瑶池仙梦》等①。

12月1日 读新到的《传纪文学》，发现有谭嗣同九十冥诞及柳无忌写的关于苏曼殊的文章。谭嗣同就义时年三十三，死于1898年，至今为一百一十岁，《传纪文学》上言九十冥诞，当是计算错了。

12月8日 今日终将评述《李曼瑰教授及其剧作》写完，此文自上月中旬动笔，拖了近一个月，全文约两万字，算起来也不过每天写二三百字。

12月16日 好友李曼瑰逝世将近两个月，写完其著述成就，又想作词。早餐后，即到南边大寝室写词，一日之功，竟得《浣溪沙·悼曼瑰》四首。

其一　弦断牙琴不再张，几行残墨当心香，夜台或可慰凄凉。
　　　旧好凋零君又去，世情诡薄②事堪伤，人生经得几回肠！
其二　沧海扬尘卅载前③，记曾翰墨结因缘，文章报国志同坚。
　　　霁月襟怀传域外，春风桃李满芳园。中流羡妆著先鞭。
其三　遗著成堆压案沉，卷中言笑宛平生，那知蓦地隔音尘。
　　　猎猎北风号旷野④，荒荒斜日下寒林。招魂何处一悲吟⑤？
其四　青史何曾化劫灰，古人精爽俨重来，奇文字字郁风雷。

---

① 1956年台湾文化行政主管部门，将台北新世界电影院改作话剧剧场，李曼瑰将《王莽篡汉》《光武中兴》两剧浓缩为《汉宫春秋》（五幕剧）在该剧场首次公演，盛况空前，好评如潮（参阅苏雪林《闲话战争·〈汉宫春秋〉观后感》）。
《楚汉风云》为五幕十二场的宏大历史剧。本剧以张良为剧中主角，以历史人物项羽、刘邦、虞姬等人故事为题材，以"鸿门宴"为高潮，以乌江项羽自刎、虞姬之死为尾声。
《汉武帝》是五幕历史剧，人物众多，宫廷人物有皇后陈阿娇、卫子夫、公主刘嫖、平阳公主、李夫人；廷臣窦婴、田蚡、司马相如、东方朔、汲黯、公孙弘、王藏、赵绾、申公；大将军李广、卫青、霍去病，另有画臣李延年及宫廷乐人等。场面大、人物多，作者举重若轻，调度有方，全剧五幕，一气呵成。落幕前以汉武帝在白虎殿大张筵宴，款待卫青、霍去病及其他廷臣，汉家敷宣文德，发扬武功，从此中外一家，天下太平收场。此剧1969年由中国港台地区和菲律宾菲影剧界联合在台北公演二十余场，一时称胜。
② "世情诡薄"四字，似隐有所指，作者不便言明。谓李曼瑰这样的伟大戏剧家身后未能引起当局重视，叹世态炎凉，人情浅薄。
③ 作者言与李曼瑰笔墨交始于抗战后期的重庆，晤面则到台湾后，算来已历三十年了。
④ "猎猎北风号旷野"：作者言写文填词时，正值台湾寒流来临时。
⑤ "招魂何处一悲吟"：李曼瑰病逝，生前好友甚悲，如谢冰莹致作者信云"恨不能代曼瑰死"。

若使九原真可作,不辞百命赎君回。如金双泪为怜才!

12月29日　写一信致许绍棣先生,请其将岳丈孙养癯先生词作寄来一赏。

12月30日　台北黎明文化事业公司出版《苏雪林自选集》,收小说、散文、评论等二十五篇,约十八万字。

1976年　七十九岁

1月3日　天乍冷,又下雨,未出散步。在家中甩手三百下,每百下二分半钟,五百下则十二分半钟,比散步更省时。

今日得贺卡、信件颇多。《东方杂志》将《史前文化与屈赋》刊出了。同时又寄抽印本三十八本,诸事放下,专看自己的文章。诚所谓"学人对自己著作敝帚自珍之情也"。

1月5日　上午写长信致费海玑,将卫聚贤《"中华民国"考》《尧舜禹见于甲骨考》《古人以神为名》三文及《史前文化与屈赋》一篇共四文,封入信中,亲赴邮局寄出。

2月2日　春节期间,看书打发日子。检出文友褚问鹃《烬馀集》及《往事漫谈》,两书共七十余万字,此次为重读。

2月14日　《畅流》2月号上将《李曼瑰教授及其重要剧作》刊出。此稿原为《传纪文学》写,主编刘绍唐嫌其太长,退回。去年年底寄《畅流》,今即刊出,与《畅流》杂志打交道近二十年,毕竟是老关系了,十分高兴。

2月25日　填写"中山学术会奖"申请表,将研究《诗经》讲义三册寄去。

2月27日　因日本学者小岛正雄教授要来参观苏雪林的藏书,今日开始整理大书架,将不重要之书,放到架顶上,登梯上下,颇费力气。

3月1日　整理两只铁书架,将《诸子集成》等常用经籍放在书架易取之处,赴唐亦男家,请她代请张良泽三日上午十时来寓当翻译,以便与日本学人交流。

3月3日　小岛正雄与其研究生中林史朗、泽口笃广等人十时许来寓,由成大中文系谢一民、温祯祥小姐、张良泽陪同。

小岛先生身材颀长,面清癯,发已苍白,研究生三人蓄长发,颇似中国学生。

闻日本学生读《天问正简》,仅略知《天问》中三神话,余皆不甚了了。

通过张良泽向小岛先生谈及夏代鲧用芦苇造大地,未成,窃帝息土而遭殛,禹承帝赐息土而造地相通。又说域外文化,夏商已来华,小岛不赞成,说当是战国,不是夏商。遂向小岛言明,域外文化第一度来华,以山东半岛为根据地,曾建雏形西亚国家,他亦未敢为然。

访问毕,小岛送日本洋娃娃一盒,拆视,乃摆放案头之装饰品,为一日本小女孩披发持扇,扬袖而舞,姿态尚美,惜脸孔太白令人可骇。

3月11日　得陈秀喜函,知八日所抄旧稿《母亲》一文已收到。

3月13日　翻阅陈秀喜寄来《笠》诗刊,见该刊登有翻译日本、法国诗歌。遂将四十多年前在安徽大学学生刊物《塔铃》上译雨果长诗《海崖畔之散步》找出,手录全诗,拟寄该刊。

3月24日　今日为虚龄八十诞辰,侄儿经元、经书为之庆寿。并邀尉素秋、唐亦男、陈秀喜乘车同赴南鲲鯓五王庙一游。此庙甚精美,年代久远,正在修缮中。庙为二进,前供五王,后供观音,庙后为大花园。中午在附近吃炒面,外加各类海鲜,甚可口,也开心。

归来已傍晚,饮茶提神,未进晚餐。看《皇冠》出版琼瑶的新作《秋歌》,全书十余万字,琼瑶以七日写成,修改两次,亦不过十余天,感叹才女琼瑶真乃快手奇才之人。

3月27日　阅报惊悉林语堂于昨日病逝香港圣玛利医院,享寿八十有二,发病时头晕、呕吐,走得甚速。为此,自忖不得不早日将遗嘱写好,免得去世后遗产被封存。因来台后,身份证上张苏雪林未声明配偶亡故。特写一信致香港四妹袁苏燕生,报告张仲康去世日期,以便及早去公证处办理遗嘱。

4月7日　开始撰写《南鲲鯓之游兼访洪通》。又有一段时间未写文章了,头脑空空,思想也不活跃,好在这篇文章是平铺直叙,并不难写,一上午写了千余字。

4月12日　费五天时间,将游南鲲鯓文章写完,仔细将不妥处改定,增加了鲲园景物及五王庙来历,全文约五千字,自觉满篇还比较圆融,封套寄出。

4月13日　"中国"文艺家协会来信,大会推选苏雪林担任荣誉理事。寄来文艺奖推荐表一份,拟推荐褚问娟女士,准备了两个小时将推荐表弄好。写一信致文协宋膺,并寄褚著《烬馀集》。

4月16日　邀集侄经元、经书,姨侄欧阳建业携相关资料赴台南地方法院,办理遗嘱公正,遗产继承人为苏经书、苏经元、欧阳建业三人。

4月20日　动笔写《读〈溥仪自传〉》,以备《文坛》来约稿。今日文思流畅,写了三千字。

4月21日　看完报纸后,将昨日所写文章继续下去,全文写完改定后,约四千五百字。

4月24日　开始为武汉大学校友会刊物《珞珈》撰稿,内容为讥刺近年文艺界浮夸之风,写得颇顺手,自己觉得尚满意,唯不能公开发表,否则苏恐被人骂死。

读郭沫若译《浮士德》,情节太琐碎,太炫才太使学,将各种当时流行之学说及希腊与基督教融合,结构觉得非常散漫,读之不能引起共鸣,译文也不美,不若李辰冬先生的《浮士德研究》。郭氏译文艰涩难懂处甚多,李氏则译得清晰明朗,让人理解。

5月5日　早餐后,誊写昨日《曼瑰死前的预兆》,文章追忆二十多年前与李曼瑰在台北师大共事(李在师大外文系兼课)及逝世前排演《瑶池仙梦》时,剧中"咸池舞"一场,有冥界死神大司命来摄取李夫人魂魄。又,最可怪者是,"《瑶池仙梦》的演员表和说明书,封面和封底是黑色的,演员人物表也是黑底白字,一份说明书十余页,都用黑色框框,宛如报丧的文件。我当时看了,心里便觉不快,颇有不祥之感。《瑶》剧在'国立'艺术馆演毕后,曼瑰即得病住入医院,数月后,不治长逝……《易》曰:'知几其神乎。'古人又说'吉凶悔吝,每兆于未萌。'这种'几',这种未萌之'兆',当时很难觉察,事后始觉它的灵验。但像曼瑰死亡预兆,这样显明,却也不多见"。①

5月11日　5月5日好友理毓秀在家突发心脏病而逝,年仅六十二岁,令人悲悼。9日由经书陪同赴高雄冈山参加其葬礼。归来后,眼泪涟涟。早餐后,铺纸撰《悼毓秀》,写得很顺利,下午文章告成,约三千字。

5月14日　《珞珈》编辑徐效贤寄来《论近日艺坛风气》二校稿,错字甚多。近五千字校稿,前后看了三四遍,将错排之字一一改正。

5月24日　午睡起,得信及刊物数件。《自由时报》将游南鲲鯓文章登出,惜错字太多。收到卫聚贤来信,云《台湾山胞与大陆关系》一书印了一千四百本,台湾省政府与新竹市政府共买了二百本,已赚回印刷费,尚余之书或卖或送人。又说辅仁大学拟聘其为专任教授。

6月6日　刚刚过罢端午节,今又迎来耶稣复活节。

---

① 苏雪林:《曼瑰死前的预兆》,《畅流》1976年6月16日。

早上散步半小时,即用早餐,整衣履赴胜利路圣心堂。堂上祭司皆着红装,此乃天主教一年之中四大节,即圣诞、复活、圣神降临、圣母升天。

6月9日 购台湾鼎文书局版《古今图书集成》,预付定金二千元。

6月12日 赴成大门外小店购香烟一包、蝴蝶粉面霜二大瓶。又到博士文具店买三百字稿纸二刀、六百字稿纸二刀,共付九十六元。心想:今日台湾稿费如此低,而稿纸如此高,我等卖心血者,有何出路?

6月14日 近十余天,集中精力校改"屈赋新探"第三本《楚骚新诂》。校读中时而发现抄错处、遗漏处,幸而排印前纠错,倘印后改起来定麻烦。曰印书之事:"事前多校阅,排后少更改。"

6月21日 近日来,集中精力撰写《楚骚新诂》序文,虽天气渐热,文思不敏,但此文必须用心写成。写到"仙"与"神"的分别时说:"我们都知道'神'与'仙'大有分别。神是精灵之体,而仙则带着肉身。这类仙者或生来即是;或经过长时期的服食修炼,变得同神一样。这类人当时似乎叫作'真人'。道家谓真人为得天地之道者(见《文子》),又说和大圣同义(见成玄英释《庄子》关尹老子条)。其实真人应照字面来说,真人者具有人的躯壳而又变成精美的神体,这样才算把人的优点发挥到了极限,才能算是个真实的人之谓。

"我觉得普世古代所言神庭诸神,并非死后变成,却是不经修炼,生来的仙体。最明显的是希腊奥林匹斯那些神仙,他们喜怒哀乐的情感与人同,饮食男女的欲望与人同,生男育女的作为与人同,只是神通广大,变化无端,而且都有着永恒不死的生命,即使他们中间有的想自杀,也硬是死不掉。西洋有个 Immortal 的词汇,即'不死者'。在基督立场而言,此字系指那些异教神祇,希腊诸神亦在其内。我国'真人'一词疑由此字译来,今西洋人译中国仙人也用这个字,颇有道理。"

6月29日 《自由报》副刊刊发日前寄出的《焚书》。

7月3日 再校《远游》,发现应改处不少。如"嘉南州之炎德"乃错简,应与"餐六气而饮沆瀣兮"对调,发现误处,甚感愉快。胡适言人生无快乐事,唯读书、发现、研究中发明,至为快乐,诚不虚也。

晚看电视,播德国趣味体育竞赛,多每每令人开怀。"西洋人对体育、游戏,竟能玩出许多令人捧腹之花样,可见其种族果能优秀。若我们中国人,唯知方城之戏,自明代至今沉溺不倦,真可耻也。"①

7月8日　费了二十余日,终将《楚骚新诂》序文,改定誊写完毕,自读一遍,果然比第一稿清爽悦目,是一篇可以拿出手的大文,计算一下共一万四千字,从来写文章没有如此费时间,如此辛苦,老矣,江郎才尽,尚复何言!

7月17日　接"中山学术文化基金会"函,动手写应征论文提要,填写申请书。

7月23日　誊写旧稿《评李辰冬〈诗经通释〉》一文,上篇八页半稿纸,约五千字,昨日写毕。今日抄下篇,共抄三千六百余字。

7月24日　中午收到凌叔华来信,云赴美旅游归来,见到方君璧身体尚好,只是老迈衰弱,耳重听。想到方与己几乎同龄,健康一向胜于自己,身体一定比自己好。

7月26日　将《屈赋论丛》一大包稿件取出,包内有一张表,计算单篇论文有四十三万余字,从总论、附录到各篇论文一项项整理起来,工程非常浩大,然又不得不做。

7月28日　检出《屈赋论丛》中稿件《我国古代移民通商沟通文化之伟绩》,此文乃1954年谢幼伟教授主印尼某报笔政时邀约而写的。此文提出我中华民族并非"安土重迁"、缺乏进取精神与冒险勇气的,中华民族自古就是最富于进取精神和冒险勇气的人种之一,而且也是聪明睿智的人种之一。如举例说:"北美洲的爱斯基摩人自称'殷人'。今日人种学者谓其人面貌与中国酷肖,有许多言语与中国同源,疑是一部分殷商民族于白令海峡尚未断时迁徙而往的……一般人均认为哥伦布为发现美洲第一人。但今日竟发现哥氏之前中国人到达美洲的痕迹。近有人在美洲掘出地下木质神像有类我国南极寿星,计其年代实在千数百年前。"②又说:"我国商人所造成最大的功绩则为贩运蚕丝……今日欧洲考古学者如斯文赫定、斯坦因、贝尔格曼、科兹洛夫,在克里米半岛的古希腊殖民地遗迹中,及楼兰、波斯、北蒙古、额济纳河等地均发现蚕丝的残迹,断定公元前5世纪时,中国之缯或已越过帕米尔高原而至印度、波斯。"③

9月21日　费了二十余日,将《屈赋论丛》一书的单篇论文校阅誊抄完毕,计算目录上各篇字数,竟达五十万。

---

① 《苏雪林作品集·日记卷》第8册,台湾成功大学教务处出版组,1999年版,第95页。
② 苏雪林:《屈赋论丛》,台湾"国立"编译馆,1980年版,第28页。
③ 苏雪林:《屈赋论丛》,台湾"国立"编译馆,1980年版,第29页。

10月18日　《出版家》杂志两女生（一名为郑美玫，另一名女生姓陈）来采访，请苏雪林为该刊撰写有关《红楼梦》文章。当着两小女生面畅言："若讨论有关该书版本问题，言者已多，加之自己无资料，不便写，但若谈自己对《红楼梦》的不满意处，可以写，字亦不必限制在一千五百字之内。"两女生立即答应：可不限字数。

10月19日　上午读十五年前所写《由〈红楼梦〉到偶像崇拜》《试看红楼梦的真面目》《世界文化第一幸运儿——曹雪芹》。酝酿为《出版家》撰稿内容及提纲。

10月20日　上午动笔，下午稿成，题目为《向红学家进一言》，约三千字。盛情难却，算是为《出版家》尽一点义务。

10月21日　想为《珞珈》写稿，但早餐后，精神倦怠，不想动笔，检旧藏闲书翻阅。读陈登原《金圣叹传》，此书为1949年以前大陆出版、后由台湾翻印，这本书是写金圣叹最完备、最值得一读的好书。

10月25日　为《珞珈》写文，今日完成，题为《〈红楼梦〉所以不倒的原因》，约有四千字。武汉大学校友会的刊物，理应给予支持。

10月28日　自9月25日动笔写《屈赋论丛》序文，到今一个多月，总算将这篇大文写完，虽说只有一万三千字，但是在脑贫血状态下勉强撰成，读后尚不觉文理不畅，甚至还比《天问正简》那篇序文写得好些，只是如今这样长的文章，已无发表的地方了。

11月12日　接"国立"编译馆张宗鼎信，云《屈赋论丛》之审查，由馆方觅人审阅后，再定取舍，心中郁郁不乐。身体日趋衰迈，旦夕将大归，唯"屈赋新探"系列四种尚未出齐，死不瞑目。

郑明娴女士来信，云美国耶鲁大学要找《雪林自选集》，检视书架上还有一本，可以赠送，算是还了一个人情。

11月14日　早晨散步毕，再校《离骚》疏解。将原稿中字迹模糊中的一页重新誊写。关于《离骚》第三段中"曰两美其必合兮"到"孰云察余之善恶"，一共两节半文字，古人及近现代注《离骚》大家，如蒋骥、姜亮夫、闻一多，皆认为这是神巫灵氛所说的话，为表示自己的不同意见，遂提出三点理由，证明此语乃是屈原自问自答的话，而非灵氛所说。苏雪林信心满满地在当日的日记中写道："从来注《离骚》大家，未有此论，现在提出这一观点，可能会不被人接受，甚至是受到人攻击，亦唯有听之。

蒲留仙所谓频居康了①之中,故须发之条条可丑,一落孙山之外,则文章之处处皆疵是也。"②

  12月19日 晨五时许,苏淑年自台北来。讶问之,知其长兄苏训之于昨日逝世,特来台南办理后事。自思与淑年交往二十余年,视其为女也。今知其兄病逝,不甚悲伤,代淑年撰挽联致哀:

  忆往昔时,同在故乡,手足情殷,瓜架秋深多乐事;
  念乱离日,重逢瑶岛,海云暌隔,鹡厚风急痛分飞。

苏雪林挽其兄联:

  不为良相即作良医③,投笔事戎行,袍泽荣恩同钦国手;
  生值乱世逝当乱世,河清应有待,典型犹在共仰高贤。

又,淑年母亦在本月逝于大陆安徽颍上,亦撰一联志哀:

  与令媛相识多年,才德不凡,早岁知承贤母教;
  幸贞下起元有望,慈灵默佑,明年同拜墓门前。

此外,又代唐亦男撰一副挽苏淑年母丧联④:

  皖北婺沉,贤母不归,硕德长留乡里口;
  瀛东奠设,孝媛泣血,同门遥拜海云边。

---

 ① 康了:谓科举落第的隐语。宋范正敏《遁斋闲览·应举落字》:"柳冕秀才性多忌讳,应举时常语安乐为安康。忽闻榜出,急遣仆视之。须臾,仆还。冕即迎问曰:'我得否乎?'仆应曰:'秀才康了也。'""乐"与"落第"之"落"同音,故讳言之。
 ② 《苏雪林作品集·日记卷》第8册,台湾成功大学教务处出版组,1999年版,第172页。
 ③ 苏训之所学为医科,来台后从事医生职业。
 ④ 唐亦男教授与苏淑年先生,皆于20世纪50年代初就读于苏雪林先生门下,故称二人为同门。

12月29日　日本人古屋奎二所撰《"蒋总统"秘录》,自前年在报上连载,至今日载完,计刊登两年四个月之久,全文一百四十万字。《"中央"日报》将分十五册出版,已购前八册,后七册出版亦当购,已求全帙。

12月30日　与陈爱虔、唐亦男赴台南社教馆看华之宁女士画展。华女士毕业于师大艺术系,曾旁听中文系苏雪林基本国文课,专业课导师乃孙多慈先生。华之宁赴美十九年,教授中国绘画,此番回国开画展,系以画会友,华绘画极有才气,画风属中国气味之现代派。

12月31日　唐亦男教授晚上请华之宁至其家便宴,邀苏雪林作陪。亦男真有本领,亲手炒了好几样时鲜,色香味俱佳,令人食指大动。"能烹调是人生一大乐事,亦一大享受。惜余对此完全低能,一辈子未曾好好吃几年适口之饭。在武大十八年有胭脂①做饭,尚吃得不错,入川八年,物质条件虽差,吃倒不甚坏。自法国来到台湾,先在师大三年吃包饭,当然不好,来台南用人无一善烹调者,像小陈帮余家三四年,做的菜毫无味道,沈大娘稍好,人太跋扈,现在所用老甫妻,做菜比小陈好,但我想不出什么菜式,因此想享口福,只有在人家或馆子中吃。"②

1977年　八十岁

1月2日　华之宁画展将移至高雄展览,受人重托,务必要撰写评介文章。整日未做任何事,凝神专注写文章,下午写毕,约四千字。

1月11日　晚看"台视"电视剧《二度梅》,剧中两位主角一位为侯婉玉,一位是陈杏元,二位女子"追求男性不惜赴汤蹈火之精神,固颇可嘉,然决非旧时女儿真面目,盖旧时代女儿如此,便是不知羞耻也。所以看得一腔反感。再者,我之为人丝毫无母爱,亦无甚男女之爱,故读琼瑶小说那样描写如火如荼的男女爱情,每不能领会。今看电视所描写者,比琼瑶更甚,当然除反感外无其他矣"③。

1月27日　为《传纪文学》撰稿——《幼时元宵观灯的回忆》。

1月29日　与王淮、唐亦男夫妇赴台南永福路看画展。此次画展,为台湾新派

---

① 胭脂,乃苏雪林从家乡带去的年轻女佣,会烧安庆、太平口味的饭菜。
② 《苏雪林作品集·日记卷》第8册,台湾成功大学教务处出版组,1999年版,第198页。
③ 《苏雪林作品集·日记卷》第8册,台湾成功大学教务处出版组,1999年版,第205页。

青年画家席德进、徐乐芹、刘三豪等二十三人联展,值得一看。画家席德进当场为苏雪林画了一幅速写头像,果然毕肖。

2月11日　台北源成文化图书供应社姜穆、李文瑰来寓,商谈出版一部苏雪林旧散文集《风雨鸡鸣》,售版权后可得台币一万元。约定编讫后,即寄出版社。

2月12日　今日为《风雨鸡鸣》集作自序,连昨日所写文五页,全文六千余字。又整理目录,修改部分稿子。

3月23日　自春节后,即着手编《屈赋论丛》附录参考书目,本不想附参考书目,但如此大书,不编书目不合常理,尽管编起来烦琐。花了近两个月时间,总算在午后编讫。计算参考古今楚辞研究书目达八十五种,经、史、子、集及各种类书与外国有关天文、地理、神话等图书有三百本之多。

3月25日　昨阅《笔记小说大观》,见有人死后化作鸟飞回故宅事,又想起曾在《畅流》半月刊上发表过《亡灵作鸟形》一文,特补充材料如下:

一、《山海经》中精卫鸟;二、《述异记》中冤禽;三、《搜神记》中韩冯妻;四、《孔雀东南飞》中焦仲卿夫妇自杀后化为双飞鸟,自名为鸳鸯;五、《宣室志》二则。一曰:"人之死凡数日,当有禽自柩中出曰'杀'。"二曰:"东平吕生之妻黄氏,病死,变为鸟形,飞主吕氏家,止其庭树,哀鸣。";六、《酉阳杂俎》《夷坚志》各有数则。

又《旧约》圣咏集摩西祷言:人生在世不过七八十年寿命,我们便将长出翅膀,如飞而去。如此看来,则希伯来人也有人死变鸟的观念。

3月28日　好友陈纪滢先生七十寿诞临近,当绘一幅以贺寿。但久不握笔,荒疏年余,绘雪景一幅,画了一天,轮廓具,不可渲染,尚不甚满意。

3月29日　取旧日在南洋小幅绘画,放大,构图尚可,惜宣纸太厚,笔滞,看不出笔力。收到编译馆张宗鼎先生信,嘱将《屈赋论丛》书稿寄去,以便早日审阅。

3月30日　连日来重拾绘事。下午起,看报毕,突来画兴,取稍薄宣纸,又画了一张,画得很快,仅一小时光景,完成全画三分之二,笔力亦强劲,又得渗墨法,较为惬意。

3月31日　早餐后,将昨日画画完,又找短毫毛笔一支,濡墨在纸上练习片刻,壮胆在画上题"千岩竞秀,纪滢先生六十晋九之庆,作此为贺,岁次丁巳,太平苏雪林"。三日中作了三幅画,又提起画兴,将正经事搁起,专心来作大画。

4月10日　4月12日(农历二月二十四日)为苏雪林八十岁寿诞,台北侄儿苏经元和侄媳彭琼玉、高雄外甥欧阳建业,特地于10日中午赶至台南,加上住在台南的侄子苏经书与学生唐亦男教授,假台南中正路"小小大东园"饭店,为苏雪林暖寿。

5月3日 接到叶蝉贞信,惊悉顾如①食枇杷中毒,又患肠胃炎,吐泻不止,送医院不治去世。顾如久病三年,初以为已好转,未料仍不免一死,甚为悲悼。

5月7日 上午散步归来后,撰挽顾如联:

珞珈畔,东湖滨,春秋佳日游赏多欢,忆卅载前尘恍同一梦;
病榻间,药炉侧,素笺频颁情意弥笃,痛三年痼疾夺我良朋。

又代台北师大苏淑年、赵莹(二女生皆与顾如友善)撰一联:

小子何能,承提挈有加曲垂青目;
良师已去,虽典型永在难慰悲怀。

5月8日 整理旧稿《趣味民间故事》。其中中国民间故事为自撰,约十五篇,三万余字。非洲及印度民间故事为翻译,亦有三万多字,逐一检视并细加校对。

5月9日 又检出埃及与伊撒尔(以色列)民族故事十九篇,加昨日校阅的中国、印度、非洲的民间故事,凑了近十万字,可以出一本小册子。

5月12日 十时乘"莒光号"赴台北,参加顾如十四日家祭。下午二时达台北车站,苏淑年来站接车。

5月14日 上午与淑年赴殡仪馆祭奠。灵柩安放于怀德堂,布置得庄严华丽,在台的武大师生到者甚众,瞻仰遗容。见顾如仰卧棺中,双臂交叉,胸前盖以绣花被,形状颇安详,不禁泪溢于睫——因与顾如是四十年前在武汉大学的老同事。

5月16日 应张明之邀,与淑年共赴信义路银翼酒店。初以为她不过请王琰如、张秀亚两位女作家,孰料开席前赴宴者有刘松、张雪茵、潘琦君、林海音及其爱女夏祖丽,共十人,真乃济济一桌。台北菜贵,所供者不过清蒸黄鱼、鸡片、羊羔、千张、豆腐,外加包子、饺子两大笼,闻价为二千元,亦可惊也!王琰如送苏雪林鱼、肉松各一包,张明送黑羊毛围巾一条,夏祖丽约次日晚六时半来丽水街淑年家访问。原来

---

① 顾如(1909—1977):字友如,毕业于南开大学,后赴美留学。1935年回国后,应武汉大学校长王世杰之聘,担任武汉大学文学院讲师兼女生指导。

今年是苏雪林八十诞辰,台北女作家未能南下贺寿,当天特借台北银翼酒店祝贺寿诞。

5月23日　回台南后,即运思写纪念文章《悼友如》。经两日誊抄毕,全文约四千字。回忆自1935年与顾如在武大文学做讲师兼女生指导时相识,到50年代初在台湾再次相逢,忽忽四十余年的深厚友谊。此文刊《珞珈》1977年7月第53期。

5月29日　下午高雄师大史墨卿来访,谈及为老师做八旬寿,并提议出一纪念册。苏雪林回答:今年寿已做过,明年为八旬整寿,至时再说。

7月18日　数日忙于《风雨鸡鸣》三校,才校毕,又要抓紧《趣味民间故事》的校阅。虽有时忙得头昏脑涨,但一想到自己毕竟高龄,说不定哪天就突然大归,生前将未付梓的几本书出版面世,也值得了。

7月24日　蒋承赞先生与李文珠女士结婚后,在台南社教馆举行蜜月画展,蒋氏伉俪恳请苏雪林作文介绍。除撰蒋承赞先生画展介绍文章外,又作十绝为贺,其一、其二两绝为:"红颜白发两翩翩,赵、管风流不让前。从此艺坛传盛事,镜光争写并头莲。"(各报社记者争摄新婚夫妇画前合影)"腻紫娇红在锦裳,牡丹几朵当催妆。奇情艳福天难妒,廿二新娘六八郎。"(新夫人衣白缎礼服,当襟牡丹乃画家手绘。"奇情"借梁任公句)

7月31日　午后收到三封信,其中一封为法国来函。拆视,初以为是潘玉良开画展的请帖,见有"Cimetiera Caveau"字样,深以为异,查字典"才知为报丧帖",潘玉良于27日逝世矣! 心里慌乱,十分难受。记得6月底方君璧去欧洲旅行时来信说,见到潘玉良、戴密微、苏神父诸人,皆老态龙钟,想不到才一个多月,潘即归道山,人生无常,足令伤悲。本月13日方东美逝世,今异邦天才画家潘玉良又殂谢,老死乃人生之铁律耳!

8月14日　校阅《新文学讲义》。读新到的《妇女杂志》,夏祖丽《访苏雪林教授》长文本期刊出。收到高雄《新闻报》寄来《蚕与马》一文的稿费。

10月6日　为校阅《新文学讲义》,又重读20世纪二三十年代女作家作品。上午看完庐隐的《海滨故人》,"忆民国八年初读,载在《小说月报》上。此文读了几段,即读不下去,其后郭梦良等在某处召开讨论会,专论庐隐此篇,征我意见,我曾说'游夏不能赞一辞',庐隐似受重大震撼,勃然变色,此事已过去五十八年矣!今日乃勉强将其读毕,写得实在不高明。又看叶灵凤《女娲之氏遗孽》,冯沅君《旅行》《慈母》二篇。沅君文笔当然远胜庐隐,不过与王品清恋爱如此深挚,一见陆侃如便幡然变心,致品清发狂而死,此事大出寻常情理之外"①。

10月21日 台北源成文化图书供应社寄来《风雨鸡鸣》样书五十本。这本散文集约有十五万字,分为六辑。第一辑,关于文艺的各种问题;第二辑,关于复兴文化的运动;第三辑,历史的教训;第四辑,武化与从军;第五辑,谈母师诸道;第六辑,书评与人物。书名题为"风雨鸡鸣",取《诗经》"风雨如晦,鸡鸣不已"之意。

10月23日 读报知严复女儿严璆在台湾度假,有记者专访一段,文不长,十分钟即读毕。严璆为修女,在新加坡一中学担任校长,对宗教颇虔诚。

11月1日 得凌叔华信,云老朋友蒋彝在美患癌症,回中国治病死于故乡江西南昌。

12月4日 午后成功大学倪超校长派人送来德国慕尼黑汪珠致苏雪林信,她在《"中央"日报》上读到《趣味民间故事》序言,知苏年届八十,写信祝贺,立即覆汪珠航空笺。

12月5日 圣诞新年即至,海外贺卡需提前寄出,写了一上午,计寄美国的谢冰莹、苏经国、张金枢,英伦的凌叔华,新加坡的邢广生、郭昌鹤、石蕴伟、陈碧美等十一封。

12月9日 写信致美国张秀亚。11月22日张秀亚自美国打来越洋电话,告知美国研究中国女作家的女博士荣之颖(辅仁大学毕业)专程来台研究女作家,闻苏雪林八秩之寿,赋英文诗《寿苏雪林教授》,张秀亚译为旧体诗如下:

忆我堕尘世,童蒙智未开。
茫昧有如天初晓,华夏已传先生咏絮之高才。
先生早岁文章著,晨钟清音澈灵台。
洪荒宇宙未记年,传有女娲炼石能补天。
先生如椽大笔,力能辟鸿濛,
偕我诗人文士同登学术之新城。

五四运动蓬勃期,彩笔风发更踔厉。
昔日文化成旧墟,灵眼心画补阙壁。

---

① 《苏雪林作品集·日记卷》第8册,台湾成功大学教务处,1999年版,第364页。

古编幽沉音响绝,慷慨阐扬掇新词。
屈赋邃渺故国思,芳馥香草美人词。
先生慧心解妙谛,石破天惊释众疑。
憔悴泽畔楚大夫,真我复见廿世纪。
先生学既贯古今,复能综缀东与西。
浑然一袭无一缝,美化世界振衰蔽。
先之为学,宛为天孙玲珑织天衣。

儒家卷帙挹清芬,皈依基督志真纯。
先生积学复宏识,须眉安得不平视。
台南之城有苍松,虬枝密叶映蓝空。
屹立八十载,无惧雨雪与霜冰①。
苍松婆娑散清荫,荫覆离离幼苗新。
祝尔新苗茁且壮,欣然秀发沐风薰。
追师芳表扬师名,此日献寿酌金樽。

12月13日　早餐毕,写文无兴趣,也不想校书。将旧藏青色旧春装套换里子,缝缀上下忙了整整一上午。自青年时代,就对缝纫有兴致,常买布自裁做各种单、夹衣裳,几十年来积习不改,今垂垂老矣,仍一如既往。

12月14日　致函"中央"研究院秘书处,嘱寄院士表格,以便应本年度院士试。

12月17日　收到北京师范大学旅台校友会限时信,本月十八日上午十时在台北南昌街烟酒专卖局康乐中心,庆祝母校七十五周年校庆。八旬校友共八人,苏为其中之一,邀其北上。因时间仓促,答之不能赴会。

12月21日　汪中②先生来成功大学演讲,与谢一民至寓探访。汪赠诗一律《奉祝苏雪林教授八秩初庆》:

---

①　张秀亚译诗载《庆祝苏雪林教授写作五十年暨八十华诞专集》,1978年由在台湾的安徽大学校友会、武汉大学校友会及台湾师范大学校友会、台湾成功大学校友会共同出版。

②　汪中(1925—2010):字雨庵,安徽桐城人。1947年考入安徽大学,因内战中断学业,1950年考入台湾师院国文专修科,后留校任教,为台湾著名书法家与学者。

璎珞华年锦瑟春，海天油壁绝飙尘。

武昌柳絮迥鸿笔，皖口菱讴托比邻①。

三楚祀神能避俗，上庠风调老蒲轮。

浩歌忝作通家谊，颂献桃源畏垒民。

12月23日 三校《趣味民间故事》。一本书出版，作者至少要校三至四次，俗云"校书如扫落叶，校书如捉虱"，不身经其事者，不知其理也。

1978年 八十一岁

1月1日 四时半即醒，未敢再睡，挨到五时出门，满地皆水，昨夜下过大雨，未敢走远，回家甩手三百下。早餐后，写一信致苏淑年，请她到台北厦门街"旅台北京师范大学校友会"②领取1977年校庆纪念册、纪念品。

1月3日 去后院晒被，因三脚竹架太高，被子搭不上架上横竿，忽身体向左重仆，跌倒在地，扭断左腿股骨，送逢甲医院疗治，并打石膏固定。

1月8日 因年龄太大，又有胞姊跌仆而逝之前车之辙，命侄经书将存折及存银行金库之黄鱼（金条）细算开列出清单，复印三份，以备不测。身后遗款将平分给侄经书、经元及甥欧阳建业。

成世光主教及吴修女、某外国神父与天主堂戴神父来医院探视。

1月10日 躺卧病榻上，看《细说三国》。

1月13日 读无名氏《火烧都门》，思想深微，文采亦美，惜多有叠句，颇觉得化不开。

1月26日 品读吴娟瑜小姐寄来庐隐《东京小品》，感觉文笔比《海滨故人》洗练许多。又读其一小文，写夫妇间日常生活，知庐隐对小自己十几岁的清华才子李唯建并不客气。

2月6日 旧历除夕，医院静寂，病房中病人皆回家团聚。趁此安静，写信至美

---

① 汪中自注：言先父与苏雪林父亲曾在安庆"海口州时相过从"。

② 北京女子师范大学的前身，是1908年成立的北京女子师范学堂，1912年改为北京女子高等师范，1925年改为北京女子师范大学，1928年改称北平女子师范大学，1931年与北平师范大学合并，定名为北京师范大学。苏雪林1919—1921年在北京女子高等师范就读。

国方君璧、谢冰莹、荣之颖及新加坡邢广生等,此前收到他们得知自己住院的慰问信,不得不复,一天写了六封。

2月14日　经X光透视,伤腿已泯合无迹,院长查房后,允出院。经书携一女同事来办出院,坐计程车返东宁路寓所,行走尚需人搀扶。

3月6日　早起至大门外走了十分钟,久不走路,感觉甚累。

成功大学20世纪50年代毕业生史墨卿联络在台的原安徽大学、原武汉大学、原北京师范大学旧生四十余人,发起"庆祝苏雪林教授写作五十年暨八秩华诞",并拟出一专集,自去年年底即着手准备,并将专集内容排印出来,送来审读。

3月19日　自报上刊出老作家苏雪林跌伤出院,回家疗养消息后,赵友培先生提议"文艺基金会"筹措台币五万元[①]以示慰问,并请《新生报》记者陈中雄专程南下,访问苏雪林教授。采访中,记者转达赵友培美意,以及"文艺基金会"出于对退休老教授的关怀,请苏雪林务必要接受。苏坚持云:已致信赵友培先生与"文艺基金会",治病花费不了多少钱,况现已痊愈,五万元决不敢受。

3月22日　近期晚上电视节目皆为台湾选举事,闹腾了近两月,今始达到高潮。喜爱看的科幻、惊险电视许久没有机会看,不免扫兴。

3月27日　《趣味民间故事》已出版,台湾广东出版社寄来样书五十本。此书十五万字,分为中国民间故事(18则)、印度民间故事(8则)、埃及与非洲民间故事(8则)、希伯来民间故事(7则)。中国民间故事大部分是20世纪60年代后期应香港《良友之声》杂志邀请而写的,少数几篇是出书前补写。至于国外民间故事部分,是1950年任职香港真理学会做编辑期间,仅购了七八种,即印度、非洲、希伯来等国民间故事。那时精力旺盛,利用做编辑之余,尝试翻译了一二十篇,在香港公教报及真理学会办的学生读物上发表,未料到集腋成裘,现在居然印成了一本书,也算是意外收获。

3月29日　台南第一书店送来《苏雪林教授写作五十年暨八秩华诞专集》五百本(精装二百册,平装三百册)。这是在台的安大、武大和台湾师院及成大读书的共40多位旧生编辑、出资印刷的,共三十余万字,内容分《访问记》《送别杏坛》《作品简介》《祝寿诗页》《苏雪林教授著作表》五个部分。

---

① 赵友培:江苏扬中人,正风文学院中国文学系毕业,抗战时任中央文化运动委员会委员,《文艺先锋》主编,来台后创办《"中国"语言》月刊,著名评论家。

4月11日　写信致晓云法师①（晓云日前来函，收到苏雪林寄去的纪念册，表示谢意，同时惠寄她新出的画册及论文两篇，请苏郢政），并从书架上取《屈原与九歌》《天问正简》《苏雪林自选集》《风雨鸡鸣》四本书回赠。

4月24日　午后收到蒋碧薇女士寄赠选刊画集一本，甚为欣喜，久未通音讯，能得此画集，当然得致函一谢。

4月26日　起床稍迟，双腿无力，甩手五百下，自出院回家后，体力一直未恢复，甚感疲倦，此当是跌断腿伤元气之故。校对《楚骚新诂》。

5月5日　午后，台南赵岳山夫人陪日本早稻田大学文学教授芦田孝昭来访。芦田在大学教授中国小说史，对苏雪林家世甚感兴趣，问及眉山苏氏父子在文学上影响如何，又问苏本人学问受何人影响等，谈话颇久。临别赠赵夫人及日本学者每人纪念册一本及近年彩照一帧，以作纪念。

5月17日　费十余日工夫，终将《楚骚新诂》校毕。尤可喜者，关于《招魂》中"兮""些"用法，终在郭沫若的屈赋研究中所引的孔广森的一段话中找出（详见《楚骚新诂》中的《招魂每句煞尾用"些"字的问题》）。

5月23日　撰评析曹禺戏剧三部曲《雷雨》《日出》《原野》文章，此为《中国二三十年代作家》书中一节。

今日《新闻报》副刊载《民国文人》一文，屡屡提及苏雪林，剪存以作资料。

7月3日　已经很久未写文章了，早餐后文思稍灵活，并由郭沫若之死（郭氏于1978年6月12日逝）浮想联翩，遂撰《论文人嫉妒之祸》。

7月5日　起草一日，誊录两天，终将文章写完，五千多字，改题为《论文人妒嫉之祸——从郭沫若之死谈起》。自跌伤后，半年来未写一字，此为第一篇文章。

7月14日　昨何锜章来信云，一研究中国作家传记的美国留学生中文名傅熳德到台南访问她。下午四时许，一胖硕高大的青年叩门，延入后款以荔枝、汽水招待，彼中国话颇佳，交谈很顺利。五时半请其至远东饭店，招待一顿晚餐。

7月17日　收到新文丰出版社寄来订购的《大汉和辞典》两大包，捆扎甚固，无

---

① 晓云法师（1912—2004）：字青峰，俗名游云山，广东南海人。毕业于香港丽精美术学院，师从高剑父，有"岭南女画杰"之誉。1958年依止天台宗第44代倓虚和尚剃度出家，在香港创办"佛教文化艺术协会"。1967年应台湾文化大学之聘，主讲哲学与艺术，并任"佛教研究所"所长。1990年创办台湾华梵科技学院，精研"觉之教育"，著有《印度艺术》《觉的教育》。晚年与苏雪林过从甚密，谈诗论画。

力解开插架,需请人帮助不可。

7月28日 《"中央"日报》刊载曾宝荪先生在荣民医院逝世,享寿八十五岁,甚为震悼。曾氏自患癌症后,延宕数年,终于不治。想去台北吊唁,无奈身体衰弱,又因天气炎热,考虑再三不能去,傍晚写一限时信向约农先生致意,开吊前拟撰挽联一副,托苏淑年送至曾府。

8月1日 曾宝荪先生本月7日举行公祭,上午搜索枯肠,勉强成挽联三副,最终舍二取一,虽不甚工整,聊表对曾先生几十年来敬爱之心而已。联云:

> 前辈乃女中英豪,乐育菁莪,尽忠党国,八十载功业辉煌,含笑遥归天阙;
> 鲰生忝知交末列,每闻谠论,益佩坚贞,三万里黄图变色,家祭应有遗诗。

下午睡起,忽动写文之思,决计写《敬悼曾宝荪先生》。

8月2日 续昨日未完之文。写了两页,感到文笔蹇涩,检出1974年曾宝荪所赠其祖母郭筠太夫人的《艺芳馆诗存》,看了曾宝荪先生在诗集所写前言,文思顿开,觉得文章有话可说了。

8月3日 开始誊抄《敬悼曾宝荪先生》。数十年的写作习惯,每至誊清时,文思泉涌,头绪不乱。文中写道:"我在四十年前已认识宝荪先生了。那是在武昌珞珈山袁兰子的寓中,兰子事前告诉我:这是中国一位了不起的女界领袖,论家世,是前清中兴名臣曾国藩的孙女;论学历,又是中国第一个出洋留学,获得伦敦大学数理学位的老留学生,她在长沙办了个艺芳女子中学,所有师资都是大学教授程度,对学生的教学和管理极其严格,历年造就人才不计其数。这位女士会到武昌,不可不见。我会见宝荪先生后,觉得她的气度果然不凡,谈吐尤其脱俗,在我所认识的几个女教育家中,她是最突出的一位。我的记忆力本来极差,见过的人总是记忆不住,但宝荪先生的印象一印入我的脑海,便始终未曾泯灭,莫非这已经所谓'缘分'吧。"[①]继写她们在巴黎重逢、台湾过从的友情以及与宝荪、约农姐弟将家藏重要文物档案(如李秀成投降清廷的亲笔供状)、珍贵古玩献给社会的高风亮节等,全文三千余字,洋洋洒洒,一气呵成。

[①] 《苏雪林作品集·短篇文章卷》第3册,台南财团法人苏雪林教授学术文化基金会,2010年版,第278页。

8月9日　谢冰莹回台湾,上午至台南探望苏雪林。二人相偕赴台南名胜赤崁楼、文庙、五妃庙、郑成功祠等景点游览。

8月10日　读《"中央"日报》,沈君山(台湾"清华大学"校长)撰写的太空探索文章甚有趣,文字清晰,无专业术语,亦好懂。

8月17日　《新闻报》登载于斌枢机因心脏病突发①,于16日中午在罗马逝世。所奇者,昨日下午还写一信致张秀亚,询问枢机健康状况,未料到竟于昨日归天,真所谓预感也。

8月21日　撰《悼于枢机主教》。报载于枢机遗体25日运至台湾,此文倘及时见报最好。致一信给蒋复璁先生,建议他与罗光相商,能否在《"中央"日报》上出一专页,以纪念这位宗教界爱国人士。

8月23日　又撰一篇悼于枢机文章,题目是《于枢机所给我的三个永不磨灭的印象》。大意为:第一印象是1933年,在汉口天主堂第一次听他讲道。只见一位青年神父滔滔不绝,把满堂听众的心都收束去了,留下极深印象。第二次是抗战胜利后,在上海的一次筵席上领略他的语言天才(于枢机精通八国文字,可与英语系、拉丁语系、德语系等各国宗教界人士交谈)。第三次为1950年,在罗马圣伯多禄(亦译为圣彼得)大教堂,众多教友,各种肤色的男女老幼抢着亲他权戒的场面。

8月28日　整理平生所写有关宗教的文稿,交天主教闻道出版社,列为"闻道小丛书"出版。初拟为三集,取名为《灵海微澜》。第一集为在香港真理学会当编辑时,所写宗教出版物的序文,约四万字。第二集中大部分文章写于四十多年前,其中《清末知识阶级宗教热》,写于抗战入川时。这些有关议论宗教的长短文章,对国人了解基督教的哲理与深奥的神学,多有裨益,总共约有五万字。第三集的文章,写于1950年至1977年,主要是纪念天主教几位逝世的重要人物,如雷鸣远、王昌祉、程野声神父及于斌枢机等。附录《一个皈依天主教的五四人自白》,是写自己这样一个五四新女性如何皈依宗教的心路历程。此集约有四万六千字。

9月1日　《文坛》杂志刊发《悼曾宝荪先生》一文。

9月10日　赴天主堂做礼拜,祭奠于斌枢机。祈祷冥冥之中于枢机能够佑己不

---

① 于斌(1901—1978):字野声,圣名保禄,山东昌邑人,十四岁受洗,皈依天主教。二十三岁赴罗马传信大学研习神学、哲学,取得博士学位,1933年回国任北京辅仁大学校董、教授。1959年任台湾辅仁大学校长,1969年4月28日,教宗保禄六世任命其为华人枢机。

再有思想上冲突、矛盾,心平气和,度此余生;再则赐己健康,多活几年,完成最后两本书,一为《屈赋新解新译》,一为《世界最早文化》之翻译。

10月20日 修改《中国二三十年代作家》一书,此书系原在武汉大学教授"新文艺"课的讲义基础上逐步完善的,自上月起,即抽闲整理、补充。

曾孟朴、曾虚白①父子在沪上创办《真美善》杂志,且父子二人皆有翻译与创作多种,理应为其在书中立一章,初定为《曾孟朴的〈鲁男子〉及其父子的文化事业》。

10月21日 重读曾著《孽海花》《鲁男子》。又看李培德的《曾孟朴文学旅程》。

11月6日 谢冰莹应成功大学中文系之邀,来文学院作《漫谈阅读与写作》讲演。上午来寓探视,与她口耳与手谈(写在纸上)并用,谈了整整一个上午。谢冰莹赠睡衣一套,苏雪林回赠派克笔一支。

12月10日 收到曾虚白寄来日本人所著《清末小说考》一本,虽为日文,中文居十之九,其书收录曾孟朴先生资料甚丰富,其中曾之遗照多帧,自二十一岁至五十四岁止,状貌极清癯,无怪自称病夫。与曾虽有知遇之恩,然未见其本人,今观遗照,殊觉可喜。

12月25日 收到中山学术文化基金会寄来该会诸位作家著作目录,其中苏雪林著作为小说《棘心》《天马集》《秀峰夜话》《趣味民间故事》四本、散文《绿天》《青鸟集》等八本、传记文学《南明忠烈传》《我的生活》两本、文艺批评《文坛话旧》《我论鲁迅》两本、戏剧《鸠那罗的眼睛》、学术研究《唐诗概论》《辽金元文学》《玉溪诗谜》等十三本、自选集《雪林自选集》《苏雪林自选集》两本、翻译著作《一朵小白花》《梵赖雷童话集》两本,总计三十三种。

12月30日 《灵海微澜》第一集已由天主教闻道出版社出版。明日拟赴天主堂礼拜,携八本赠神父及几位教友。

1979年　八十二岁

1月7日 陈泮藻夫妇来访,云赴台北月余,回来不久。陈太太告知蒋碧薇上月

---

① 曾虚白(1895—1994):清末著名文学家曾朴之子,上海人。上海圣约翰大学毕业,与父创办《真美善》杂志,1950年接任"中央"社社长,1954年任台湾政治大学新闻研究所所长。

下旬逝世,在《"中央"日报》登有讣闻。只因年纪大看报吃力,竟未注意。检日记,两个多月前还写过一信给她,人老了,真的说走就走了。

1月15日 《"中央"日报》登出蒋碧薇逝世及本月18日出殡消息。

2月3日 整理《灵海微澜》第二集,编目录,定取舍,以期与第一集分量大致相若,并写序文。

2月7日 将《灵海微澜》第三集序文写完,稍长,约有千字。致信闻道出版社李蔚育神父:"请在第二、第三两集稿子收到后,即着手排字。盖以至风烛残年,随时可去见上帝,社会上与我年龄伯仲者,或以心脏病或以脑溢血,奄忽化去,如画家蓝荫鼎创作活跃,日前因心脏病邃逝,享年七十七岁;蒋碧薇去年做八十寿,开了所藏之画展览,并寄来画展上彩色丰容盛鬔照片一帧,哪里像八十岁之人,而两月前亦逝矣。所以我便抱了元曲家'上床脱了鞋和袜,不知明朝穿不穿'的心理,凡事都要抢时间安排,以免遗憾。"①

2月9日 昨日收到"林清泉寄来儿童剧《孤儿努力记》,此人写诗尚可,写剧本则腹中太缺乏墨水,不行,不行,不吐不快,忍不住写了一封信给他"②。

2月20日 费半月时间,将《中国二三十年代作家》第一校校完,近五十万言看完,眼睛甚感疲惫。

3月9日 读今日寄到的《妇女之友》,《海岸上的谜语》与《千石谱》两文已刊在该期。此二篇文稿是交给《妇女之友》王文漪的,因《新编中国新文学大系·散文卷》由她主编,未知此二文是否收入散文卷中。

3月19日 收到《联合报》副刊主编痖弦寄来的高阳《老舍之死》、魏绍徵《三十年代武汉之文艺运动》(涉及苏雪林之处甚多)。看今日寄来《福音报》,谈到科学家之信仰,如两百年前英国培根说"肤浅的学问叫他变成无神论,深厚的学问叫他不敢否认神"。连大科学家爱因斯坦也不否认神的存在。

3月26日 痖弦主持的《联合报》副刊,嘱作有关二三十年代作家与作品的文章。因近日写《中国二三十年代作家》中洪深的戏剧,评析他早期作品《赵阎王》时,想到抗战前剧坛的一场窃案,撰《抗战前剧场一件大剽窃公案——洪深〈赵阎王〉抄袭阿尼尔〈琼斯皇帝〉》。全文五千余字,详细比较两剧从内容到形式的雷同,并引

---

① 《苏雪林作品集·日记卷》第9册,台湾成功大学教务处出版组,1999年版,第234页。
② 《苏雪林作品集·日记卷》第9册,台湾成功大学教务处出版组,1999年版,第235页。

《中国二三十年代作家·洪深的戏剧》一章说："洪深所作剧本仅有《赵阎王》《五奎桥》《香稻米》《青龙潭》《走私》。虽然他在美国留学时曾用英文写过《有为之宝》和《虹》,但《赵阎王》剧剽窃美国阿尼尔《琼斯皇帝》,这一公案,当另文论之。阿氏写此剧的宗旨,在表现民族习惯遗传力之伟大、之不可抗拒,主角琼斯虽然在白种人中长大,受过文明教育,信仰过基督教,但一听到他种族中巫术的鼓声,他潜伏在灵魂深处的野蛮天性便一一显现……凄厉的富于催眠性的鼓声,在这剧中居于主要的地位,所有剧情都由这鼓声发生出来的。至于中国的《赵阎王》,他与鼓声有什么关系呢?他为什么听了鼓声也会神经错乱呢?而且军队追赶逃兵,不悄悄地走,而且故意敲鼓鸣笛,使他便于闻声躲藏,也决无此理。抄袭西洋名剧,原也不算什么罪大恶极的事,不过抄袭得这样笨拙,便令人不能容忍了。"①

4月1日　撰《中国二三十年代作家》序文。多年来的体会是:书前序文乃一本书的中心,须重点突出,才能将全书压住,故下笔力求精练,一语中的,戒除轻飘浮泛之言。

4月13日　3月30日寄《联合报》副刊关于洪深剽窃案的文章,题目为《抗战前剧坛一件大剽窃公案》,觉得"公案"二字不妥,写一篇与瘂弦,请其酌改。《中国二三十年代作家》序文已誊抄完毕,全文气脉尚称贯通,不禁叹道:老人做事拖拉迂缓,江郎才尽,也只能为之一叹了。

4月22日　接"文协"通知,言5月4日在台北举行"五四爱国运动六十周年纪念座谈会"。回忆1919年赴京升入北京女子高等师范,忽忽竟至六十年,不觉惊叹光阴如此迅速。

5月1日　昨日张文灿陪圣若瑟堂谢神父(美籍)、贾书绅来访,询来意知,五四临近,教堂想为住校学生开"五四展览会",商借有关书籍。告以五四已过去六十年,历经播迁,书物多不存,且台湾以前多不愿谈五四,此类书籍市上亦难觅。谢神父手携英文书一本,乃周策纵著《五四运动史》,数年前在美国出版。今天《"中国"时报》上介绍周策纵教授,言其在美国大学教书,与罗素第二任太太桃拉伯拉有书信往来。信中桃拉伯拉曾叙述她1920年12月间与罗素一起到中国事。由报上这则报道,苏雪林不由想起在北京读书期间,一次哲学系老师傅铜邀请"罗素夫妇"以及女高师十几位男同学至其南池子家里开茶会,苏雪林与冯沅君、王品清(北大学生,冯沅君的

---

① 苏雪林:《中国二三十年代作家》,台湾纯文学出版社,1983年版,第526页。

恋人）及程俊英等几位女同学亦在内,当时罗素与桃拉伯拉尚未结婚,在一起同居。桃拉伯拉身材不高,健壮,当时已有孕在身。

5月22日　午后收到痖弦限时信,云"洪深《赵阎王》剽窃案"一文,已在当天《联合报》副刊登出,并约请多写此类30年代文坛逸事。

6月28日　午后得凌叔华信,内附端午节感怀一首云：

天涯飘泊寄残年,佳节传来只惘然。
屈子沉江词赋在,与君日诵吊先贤。

首次评价凌叔华的古体诗：平仄尚调,诗亦小有风致。

6月29日　写一信致李敖。"据《出版与读书》载,凡在1966年预订过李敖著作者,按址写信去,他将赠其著作,乐得弄几本他的书来看。"[①]

6月30日　费了近两个月时间,终将《中国二三十年代作家》第五编"文评及文派"补缀完毕,五万余字,加上前四编——"新诗""小品文及散文""长短篇小说""戏剧",总字数约四十万。自五四到抗战前,中国新文学的历史与面貌,算是可大体呈现了。

7月15日　连日来整理《屈赋论丛》书稿,增补删削,修饰订正,费时伤神。按序排列,计全书收有关屈赋论文五十余篇,四十六万多字,加上参考书目一万余字,近五十万。本拟将《昆仑之谜》及《希伯来文化对中国影响》二长文加以删削,无奈精力不逮,只好顺其自然了。看了旧文,甚有感触,觉得十余年前,精力尚佳,今日就是杀了苏某,也不能再写出了！

7月26日　读《"中国"时报·人间》副刊,有一篇徐志摩追求林徽因记事,甚详尽有趣。关于徐之追林,以前曾听陈通伯说过,云徐在1922年回国后,写了许多散文、诗歌,文中皆隐约在追求一女子,当时人以为是谢冰心,通伯谓此女子乃徽因。

9月1日　下午收到卫聚贤先生寄来蝙蝠洞考古报告二种,印刷颇为精美。其中一篇为《蝙蝠洞考古与台湾山胞》,探讨台湾山胞与闽粤关系。"台湾山胞自海峡之西迁台,遗存资料较丰。卫聚贤学问不算坏,惜好作惊世骇俗之语,以为得意。如此文言赛夏山胞酋长姓赵,又于蝙蝠洞得大宋元宝一枚,遂断定其为赵宋皇室后裔；

[①] 《苏雪林作品集·日记卷》第9册,台湾成功大学教务处出版组,1999年版,第326页。

又云春秋时代范蠡为狗图腾，曾乘皮舟至齐国，又曾至美洲，这些话皆不能令人取信。"①

9月14日　收到曾宝荪先生纪念册一本，上有苏雪林、谢冰莹挽曾宝荪联。宝荪先生诸多诗歌皆收入纪念册中，尤以百韵长律为优，非常工整，乃知家学渊源，究竟不同。

史墨卿来函，询律诗平仄，复信告知：以杜甫诗为例，律诗平起仄起外，又有一种中间四句平仄不严格，乃唐诗律体尚不甚精细之故，宋人则不然。

9月18日　报载：今日为陈立夫资政八秩寿诞。《"中央"日报》副刊有《白首共芬芳》纪念文章，言陈立夫与夫人共出书画合集一本赠送贺客。写一信致陈，希寄一本赏阅。陈夫人名孙禄卿，上海艺专出身，画山水花鸟无一不精，且卓然成家，昔年在沪上曾有一面之雅。

10月4日　订购的高拜石《古春风楼琐记》，今日寄到，皇皇二十册，老五号字排，五十磅模造纸印刷，甚为清晰，虽合六十元一本，以今日物价论，并不算昂贵，所记内容皆民国以来伟人琐事及历史史迹与文人的掌故，大可供消遣。

10月7日　连日阅读《古春风楼琐记》，几乎着迷，连写信也无兴趣。高拜石年龄尚不大，能写出这么多好文章，不愧为名记者。查其简历1901年生，1969年故世，浙江镇海人，先世宦游八闽，寄迹福州，斋堂为"古春风楼"，自号"古春风楼主人"。早年毕业北京平民大学，旅居燕地，主持笔政，为各报刊撰文。来台后，历任《新生报》《寰宇新闻》《"中央"日报》编辑，台湾省新闻处主任秘书等职。高氏善属文，工诗词，熟谙人物掌故，文名籍甚，人称其"自梁任公、林琴南以来，罕与其伦比，诚是列于现代一大文豪而无愧色"。

10月15日　午后有客专送陈立夫伉俪画册至，将陈画匆匆一览，皆为简笔山水，夫人花卉竟入石涛之室，实为不易。

10月22日　得诗学研究所孙如晨先生函：本月28日为重阳节，届时会员要赋诗，题一为《己未重九华冈登高》，一为《重九怀荏老所长》。诗笔久荒，况近年脑又石化，但迫于不得已，又要献丑一番。

10月23日　早餐后开始做诗，诗思蹇涩。酝酿、斟酌、打腹稿而已。

10月24日　将昨日所作四律，抄存簿中，录其二乎于下。

---

① 《苏雪林作品集·日记卷》第9册，台湾成功大学教务处出版组，1999年版，第366页。

其一　风物华冈好①,登临一纪前。爨官映岚色,山道满游鞯。
　　　元老庐应在,良朋久隔泉(注)。士戈犹俶扰,乡梦几时圆?
注:余十年不赴华冈,忆四十二年(指1953年)曾与留法同学吴续新女士共游,憩吴稚老别墅。今吴女士下世亦已廿载余矣。
其二　诗炉久灰冷,佳节忽添薪。未见烧天旺,先教一炷燃。
　　　频年阨阳九,大运盼钧旋。辽鹤纵归去,城民都渺然②。

10月29日　"看完黄公度《锡澜岛卧佛》,如此大手笔,现代已无人能追踵其一二,旧文学固有其不朽价值。近人稍有成就便自我炫耀不已,真为愧死。"③

缝补日被里,乐在其中。"最近几天,对纫机发生前所未有热情与兴趣,踏在纫机上,耳听笃笃声,看针快速走线,似乎才感觉生命跃动与充实,真甚奇之事。算算这一年,任何事情做得都比以往多:槟榔芋吃了几个月,鸭肝蒸叶下珠(别名龙珠草、叶下珍珠)已吃了四副,鸡腿十个月以来,未有一日之断,缝机之亲近亦未有此刻之多,这或者是生命的总结算,亦未可知。"④

10月30日　天气晴好,命女佣开皮箱、铁箱晒衣物。意外发现有深藏青毛料两件,可以做一件秋装外套;另有绿花布帏三条,可以利用纫机拼接为大书架之帏,以阻灰尘,不必另买了。

晚看电视,介绍好莱坞众多明星聚会,至伊丽莎白·泰勒的荣耀为止。"此节目乃好莱坞男女明星百余人集合登台,延请泰勒到场,为伤残儿童募款。泰勒与其新丈夫——一农场主到会。泰勒虽曰玉女,岁月不饶人,已成肥婆,双下巴,腰粗如桶,唯面貌尚有残存之美而已。诸老明星演说,滑稽突梯,妙语如珠,并要求与玉女当场接吻,玉女亦欣然接受,西洋人幽默襟怀,殊为可爱。"⑤

11月2日　9、10两月,先沉溺读袁枚诗,后又读《古春风楼琐记》,未做一点

---

① 华冈:位于风景秀丽的阳明山,距台北市区约16公里,张其昀创办的著名的"中国"文化大学即在此。
② 苏雪林:《灯前诗草》,台湾正中书局,1982年版,第124页。
③ 《苏雪林作品集·日记卷》第9册,台湾成功大学教务处出版组,1999年版,第401页。
④ 《苏雪林作品集·日记卷》第9册,台湾成功大学教务处出版组,1999年版,第402页。
⑤ 《苏雪林作品集·日记卷》第9册,台湾成功大学教务处出版组,1999年版,第402页。

正事。

"晚看金马颁奖典礼,此项奖每年都举行,皆不加注意,今年格外关注,是因为有国际巨星伊丽莎白·泰勒来台参加盛典,圈内人对她昵称丽莎。丽莎今晚着一套大红印度宽袍,颈悬巨形之链,头发披垂,未戴帽。其身材并非太矮,只是太胖,肩胸之阔足抵二人,有如水桶,因而显矮了。两道浓眉未知与生俱来抑是人工所画?眼睛尚大,可惜眼眶四周涂黑,成为丽莎特别标记,实在不美。丽莎生于1932年,今年四十七岁,尚不算老,然已到中年肥胖大关,满脸横肉,双下巴,胸部过分发达,此人星运已是结束。李察波顿与之屡合屡离,最后一次离婚好像是去年之事,若说性情不合,则何致同居十年?或者对此环肥之美无法领教乎?今晚此一典礼开始于九时半,一直到一时许始结束。"①

11月6日 上午收到林海音限时信,云将赴高雄出席报学会议,下午趁便到台南探视,邀约晚上至台南饭店一聚。席在饭店二楼,见到夏承楹、林海音夫妇,赵岳山夫妇,主人赵先生亦在场。菜肴为日本风味,有生鱼片不敢下箸,就海音盘中索一块尝尝,鱼肉甚厚,无刺,蘸以芥末酱,亦颇可口。饭后至阳台摄影留念。

11月14日 整理书架,发现英人勃氏撰《慈禧外纪》上下两册,译者为泠汰。书中记载诛载垣、端华、肃顺三人之事失实:"又有许多朝廷谕旨,亦颇有用处,如六君子之被戮,谓曾经刑部审讯,果有围颐和园,不利慈禧之事。余意此谕固系当日所颁,唯六君子曾否受审,则未可确知。"②

11月15日 《慈禧外纪》上册三万六千余字,下册四万八千余,"费两日之功读毕,尚算不慢。此书之著作时间,似在辛亥革命前,对慈禧褒多于贬。实则慈禧为一贪婪愚昧、仄狭之毒妇,清之亡即亡于彼手。过于推崇此妇,殊令我不悦"③!

11月17日 午睡起,想做假脚尖④,勉强就脚缝了三个布套,就脚形用糨糊粘贴,但不易粘牢,乃知文具店卖的糨糊不合用,须用明矾、面粉自调,等买来明矾、面粉后,再继续做吧。

---

① 《苏雪林作品集·日记卷》第9册,台湾成功大学教务处出版组,1999年版,第405页。
② 《苏雪林作品集·日记卷》第9册,台湾成功大学教务处出版组,1999年版,第414页。
③ 《苏雪林作品集·日记卷》第9册,台湾成功大学教务处出版组,1999年版,第415页。
④ 苏雪林自幼被祖母缠足(母因随父赴山东就职,将她留在祖父衙署),七八岁时,虽被放足,然已成形。虽不若三寸金莲,毕竟不是天足,五个脚趾挤在一起。她慨叹一辈子没有穿到合适的鞋。买来的鞋不合脚,用厚布做假脚尖包着脚趾,走路十分不便。

12月1日　昨接"新闻处"黄凤祥小姐函,约本月6日赴台北采访录音。午后准备录音提要。

12月4日　乘"自强号"早车赴台北,苏淑年及赵莹次子至台北车站接车,晚宿苏淑年新居。

12月5日　黄凤祥小姐来,到苏淑年家将录音节目预演一番,读自己所写怀念武大好友《哭兰子》中的一段,又念了一段楚辞研究稿。

12月6日　午后三时,黄凤祥小姐来接,同赴"新闻处"录音,自感发音带有浓厚的浙江兰溪方言,不好听,也不好懂,马马虎虎算交卷了。何锜章介绍法国一女生,来台北相见,这位女生在写研究中国妇女杂志的博士论文,与之交谈了一会儿,又同赴师大图书馆照了几张相,回答了她提出的相关问题。

12月7日　录音事已毕,可以抽时间去访台北文友。王琰如女士消息灵通,不知从哪里知道苏雪林来台北,第一个打电话到苏淑年家。先与王琰如到姚葳家谈了一会话,然后回到王琰如家吃她自制的饺子,可口非常。食时林海音携二女夏祖丽、夏祖葳至,热闹一番。饭后稍息,王琰如陪同到王世杰先生家拜访。

12月8日　赵莹今日无课,整日陪伴访客。先电话联络陈立夫先生,云上午九时后在孔孟学会见面(陈任孔孟学会理事长),该会在南海路历史博物馆内办公。到达时,接待人员安排会客室小坐。不久,陈出来相见,言及派人送去的画集是否收到,答以妥收,并将此次带来的冻顶乌龙二盒及衣料一件赠之,以做陈八秩之寿贺礼。

与陈立夫辞别后,又至杨亮功家,与其夫人聊一小时许,杨以车送至李辰冬家。

12月9日　赵莹陪同,赴新生南路圣家堂,望了一台弥撒。异地礼拜,思尚无人能识,谁知仍有神父认识。

下午三时,叶蝉贞邀赴内湖一游。晚宿叶家,住得甚舒适。

12月10日　上午十时,《大华晚报》记者程榕宁女士追至叶蝉贞家来访问,无非将楚辞研究大谈一通,访谈进行一个半钟点。

中餐在叶家吃,甚丰盛,色香味俱上乘,来客有痖弦夫妇、王文漪、毕璞、蓉子及夏志清岳父母——王君夫妇。

晚六时许,何锜章来接,到师大学生中心,为师大学生演讲,谈"写作经验及楚辞研究"。

12月11日　与苏淑年同赴张明家聚会,到会女作家有林海音、王琰如、孟瑶、刘枋等十几位。

12月12日　匆匆赴台北一周余,中午回到台南家中,自己做了一顿简餐,饭后,睡觉休息。

12月14日　早起散步六小圈,回家后,又在院内甩手三百次。读《新闻报》,登载了许多有关《美丽岛》的资料[①],报道吕秀莲、杨青矗等均被捕。

午后接到闻道出版社转来栗鹏举神父信,知善秉仁神父已于上月22日蒙召,不胜唏嘘。

12月16日　丁作韶诚邀赴高雄参加留法同学会年会,上午丁派车来接,驶一小时至高雄圆山饭店,到者有六七人,皆高雄、屏东者,居台北者都未能出席。会议由丁作韶重点发言,报告会务及经费开支情况。中午聚餐,菜式丰盛而精美。

12月19日　宗教札记《灵海微澜》第二集出版,闻道出版社寄来一本,急回一卡,请速将赠书五十本送来,以便作圣诞贺礼送给教友与朋友。

12月22日　李尉育神父与另一神职人员送来信及《灵海微澜》两包,于是大忙特忙,按居住地由远及近,凡认识的海内外之神职,每人赠书一本及贺卡一份,一天写了二十余份。傍晚时,交给钟点工老甫妻之女,携书及贺卡去邮局付邮。

12月26日　侄经书送来程榕宁女士访问所记的《苏雪林谈屈赋研究的新发现》,文中虽不免有几处小错,总体还算记得可以的。

本年岁末,《中国二三十年代作家》由台湾纯文学出版社出版。此书分新诗、散文、小说、戏剧文评五编,计七十二章,洋洋五十万言,是一部自1919年五四新文学起始,至抗战爆发前的新文学断代史。书中涉及活跃文坛作家数百人,列举其作品近千部(篇),基本可以呈现这一时期的文学面貌。

1980年　八十三岁

1月2日　上午收到六封信,其中有美国李绍昆信及附寄谭戒甫(武大旧同人)儿子谭黄信。信中告知,顾颉刚先生尚健在,现在北京中国社科院历史研究所任顾

[①] 1979年8月15日,以黄信介为发行人,许信良为社长,黄天福、吕秀莲为副社长,张俊宏为总编辑的《美丽岛》杂志创刊。该刊声势浩大,1979年12月10日该杂志社在高雄以庆祝"国际人权日"发起集会,举行三万人游行,与军警发生冲突,伤亡200余人,台湾警备司令部查封《美丽岛》杂志,并逮捕了黄信介、施明德、吕秀莲等160余人。

问,刘永济于20世纪60年代病逝于武大,游国恩任教北大,陆侃如任教山东大学,姜亮夫在杭州。知道武大一些老人近况,颇觉欣慰。

1月4日 前天凌叔华寄来贺卡及短信。取航空信笺复函,因此信笺纸薄,可多写两页,不致超重。

"叔华写信也和谢冰莹差不多,冰莹寥寥数行,好像开条子,叔华则金玉其音,每年圣诞新年来一贺卡,卡上附言至多不过百字。唯我写信辄长篇大论,累累数百言,学生时代好写长信,今仍不改,亦是怪已!"①

1月10日 开始整理诗稿。拟分四卷,自1914年至1917年为卷一,时在安庆女子师范读书;1917年至1919年(在女师附小任教)为卷二;1919年至1921年(在北京女高师读书)为卷三;1922年至1925年(赴法留学)为卷四。至于1931年后所写之诗只能附于卷后曰《零缣集》,待整理毕,再仔细斟酌。

1月25日 收到《联合报》副刊寄来剪报,《中国二三十年代作家》序言,已在22、23日刊出。

2月5日 连日来看诗稿,补作了几首黄山诗。忽忆今年3月为王雪艇先生与夫人九秩双庆,总要表示一下,拟作诗祝贺,一上午诗兴大发,居然得五律三首。

2月6日 早餐后,将昨日所作诗改了几个字,思绪活跃,竟然又得了一首,总共为五律四首。题作《恭贺王雪艇先生夫人九十双庆》,录其中三首如下:

其一　大德必有寿,欣逢卫武龄。华颠早杖国,绛帐旧传经。
　　　械朴成多士,芝兰聚一庭。光芒耿南极,争仰老人星。
其二　文教邦交任,艰难屡荷之。折冲崇坫上,弦诵镜湖湄。
　　　侃侃悬河口,恂恂国子师。华堂争晋爵,尚待庆期颐。
其四　白首齐眉在,夫人亦大贤。曹书崇四德,闻教化三千。
　　　每和凤鸾曲,闲吟蘋草篇。云屏开翡翠,嘉偶俨神仙。

2月7日 台北苏宜生(苏雪林七叔之女)之妹托人带来肉松、咸肉、蜜枣,东西虽不值多少钱,但颇感人情温暖,不由感慨道:"余自命身世畸零,但到了老年,竟为温暖之人情所包围。近身甥侄三人(侄经书、经元,甥欧阳建业)无论,稍远则宜生、

---

① 《苏雪林作品集·日记卷》第10册,台湾成功大学教务处出版组,1999年版,第4页。

绍业夫妇,教中同道则陈泮藻夫妇、许平太太,文友中则蝉贞、姚葳、琰如等,海外则君璧、冰莹、藻予、石季欣、徐竹君……如此暮景,殊不寂寞。"①

3月22日　收到陈纪滢、王蓝等署名函,云本年"五四文艺节"为"中国"文协成立三十周年,拟出纪念册,嘱撰"我与文协"或"我与文艺"有关文章一篇,以便入编。

3月24日　午后动笔撰文协征文,至晚餐前,全文写毕,题目为《我与文艺——对近日文坛一些感想》。

4月24日　"国立"编译馆寄来《屈赋论丛》排印稿,午后即开始校《屈赋论丛》。

5月20日　收到世界学会寄来李石曾先生去世二周年纪念册一本。

6月24日　在天气炎热、挥汗如雨中,每天校对五六个小时,间或对原稿有改写或添加,足足忙了两个整月,才将756页的一本大书校对完毕,其中况味,非常人能体会。

6月27日　香港诗人方某来寓访问,云他在编一部现代作家旧诗词集,入选有九百余人,想请苏雪林提供几首。

7月8日　"中午蒸腌肉腊肠,此等物虽置冰箱,经过半年亦变得不可下咽,用我们太平家乡话,就是臛了②,我不知在文字如何表示。"③

7月26日　秦贤次欲编女作家自选集,来信征求意见,想从苏雪林在大陆出版的《青鸟集》中遴选,回信表示同意。

8月6日　晚看"台视"播出的电视连续剧,对三十集的《春梦了无痕》,"殊难令人满意,拟文论之"。

8月10日　"下午睡起,饮茶提神后,将评'春剧'一文挖补良久,此文不过三千九百八十余字,尚未到四千字,而写了足足三天,今日又改订了一个下午,可见余之江郎才尽,且近来自觉生理情况甚坏,想大限已到。一个人活到我这个年龄,本可以死,只要死得干净利落,一倒了事,万勿拖拖拉拉,既害己又害人。"④

8月14日　"鸡腿置冰箱半载,已腐。然肉颇厚,谁知午餐一顿,吃得仅剩几根

---

① 《苏雪林作品集·日记卷》第10册,台湾成功大学教务处出版组,1999年版,第24页。
② "臛"字,读huó,检《汉语大字典》,"臛"字虽收录,但释为"肉羹",却无苏雪林所指的"hào"义(即腌制的肉食品变味义),在方言里,此字应写为"蒿"字。
③ 《苏雪林作品集·日记卷》第10册,台湾成功大学教务处出版组,1999年版,第126页。
④ 《苏雪林作品集·日记卷》第10册,台湾成功大学教务处出版组,1999年版,第147页。

骨骼,可见我之善于吃肉,且吃肉分量之多,足与白种人媲美。以白种人吃肉,一客牛排便是半斤、一斤分量也。肉类之近腐者有毒,食之杀人,然欧人猎得雉兔,亦悬之久久始食,带臭味。余五十年前在法国里昂做学生,食之以为美。吾乡亦好食臭香肠、臭鳜鱼、臭腐乳,亦不见其毒,未知何故?"①

8月21日　审读台湾"商务印书馆"寄来成功大学某教授所著的《诗经"兴"义考》,撰评审意见千余言。

8月24日　审读中山学术文化基金会寄达杨胤宗《屈赋新笺》两本,其书平平,读完即草就审查意见文字。

8月27日　读报知文星书店老板萧孟能与李敖打起财产官司。"盖萧于去年10月间出国游历,今年2月间返,临出国前将家中古玩、金钱及动产均委托李敖保管,谁知李敖竟一概占为己有,不肯交还,萧不得已乃诉之于法,又召集记者会,报告此事;李不甘示弱,亦召集一记者会,反咬萧一口,将来热闹有得瞧,姑拭目俟之。"②

校编译馆寄来《屈赋论丛》书稿清样。

8月29日　连日来报纸报道李敖与萧孟能、李敖与胡因梦纠纷事。

9月6日　《明道文艺》社陈宪仁、戴健东携录音机及写满一页访谈内容便条来寓采访。所谈为教书生涯、写作与研究、屈赋问题、反鲁始末、今后工作计划,足足谈了一个多小时,才郑重告别。

9月8日　将《屈赋论丛》二校清样校毕。统计一下四集屈赋研究,计第一本《屈原与九歌》三十八万一千五百字,第二本《天问正简》四十四万七千四百字,第三本《楚骚新诂》四十五万零三百字,第四本《屈赋论丛》五十四万七千六百字,总共一百八十二万六千八百字。耗费半生心血换来,真乃字字是血。

9月13日　致《世界日报》田新彬信,附寄《绿天》《趣味民间故事》各一册。又写一信致王亚权,谢其赠送蒋夫人画册。

9月16日　读《"中央"日报》,见陶希圣为杨亮功夫人邹铭贤作挽联,不胜惊诧忆去年冬北上,曾到府上拜望,见夫人耳聪目明,步履轻捷,不意一病不起而逝,不知患何病。杨亮功先生今已八十五岁,夫人谅已有八十二三,大限之到难免。唯熟人一个个如秋深之树叶自然凋谢,殊可悲耳!

---

① 《苏雪林作品集·日记卷》第10册,台湾成功大学教务处出版组,1999年版,第149页。
② 《苏雪林作品系·日记卷》第10册,台湾成功大学教务处出版组,1999年版,第158页。

10月8日　费时月余,将《灯前诗草》整理完毕,连少作词集及附录紫娟(苏雪林三弟季眉妻)遗诗,共四百七十六首,拟交正中书局印行。

10月10日　改写《灯前诗草》序文。此序前后写过三次,自觉若非年老才谢,不至如此。又写二页信,致正中书局总编辑胡春惠,连同诗稿一并寄去。

10月12日　读《传纪文学》关于黎元洪的文章。"黎菩萨并非坏人,唯与袁勾结,杀张振武则为其污点,今国民党似并不承认黎为首义元勋,大约即为此故。章炳麟为黎所撰碑文,又称许过当。读今人传记,无一真坏人,亦无一真好人,盖各有门生故吏为之捧场故也。如冯玉祥之反覆无常,世所罕见,简又文为作传,竟捧之为现代伟人,其言不嫌过于偏宕乎。"①

10月14日　阅报知,名作家徐訏在港病逝。台湾文艺界16日将在台北举行追悼会。

10月15日　"中华"诗学研究会来函征诗,以"庚申重九""'中华民国'七十年诗会预祝张晓公八十大寿"为题,本不想应征,但又想不妨一试,以了诗债。上午先写庚申重九五律一首,又写祝张公寿二首。下午诗兴勃发,又续作,至五时左右,居然第一题作了七绝六首,第二题作了五律四首②。

10月20日　开始为武大校友会刊《珞珈》撰文,拟写一组生活、教学于珞珈山的武大同人的旧事,题为"珞珈人物小志"。第一篇为《率直任性的汤佩松》。汤佩松为梁任公好友汤化龙之子,清华毕业后,赴美读生物学,归国后受聘武大生物系教授,时常到住珞珈三区的苏家串门,因此留下深刻的印象。

10月26日　《"中央"日报》上登载孙多慈丈夫许绍棣病逝讣闻,享年八十二岁。自五年前孙多慈病故后,许一直病恹恹,如今到另一世界去团聚了。不禁慨叹台北师院时代的好友一个个都凋零了。

11月3日　撰"珞珈人物小志"系列之《楚辞专家刘弘度》。刘永济,字弘度,湖南新宁人,曾任武大文学院长,研究楚辞专家。

11月8日　撰"珞珈人物小志"系列之《我们中文系主任刘博平》。刘颐,字博平,湖北广济人,长于音韵之学,为黄侃的高足,时为武汉大学中文系主任,著有《音韵学表解》。

---

① 《苏雪林作品集·日记卷》第10册,台湾成功大学教务处出版组,1999年版,第186页。
② 上述十首诗,收入《灯前诗草》,台湾正中书局,1982年版,第124—126页。

11月13日　《"中国"时报》登载沈从文在美国演讲稿,沈"谓曾考入燕大,以程度太浅被迫退学,两年后燕大又想聘他任教。此皆谎言,燕大何致聘此等毫无学历者任乎"[①]?

11月21日　早餐后,写"珞珈人物小志"系列之朱东润篇,题为《登高能赋及借古讽今的朱东润》。此文述及武大中文系朱东润在抗战后,由内地辗转到蜀地的路上所经各地风土人情、历史物产等,一一在他笔下呈现,题为《后西征赋》,发表于四川某报的副刊,一时广为流传,"朱东润"三字亦为人所熟知。"朱赋之所以名为《后西征赋》者,是为了晋代潘岳曾写过一篇《西征赋》,叙述他自己由故乡中牟县向西进发去做长安令的途中经历。此赋现收《昭明文选》赋的纪行部,与班彪的《北征赋》、班昭的《东征赋》并列。两班之赋不脱离体,长亦仅数百字,潘赋则用东汉以后骈散交错、自由描写的体裁,长至三千余字,可谓后来居上。但朱东润先生的赋,则长近五千字,历叙战事发生后,他自己自江苏某路的家乡,沿长江东下至上海,再由上海而至香港,又由安南至滇,然后辗转至蜀……都有详细的记述与描写,比之潘岳之赋,可谓又迈进一大步。"(见《珞珈》第70期)

11月27日　上午撰"珞珈人物小志"系列之《"江西老表"李儒勉》,外文系教师李儒勉,祖籍江西鄱阳。江西人喜欢讲表亲关系,左一攀右一扯,任何人都可以成为表兄弟,所谓"一表三千里",是以江西人有"江西老表"的诨号。

一个多月以来,沉浸在追念执教武大时的往事中,陆陆续续写了八篇与武大同人交往趣事,从写汤佩松始,至李儒勉止,每篇三千余字,总计二万余字。

12月22日　方豪神父于20日凌晨病逝于台北荣民总医院,享寿七十一岁。因与方豪有近半个世纪的交往,甚为悲痛——中国宗教界、学术界的一颗巨星陨落了。早餐后,即开始写《悼念方豪神父》。

12月24日　下午三时起,一口气将悼念方豪文章写毕,全文三千余字,以限时信寄高雄《新闻报》副刊魏端先生。

12月25日　今日圣诞,"华视"有耶稣生平探索节目。"大意谓:耶稣自十三岁至十八岁到印度研究佛教教理,故基督教理与佛教有相通处,到三十岁回马勒斯坦授徒传道,罗马政府恶其惑众,将其钉十字架而死。"[②]

---

①　《苏雪林作品集·日记卷》第10册,台湾成功大学教务处,1999年版,第205页。
②　《苏雪林作品系·日记卷》第10册,台湾成功大学教务处出版组,1999年版,第226页。

12月28日　收到美国李又宁来信,及寄来赵清阁所编《无题集》。李又宁在信中谈及大陆知识分子消息:"顾颉刚尚在,但身体不好,朱光潜已八十二岁,仍勤于写作,冯沅君1974年故去,寿仅七十三岁,陆侃如今年春逝世,大概八十岁未到,其夫妇均在辽宁东北大学教书①。冰心因中风,半身不遂,不外出,居家养病。"②

12月31日　台北新生南路天主教圣家堂,昨日举行方豪神父追思弥撒及公祭,棺葬天主教公墓。《悼念方豪神父》今刊《新闻报·西子湾》副刊。

1981年　八十四岁

1月5日　自去年年底读《胡适文存》以来,每天坚持读几十页,第一集五十二万余字,已读毕。

1月23日　花了一个月时间,将《胡适文存》四集读完。胡先生自云,四集共一百六十余万字。每集内容皆宝贵,值得一读,抄撮其要,以备将来研究之需。感叹无奈因年龄太老,无此光阴与精力了。

1月30日　"国立"编译馆终于将《屈赋论丛》印出来了,寄来20本,每本甚厚,五十余万字,达758页。

今日读《胡适日记》,对照《尝试集》,发现日记中许多诗《尝试集》未收。

3月4日　"今日报载赵元任夫人杨步伟因中风逝世,享寿九十一。步伟女士在《传纪文学》发表文字颇多,世始知有她这人,不然与草木同腐矣!"③

3月17日　台北何锜章寄达限时信,告知《二三十年代作家与作品》④获"文艺奖"(文艺理论类),拟早做准备,21日赴台北领奖。

3月18日　《民生报》女记者钟慧丽下午自台北来,为获奖者采写新闻,足足与之谈了三个小时。

---

① 苏雪林记述不确,冯沅君(1900—1974)享年七十四岁,陆侃如(1903—1978)享寿七十五岁。又,冯、陆自1947年由东北大学调至山东大学中文系,直至去世。
② 《苏雪林作品集·日记卷》第10册,台湾成功大学教务处出版组,1999年版,第229页。
③ 《苏雪林作品集·日记卷》第10册,台湾成功大学教务处出版组,1999年版,第267页。
④ 《二三十年代作家与作品》,1979年由台湾广东出版社出版,印刷了两次,由于出版匆促,错误甚多。1982年作者将版权收回,重新修订,1983年10月交台湾纯文学出版社出版,易名为《中国二三十年代作家》。

3月19日　上午乘"自强号"赴台北,苏淑年在台北车站接车,晚宿淑年家。

3月20日　上午拜访曾虚白、王雪艇。下午与赵莹、苏淑年赴林森路参加记者招待会,各大报记者三四十位,分别递纸条提出问题,然后由被访者作答。

3月21日　第六届"文艺奖"颁奖会在台北延平北路三军俱乐部举行,苏雪被授予林金质奖章一枚,奖金新台币十万元。

3月23日　与苏淑年同赴内湖访女作家叶蝉贞。有女客数人在叶家,其中有黄振华者,乃黄克强将军女公子,年已八十有五,精神好,耳朵尤灵,谈笑风生,令人羡慕。晚宿叶蝉贞家,与之谈台北女作家逸事。

3月28日　《联合报》副刊刊发苏雪林纪念茅盾专文《关于茅盾》[①]。文中评述茅盾:"五四运动时,瞿世英、周作人、沈雁冰等十二人组织文学研究会,以《小说月报》为机关报,成为南方新文学界最有势力的一个文艺团体。""茅盾个人所抱的主义固不适合于中国,有甚大的谬误,不过他所描写现代中国的危机,和整个民族的痛苦,则已绘声绘影,形容极至⋯⋯当时中国人民的痛苦已经超过人类所能忍受的程度了,又有谁能代为声诉与呼吁? 尤其农村破产,农民痛苦已陷于水深火热的境地,关心民瘼者实不能坐视,像叶绍钧的《多收了三五斗》;丁玲的《水》《法网》和茅盾的《春蚕》《林家铺子》。"

4月21日　"台视"晚间节目,插播王世杰逝世消息,当即发函致其太太,节哀顺变。

4月26日　撰《雪公与我》,寄《新闻报》副刊。

5月12日　《"中央"日报》报道:法国总统已选出,为社会党人士密特朗。法国总统选举前,《"中国"时报》曾介绍参与总统选举竞中选有一华人,乃成舍我之女成之凡。

"三十年前,我在巴黎大学进修,住国际宿舍,曾与成同寓半载,朝夕见面。她来法国修音乐,练习钢琴。其钢琴造诣属新潮派,其声不美,我听不懂,自言还能画画。留法时嫁一法国人。在法国宣传八卦、易经及道家思想,今日竟宣言竞选法国

[①] 茅盾(1896—1981)先生于1981年3月27日在北京逝世。台湾《联合报》闻风而动,立即派专人南下,请与茅盾同时代的老作家苏雪林撰文。苏雪林在一个小时内,撰千字文《关于茅盾》,并于报上发表,以示悼念。大陆《光明日报》1981年4月12日第3版,发表消息,标题为《台湾老作家苏雪林在台北〈联合报〉上发表评价茅盾生平和作品》,予以报道。

5月16日　侄苏经国5月1日抵达台湾,参加母校"清华大学"校庆,后又至冈山等处演讲。上午经国与胞弟经书至寓,相见后,姑侄以美式礼节相拥抱。经国带了药品、食品、洋酒及冻顶乌龙等礼品孝敬姑母。侄辈中经国学有专攻,就职于美国航天部门,成绩卓著,颇受美方重视。

5月18日　"阅报毕,想写文章,是有关垃圾成害的问题。'垃圾'二字,古写为'擸',记得在香港时,诸正瑛小姐曾用过。检《梦梁录》及《吴越风土录》均载之。"②

5月29日　昨日与唐亦男乘车赴台北,专程参加王世杰先生丧礼。上午八时半,唐亦男陪同至殡仪馆。加入武大同学会行列中,列队至灵堂行礼。见王太太坐轮椅,愁容满面,趋前慰唁,向灵柩行三鞠躬礼。

午后,与唐亦男赴华冈佛学研究所拜会晓云法师。晓云年逾花甲,保养得宜,似四十许。以《屈赋论丛》《楚骚新诂》相赠,法师回赠若干自著小册子。乘晓云法师学生汽车,赴晓云住持之永明寺。该寺依山而建,起伏有致,唯台阶甚多。参观晓云法师画室,法师当场挥毫泼墨,画梅花一幅相赠。又写"清凉"二字,赠唐亦男。后诚邀至客寮,招待素餐。

5月30日　中午叶蝉贞在台北山西餐馆请客。下午赵友培夫妇携女作家朴月(刘明仪)相访,谈话颇久。晚补记来台北日记三篇。

5月31日　上午读刘革《清代科学制度》,记清代科场案较详。中午赴武大校友殷正慈宴,约在台北山菜馆,花样甚多,色味皆清淡,有龙鲤一道,以火承其下,夏季吃火锅,甚感奇怪。

6月1日　冒着滂沱大雨,与唐亦男回台南。

6月3日　续写《中国餐馆》,此文北上前已写出三分之一,今日拟写完。

6月4日　将昨日所撰之文,修改了几处,全文共十九页,约四千字,写一信与魏端,连同文稿寄《新闻报》。

6月5日　校正中书局寄来《灯前诗草》排印书稿。此书需经三校才能放心,因牵涉版式及诸多冷僻字。

6月25日　自从三年前在《传纪文学》上读了唐德刚的《胡适杂忆》,以及后来

---

① 《苏雪林作品集·日记卷》第10册,台湾成功大学教务处出版组,1999年版,第312页。
② 《苏雪林作品集·日记卷》第10册,台湾成功大学教务处出版组,1999年版,第317页。

读了文星书店出版的李敖《胡适研究》一书后,总觉得唐、李二人之书中的胡适形象,满纸虚诬,诸多不实之词,犹如泼在胡适先生身上的污水,骨鲠在喉,不吐不快,决定写文。后来这一系列文章,结集出版为《犹大之吻》,批驳了唐、李二人的观点,为谢世不能说话的胡适辩诬。

6月30日 "读《'中央'日报》文史版,知大陆云梦掘出许多竹简,称为'秦简',海内外正在对这一批竹简进行研究。令人所奇者,出土竹简之时代为秦昭王时,亦即商鞅变法时期,云梦当属楚地,理应称为楚简,而不应称作秦简也。"①

7月2日 读《"中华"日报》,草草将副刊看了一下,"所有篇幅都被长篇小说占去,这些作家真有骗名骗利办法,盖如此,则自己名字日日见报,而稿费亦源源而来,编辑不必愁稿件不继,而致版面闹饥荒,诚一举两利,唯读者苦矣"②。

继续撰写《犹大之吻》中《胡适的婚姻》一节。

7月19日 为写《胡适留美时的女友》一文,将韦莲司女士寄给胡适信中的部分英文复印件③,请唐亦男三妹唐亦乾翻译,又请成功大学张法润、台北赵友培之子与媳翻译,以厘清胡、韦之间为正常的朋友交往,即友情与友谊,而非唐德刚在《胡适杂忆》书中所说二人的通信为"情书"。

7月27日 开始写《犹大之吻》第四章《胡适与杜威、赫胥黎》。重读《胡适文存》中《实验主义》《五十年来世界之哲学》等相关文章及《胡适演讲集》甲编。

8月27日 近一段时间为写《犹大之吻》,白天脑子活跃,以致晚上上床睡觉仍亢奋不眠,吞镇静剂后方可入睡。自写此书后,常以不能安睡为苦,吞镇静药为数年来最多,自叹人到暮年,写文章真是苦境。

8月29日 早餐后,写了《犹大之吻》第四章中一小节。"下午为寻找自由、平等等词的出处,屡查《辞源》如博爱、平等、法国大革命均不得,甚感无从下笔之苦,最后从威尔斯《法国革命》一册中得之,于是文思沛然,一口气写了两页,将此篇

---

① 《苏雪林作品集·日记卷》第10册,台湾成功大学教务处出版组,1999年版,第346页。
② 《苏雪林作品集·日记卷》第10册,台湾成功大学教务处出版组,1999年版,第347页。
③ 韦莲司女士(1885—1971):为胡适留美时结识的美国朋友,自1913年在纽约相识,到1962年胡适逝世,两人书信往来长达五十年。胡适逝世后,韦莲司继续与江冬秀保持联系。1965年垂暮之年的韦莲司将胡适寄给她的电报、书信(包括信封)寄给江冬秀,转交胡适纪念馆妥善保管。

写完。"①

8月30日　修改《犹大之吻》第四章。"'焰魔天'已在丁福保《佛教大辞典》寻出,乃地球最下一层矣!为阎魔王所居,旧小说追逐敌人,辄云'饶你逃焰魔天脚下,腾云须赶上'……犹吻第四章,我参考杜威学说费时几两月,至前日始与胡大师学说合上拍子,亦可谓不易。今日大半天只好做点修改工夫,无力另撰。"②

9月17日　收到郎静山九十一岁大庆茶会红帖(时间为本月20日),因年老力衰,故不能赴台北祝寿。

9月18日　近两个月早晨未出门散步,今携杖出外散步四圈,尚不感吃力,明晨当增加圈数。

将这两天写的有关中国人护发、剃发的故事敷衍成文,又插入描述文明人与野蛮人的发式内容,本题为《都是头发惹的祸》,誊抄完稿后,将之前的题目《都是头发惹的祸》改定为《我国古时短发的民族》,约二千三百字。

9月25日　昨天晚饭后,食苹果一枚,又饮百利果汁一杯,皆因嘴馋之故。又开冰箱,取存放甚久的肉松——虽未变味,然已结硬块。看电视至晚上十一时,又取剩余之虾米食之。夜半,胃中不快且频频刺痛,自疑食物中毒,恐老命不保,悔之不及。晨起,煮沸水泡茶,借以除胃中积滞及余毒。整日无所事事,卧床。

9月26日　胃虽不甚痛,但仍隐隐阵阵发作。

9月27日　今为周日,教友郑太太来邀赴天主堂礼拜,告以发病,不能赴堂。郑太太知病甚重,急索侄经书电话告之。经书雇计程车,扶持赴逢甲医院住院治疗。

10月7日　读报,知埃及总统沙达特于阅兵时遭枪击而亡,心情十分沉重。"这几年世界元首之被刺者,初则韩国朴正熙,继则美国雷根,继则教宗若望二世,此为第四人矣。沙达特在国家领袖中特为余所喜,盖以其有特识、有手腕,如接受伊朗巴勒维见其侠义,谴责柯梅尼为疯人,则见其胆量,与以色列谋求和平则见其知情势,乃为短视之阿拉伯人刺杀,中东局势又将呈一大变化矣!"③

10月28日　三民书局寄来谢冰莹《抗战日记》,老五号字,十六开本,拟将为之写评介一篇。

---

① 《苏雪林作品集·日记卷》第10册,台湾成功大学教务处出版组,1999年版,第383页。
② 《苏雪林作品集·日记卷》第10册,台湾成功大学教务处出版组,1999年版,第384页。
③ 《苏雪林作品集·日记卷》第10册,台湾成功大学教务处出版组,1999年版,第406页。

11月4日　将《犹大之吻》书稿寄魏端,附言云:报纸上刊发,总题《犹大之吻》太触目,改用副题《读唐著〈胡适杂忆〉感言》为好。

11月5日　开始撰写谢冰莹《抗战日记》评介。因内容为三十余年旧事,兴趣不浓,写至一半停笔。午后读韩国金里里《巫女图》。"中韩文化本属一支,但韩国文学对我隔膜,反不如英法小说对我之亲近,亦可怪也!"①

又续写上午未完之文,文思不蹇涩,二千余字的《抗战日记》读后评介写毕。

11月8日　日前正中书局将《灯前诗草》全部书稿寄达,花了两天将全书校了两遍,发现若干颠倒之字,几个平仄不调之字,也一一改定,如"纵横",向以读"纵"为平声,实知乃为仄声。

11月13日　《灯前诗草》寄来后,已经五校,挂号寄出。读今日《"中华"时报》副刊,刊有丁玲相片,甚亲切,她已七十有五,貌尚不老,真难得。

11月16日　评谢冰莹《抗战日记》一文,刊发于今天《"中央"日报·晨钟》副刊。

11月19日　写限时信致台北"文艺奖基金委员会",因年迈体衰,20日下午恕不能到会(日前推选她为该奖项之顾问)。

11月21日　将正中书局寄回的曾孟林先生手迹②,寄给其子曾虚白先生。其先父手泽珍藏身边五十余年,现寄给虚白先生妥善保管。

11月25日　整日读陈寅恪《寒柳堂文集》,先读诗存,再读论《再生缘》。

11月26日　下午睡起,高雄师院中文系男女生七八人来寓造访。学生在纸上写出问题交给她作答(近年因耳失聪,与来访者多作笔谈)。无非是李义山诗及楚辞研究等,谈了两个多小时,一直近傍晚,才称谢而去。

11月30日　看"华视"《特别新闻》,转播大陆包产到户——即农民除应缴定数之租税外(即农田税),其土地产物增多者即归其所有,不像过去,要收归公有,以此激发农民生产力,果然有效。倘早日实现,农村不致贫困,农民不致饱受贫苦也。

12月5日　正中书局又寄回《灯前诗草》校稿。再次校对仍发现若干错字。前校时将"纵"字改为仄声,后见他人皆作平声字用,再查字典,则"纵"音从,冬韵,又

---

① 《苏雪林作品集·日记卷》第10册,台湾成功大学教务处出版组,1999年版,第425页。
② 《灯前诗草》扉页,有曾孟朴先生1928年题《苏梅女士诗集》墨宝。
　　其一云:"此才非鬼亦非仙,俊逸清新气万千。若向诗坛论王霸,一生低首女青莲。"
　　其二云:"亦吐风雷亦散珠,青山写集悔当涂。全身脱尽铅华气,始信中闺有大苏。"

改回。

12月9日　读《新闻报》,知该报副刊明日起连载《犹大之吻》。近一个月来,满脑子都是关于写《犹大之吻》的文章,连每日要读的报纸,也草草而心不在焉。

1982年　八十五岁

1月1日　今天是阳历新年,并不显得热闹。"一则台湾经济状况欠佳,二则社会动荡、不安定,偷窃、绑票勒索、枪杀警察之事,层出不穷,治安甚不良好,不知以后更将如何,大家遂无心过年矣！况我们中国人喜过旧历年,不喜阳历年,故有此现象也。"①

1月5日　上午贺恒仁先生来访,告知原安徽大学的杨亮功校长想编安徽大学校史《学府纪闻》一书,嘱写文章。"我说任教安大仅一年,所知于安大的不多,殊难报命,若单写几个相识教授,如程憬、陆侃如、冯沅君、朱湘、饶孟侃、刘英士则尚易措手。"②

1月24日　《灯前诗草》出版,正中书局寄来五本,因仿线装本,以双面绵纸印刷,显得较厚。

1月25日　今天是正月初一,女工不来,膳事自理。想出去拜年,又无兴致,只好看新到的《传纪文学》。

2月12日　连日兴趣颇浓,阅读糜文开所著《印度文学选》。"印度文学辞藻极美,哲理极深,几乎每一句话都是一首诗,昔鸠摩罗什谓梵文极美,译为秦言,则味若嚼蜡,又谓翻译之事如含饭哺人,失其正味,吾国文学在六朝时盛行骈俪,可谓美矣,而尚不可译梵文,况以后者耶?"③

2月14日　自8日阅糜著,仅用七天就将两巨册七十余万字《印度文学选》读毕,可谓不易也。

2月27日　报纸登载赵元任逝世消息,寿八十九岁。"我想此数不确④,胡适先生逝世于1962年2月,寿虚数七十一,实数六十九,若今尚在,则为九十一岁。赵元

---

① 《苏雪林作品集·日记卷》第11册,台湾成功大学教务处出版组,1999年版,第1页。
② 《苏雪林作品集·日记卷》第11册,台湾成功大学教务处出版组,1999年版,第3页。
③ 《苏雪林作品集·日记卷》第11册,台湾成功大学教务处出版组,1999年版,第25页。
④ 苏雪林的怀疑是正确的。赵元任生于1892年,1982年去世,享寿九十岁。

任赴美与胡同时,胡年十九,赵若比胡少三岁,则十六未免太少,不过此事须细考乃可知,或赵赴美之时比胡迟。"①

3月10日　台北作家严友梅寄《儿童唐诗》三本来,文出友梅,画出其女,字则出其夫陈风,一家搞儿童文学,殊难得。

3月13日　侄经书来告:欧阳建业之妻彭玉于昨晚病逝高雄左营。商讨明日租车赴高雄。建业有子紫宸在台,女紫珊在加拿大,已嫁。

3月15日　上午为建业及其子女拟挽联。

建业挽联云:

> 淹瘵十年,药鼎茶炉,病榻晨昏惟我伴。
> 井臼旦夕,鞠儿抚女,贫家生计赖卿贤。

紫宸、紫珊挽联云:

> 病忘世苦,主降深恩,此去天乡,切愿好为严父祷。
> 女隔重洋,儿羁军旅,临当永隔,遗恨未瞻慈母颜。

汇出台币七万元,以助甥欧阳建业安排甥媳丧葬及购墓地费用。

3月22日　读李梦寰送来《人间世·人物志》一本,此为当年《人间世》杂志所载人物传集成,三十余年前曾寓目,今已不记,其中好篇幅甚多,如有关吴宓及辜鸿铭的章节很精彩,拟加以复印。

3月28日　上午整理书斋壁橱,在小藤箱中检出1927年、1928年为邹韬奋先生主编《生活》周刊撰写的几个女教育家,如王季玉、杨荫榆等的剪贴材料,半个多世纪过去了,此文尚在,自然十分开心。

3月29日　阳光鲜丽,将小藤箱之物在院内曝晒,又"发现吴宓的一份年表,不胜之喜。此(年)表系吴于民国三十六年在武汉大学任教,兼《武汉日报》文艺版编辑所编,余常系念,不意于无意中得之,珞珈人物小志吴传可成矣"②。

---

① 《苏雪林作品集·日记卷》第11册,台湾成功大学教务处出版组,1999年版,第32页。
② 《苏雪林作品集·日记卷》第11册,台湾成功大学教务处出版组,1999年版,第51页。

3月31日　读《"中国"时报》副刊,有林语堂博士复归基督教为其信仰之旅长文。"林觉宗教自宗教、哲学自哲学,两者不能相混。他晚年索之佛教,觉得太空虚,而道教庄子则为所喜。林所皈依之上帝乃道教之道也。凡宗教上烦琐之仪式,比附哲学科学之宣传,皆畏恶而避之。"①

4月11日　收到卫聚贤寄来所著《中国人发现美洲》,百万言厚达一千余页。整日看此书,唯书太厚,读书甚不易。

4月16日　"蒋复璁偕客人二及吴振芝先生来访。蒋奉罗光命,想请我为利马窦来华四百年纪念写篇文章,以昧于利事却之。又言故宫博物院将印郎世宁画集,待画集印好寄来一阅,可以撰文。"②

4月21日　费十日之工夫,终将《中国人发现美洲》读完。"卫自大陆逃到香港住了十几年,其收获倒不少,盖他每日赴校授课后,即到冯平山图书馆看书,将馆中书阅了三遍,经、史、子、集靡所不阅,又阅港地各报,此书材料以《港报》《星岛日报》《华侨日报》《工商日报》《天天日报》《香港时报》《文汇报》《大公报》《明报》所载世界奇闻轶事,尤其动植物知识为经,而以冯平山图书馆所阅经史子集为纬,编织而成,加以他个人奇异幻想及丰富之想象力,成此《中国人发现美洲》一巨著。其书因有许多新发现,然不得谓为严肃之学术著作,故余读后,本想作一书评,想想亦唯有作罢。"③

5月23日　受陈秀喜之邀,与唐亦男及郭冬吟、薛慧瑛赴陈秀喜寓所——关子岭别墅笠园一游。

关子岭距台南市约一小时车程,此为山区,有庐山牯岭之景状,依山势建有多处富家别墅。房屋甚奇特,大小不一,样式各异,皆就地取材,以白石砌就。秀喜寓所名为"笠园",她编辑的诗刊也为"笠",足见她对戴斗笠,洒汗水,绞气力,辟田园,种嘉禾,以养活众人的农夫们的钦敬。

众客在笠园赏玩一天。秀喜亲自下厨,以关子岭特产细竹笋,后园自种的香椿,加上几种叫不出名字的山蔬野蕨,烹出味极清腴、胜肉类的佳肴,所谓"烹饪出自己手,吃得才够味"。

---

① 《苏雪林作品集·日记卷》第11册,台湾成功大学教务处出版组,1999年版,第52页。
② 《苏雪林作品集·日记卷》第11册,台湾成功大学教务处出版组,1999年版,第64页。
③ 《苏雪林作品集·日记卷》第11册,台湾成功大学教务处出版组,1999年版,第67页。

5月25日　许是很久未亲近自然,自关子岭回来后,一直被美丽的山野之气萦绕,涌起写作兴趣,撰《笠园雅集》,文思流畅,笔飞墨舞,一个下午竟写了近三千言,为近来写作少有之现象。

5月26日　贺恒仁先生自高雄来访,奉杨亮功先生之命,来催撰安大校史《学府纪闻》稿。云其他人稿皆撰就,唯潘重规、查良鉴、苏雪林三人未交。当即请贺转告亮功先生,允数日之内撰就,直接寄之杨府上。

5月28日　撰《学府纪闻》,仅写数行,系主任唐亦男来访。中文系黎在符教授病逝,嘱撰同人及学生挽黎先生联。感叹垂暮之人,在红尘世界中打滚,总有这样那样意想不到的事干扰,人生活在社会中真不易。

5月29日　将在安大任教一年的情况写毕,约有二千四百字,附上自选集中小传及著作表①,寄出。

下午睡起,构思挽联。共写三副,一为中文系同人,一为中文系学生,一为个人。誊在纸上未送出,须留一晚再斟酌。

5月31日　将昨挽联重新誊过,改了几个字,虽不佳但还算妥帖。

6月2日　近日读报,颇关心英(国)阿(根廷)战况。

看到英国无敌航空母舰被阿飞鹰导弹击中起火沉没,为之痛惜不已。"英国与我有何因缘,乃偏袒如此?徒为爱铁娘子及同情日不落国家之苍凉而产生此种心理,不亦可笑耶?"②

6月6日　赴殡仪馆吊唁黎在符。灵堂布置甚整肃,惜挽联分挂两边,相去甚远,无法连接观读。

午睡后收到信件五份,其中华冈出版之《文艺复兴》乃挂号寄达。"中有侯健评我《灯前诗草》长文,所引皆为绝句,我所长者在五、七古,渠大都舍之不论,此弃周鼎而宝康瓠,舍美玉而珍珉甄也,殊令我失望。"③

6月10日　信箱中有信数封,其中美国一信,笔迹不类经国④,拆视乃为侄媳王庆娥所寄。"惊悉经国于5月27日清晨四时四十分以心脏症突发,在医院弥留一

---

① 此小传及著作表,是指1975年12月台北黎明文化事业股份公司出版的《苏雪林自选集》。
② 《苏雪林作品集·日记卷》第11册,台湾成功大学教务处出版组,1999年版,第97页。
③ 《苏雪林作品集·日记卷》第11册,台湾成功大学教务处出版组,1999年版,第99页。
④ 苏经国(1917—1982):苏雪林二兄绍章(仲文)长子,清华大学毕业,赴美留学,服务于美国航天研究所。

日,昏睡中逝世,闻之如晴天霹雳,不胜悲痛。经国患直肠癌,虽已医好,但我心中总有点嘀咕,因癌为绝症,患上总是不好,不意他竟因心脏病突逝,其癌细胞为患耶?天耶?命耶?我老而不死,祸延年轻一辈,尚何以余生为乐?只盼早点回老家,眼不见为净。"①

6月13日　上午收到《晚清传统与西化之争》一书,此乃为所喜读之书,至晚餐前,已将全书读了一半。

6月14日　《"中央"日报》副刊已将《笠园雅集小记》分两日刊发,今登出一半,待明日全文刊毕后,复印寄陈秀喜,以慰其招待之劳。

7月10日　昨日下午郭吟冬、薛慧瑛两位小姐来寓谈话,先闲谈一点钟,接着大谈屈赋研究,谈美,谈自然美、人体美,谈《红楼梦》中人物,一直谈到孔子作《春秋》。直到晚下雨时才离去。由于白天兴奋,晚入眠甚不易,胡想一通:"回想生平可悔之事甚多,而所以致之者,中国不良之风俗制度居半,自己糊涂亦居其半。如幼小时家庭不使受教育,祖母强迫缠足皆是。至自己糊涂则屡次失去学画机会(如四叔工花卉,答应教我,竟因懒惰不去学),又不能以自力学习英文皆是。以后在法,做错之事则更不待言矣。在榻上辗转反侧,不能成寐。"②

7月20日　《"中华"日报》记者王玲小姐来寓,约写父亲节文章③,应允。但又担心此稿难写,下笔太直,对不住泉下之父,太修饰又无以存真,颇踌躇。

7月21日　早餐后,写《我的父亲》。"我父为一旧官僚,生平不为大善亦未为大恶,以纳妾不贤,故使我父女感情欠佳,实没法写为文章也。"④她还在文中写道:"每个人都有父亲,可以在每年的八月八日也就是爸爸节,叙说一番话。可是,这多半是小孩子的事,像我这样一个景迫桑榆的老年人,竟学小孩子娇声憨气的口吻谈爸爸,未免太滑稽。""他虽非常爱我,基于当时重男轻女的观念,只自己随便教教,或买书让我自修,从不送我入学校念书,只把几个儿子送去京沪有名学校。我后来得入文风落后的安庆女子师范,还是自己拼了命争来的……父亲在世时,我对他未尝有一日尽孝养之责,他晚年景况甚窘,我已嫁未知接济,及闻他病逝宜城,始大悲悔

---

① 《苏雪林作品集·日记卷》第11册,台湾成功大学教务处出版组,1999年版,第102页。
② 《苏雪林作品集·日记卷》第11册,台湾成功大学教务处出版组,1999年版,第122页。
③ 台湾以每年8月8日为父亲节。
④ 《苏雪林作品集·日记卷》第11册,台湾成功大学教务处出版组,1999年版,第129页。

而为时已晚,无法补救。"①

  7月25日 接到香港四妹袁苏燕生(二叔锡衡次女,嫁香港袁仰安)函,云已数次寄函,均未收到回音,故特寄挂号信。信中云:"务滋②告诉她,张家(苏雪林夫家)子侄辈有在中山大学、中南矿冶学院任教者,甚挂念她,想请她回大陆奉养。北京冰心、丁玲也念她漂泊孤苦,通过亲属转达,亦希能回来。"四妹信所以都未能收到,当是台湾当局认为大陆在搞统战,而将信件扣压。

  8月15日 连日读《左传》,对照《诗经》,发现研究《诗经》的学者李辰冬先生的巨著《诗经通释》存在不少问题:一、史实颠倒混淆,如卫武公之误为共伯和;二、通释一书中,误在好用联系,不顾情理。"《竹书纪年》虽有共伯和摄周天子事,然此人与卫武公为二人,李辰冬先生以其同名,和而强牵合之,殊为不当!"③

  8月28日 为写《评李辰冬〈诗经通释〉》,逐字逐句将其大作仔细读了一遍。"果然又发现一义甚重要。即卫之漕唐改白马县又名曹,则《诗经》《左传》均未错,齐桓公与诸侯封卫于楚丘,余昨日尚以为楚丘在曹县(古之曹国),今乃知即在漕地,楚丘亦在卫境也。盖卫之首都本为朝歌,为狄人残破不可复居,唯有以漕为复国地耳。"④

  9月17日 尽管天气炎热,读书著文兴趣不减,每日伏案,不觉得累乏。午睡后"查广文版《十三经注疏》《诗经》鄘、邶、卫部分,颇有所得。唐、卫为晋诗,则余在新加坡南洋大学所作《诗经通论》谓晋楚无诗,小国如曹、桧有诗,须改为大国如楚无诗矣"⑤。

  9月19日 读《"中国"时报》,认为新闻界"对鲁迅孙子⑥来台事渲染之极……令飞之来,必引起台湾轰动,而别有用心之文人,可借此大谈鲁迅,鲁迅宣传必将活跃一时"。

  10月14日 自8月初起意撰《评李辰冬〈诗经通释〉》以来,经历两个多月,查

---

① 苏雪林:《我的父亲》,刊《"中华"日报》副刊,1982年8月5日。
② 务滋:苏雪林父亲苏锡爵堂弟苏锡眉的女儿,自幼随父亲在上海生活,后嫁报界名人、《大公报》社长费彝民。
③ 《苏雪林作品集·日记卷》第11册,台湾成功大学教务处出版组,1999年版,第144页。
④ 《苏雪林作品集·日记卷》第11册,台湾成功大学教务处出版组,1999年版,第152页。
⑤ 《苏雪林作品集·日记卷》第11册,台湾成功大学教务处出版组,1999年版,第163页。
⑥ 指周令飞(1953—),周海婴之子,1979年赴日本留学,1982年9月与同在日本留学的台湾台南市富商女张纯华相恋,乘飞机到台湾。

阅相关资料,补充诸多论据,费时甚多,仅李著《诗经通释》三十多万字,就细读两遍,方才撰成近三万言长文,自信文中所言,皆经细心考释之确凿之语。

11月7日 收到《联合报》痖弦寄来《三十年新文学》六大册。检目录,是书选苏雪林文四篇。

12月7日 "阅时报,见蒋彝之子蒋行健撰《我的父亲》一文,言蒋彝赴英时英文粗通而已,其后竟能用英文写作,并一连写了二三十本书,真奇人也。蒋彝之著作半中半西,并不算好,不及徐悲鸿远甚。而其书法则可观。又蒋与徐悲鸿亦为好友,其子以所藏照片及书画贯串为一文,亦尚可读。"①

12月11日 美国侄媳王庆娥转来居黑龙江养子张国祚的信②,并附其小照。从信中知,昔在苏州、上海的房子③,或贱卖,或充公了。

12月16日 台湾文镜文化事业出版公司寄来刚出版《犹大之吻》五十本。此书是为反驳唐德刚所撰《胡适杂忆》而写。苏雪林在该书《引言》中写道:"胡大师在世时尝引明贤吕坤名言:'为人辩冤雪谤,是第一等的天理。'不过他又屡劝人'不可轻动正义的火气',就是区区的我,也曾好几次当面承爱他老人家这项训诫,现在写述此文,似乎有违师训,但若非唐书糟蹋胡大师太离谱,我这正义的火气也不会轻动的。"

1983年 八十六岁

1月8日 寄《犹大之吻》两本给胡祖望,一本赠他,一本请他转寄哥伦比亚大学图书馆。

1月12日 林海音偕女夏祖丽来访。商谈将原台湾广东出版社出版的《二三十年代作家与作品》改由纯文学出版社重排。林海音细阅过二三次,并校正错误多处,其耐心精神可佩。祖丽拍摄了多张彩照,拟将在《"中央"日报·晨钟》副刊上写"老作家苏雪林近况"。母女逗留二小时,郑重道别。

---

① 《苏雪林作品集·日记卷》第11册,台湾成功大学教务处出版组,1999年版,第206页。
② 张国祚(1934—):黑龙江齐齐哈尔市退休教师,他是张宝龄长兄的儿子,自幼过继给张宝龄、苏雪林夫妇。
③ 上海的两处房子,是张馀三所置,一在武定路武定坊60号,一在吴淞路。另苏州葑门百步街12号的一座楼房,是1927年张宝龄买地皮自建的。

1月15日　下午台南四位中学女生谢春娥、张美珠、浦珠华、杨雅雪来寓,谓读了教科书上《秃的梧桐》后,慕作者本人而欲一见。延至客厅,以茶点招待,四人皆稚气未脱小女生,怕羞不大爱说话,笔谈一阵后离去。

1月28日　自十四日校阅《二三十年代作家与作品》以来,除写必复之信外,所有时间都用在伏案翻书改字上,费半月工夫,终将此书校完,改正了不少所引外文书名、人名之错误。校书本难,校自己文艺创作之文尚易,校集合体学术性论文则费手脚,犹如扫落叶,真有越扫越多之叹!

读《"中国"时报》,"见无名氏有《我与赵无极》一长文,是因《联合报》载陈长华记赵无极否认无名氏曾与其妹赵无华恋爱事而发。此文对无极甚不客气,说他以巴黎画坛大师自负,目空一切,又说他势利气、市侩气;又说自己三十余年前与无极妹谈恋爱,无极在巴黎一无所知,以后当与永绝来往云云。前不久无名氏撰文介绍无极,吹得天花乱坠,今又丑诋之,如此反覆,无乃太甚"[①]!

2月22日　李政道博士自美至台奔母丧,住台北兄弟李崇道家。取《犹大之吻》三本,题签包封,挂号寄给台北李崇道,一自留,一赠李政道,一请李博士转交吴健雄博士。

3月9日　台湾"商务印书馆"寄来刚出版的袁昌英遗著《孔雀东南飞及其他独幕剧》十本,十分高兴。自一年多以前就想将亡友袁昌英教授1930年出版的这本书重印,无奈因战乱播迁,原书已难觅。几经周折,驰函美国李又宁女士借得此书复印,才于五十年后得以重新面世。此书初版时,袁昌英在扉页上写有"此篇赠雪林以纪念我们这一年来的友谊"。

此次《〈孔雀东南飞〉及其他独幕剧》重刊本,共收三幕剧《孔雀东南飞》、独幕剧《活诗人》《究竟谁是扫帚星》《前方战士》《文魂》《人之道》。书前有苏雪林所撰重印序文,附录收苏雪林祭袁昌英文两篇:《哭兰子》与《谈袁兰子的晚景》。

3月21日　看《"中国"时报》有余英时评论陈寅恪文章,谈到陈论史注重经济,以为经济可决定一切。"余未读陈氏全集,惟一个博通无数种语文之学者,仅仅写了几篇文章,而其文又如《再生缘》《弹词》《柳如是别传》等,成就未免太小,如此则学问虽博,亦不过两脚书橱耳,何足道哉?"[②]

---

① 《苏雪林作品集·日记卷》第11册,台湾成功大学教务处出版组,1999年版,第238页。
② 《苏雪林作品集·日记卷》第11册,台湾成功大学教务处出版组,1999年版,第273页。

3月29日　今收到信件、书七份,其中有阮毅成寄《三句不离本杭》一册,当即饶有兴致地读了。"余出生于瑞安,长大于兰溪、金华、仁和、钱塘,光复后始归安徽省太平县之岭下,亦可谓半个杭人。书中言政治机构,各级学校我不感兴趣,所感兴趣者为西湖各庄。忆余曾游过高庄、宋庄、刘庄,以刘庄布置最佳,阮书所言尚有廉庄(吴芝瑛丈夫所居)及其他数庄则毫无印象矣。"①

4月3日　张大千先生昨日八时十五分逝世于荣总医院。今天报纸以大篇幅报道去世详情。

"大千之画固佳,但余所不喜者树干直上分为枝丫,树叶皆在树丫后;又好喜蓝翠泼墨,处处殊不似真山真水。闻本月5日其《庐山图》将运来台南体育馆展览,定要去瞻仰一下,希望能印为缩本,我将购之。"②

4月5日　静宜大学颜淑婉③小姐来,留之午餐。饭后同去体育馆看张大千《庐山图》。此画长三丈,高六尺。据云"大千曾爬在画桌上挥毫,画了差不多两年才完成。买了张髯(即大千)明信片三包,每包二十元,二元一张,可谓便宜之至"④。

4月14日　唐亦男来告,台湾师范大学戴维扬先生精研希伯来、希腊文化,颇赞同苏氏《屈赋论丛》中的"中国文化外来说"观点,希望戴先生文章能早日问世。

4月15日　读香港友人吴天任(荔庄)寄来所著《黄公度传》。此书四十余万字,必须费几日工夫才能读毕。

4月19日　《黄公度传》粗读毕,改看钱萼注《人境庐诗草》。公度为诗,用典太多,不熟悉掌故,读着甚吃力,时人呼之诗为"硬黄",即其诗硬得咀嚼不动。读到其锡兰岛卧佛诗,诚为公度诗草压卷之作,"所谓中国诗界空前绝后之巨制,中国旧诗有公度为押阵大将亦足以豪矣"⑤。

5月4日　读《新闻报》上消息云:"美国旧金山梁姓侨领收藏史可法遗像及亲笔家书(据旅美古物鉴定专家陈世材博士考证其为真迹),称为史之绝命书。袁枚集

---

① 《苏雪林作品集·日记卷》第11册,台湾成功大学教务处出版组,1999年版,第278页。
② 《苏雪林作品集·日记卷》第11册,台湾成功大学教务处出版组,1999年版,第283页。
③ 颜淑婉(1962—　):台南市人,静宜大学毕业,现任台中市五权中学教员,因喜爱古典诗词,与苏雪林结缘,晚年的苏雪林得到其不少照顾,昵称颜为"小朋友""小诗迷"。
④ 《苏雪林作品集·日记卷》第11册,台湾成功大学教务处出版组,1999年版,第284页。
⑤ 《苏雪林作品集·日记卷》第11册第,台湾成功大学教务处出版组,1999年版,292页。

中有五律四首①,拟据以撰小文。"②

5月5日 昨下午兴致颇浓,撰有关史可法绝命书的文章。今又费整日之工,将《袁枚题史阁部遗像及家书》文誊毕,约三千字,寄《新闻报》魏端。

5月7日 写四页长信致费海玑,讨论孔尚任的《桃花扇》,乃知侯、李的恋史大半虚构。"费文说《桃花扇》并不寓民族思想,余则谓民族思想极其浓。《桃花扇》一剧,若说是记侯、李恋史,不如说是深寓明朝灭亡之悲痛,剧之结局借一说书家之口唱出一套苍凉悲壮的《哀江南》,谓《桃花扇》如此而作亦无不可。余又引郑板桥《吊史阁部墓》词一首,以与袁枚《题僧诗》并论,袁、蒋、郑皆生于清代,为清之官员,而一触及民族思想便热血沸腾,目眦欲裂,可见此种情感根于天性,非外力所能压抑与摧残。"③

午后收到侄媳王庆娥自美国转来的大陆经世信及"大陆论及我之剪报一张,那张剪报是从合肥报纸剪下④,字数不多,但介绍我之履历及著作甚为正确,亦难得也"⑤。

5月12日 《新闻报》副刊发表近日所撰《袁枚〈题史阁部遗像及家书〉诗》,甚慰。唯对报纸校对马虎,错字甚多,表示不满。

6月11日 昨晚看"华视"武侠剧《玉女神笛》,剧中有主角叶无欢怒杀盗取紫河车丁淮的情节。为厘清紫河车的来龙去脉,上午在书房撰《由紫河车谈到吃人肉》。文中说:"道家烧丹炼汞,有所谓紫河车者,系用什么圣石置于沸水中熬煮,而成姹女,即是真汞,其色有青白赤紫之异,各以其名为河车,紫者即名紫河车……妇女产子,婴儿胞衣颜色亦稍不同,胞衣作紫色者,相传此儿后必贵。""胞衣后来又被人采为大补之药,因以色紫为贵,无意间竟和丹汞家的紫河车混同其名,而使胞衣蒙上许多神秘色彩了。"⑥

7月1日 女作家刘明仪(笔名朴月)受《联合报》副刊之约,专程赴台南采访,

---

① 此指《袁枚全集·小仓山房诗集》卷二十《题史阁部遗像四首》。袁诗有序云:"像为蒋心馀太史所藏,并其临危家书,都为一卷,书中劝夫人同死,托某某慰安太夫人。末云:'书至此,肝肠寸断。'"
② 《苏雪林作品集·日记卷》第11册,台湾成功大学教务处出版组,1999年版,第302页。
③ 《苏雪林作品集·日记卷》第11册,台湾成功大学教务处出版组,1999年版,第304页。
④ 此剪报为沈晖1983年3月7日发表于《合肥晚报》副刊的《女作家苏雪林》一文。
⑤ 《苏雪林作品集·日记卷》第11册,台湾成功大学教务处出版组,1999年版,第304页。
⑥ 此文见1983年8月6日《联合报》副刊。

以写"作家的书房"专文。上午来笔谈,并在客厅、书房拍照片数张,留餐。午后别去。

8月6日　为亡友袁昌英所编《袁昌英文选》已由洪范书店排字毕,来函嘱作序文。

9月6日　自8月29日开始写《〈袁昌英文选〉序》,断断续续写了七八天,得五千言。苏雪林在序文中说:"'国立'武汉大学袁昌英教授遗著《〈孔雀东南飞〉及其他独幕剧》,今年春间已由'商务印书馆'重版发行,现在洪范书店又从她《山居散墨》《行年四十》《太平洋杂志》和其他几种刊物里选出文艺性的散文及学术评论约廿篇,定名《袁昌英文选》预备公世。这真是我们文艺界莫大的喜讯,而忝为袁氏故友如我者,更为之欣跃万分!承书店主者以作序之事相委,安不可不为一言?"苏雪林十分推崇袁氏的学问,尤其是她的文艺批评:"这本文选的后半部是九篇文艺批评。在这几篇文章里,我们不能不承认袁教授是个有着真才实学的人,和我们这种'空头文学家'实是大异其趣。她在英国爱丁堡大学五年的苦学,法国巴黎大学两年的进修,真个像我在另文中所说的她'扎扎实实填了一肚皮的学问'。她于西洋古典及现代的文学与其有关的各种学术,既聆受当代名师的教导,自己又博览群书,寸阴是惜,孜孜不倦,是以能含英咀华,融会通贯,发而为文章,既有深厚的学力做底子,文字的结构也多层次,多襞襀,一句话蕴含甚大的智慧,一段文字表现许多思想,与我们原来所有平铺直叙、浅豁呈露的文体颇不相同。读本书中的《论戏剧的创作》《墨特林的静默论》,若非仔细寻绎,再三玩味,是难完全了解的。笔者教学生国文,每主张先从艰深入手,所选多类似《盘庚》《大诰》一种文体,学生初虽叫苦,后必得益。因为解决盘根错节问题的能力,若能养成,那些平常的自然迎刃而解,行所无事了。"

10月8日　近读《周作人文选》。"周文我以前颇爱读,现在则觉有些反感,因他深中日本人轻蔑我国人宣传之毒,一下笔,鄙视中国一切之意,便不知不觉流露也。"①

又"对其为人虽不如对鲁迅之憎恶,而亦不甚喜,理由因他失身事敌,昧于民族大义,而其文字除拥护民俗、神话、童话者,言中国民族性总是一派历史轮回论

---

① 《苏雪林作品集·日记卷》第11册,台湾成功大学教务处出版组,1999年版,第377页。

也"①。

10月10日 批评李辰冬先生《诗经通释》的长篇论文《诗经与尹吉甫》完成,分上下两篇,计四万余言。上篇内容:甲、尹吉甫的身世;乙、尹吉甫的三大役;丙、尹吉甫与仲氏的恋史;丁、尹吉甫的传后论。下篇内容:甲、《诗经》史实问题;乙、《诗经》里的文物制度问题;丙、李著中的原理法则问题;结论。

10月11日 下午读《"中国"时报》,第五版载"有大陆考古家在浙江、山西发现五千年前或四千余年前花生化石,谓花生乃美洲特产,中国四百年前由西班牙人携来种子,我们始知种植,今五千年前即有化石,则必有人前往美洲携回者。又,纪元前三百年四川某古墓发现玉米粒,玉米亦美洲产物也。余即写一信与卫大法师(编者注:即卫聚贤先生),劝其借此作文为自己学说宣扬"②。

10月15日 "国立"编译馆熊应举先生寄来"菲华中正文化奖"审查稿《中国经书与犹约对照》③,此稿宣扬中国儒教文化,厚达四百七十余页,约四十七万字,又要费眼力"为他人作嫁衣"了。

10月22日 为《中国经书与犹约对照》写审读意见书,下笔颇顺畅,一口气写了近三千字,能为年老能挥笔而欣喜。

10月23日 接武大校友会会刊《珞珈》主编蔡名相函,告知《袁昌英文选·序》,已刊在10月份《珞珈》上。

10月28日 读尼采《苏鲁支如此说》,觉得尼采实为狂人,其思想偏差太过,喜走极端。"第一次世界大战威廉大帝谓德意志第一,须统治世界;第二次世界大战希特勒谓德民族为优秀民族,等于超人,而犹太民族则为贱民,宜加消灭,遂有杀害六百万犹太人之举,尼采学说实阶之厉也。"④

10月29日 从报上看到"刊有数万年前石器时代维娜斯刻像一座。那石像腹大如五石瓠,胸前双乳好像悬挂着的两只酒坛,臀部也大得出奇,头上似戴一绳编之帽,遮蔽几至颔下,其面目如何,不可辨认"⑤。由此联想到第二次留法时,曾在法国、意大利古物陈列博物馆见到各种各样维娜斯雕像,遂动起写《古人以胖女为美》

---

① 《苏雪林作品集·日记卷》第11册,台湾成功大学教务处出版组,1999年版,第394页。
② 《苏雪林作品集·日记卷》第11册,台湾成功大学教务处出版组,1999年版,第396页。
③ 犹约,即犹太教《圣经》新、旧约。
④ 《苏雪林作品集·日记卷》第11册,台湾成功大学教务处出版组,1999年版,第406页。
⑤ 《古人以胖女为美》,收在苏雪林《通斋随笔》中,台湾"中央"日报出版部,1989年版。

的文章。检旧作《天问里的三个神话》,又查威尔斯《世界史纲》,开始起草《古人以胖女为美》。

11月1日　誊抄《古人以胖女为美》,全文抄满六大张稿纸(每张六百字),计三千六百字。

11月24日　得《联合报》副刊主编痖弦信,《古人以胖女为美》已刊本月19日《联合报》副刊,痖弦居然找到唐代塑像、画像胖女各一幅配发,颇难得。

12月11日　每年圣诞来临前,大写特写贺卡及书信。连日已致在美国的谢冰莹、方君璧、杨安祥,在英国的凌叔华长函。又写贺卡致林宝权、石蕴伟、林以文、汪珏、吴义方、李又宁、王德芳、王庆娥8人。

12月20日　郭冬吟小姐携金橘、枣子、日本米糕四条、香烟两盒来东宁路看望,十分感动。"郭云下月将与黄瑞麟结婚,要我贺联一副,将她及未婚夫名字嵌入,余初难之,及郭去,得上联。下午睡起,得下联,曰:冬来吟兴春风暖,瑞应周南麟趾祥。"①

12月22日　上午一女生持女作家刘明仪便函来访。女生出示名片为《文讯》杂志及《自立晚报》记者林佩芬(东吴大学中文系毕业)。此次南下访作家,欲为报刊撰写"作家读书记"专稿,出录音机及纸笔,询问启蒙时代及学校读书事。

1984年　八十七岁

1月8日　"上午收到刘明仪限时信及昨日《联合报》副刊周末版剪报刊发的长文《宇宙大轮回》。主编痖弦先生为之分段,各缀小标题,又托人绘回马灯式插图一幅,大为生色。"②

《宇宙大轮回》为五千字长文,全义分《宇宙始于大大的一声'嘭'!》《中外轮回大竞写》《世事千变万化都有一定的模子?》《两则有趣的笔记故事》四部分。关于撰写此文的动因,其在文章开头说得很明白:"1978年诺贝尔物理奖得主罗勃·威尔逊(Robert M. Wilson),应中国物理学会及天文学会之邀,来台演讲,沈君山先生任翻译。这是去年10月下旬事,现在讲也讲过了。我素好天文之学,每遇这种资料,必

---

① 《苏雪林作品集·日记卷》第11册,台湾成功大学教务处出版组,1999年版,第436页。
② 《苏雪林作品集·日记卷》第12册,台湾成功大学教务处出版组,1999年版,第5页。

加涉猎,无缘到台北听讲,只想报纸上或有他的全部讲演辞,偏又没有看见,深为可惜。据沈先生在报上介绍他所讲的是混沌初开的问题。这问题却也真大得可以。"

2月7日　早晨收到台北《文讯》杂志(台湾"文艺家协会"主办)林佩芬限时信,云2月11日下午三时开作家联欢会,诚邀赴会,且林表示亲自来台南接。踌躇再三,还是应允,因已三年未到台北了。

2月11日　上午与苏淑年赴仁爱路三段,探望曾虚白先生。忆与曾氏父子相交五十余年了,今与虚白皆垂垂老矣。谈了许久话,由其女助手拍了数张照片,乃告辞。

下午往《文讯》参加联欢会。会场在《文讯》杂志社楼上,四壁布置作家照片及手稿,看来是精心准备的。到会作家及文艺界熟人甚多,有杨炽昌、张墨人、赵友培、龚声涛等。

2月12日　台北微雨而寒。上午取昨日林佩芬赠《文讯·抗战文学口述历史专辑》,先看专辑中己作《四十转变,砚田丰收》,幸少错字。继看几位熟人如任卓宣、梁实秋、谢冰莹、张秀亚等人文章。

下午刘明仪、林佩芬陪同赴忠孝东路八十二号参加《"中央"日报》副刊举办的茶会,男女宾客五百余人,诸多熟人于此一晤。曾虚白先生应邀发言,并展示其父(孟朴)于半个世纪前手书赠苏梅女士二绝墨宝。会后集体参观女作家书法展。

2月13日　作家叶蝉贞、张秀亚做东,邀姚葳、林海英、苏雪林、王琰如、林佩芬、刘明仪等台北女作家一聚,甚为开心。

2月14日　妇女写作协会总干事邱七七,安排女作家游览石门水库。四十余人包乘一辆大巴士,在细雨中游览。不仅会见了许多老朋友如刘枋、郭晋秀,又认识若干女作家如席慕蓉、赵淑侠、丹扇等。回程时,又至慈湖谒蒋公灵。

2月17日　上午乘"国光号"高速公路快车回台南,林佩芬小姐一路护送,平安抵家。

2月25日　撰《贺曾虚白先生九秩寿诞》,计八百字。

2月29日　收到李立明寄来所著《六百作家小传》一厚册,先看所记自己的一篇,错误甚多,且知大陆某日报登载关于苏雪林资料,乃抄袭李书。

3月11日　老来购书兴趣仍未减,日前邮购古典文学社《中国上古神话演义》四大册及柳存仁《中国文学史》等书,今寄达,竟看得入迷,尤其是四大册演义,引用古籍颇多,甚获其心,对研究神话大有裨益。

3月16日　得《文讯》社函,该社拟举办作家书画展,嘱寄作品一二件。又,香港李立明函索张宝龄生平资料。

3月20日　唐亦男来告,成大中文系毕业生陈登山考入东海大学研究所毕业,突遭车祸而亡。唐将率诸生赴台中吊丧,请代撰挽联。旋即在书房撰就两副。

一代唐亦男撰联:

玉楼超召壮志未伸,伤心话长吉;
杏坛无光斯文天丧,拭泪叹颜回。

一代中文系诸同学撰联:

竿头再上劝学有年,相期成大器;
长才未展半途摧折,无语问苍天。

3月25日　今天是周日,来客不断。先是程汉槎、瞿毅二君自彰化来,后有《民生报》蔡淑玲小姐来做专访。至十二时,有车来接至台南赤崁大饭店,见楼下红烛高烧,红花怒放,且设寿轴于正厅,初疑为他人办寿筵,及至尉素秋到,唐亦男才说:明日为农历二月二十四日,为苏先生米寿,今办此席为老师暖寿。此次贺寿,是唐亦男发起并操办。饭桌中央放置成大中文系送金牌一枚及数层大蛋糕,甚为热闹,颇令人感动。

3月26日　上午读顾颉刚《古史辨》第一册。闻门铃声不绝,启门视之,乃周应龙先生委托台南《"中华"日报》社詹俊文先生送来大蛋糕一个。下午中文系来了男女学生七八位,切蛋糕招待。

4月4日　为《文讯》征集函,拟绘画两幅,将数年未动之画笔找出。"裱成纸绘画,果然甚好,惜手腕多僵,眼睛又昏,画不出名堂……今日作画似比昨日有进步,我不作画已有三年,而年龄又如此衰老,则其笨拙亦无怪,勤加练习或可恢复旧时程度之半。余尚有野心,集所有拿得出之画百余幅,到台北开一画展,然后选数十幅印之。"[①]

[①]　《苏雪林作品集·日记卷》第12册,台湾成功大学教务处出版组,1999年版,第55页。

4月5日　早晨散步三圈,早餐后读报毕。"寻出巴黎带来画纸一张,试作《黄山图》。图乃据昔年郎静山所摄,峥嵘奇峰之下,枫树数株,殊不相称,宜改为松柏之类。今日以洋纸画此奇峰。"①

4月7日　昨日临自己昔日《黄山西海门》,又将海崖加画水波。"自绿柜中寻出大狼毫、小狼毫各一支,用以作画,果然趁手得多。"此画"已大体完成,唯天空渲染,寻不到君璧送我排笔。此种厚洋画纸又沈不开,故踌躇不敢下笔"②。

4月10日　早餐后,寻出德国颜料两盒,"将那幅《黄山西海门》加以修饰,如将右边山岭加深,庶左右可以对称,海门内亦加几座小山,果然比前不同"。检出《说文诂林》,摹"黄山西海门"五篆字题于画上,当可寄出。"此画自4月6日开始,虽仅一天即大致告成,而点染修改则费时四日半……自去年起双脚无力,手腕亦摇颤,以为从此不能作画矣,乃试画之下,居然恢复旧时功力。"③

收拾画桌,整理画具,竟然得颜料二盒,一为前年女画家华之宁所赠,一已干涸,弃之。又于笔筒中得杨振华所制大兰竹狼毫一支,"此物当是在新加坡时,陈致平夫人嘱余在香港买者,久插小寝室笔筒二十余年"④。

今日在寄出二画上各题五绝。

西海门云:

海门自天开,峰峦如云簇。造化钟神秀,丹青摹不足。

海石云:

奇石海上生,攒三复聚五。狂涛撼不动,峥嵘自千古。

4月13日　"今晚将前年用台湾宣纸所画未成之山水加以渲染,居然可观。余对山水画现在已知画法,即线条要粗,胆子要大,惜我尚为文字债牵缠,不然专心作

---

① 《苏雪林作品集·日记卷》第12册,台湾成功大学教务处出版组,1999年版,第55页。
② 《苏雪林作品集·日记卷》第12册,台湾成功大学教务处出版组,1999年版,第56页。
③ 《苏雪林作品集·日记卷》第12册,台湾成功大学教务处出版组,1999年版,第58页。
④ 《苏雪林作品集·日记卷》第12册,台湾成功大学教务处出版组,1999年版,第58页。

画,练习一两个月,必有突破之佳境。"①

4月15日　收到方君璧自瑞士来信,至感至慰。君璧自患癌症在美手术后,稍作休息,又至巴黎开回顾展。"画展开得十分圆满,第一天延请巴黎政界要员(法国文化部长、教育部长与社会名流)三百余人,供以精致糕点并香槟酒,皆大欢喜。第二天为博物馆之亲友,亦二百余人,余总疑君璧病后身体不支,或有变故,今乃释然矣。"②

4月18日　画债已偿,将专心写几篇文章,尤其是《新闻报》魏端所约五四之应景文章要赶紧完成。"自月初开始作画,似乎身体稍为轻便,兴致也高了不少,将这几笔文字债偿毕,当专心作画练字,作为生命之转折点,另开一个世界。"③

4月20日　今年元月,"中央"图书馆来索要各历史时期照片(该馆收集作资料),今日该馆张锦郎先生今天送还大小照片三十五张,云皆已重拍放大,特送还原件。

《"中央"日报》《"中国"时报》《联合报》《民生报》等大报皆报道郎静山、苏雪林将于本月29日赴台中市受"资深文艺奖",配发二人照片及简介。

4月24日　开始撰裴普贤教授所著《诗经欣赏与研究——第四集评介》。"糜文开、裴普贤两夫妇于1962年在马尼拉教授华侨青年的中文,便开始《诗经》研究。因其途径独辟,方法新颖,大受学生欢迎……1964年《诗经欣赏与研究》由三民书局印行,学术界推为《诗经》研究中之杰构,群相传诵,不胫而走。1969年出版第二集,1979年出版第三集。糜文开先生不幸于1983年病逝。夫人裴普贤教授哀痛之余,继承文开先生遗志,独立完成第四集出版。《诗经》三百零五篇,他夫妇两人共译注二百二十五篇,普贤教授现又独立完成八十篇,三百零五篇已全部注译翻译完毕,计算时间,也有二十余载,真是一件伟大工程。"④

4月28日　裴著《诗经欣赏与研究》稿成,"欣赏"与"研究"字数各半,总共三千字。"二十四日写起,共历四天工夫才得此三千字,文思之钝如此,余之写作生活将告终矣。"⑤

---

① 《苏雪林作品集·日记卷》第12册,台湾成功大学教务处出版组,1999年版,第61页。
② 《苏雪林作品集·日记卷》第12册,台湾成功大学教务处出版组,1999年版,第62页。
③ 《苏雪林作品集·日记卷》第12册,台湾成功大学教务处出版组,1999年版,第64页。
④ 见《"中央"日报·文艺评论》专栏1984年5月24日。
⑤ 《苏雪林作品集·日记卷》第12册,台湾成功大学教务处出版组,1999年版,第71页。

4月29日 上午由唐亦男教授陪同赴台中,在滂沱大雨中于九时许抵台中车站,成大毕业生程汉槎驾车来接,直驶入颁奖会场——双十路文化资料中心。观礼者济济一堂,坐满大厅。上台与郎静山先生点首为礼,此次"资深文艺奖"仅授予九十六岁摄影大师郎静山与八十七岁文坛名宿苏雪林两位前辈。

4月30日 日前接台北"文协"通知,为纪念五月四日文艺节,"文协"举办第25届文艺奖颁奖大会,遂决定明日赴台北。

5月4日 刘明仪小姐中午来苏淑年家,餐后陪伴赴台北长沙街英雄馆中正厅文协颁奖会场。此次颁发"荣誉文艺奖"10人,计有苏雪林(散文创作)、谢冰莹(小说创作)、黄君璧(国画绘画)、郎静山(艺术摄影)等。由"文复会"副会长陈立夫向每位颁发"文艺奖章、奖状"。

会场上遇陈致平、邵梦兰、叶蝉贞、王琰如等,画家"王蓝携其新作水彩画集送蝉贞、琰如及我各二册"①。

5月7日 热热闹闹地在台北度过四天半时间,回台南后,写信致谢冰莹报告颁奖盛况。上午十时,成世光②主教来寓,携来一大镜框,框中嵌罗马教宗保禄二世照片,以法文撰写并签名,祝颂苏雪林八十岁生日降福状。

5月14日 南洋好友邢广生至台南看望。云南洋有人欲购苏雪林画,问有现成画作否。遂取出大小四幅,广生以台币一万二千元(合美金三百元),购去四幅。又约回南洋后,如仍有人欲购,当寄购者姓名以备题款。

5月19日 购《胡适年谱长编》今日寄到,迫不及待拆包拜读,一整天竟将第一册二十余万字读毕。

5月24日 《裴著〈诗经欣赏与研究〉评介》在《"中央"日报·文学评论》专栏刊出。

7月13日 近两个月绘画兴趣浓,试用各种宣纸及绵纸或临摹(以《故宫名画三百种》为范本)或自创,五日一山,十日一水,画得很慢,却自得其乐。"昨夜已将潘玉良送我之水彩纸一卷,自小寝室床端取出,尚有铝箱重甚,无力提出。今日用玉良纸绘高克恭《云峦飞瀑图》,纸面太硬,水墨又不能晕开,兼以年龄太老,眼昏脑弱,

---

① 《苏雪林作品集·日记卷》第12册,台湾成功大学教务处出版组,1999年版,第77页。
② 成世光(1915—2012):山西省孝义市人,1943年6月晋铎,1960年5月任台北总教区主教,1966年任台南教区主教。

运笔不能如意。"①

8月1日　午后四时许,得信件四份,有"王可之《可园吟草》一本,乃军中退役者所作,签上款为'杜若会长',知系读我发表于《畅流》上《黄海纪游》五古,而得我名者。我黄山诸诗凡获诗友数名,如李猷、王彦,尚有他人,今不记"②。

8月7日　读《新闻报》,知"电影明星李察波顿以心脏病逝世,享寿五十八岁,李察即与伊莉莎白·泰纳离离合合之人,我看过其所演电影不少,乃一天王明星。闻其死,甚为惋惜"③。

上午又读《胡适年谱长编》第八册。"始知《故宫名画三百种》,于1959年用'故宫博物院'及'中央'研究院所藏之名画三百幅,托日本某印刷所翻印一千五百套,共费美金十一万元。张万金等组织一公司,将之包下,在香港推销一千套,日本二百套,余三百套'故宫博物院'理事每人赠一套,政府机关可以半价去买。此画册每套美金一百五十元始敷成本,而孙多慈、方君璧各以美金一百买了一套,余亦在王德芳处以四千元买了一套。"④

8月24日　《工商时报》记蒲留仙事一则。"留仙于《聊斋志异》撰成后,自题一绝,云:'志异书成共笑之,布袍萧索发如丝;十年颇得黄州意,冷雨寒灯夜话时。'此诗余前未见,仅记王渔阳题此书一绝云:'姑妄言之姑听之,豆棚瓜架雨如丝;料应厌作人间语,爱听秋坟鬼唱诗。'似步蒲韵而作。然'之''丝'韵同,末一句'时''诗'则异,未知其故? 以诗神韵论,渔阳远甚。"⑤

8月31日　收到信六件,"其中居然有女高师同学程俊英⑥之学生谢某(注:谢海洋)自美来信询问庐隐事,云李唯建生活不检,庐隐甚感痛苦云云,又云唯建今亦逝矣"⑦。

9月6日　这几天一直在愤慨的情绪中撰写《回忆南京大屠杀的惨剧》,之所以要写这篇文章,其在此文的开头说得很明白:"近来宣传报纸的一件大事,便是日本

---

① 《苏雪林作品集·日记卷》第12册,台湾成功大学教务处出版组,1999年版,第122页。
② 《苏雪林作品集·日记卷》第12册,台湾成功大学教务处出版组,1999年版,第134页。
③ 《苏雪林作品集·日记卷》第12册,台湾成功大学教务处出版组,1999年版,第137页。
④ 《苏雪林作品集·日记卷》第12册,台湾成功大学教务处出版组,1999年版,第138页。
⑤ 《苏雪林作品集·日记卷》第12册,台湾成功大学教务处出版组,1999年版,第146页。
⑥ 程俊英(1901—1992年):福建闽侯人。在女高师就读时与苏雪林、黄庐隐、冯沅君同在一班。生前曾先后在母校北京女子师范大学、上海暨南大学、华东师范大学任教。
⑦ 《苏雪林作品集·日记卷》第12册,台湾成功大学教务处出版组,1999年版,第149页。

人在其教科书及各种有关中日交涉的文件上,将八年侵略我国的战争,改为'出入'中国。又,日本《世界日报》一个记者竟宣言南京大屠杀绝无此事,好像倒是我们捏造出来冤诬他们似的。这不是太无赖了吗?"(见《新闻报》副刊,1984 年 9 月 16 日)文章援引当时(1937 年 12 月上旬)陷在南京城内的教会人士、外籍人员及部分记者虎口脱险后,在后方报纸上发表亲历日军屠城惨剧的文字:有比赛杀人取乐的日本军官,有屠戮平民、奸淫妇女的士兵……一篇篇文章,一幅幅铁证如山的照片,将刽子手们的嘴脸暴露无遗。"自寇兵入城日起,整个南京城天昏地暗,鬼哭神号,鲜血成河,死尸处处,好好一座风光明媚,六朝金粉地,变成刀山剑树,惨绝人寰的修罗场。有人说南京大屠杀,我国人殉难者有三十余万,实则不止此数,有人做严格统计,死者当有四十余万……于今事虽过去了四十余年,我一回想起来,尚不禁热血沸腾,怒眦欲裂。这真是血海深仇,我们万代子孙,都不应忘记的!"[1]

9 月 17 日　撰《我的阅报生涯》,修改润色后,约三千字,拟寄《"中华"日报》副刊。

11 月 1 日　读报。"细阅印度总理甘地夫人遇刺身死,为之怆痛,几为泪下。女子从事最高政治领袖者,有英国撒切尔夫人、以色列梅尔夫人及英印度甘地夫人,政声皆不恶。柴契尔前数日遇炸,幸未死,梅尔亦曾遇刺,而甘地夫人则亡,何不幸也!"[2]

11 月 30 日　旅台安徽同乡会创办会刊《皖声》,已出创刊号[3]。今日撰讫《皖声》征文《我的故乡——岭下》,寄台中《皖声》编辑部。

1985 年　八十八岁

1 月 3 日　作家叶蝉贞年前寄来新作《欧洲艺术之旅》,详细记其旅欧之感,嘱作文评介。新年几天,每日除读报外,整日读其书。

1 月 16 日　"午睡起,得《皖声》第 2 期,其中有介绍我之文章,《我的故乡——

---

[1] 《苏雪林作品集·日记卷》第 12 册,台湾成功大学教务处出版组,1999 年版,第 149 页。
[2] 《苏雪林作品集·日记卷》第 12 册,台湾成功大学教务处出版组,1999 年版,第 186 页。
[3] 《皖声》为安徽旅台各县市同乡会创办于 1984 年,"皖声"二字为杨亮功先生所题。《皖声》当时的社长为陈涛,总编辑为崔百城,发行人为汪遵谋,社址在台中市平等街一百六十四号。该刊由旅台各县市同乡会认订,赠给旅台安徽人。

岭下》亦刊出。《皖声》颇有精彩文字,遂展读之,如皖中伟人周瑜、九华山(名胜)等。"①

1月25日　左营海军总医院派上校军官吴鸿源携车至东宁路苏宅,欲接苏雪林赴高雄左营,因海军中校万伯渊②弥留之际,告身边人,已亟欲见苏有事相托。

在病房见万伯渊,已奄奄一息,但神志清晰。四十多年前苏雪林见到他是在乐山,那时才十二三岁(万父乃武汉大学机械系教授,与张宝龄既是同乡,又同在机械系任教,故相过从);二十多年前在台北见到时,他已考入海军成为士官生,未料想,终生未婚献身海军的万伯渊竟病入膏肓。在万君的首肯下,苏雪林在病榻前于事先拟好的遗产捐助书上签了名。

2月1日　"收到香港古剑来信,附复印施蛰存所撰关于我短文一篇③,始知此君尚在人世,唯患肠癌恐亦不久矣。文中所言离开大陆前曾赴暨南大学看他,送他善秉仁著《1500种近代中国小说与戏剧》,则完全虚构。"④

2月7日　去年为鼠年,曾在《新闻报·西子湾》副刊上发表《子年谈鼠》一文。"今年属丑,旧历年关未过,已读到若干谈牛的文章和看到若干牛画了。所以我也来写篇关于牛的文章。"⑤

2月8日　收到万伯渊两位同事吴鸿源、刘世中限时信,云万君已于昨日凌晨去世,遗言将遗体捐海军总医院作病理研究。

2月9日　复万伯渊同事吴鸿源信,请他速寄万伯渊生平资料,以便为其撰写碑文及纪念文章。

2月22日　万伯渊下葬期近,海军通讯电子学校欲为万伯渊立碑,苏雪林以文言撰墓铭,其辞云:

　　伟哉万公,人中豪雄。痛恨国破,早岁从戎。

---

① 《苏雪林作品集·日记卷》第12册,台湾成功大学教务处出版组,1999年版,第228页。
② 万伯渊(1930—1985):江西南昌人,左营海军电子学校雷达科毕业,遂留校任教,官阶中校。逝世前将毕生省吃俭用百万元无偿捐给学校,作为优秀学生奖学金。弥留之际,与苏见最后一面,并请苏为遗产处理人之一。
③ 施蛰存短文,指发表于1985年1月19日《新民晚报》副刊的《善秉仁的〈提要〉》一文。施文云:苏离大陆前,到沪与他话别,及苏赠《1500种近代中国小说与戏剧》给他。
④ 《苏雪林作品集·日记卷》第12册,台湾成功大学教务处出版组,1999年版,第240页。
⑤ 见刊发于1985年2月22日《新闻报·西子湾》副刊《牛的神话故事——丑年谈牛》。

日我报国,誓志捐身。不以热血,则以忠诚。
夙夜奉公,精研技科。迭有发明,获奖多多。
在军卅载,绝无姻眷。苦积薄饷,累成巨万。
遗嘱归公,俾偿宿愿。用励后进,为国捐干。
复捐遗体,助究病案。爱国爱人,旷世无俦。
青山峨峨,绿水悠悠。泐铭贞石,英名永留。

后意犹未尽,又以白话文撰纪念文章,题目为《书万伯渊中校事》。文中盛赞"他爱国心之热烈真挚及其坚苦卓绝的精神,不但是为军人模范,也足资世人法式"。(此文载1985年3月7日《忠义报》)

3月16日 近半个月来,认真读了文坛新秀林佩芬的长篇《第四乐章》《声声慢》,中篇《一九七八春》,短篇《洞仙歌》《红笺小记》及文学评论等。"愈看愈为惊奇,其文笔警策,洞察綮里,小小年纪居然能如此,诚奇才也。"[1]

4月1日 台北高明偕成功大学施人豪、廖国栋来寓访问。"高明说他曾赴美国某处学术会议,遇见冯友兰亦来会,谈冯沅君、罗根泽逝世事。"[2]

4月26日 "昨晚睡前看《汪石青全集》……汪为吾皖黟县人,黟县在徽州附近,所述景物有和悦洲童埠湖(余所改名为铜波湖),其余景物皆颇熟习。石青为吾皖才子,惜以教族妹琼枝诗而相恋,不克自拔,谣诼纷集,双双自沉于屏山湖,年仅廿七。此事在吾国为乱伦大罪,在西洋则叔侄、从姊妹甚至姨姑皆可为婚,从无此为怪者。其叔岳胡荫南为石青传,言其与从妹共沉事并不稍讳。石青自沉事发民国十六年。"[3]

5月8日 上午读报毕,写一明信片寄台湾"中华书局",催寄《辞海》续编。午后读《罗素传》。"此传撰至罗素八十四岁止,其实罗素活至九十六岁,盖撰传者已逝之故也。罗素曾结婚四次,第一次之妻比他年长三岁,第二次即曾偕罗素来中国之伯拉克女士,第三次结婚未数年而仳离,第四次则为美国一女小说家,罗氏年八十,女方则五十二,似未再离。"[4]

---

[1] 《苏雪林作品集·日记卷》第12册,台湾成功大学教务处出版组,1999年版,第261页。
[2] 《苏雪林作品集·日记卷》第12册,台湾成功大学教务处出版组,1999年版,第272页。
[3] 《苏雪林作品集·日记卷》第12册,台湾成功大学教务处出版组,1999年版,第289页。
[4] 《苏雪林作品集·日记卷》第12册,台湾成功大学教务处出版组,1999年版,第297页。

6月9日 "自六月一日至今共八日半,已写《悼王德芳》《评林佩芬的〈第四乐章〉》《传一个治鬼抽筋方子》共三篇,总计有七千字。"①

6月29日 留法同窗好友林宝权去世,甚为悲痛。"冰莹航笺云:林宝权于五月三十日晚去世,她患癌症已有数年,入院开刀六次,终不免于死,死时享年九十有一,也算长寿。余于其病中岁月未常写信与她,盖她目力已昏,神志亦失,写去未必能读,且恐无所知也。"②

7月10日 "收到晓云法师清凉画展(12期)特刊,展阅之下,乃知是维摩诘示病③特刊。阅其中文字数篇,始知晓云将率华梵师生共作现代佛经变相图,触发我之兴趣,写了三页信给她,言佛经变相者,乃连续画之称,连续画在深知故事者一目了然,否则茫茫不知所谓。但用直线分割,则有伤画面之美,若用山川草木、云光峦气作为隔离,则不着痕迹,可达尽善尽美之境矣。余又想劝她们对人物衣褶线条不可假乎渲染,而必用刚柔合度之线条构成。徐悲鸿有三十六天人画像图,可以取法,即张萱《捣练图》之仕女亦可取法也。"④

7月16日 收到凌叔华寄自英伦的长函,不禁勾起对老朋友的怀念之情。凌在信中倾吐:"我天天想念你,尤其记得我们在武汉末年及乐山末一年,彼此甘苦相关,可哀可乐的情况,尤其思念兰子,她是情感很深沉的人,她常常含了泪来报告战争情况,又来替朋友们担心,其实她已是自顾不暇了!雪林,你是个有童心的老实人(也是诗人),你所有的岁月,对你不曾留下多少深刻无情的痕迹,因为你会把丑事美化了,你是命运注定的一个诗人。你的童心,美化了人生的丑恶,世上的张爱玲还有不少,望你时常想起我今天的话为幸。长盼你有暇来信。"⑤(摘引自凌叔华1985年7月6日致苏雪林函)

7月20日 方君璧自美国托人带来自绘花卉一幅相赠,驰函道谢。

午后收到缪天华委托台湾"中华书局"寄赠冯浩《玉溪生诗笺注》上下册,当即饶有兴趣捧读。

---

① 《苏雪林作品集·日记卷》第12册,台湾成功大学教务处出版组,1999年版,第314页。
② 《苏雪林作品集·日记卷》第12册,台湾成功大学教务处出版组,1999年版,第326页。
③ 示病,即示疾,谓佛、菩萨及高僧得病。
④ 《苏雪林作品集·日记卷》第12册,台湾成功大学教务处出版组,1999年版,第333页。
⑤ 《逝水浮云曾照影——名家与苏雪林书信选》,台湾成功大学中国文学系,2007年版,第177页。

8月3日　本年10月,为李曼瑰教授逝世十年,纪念文章不可不写,乃摒弃一切,专心构思悼念李曼瑰文章。

8月8日　天气闷热,身体时好时坏,影响文思,断断续续终将纪念李曼瑰文章《曼瑰不死》写完,约四千字,尚需仔细看看,不急着寄出。

8月13日　读《"中华"日报》副刊宗白华文章,知宗氏已逝世于大陆,寿八十八岁。

8月21日　李曼瑰逝世十周年纪念活动定于下月8日举行,《曼瑰不死》一文,压搁七八天,今寄《新闻报》。开始写李商隐诗研究论文。

8月27日　晚在"华视"新闻中知张其昀先生病逝,甚为悽怆。

8月28日　"出门散步,不敢远行,仅在门前直巷来去二番,不过二十分钟。张其昀先生之丧,《'中央'日报》有详细报道,心里有说不出的难过,一个人老而不死,只见亲故纷纷殂谢,真不是味道。写义山《拟意》注文,兴趣颇浓。大约可得四五千字。"①

9月6日　读李商隐《拟意》及《药转》二诗,探得李商隐恋爱之秘,撰《李义山〈药转〉诗》。此文断断续续写了几天,今将煞尾,约有九千字。

"得孙如晨寄来公函②,要我为张晓峰先生写一挽联及挽诗词,余诗思久已枯涩,况如张公之大人物,更不易写。"③

9月13日　为张晓峰先生拟得挽联一副,曰:

赤县竟沉沦,渡海东来,救国万发为教育;
泰山忽崩圮,骑箕天上,遗徽千古仰宗师。

9月26日　考订李商隐《圣女祠》写作时间。

"查地理辞典唐代兴元所在,知在靠近河南之处,今称南郑。令狐楚卒于兴元,其家属及义山护卫其灵榇归长安,不会经过华阳观,因华阳观在曲江旁之永崇县,而曲江则在长安之东南方也。且义山随大队护灵,安能私赴华阳观哉?恩公新丧,悲

---

① 《苏雪林作品集·日记卷》第12册,台湾成功大学教务处出版组,1999年版,第361页。
② 孙如晨为中华诗学社工作人员,故称寄达信函为公函。
③ 《苏雪林作品集·日记卷》第12册,台湾成功大学教务处出版组,1999年版,第365页。

痛方切,又有何心情去访女道士,而为此狎亵之词哉?是知杳霭逢仙迹,苍茫滞客途之《圣女祠》,必非兴元护丧归途之所作也。"①

10月6日 "阅报毕,写《闲谈哈雷彗星》,想在《汉书·天文志》《后汉书》五行、气候等篇,寻觅汉代丞相因灾变自杀事,总找不到。此文于下午睡起后,写到五时许,写完四千余字,本想寄出,又想不如搁一夜再说。"②

10月11日 成功大学化学系教授田明朋试验用稻草、蔗渣、木屑、草皮加水发酵制酒精,进一步再提炼为汽油。"劝其早日写成一简明之书,勿让美国人着先鞭。并奉他所写七绝一首,曰:缩地勘天只等闲,今日法力胜神仙。先生炼出黄金液,从此勋名动九天。"③

10月13日 "魏端原要我写我初回台湾教书、撰文诸事,前日因起了数百字的草稿……遂改写了对台湾现象的几句感言,为社会上盗窃、杀人案件之多、'台独'荒谬言论、对台湾的新希望等,算是来台湾三十多年的切身感受吧。"④

10月14日 在《联合报》副刊上看到刘枋发表《人在佛山》一文,知其晚年生活窘迫。一个颇有才气的女作家,年近古稀,尚在星云大和尚的佛光山讲佛学,依靠佛门讨生活。难道像卖文为生的自由撰稿人老作家刘枋,没有退休金活命,就只能"劣到和尚吃十方,她吃十一方(靠僧界生活)的地步,说来亦可怜也,岂不是台湾的悲哀吗"⑤?

10月17日 收到洪范书店寄来刚印出的《袁昌英文选》,匆匆浏览,甚觉欣慰。有生之年终于能为亡友在台湾编定、出版了一本著作,对得起九泉之下的相交甚厚的兰子也!

10月26日 "魏端寄来稿纸三札,每札五十页,三札共一百五十页,魏附一信,谓余之《哈雷》一文,读者反响颇佳,谓早知苏某博学多闻,不意对于天文学亦有研究,说来如数家珍云云。"⑥

12月4日 近两三个月,一直在写李商隐恋史论文。发现李商隐与两宫嫔飞

---

① 《苏雪林作品集·日记卷》第12册,台湾成功大学教务处出版组,1999年版,第377页。
② 《苏雪林作品集·日记卷》第12册,台湾成功大学教务处出版组,1999年版,第382页。
③ 《苏雪林作品集·日记卷》第12册,台湾成功大学教务处出版组,1999年版,第385页。
④ 《苏雪林作品集·日记卷》第12册,台湾成功大学教务处出版组,1999年版,第386页。
⑤ 《苏雪林作品集·日记卷》第12册,台湾成功大学教务处出版组,1999年版,第387页。
⑥ 《苏雪林作品集·日记卷》第12册,台湾成功大学教务处出版组,1999年版,第394页。

鸾、轻凤(姊妹二人通文墨,前人研究李诗皆未提到)有诗文酬答秘密心迹,甚为兴奋。"对于宫嫔通文墨与李义山传书递简,并能作诗,要李酬答。李许多《无题》,想是该宫嫔强迫的,此为余近日之新发现,甚自喜。"①

12月18日　整天津津有味地读林语堂的《武则天传》。此书十年前购得,今天才有时间读。

12月31日　"回顾这一年,工作成绩等于零,盖初春为万伯渊事忙了一阵,又作画费了两个月光阴,其后又于李义山诗谜看了一本九十万字的论文集②,及冯浩、朱学龄、顾季高、张孟劭的著作,抄了许多笔记。初不知如何安排,后乃渐得头绪,写了四万字论文,算是这一年成绩。"③

1986年　八十九岁

1月8日　学生史墨卿发起筹备"庆祝苏雪林教授写作六十年及九秩华诞"活动,请先生撰写创作及学术研究书目提要。上午即入书斋写已出版各书的内容提要。

1月27日　每年腊月末,高雄外甥欧阳建业照例来台南扫尘,并送年礼。上午建业携青菜、豆腐外,又带来龙井茶叶一包,香肠数串,腊肉一刀,咸鱼两条,柳丁一大袋。嘱其将客厅东壁油画镜框取下,抹去玻璃上浮尘,此画乃孙多慈绘苏雪林着旗袍装的油画写真像④,悬挂在客厅已三十年了。

2月4日　收到《联合报》编辑林焕彰约稿信,恳请撰写《我为什么要写作》,以启发年青一代作家创作。"上午写了三百字,是说我写作中得到学术'发现'之乐趣,我平生所引为得意之著作:(一)《玉溪诗谜》;(二)《昆仑之谜》;(三)'屈赋新探'系列。"⑤

---

① 《苏雪林作品集·日记卷》第12册,台湾成功大学教务处出版组,1999年版,第418页。
② 此指台湾中山大学中文系文学会主编的《李商隐诗研究论文集》,1984年9月由台湾天工书局出版,论文集收两岸知名学者研究李商隐诗六十七篇。苏雪林撰写的《诗谜专家李商隐》入编。
③ 《苏雪林作品集·日记卷》第12册,台湾成功大学教务处出版组,1999年版,第431页。
④ 苏雪林1956年8月自台北师院转至台南成功大学任教,临行前,孙多慈教授(时任师院美术系主任)为其精心绘制着墨绿旗袍,手执团扇,坐在沙发上的写真油画像(60厘米×72厘米)。
⑤ 《苏雪林作品集·日记卷》第13册,台湾成功大学教务处出版组,1999年版,第16页。

2月11日 "今日看自己屈赋研究(即'屈赋新探'第四集《屈赋论丛》自序),觉得很好,今日已写不出。古人大事业每有不能及身完成之憾,而我竟能于未死之前成此巨著,实天之所以厚我者,不容不感。"①

3月13日 《新闻报》载:丁玲于本月四日逝世于北京,享年八十二岁,昔日五大女作家②已去其二(冯沅君女士于1974年6月17日去世)。

3月17日 撰《义山王屋之学道》,全文分为三节:(一)王屋山在何处;(二)义山诗自述;(三)义山学道的动机。

3月20日 读了《李商隐诗研究论文集》后,萌动写《玉溪诗谜》的续编,首先撰《圣女祠与宋华阳》。圣女祠所在的地点,就是义山学道的王屋山,亦即义山钟情的女道士宋华阳修道的华阳观,换言之,圣女祠就是华阳观。全文详细考证了李义山与女道士宋华阳之间一段缠绵悱恻的爱情,将李义山写宋华阳的诗一一点破,条分缕析,丝丝入扣。

3月24日 "将《圣女祠与宋华阳》这篇文章赶完,校阅了一遍,全文共七千四百余字。廿日开始写,今为第四日,实则三天不到,余写文之速,此次为第一,岂回光返照耶?"③

下午将文章以限时信寄《东方杂志》编辑朱建民。

3月29日 日前接到苏淑年信,云台北亲友及诸多女作家们拟为她贺九十寿,于上午乘车赴台北。

下午女作家朴月、林佩芬携蛋糕至苏淑年寓,提前为之庆生(正日为阴历二月二十四日,即阳历4月2日)。

3月30日 赵莹作陪,上午赴曾虚白寓拜访,见其步履维艰,寒温片时,嘱保重。辞别后,又赴王世杰太太处拜谒,赠她《袁昌英文选》二册。

3月31日 中午女作家姚葳盛情邀至其家吃饭,台北市内有九位女作家作陪。餐毕,大家共送寿仪一万二千元。

4月2日 旧历二月二十四日。"今日为余生辰正日,曾虚白先生说一定要来淑年寓相访,先命人送鲜花一大盆,继而曾虚白偕助手王小姐来到,送我走路铝架一

---

① 《苏雪林作品集·日记卷》第13册,台湾成功大学教务处出版组,1999年版,第19页。
② 中国现代文坛五大女作家为冰心、丁玲、绿漪(苏雪林)、冯沅君、凌叔华。
③ 《苏雪林作品集·日记卷》第13册,台湾成功大学教务处出版组,1999年版,第38页。

副(老人扶架由滚轮带动,俗称步行器),坐了一会儿,摄了几张照片乃辞去。"①

"到了十一时半,同赴一枝春接受女作家寿宴,又送了若干礼品。宴毕,乃与海音同赴警察电台。主持广播者为罗兰女士,她说了许多话,我只说了数句,已将届下午三时,乃同赴罗斯福路四段'中国'文艺协会。其地方甚小,会见刘真、郎静山、蒋复璁、阎振兴,尚有数人不忆。女作家甚多,即华严、徐钟佩亦到。陈纪滢主持,余亦说了几句,各方赠眼镜、礼品甚多……陈奇禄所赠大罐并书写'玉瑛延辉',因太重,不便携带,只好留在文协。"②

晚,四妹袁苏燕生自香港乘机飞台北,在国联大饭店开一席盛宴,为姐祝寿,赴宴者为台北亲友苏淑年、施元炎、苏宜生夫妇及苏绍业、雁清夫妇。

4月5日　台北武汉大学校友会同人闻苏雪林教授诞辰,委派殷正慈联络,于中午假台北宜宾大饭店川味菜馆,为苏雪林贺寿。筵开两桌,吴梅村、高翰、殷正慈夫妇及武大校友会多人出席。

午后与四妹及钟鼎文夫妇乘车至阳明山看杜鹃花展,当日为花季展最后一日。满山樱花虽凋,而杜鹃开得尚盛。

4月6日　陈致平先生在报上得知苏雪林北上,一大早即赶到国联大饭店看望,闲话两三个小时,乃辞。

午睡后,与四妹走出饭店散步。"见黄氏(君璧)画展室,入而参观,乃在地下层,悬各家画颇多,亦有徐悲鸿'桂林山水'二大幅、齐白石'虾蟹寿桃',又有本省画家所作乡村景物,甚精细。"③

4月7日　乘"国光号"南归,午后一时到台南车站,经书接车,平安回寓。台北十日,过得甚惬。

4月19日　抄李义山与宫嫔恋爱诗(有关与宫嫔恋爱诗,达四五十首之多),开始撰长文《李义山与宫嫔恋爱史》。

5月6日　李义山与宫嫔恋爱一文太长,拟分上下两篇:甲篇为李与宫嫔相识及其在宫中生活之状况,乙篇为二嫔飞鸾、轻凤惨死之悲悼。两篇文字有一万四千余。今日终写毕。午后蒋震奉文工会宋楚瑜先生之命,携来水果及礼金一万元相赠。

---

① 《苏雪林作品集·日记卷》第13册,台湾成功大学教务处出版组,1999年版,第42页。
② 《苏雪林作品集·日记卷》第13册,台湾成功大学教务处出版组,1999年版,第43页。
③ 《苏雪林作品集·日记卷》第13册,台湾成功大学教务处出版组,1999年版,第45页。

《联合报》记者吴振福、《"中华"日报》记者赵传安、《台湾时报》记者蔡德昌及王玲都来到东宁路寓所,访问兼拍照,济济一堂,直到五时许才离去。

5月18日 收到本期《珞珈》,上刊朱光潜①先生逝世消息,享寿八十七。

5月25日 上午读报后,"写论文,鸾、凤二字又在李诗中抄了几个,乃写隐喻的名字为桃李、梧桐、牡丹等。今日写了三页半,成绩尚好。"②

5月27日 抄李义山《无题》及艳情诗十余首,以证其与宫嫔恋爱之证据。"看《纲鉴》,唐文宗崩年三十三岁,他即位十四年,即太和九年。开成五年,敬宗十八岁遇刺崩,他即位年龄当为十九岁,为敬宗兄,不为其弟。盖敬宗母为王太后,文宗则萧太后,敬宗为嫡出,故得为太子,文宗算是庶出,年长一岁,仅为王子。"③

5月29日 收到李心蕊寄来妇联画刊,浏览蒋宋美龄画的牡丹、兰花等,构图及笔意果然佳妙。

5月30日 入夏以来豪雨大盛,檐溜如注,水沟溢满,庭院花草皆没水中。"台湾这个海岛,有如气量褊狭之人,不能容物,晴稍久闹旱,大雨数场又成泽国。记得昔年居苏州,日夜不停的大雨,经过月余,而长江流域民国二十年大水灾即于是年告成,而苏州一城无恙,因雨水皆沿各河道流入三万六千顷之太湖也。"④

6月13日 写信致《东方杂志》朱建民,推荐六叔苏继卿(原上海商务印书馆编辑)遗著《南海钩沉录》,希望能在《东方杂志》上刊发。

6月30日 开始撰写《玉溪诗谜续编》。先拟写《王德妃与鸾凤》。

7月1日 读张采田《玉溪生年谱会笺》。张氏邃于史学,此笺运用敬宗、文宗、武宗、宣宗四代史册,加以当时官书,甚至金石铭志,可谓用心良苦。李义山卒于宣宗大中十二年(858),只活了四十五岁。但其在年谱中"谓李义山活了四十七岁,余不知是据何书"⑤?

7月10日 "昨日誊写王德妃、庄恪太子,由文宗年龄推算出德妃及庄恪太子

---

① 朱光潜(1897—1986):笔名孟实,安徽桐城人。1923年香港大学教育系毕业,赴英国爱丁堡、伦敦大学留学。1933年回国后任教北京大学,抗战爆发后,任武汉大学外语系教授兼武大教务长,1946年冬又回北大任教。
② 《苏雪林作品集·日记卷》第13册,台湾成功大学教务处出版组,1999年版,第68页。
③ 《苏雪林作品集·日记卷》第13册,台湾成功大学教务处出版组,1999年版,第68页。
④ 《苏雪林作品集·日记卷》第13册,台湾成功大学教务处出版组,1999年版,第70页。
⑤ 苏雪林认为李商隐活了四十五岁是正确的(据《辞源》"李商隐"词条,李商隐生卒年与苏雪林推断一致)。

年龄。太子自杀时当在十五岁以上,然则文宗生他时为十五岁,南北朝帝王多于十四五岁时生子,敬宗崩年不过十七岁半,而已生了一大堆儿女,则文宗十五生子并不为奇。今日又幸在《通鉴》中发现唐妃嫔等级,唐沿隋制,后宫有贵妃、淑妃、德妃、贤妃四等,则王德妃品位尚高于杨贤妃一级也。"①

7月11日 "今日从赵翼《廿二史劄记》寻出北魏、北齐,帝王家人早生,有十三岁即生子者,十五岁者更多,则唐文宗十五岁生庄恪太子不为奇,其兄敬宗十七岁遇刺崩逝,竟有子女一大堆,则为太子时便生子矣!又寻出唐代后妃出身微贱及曾婚者,将宣宗母郑太后拉上。郑太后与宪宗妃太皇太后郭氏有宿怨,宣宗即位,从事报复,致郭太皇太后一夕暴崩,乃宣宗所弑事也……加上这些考证,遂成一篇颇有分量之文。"②

7月17日 今日为大写信之日。先写致王世靖神父,请他本月20日不必来送圣体。又致林佩芬一函,谢她寄赠大著《一代诗僧苏曼殊》。"写一航笺与凌叔华。未写时,觉得很难写,一下笔即挥洒自如,文不加点。下午睡起,写信与方君璧,若来得及则写一航笺与邢广生,晚餐前居然都写成了。计今日所写五封信,三封海外者,每封皆长近千字,皆一挥而就不假思索,可见余之脑力尚不坏。"③

7月20日 成功大学中文系同人唐亦男、陈金雄等与台南开山路天主教堂众教友,假主教座堂为苏雪林九秩寿祝贺。成世光主教备鲜花、蛋糕为贺,并亲书"天锡嵩寿"配以镜框相赠。

7月24日 唐亦男诚邀老师与其明日赴台南县玉井镇南化乡玉山关帝圣堂,参观全台最弘丽壮观的道观。恐参观时相邀作演说,则不得不预先准备,草拟演说稿《道教论》。

7月25日 晨三时半即醒,因昨日写演讲稿,仅写一段,睡不安隐。遂寻出李叔还《道教大辞典》,专心撰文。道教为东汉张道陵开创,其孙张鲁承其教而光大之。"道教乃中国人自己建立之宗教,有三大优点:一、道教无排他性而富容纳性;二、道教保存中国古文化,故一部道藏胜于廿五史;三、道教文学为中国唯美文学。"④

7月28日 阅报知,郎静山赴野外摄影,突遭车祸,同车者死伤数人,而郎仅受

---

① 《苏雪林作品集·日记卷》第13册,台湾成功大学教务处出版组,1999年版,第90页。
② 《苏雪林作品集·日记卷》第13册,台湾成功大学教务处出版组,1999年版,第91页。
③ 《苏雪林作品集·日记卷》第13册,台湾成功大学教务处出版组,1999年版,第94页。
④ 《苏雪林作品集·日记卷》第13册,台湾成功大学教务处出版组,1999年版,第98页。

轻伤,真乃造化也。不解其已九十四岁高龄,何须远出摄影耶?

7月31日 上午唐亦男来,云同学林孝平之母,已八十二岁,素无心脏之疾,忽于一日治午膳时,突然倒地不治,前后不过三分钟,诚福人哉。"亦男又言林母抗战时失学,稍有国学根柢,一生抱怀才不遇之感,且于数年前即作自挽之诗文对联,亦男抄了几篇送我作参考诔辞。"①午后,搜索枯肠,凑了四副挽联,以了亦男所托。

一、代朋友所撰(国琬夫人灵右):

有道韫才,怀班姬志,一生不遇自伤,遗墨斑斓认泪点;
处战乱世,抱别离悲,卅载客居共悯,旅魂飘荡返家乡。

二、代夫林声佑所撰:

数十载夫妇情,井臼辛勤,今朝莲土径行,我将安恃?
瞬息间死生别,亲朋讶异,他日故乡西发,尔必同归。

三、代女林孝平、婿贺焰庆所撰:

客游归来,突闻噩耗,阿母素仁慈,奈何弃我而去?
残编重检,犹睹遗徽,孤儿失依恃,伤哉反哺无时!

四、代外孙女三人所撰:

姊妹奔丧远归来,慈孺难寻,寂寞遗容悬爱日。
父母含悲相慰藉,小子有恨,凄凉蕙怅满酸风。

今日除撰挽联外,还将李义山《燕台四首》翻译为白话。

8月2日 接林海音信,告知纯文学社已将《中国二三十年代作家》再版,印刷千册,版税积得三万五千元,殊感意外。

---

① 《苏雪林作品集·日记卷》第13册,台湾成功大学教务处出版组,1999年版,第103页。

8月16日 "阅报后,将1979年以来在台湾《新闻报》及其他报刊一些杂稿寻出,拟列一表寄与史墨卿。连日燠热难耐,今日午后起,风稍凉,希望有大雨。今日开始寻出四五年来之杂文稿编目,约有八九十篇,备寄史墨卿。"①

9月4日 上午撰《玉溪诗谜续编》序文,近数月天气热,身体欠佳,久不作文,居然一口气写了一千三百余字。

9月6日 下午将序文补充完毕,写信致台湾"商务印书馆"朱建民,连同序文一并寄出。

9月12日 日前成大中文系女生来寓,请为中文系系刊《文心》写一篇短文,上午将文章写完,约二千字。写一明信片,嘱来取稿。

10月3日 看报毕,已九时二十分,"写《碧城》第二、第三首注解,亦有四百字左右,盖此三首《碧城》写得非常美,亦为古今聚讼焦点,不可轻轻放过。"②

晚看琼瑶编剧的电视剧《烟雨濛濛》,"开演了四十集,今日结束。陆依萍与何书恒仍然团圆,这个剧本绝无冷场,看得人甚为兴奋,唯对于爱情过于强调,我乃冷血人,不甚知道真正爱情滋味,但我以为爱情亦必附有条件,条件即男女双方之美貌、情感、家世、学历等等"③。

10月10日 "八、九两日大部分光阴用在阅程午桥《李义山诗笺注》,昨几阅毕。在朱长孺、冯浩、张采田诸家中,程书为最劣,盖其注解细琐之甚不能连贯,又好比附时事而无一合者,又师心自用,悍然为不经之谈。如他竟以真人宋华阳与《月夜重寄》宋华阳者为男女二道士,前者既称真人,则必德高望重,与刘清都同等之男道士;后者以下姊妹字样不能否认其为女性,则谓与前者为另一人,如此武断,岂不令人绝倒?"④

完成《时报周刊》记者吴铃娇约写"家景"⑤的短文——《我自己的家》,下午睡起后完成,约一千五百字。

---

① 《苏雪林作品集·日记卷》第13册,台湾成功大学教务处出版组,1999年版,第113页。
② 《苏雪林作品集·日记卷》第13册,台湾成功大学教务处出版组,1999年版,第140页。
③ 《苏雪林作品集·日记卷》第13册,台湾成功大学教务处出版组,1999年版,第140页。
④ 《苏雪林作品集·日记卷》第13册第143页,台湾成功大学教务处出版组,1999年4月出版。
⑤ 《时报周刊》策划"家景"专栏,初拟全台各界名人150名,逐一派记者摄名人居所独特景致。是年9月11日派女记者吴铃娇、摄影师谢某,来台南苏寓,拍摄前后院、客厅、笔谈照片多张,文字则由居所主人来写。

10月17日　"下午睡起,见信箱有一信,取视,乃瑞士寄来,笔迹颇类君璧,以为君璧有信来,甚喜。谁知拆开一看,乃是曾仲鲁写的,报告其母于本年9月13日上山跌断腿骨,送医院三日后奄然物化。呜呼！君璧竟与我永别焉！写一信给仲鲁唁之。"①

10月18日　收到秦贤次寄达影印叶嘉莹《燕台四首》解释。叶嘉莹颇有学问,"亦曾读及我的《玉溪诗谜》……今日开始写悼君璧之文"②。

10月21日　悼方君璧文章誊清,悼文约有四千字,标题为《悼念一位纯真的艺术家方君璧》。

苏雪林与方君璧有厚达六十余年的友谊,初识法国里昂,再会于巴黎,后又聚首宝岛,二人既是中法学院同学,又是画友,亲如姊妹。文章写她眼中女画家的艺术造诣:"我从未见过一个艺术家像君璧这样,对于绘画这么地热爱,这么地执着,这么地竭忠尽智来从事,这么地视同第二生命不能片刻离的。""她无冬无夏,无昼无夜,总是一笔在手,一有机会便坐下来挥挥洒洒,好像饭可以不吃,画非画不可以的……她是学西画出身的,她的油画也曾获法国国家艺术大师的肯定,那么就一直从事西画好了,何必又来搞什么国画？这就像'教坊雷大使之舞,虽极天下之功,要非本色'。君璧回答说:'我是想把西画解剖学、透视学等等原理,融合到国画里来,改正国画种种不合科学定律处,能否成功,我亦不计。'

"君璧最可爱处,还是她的为人。她可说是个饱经忧患的人,丈夫在政界久居高位,她的地位当然连带不低,别人处她之境,养尊处优,定必骄骞万状,或变成一个城府深沉、冷酷无情的人。她可是一点架子也没有,她腔子里仍保存一颗赤子之心,那颗心好像璞玉一般,清淳未琢,浑然可爱。她的性情是真挚、忠厚、爽朗、坦白,她同你谈话可以把整个心灵向你披露,即她自认偶尔做了一件失败事或有什么缺点,也毫不掩饰地对你直说。整个的她,'纯真'二字可以尽之。"③

10月23日　收到"兰亭书店寄来《云游》二本,相当厚的一本书,但此中文字大都读过,仅有数篇未读,其中收余《青鸟集》中《北风》一篇,兰子《毁灭》未蒙收录,可惜！《云游》中有赛珍珠单恋徐志摩事,梁实秋谓宁可疑其无,不必信其

---

①　《苏雪林作品集·日记卷》第13册,台湾成功大学教务处出版组,1999年版,第147页。
②　《苏雪林作品集·日记卷》第13册,台湾成功大学教务处出版组,1999年版,第147页。
③　苏雪林:《悼念一位纯真的艺术家方君璧》,台湾《新闻报》副刊,1986年11月28日。

有,信然"①。

11月5日　费三四天工夫,将《玉溪诗谜续编》序文改定,目录编讫,限时信寄台湾"商务印书馆"。

11月6日　整日在读秦贤次寄来凌叔华、陈衡哲传论,两篇论文甚长,看完天已黑。

11月14日　高雄师范大学史墨卿主编之《"中国"国学》第14期出版,封面为苏雪林近期所绘的一幅山水。本期前半部分为"庆祝苏雪林教授九秩华诞暨写作六十年纪念专辑",除登载祝贺诗文外,本期还刊发苏雪林1936年夏游黄山时,所作《黄海纪游》(十一首)诗作。

11月21日　收到一封歌唱家来信,甚感意外。此君名赵梅柏②,信中复印了一大段当年在上海沪江大学读书时,苏雪林在刊物上赞美其优美歌喉的文字,算起来赵是苏的学生,忽忽时光过去近一个甲子了,令人感慨。

12月7日　午后收到香港真理学会诸正瑛寄来厚厚信袋,内附大陆《安徽大学学报》中的文章《论皖籍居台女作家苏雪林》③复印件,文很长,共有七页。居合肥的侄儿苏经世,三年前曾来信提及此君在研究苏雪林的作品,今诸正瑛将文章寄来,了却苏雪林读此文的心愿。

1987年　九十岁

1月1日　与女作家王琰如相交近四十年。其夫黄肇中先生是著名的土木工程师,曾参与台湾中央山脉横贯公路的踏勘、测绘与施工建设,此项艰苦工程完成后,他坐汽车亲历全程观光,结合勘测、施工的经历,写下八万余字的《中央山脉之旅》,此书于1969年出版,颇获好评。1986年9月,黄肇中患急症去世。王琰如为纪念亡夫,将《中央山脉之旅》重印面世,苏雪林受王琰如之约,在新年伊始撰文评介,题为

---

① 《苏雪林作品集·日记卷》第13册,台湾成功大学教务处出版组,1999年版,第151页。
② 赵梅柏(1905—1999):浙江奉化人,上海沪江大学毕业,1929年在胡适、蔡元培的帮助下,利用庚子赔款赴比利时皇家音乐学院学习声乐,在1933年比利时举办的声乐比赛上获头奖。他是近代以来著名男高音歌唱家、音乐教育家,有《唱歌的艺术》《中国音乐简介》等著作。
③ 《论皖籍居台女作家苏雪林》,为安徽大学汉语言文字研究所沈晖撰,此篇论文一万多字,是大陆1949年后首次在学术刊物上发表研究苏雪林作品的论文。

《读〈中央山脉之旅〉》①：

"这条横贯公路的建筑，更有政治上教育上的重要意义，它安顿了无数开山有功的荣民，教他们兴建果园，利用高山温度，产生台湾以前所没有的珍贵果品：如苹果、梨子、葡萄……教我们大享口福，又使无数山胞改善了生活，提高他们的教育，使他们与我们言语沟通，情感融洽，成为一体的国民。"

"一位土木工程师，以自己的专门知识写成这本书，傅以浓郁的文学意味，还加上幽默的风趣，使人读之，一点不觉科学家文笔的刻板与枯燥，反而像读《徐霞客游记》一般，逸趣横生，令人津津忘倦。"

1月2日　昨写毕黄肇中《中央山脉之旅》的评介，有一千余字，文思尚不艰涩。上午又写《遥念琰如——慰琰如丧偶之痛并鼓励她再提笔》，全文顺畅，皆为熟悉往事，不知不觉写了二千余言。

1月13日　《"中央"日报》副刊今刊出《读〈中央山脉之旅〉》。收到凌叔华自英伦寄来印有猫照片的贺卡，贺卡上有短笺："一年容易，这第一张年片还是寄与你，方觉心安，画片上肥猫似乎很像你家曾养过的一只，也十分笨得可爱！在我回忆你的家中，总有一胖猫，不知现日还有没有？我最近被医生查出，我的乳癌病要发作，给我服药，十分苦恼，服药后，每食即作呕，但肚子又饿，又吃不下。人生原是苦海，而且茫茫无边，只好听冥冥中摆布！奈何！"②

1月17日　《"中国"妇女》今刊出《遥念琰如——慰琰如丧偶之痛并鼓励她再提笔》。

1月23日　春节即至，"下午蒋震先生携王玲及一摄影记者来访问，奉宋楚瑜先生命赠苹果一大盒，新台币一万元，余受水果而谢（绝）款"③。

2月9日　上午写长信与晓云法师。"为述域外文化东来共二度，乃苏末民族一支迁山东半岛，设立雏形之西亚国家。苏末人仍在原地挣扎数十年或数百年，见终无法存活，乃有大批迁来中国立夏王朝，轰轰烈烈干了四百余年，为商民族所灭。遗民有远遁西域者为大夏，到中国东瓯者为越国。越人常自称为大禹之后，相传禹会会稽，大会群神战防风氏。会稽有禹穴，其地亦为封神之地，越古为楚散百越，今

---

① 《读〈中央山脉之旅〉》，刊《"中央"日报》副刊，1987年1月13日。
② 《逝水浮云曾照影——名家与苏雪林书信选》，台湾成功大学中国文学系，2007年版，第179页。
③ 《苏雪林作品集·日记卷》第13册，台湾成功大学教务处出版组，1999年版，第202页。

山东及浙江人特为优秀,当系有苏末血统。又作戏和晓云诗。晓云法师原诗为:'雪林梅放绰新枝,腾空飞马去来时。可否闲来同一玩?乘风相送上瑶池'。瑶池返驾,乃挽女人语,语殊非祥,晓云亦有学之人,不知何以不知?余和诗则云:'岭上横斜冰雪姿,禅门悟道独归时。莲花亿万香三界,容否同游七宝池。'"①

2月14日 近日读康、梁年谱,勾起1926年夏曾与女高师同学周寅颐同游西湖,曾至康有为西湖别业丁家山"一天园"游览,并见到康有为本人。由此联想,开始动笔撰《西湖晤见康南海》。

2月23日 "阅《'中央'日报》,谓南极天空臭气层破一大洞,有美国本土那样大,非有女娲之神通,俦能补之?余意此破洞,当非地球上人排放废气过多所致,盖南极数万里渺无人烟,何人排放废气?而人烟辏辐处排放则破洞不应在南极,此乃地球到了一定年限,必大破坏一次。佛家谓之'劫'数有长短,短者数千或数万年,长者则亿万年,劫过地球上生物又逐渐滋生繁荣,语云'天地无情',又云'天地不仁,以万物为刍狗',可于'劫'见之。"②

2月24日 香港生命意义出版社李秀英"昨来信,说澳洲董育德女士因卅余年前我替真理学会翻译的《一朵小白花》,广大读者怀念不忘,她拟募款海外重印此书,叫我将订正本寄去"③。

2月26日 以笔名"双呆"在《新闻报·西子湾》副刊发表《神化孔子,建立孔教,有此可能吗?》。这是因《"中国"妇女》第144期上,有人撰文"要创造一种新宗教,以救中国而致太平"引起。苏雪林当即写了这篇长达七千字长文予以反驳:"我们都知道孔子是个有血有肉和我们一样的凡人,孔子的教化,也只是日用人伦之事,想把孔子神化,想把儒家学说成为基督教一般的新旧约,如何可能呢?""我们应该记得孔子是'未能事人,焉能事鬼','未知生,焉知死'且'不语怪力乱神'的一个人,万万不能将他神化的。我们情愿将孔子当作'君子',当作依后来意义圣字的解释,尊孔子为'圣人',而最妥当的则是'先师',那些像纬书想神化孔子,附会于孔子的妖言,徒侮辱孔子而万不能尊荣孔子。我看发言者可以休矣!"

3月4日 连日专心校阅《一朵小白花》。因书中许多神学哲理,用笔深奥,万

---

① 《苏雪林作品集·日记卷》第13册,台湾成功大学教务处出版组,1999年版,第210页。
② 《苏雪林作品集·日记卷》第13册,台湾成功大学教务处出版组,1999年版,第217页。
③ 《苏雪林作品集·日记卷》第13册,台湾成功大学教务处出版组,1999年版,第218页。

不可轻率,今校读当以确切语言表述。

3月8日　费十一日之工,将《一朵小白花》修订完毕。现只有静等香港真理学会弄妥版权事,此事能定夺,则《一朵小白花》重版有望。

3月9日　撰写《希特勒生死之谜的联想》,写写停停,上午文思不甚活跃。

3月10日　"动手誊那篇《希特勒生死之谜的联想》。昨日下午已誊了两张半,今誊一张半,共四大张,每张六百字,四页共两千四百字,寄《'中国'妇女》。"

3月12日　上午阅报,无甚新闻,想写一篇中国自古以来就重男轻女的文章。"中国重男轻女,第一首诗即《诗经·小雅·斯干》,那首长诗前半首叙建筑屋宇如何壮丽、如何安适,而且兄弟同居。下半首屋主做梦,梦见熊罴或虺蛇,请占梦官点之,言梦见熊罴者生男之兆,梦见虺蛇者生女之兆,再言生男如何待遇？生女如何待遇？大概到了周代,女性已被压抑到抬不起头的地步矣。"①

3月31日　写《蛇的崇拜》,仅得数百字。

4月2日　"将《蛇的崇拜》大体写完,动手写《谈僵尸》。"②

4月5日　"《谈僵尸》誊完,共十二页,每页四百字,近五千字。"③

4月7日　"《康有为头颅迁葬奇闻》今日已在《西子湾》刊出,敝帚自珍,看了一遍又一遍,《西湖晤见康南海》未知刊出否？"④

4月8日　读《"中央"日报》,见高山族立法委员林天生演讲反台独言论,大快人心。"林云:全体山胞才是台湾原住民。今台独等要求台民自决,理应我们山胞先求,然我们不为者,因大家都是炎黄子孙,又有什么'台湾结'与'中国结'？我乃大喜,为林委员喝彩。"⑤

4月21日　写讫并誊抄《我的第一本书》,约三千六百字。此乃应《文讯》征文而作。所谓《我的第一本书》,指1927年北新书局出版的学术专著《李义山恋爱事迹考》。

5月4日　上午香港人古剑与《艺术杂志》发行人吴志中来访,询问胡适、鲁迅等新文化运动中诸事。赠"屈赋新探"系列四大本、《犹大之吻》等书。二人在前院、

---

① 《苏雪林作品集·日记卷》第13册,台湾成功大学教务处出版组,1999年版,第224页。
② 《苏雪林作品集·日记卷》第13册,台湾成功大学教务处出版组,1999年版,第236页。
③ 《苏雪林作品集·日记卷》第13册,台湾成功大学教务处出版组,1999年版,第237页。
④ 《苏雪林作品集·日记卷》第13册,台湾成功大学教务处出版组,1999年版,第237页。
⑤ 《苏雪林作品集·日记卷》第13册,台湾成功大学教务处出版组,1999年版,第238页。

客厅拍了数张照片后辞去。

下午,吴志中又来寓,赠送他自己出版的画集一本。并云:"赵家璧在上海重印凌叔华《小哥儿俩》,有版税人民币千余元,汇英遭退,谓屋主已迁,正在多方打听叔华新址,因开与之。"①

5月24日　午后《民生报》记者林英喆及摄影记者杨海光来访,笔谈晚年生活及写作近况。画家陈辉东也来寓,专为苏雪林画半身像,三人在寓逗留至四时许,在前院、后院、客厅、书房拍摄许多照片后,始离去。

6月6日　中午在厨房切鸡骨喂猫,转身时忽然向前扑跌,晕厥数分钟始苏醒,见喂食猫碗已碎,强撑坐起,但无法立起。足足等了六小时,女佣来做晚饭,才半拖半抱扶至客厅藤椅上。女佣打电话叫侄经书来,才抱至寝室躺下,晚餐未进。

6月7日　今日是星期天,成功大学公保证取不到,不能去医院。经书陪伴,交代若不测,处理各项事宜。

6月8日　台南逢甲医院救护车来,载至医院,经X光透视,左腿骨完全断折,住院治疗。

6月9日　经书、经元、建业均到医院,商议治疗方案。因高龄,恐倘手术失败或蒙主召,故写遗嘱及后事安排。

6月16日　考虑到敷石膏待其自然痊愈,历时太久,且生活不方便,遂同意开刀将断骨钉合。经过三个多小时手术后,转入加护病房。

7月7日　收到叶蝉贞及女高师同学毛彦文、孙继绪、江学珠等6人致函慰问信,苦于卧床,不能回信。

7月8日　收到曾虚白慰问信,并告以养心二法,一曰自得其乐,二曰自足之乐。

7月9日　《"中华"日报》记者王玲来病榻相访,告以跌伤及开刀经过,嘱她勿写文在报上发表。

7月12日　女作家刘明仪、林佩芬来信,云将南下探视,费力写一限时信劝阻。

7月15日　终日偃卧病床,伤腿虽不觉痛,唯苦筋肉萎缩。

7月18日　"今日经书带来曾虚白寄来高丽人参一大盒,并慰问函,曾先生之爱我较之其父尤过之。"②

---

① 《苏雪林作品集·日记卷》第13册,台湾成功大学教务处出版组,1999年版,第254页。
② 《苏雪林作品集·日记卷》第13册,台湾成功大学教务处出版组,1999年版,第277页。

7月21日　"看《聊斋》将完,《聊斋》之为书,我自少至老不知看了多少遍,而这一次看得最仔细。"①

7月27日　购四脚起步器一架,在病房复健,练习扶架学步。

7月31日　出院回东宁路寓所。住院五十余天,回到旧居倍感亲切、欣慰。唐亦男已请女工将房内、床铺收拾干净。

8月4日　林海音、王琰如、邱七七自台北来探望,不胜欢乐。送来纱质夏衣两套和水果、点心。三人各赠款两千元,妇女写作协会又赠款五千,如此诚挚美意,只好收下。

8月12日　"上午经书来,为余领邮政总局挂号信,乃是毛彦文、邢广生者。当即复广生一航笺。彦文来信,提到吴宓一件事:吴与陈心一结婚生三女而告仳离的原因,是因为爱清华同学朱君毅表妹海伦(毛彦文的英文名)②,彦文函原件须还她。余遂节录其事,复彦文信三页,谓海伦即彦文,指出三点相同处。"③

8月14日　"看吴宓诗集,乃知渠苦恋毛彦文六七年终不得,当民国十九年(注:应为十八年)毛赴美留学,吴乃作欧洲之游④,历苏俄、法兰西、英吉利、意大利等邦,不及一年归国。"⑤

8月15日　读《吴宓诗集》,此本为1935年吴宓的自订本,仅有诗而无文。又检《吴雨僧诗文集》,此集文占三分之一。诗文集中透露许多吴宓追求毛彦文的事迹

---

① 《苏雪林作品集·日记卷》第13册,台湾成功大学教务处出版组,1999年版,第278页。
② 吴宓(1897—1978):字雨僧,笔名余生,陕西泾阳人,著名西洋文学家。1921年吴宓留美归来,娶留美同学陈烈勋之妹陈心一。陈心一为毛彦文杭州女子师范同学,吴、陈结婚后生三女,二人于1929年离婚。离婚后的吴宓一直暗恋并追求毛彦文。
③ 《苏雪林作品集·日记卷》第13册,台湾成功大学教务处出版组,1999年版,第284页。
④ 吴宓留美的另一位清华同学朱君毅,是毛彦文的表兄,朱、毛自幼表兄妹定亲,当年在美时,毛写给朱的通信,吴皆寓目,故对毛的才情极为欣赏,甚至当陈烈勋将妹介绍给吴宓时,吴、朱竟都写信给毛,叫她先去看看陈心一的为人及工作情况。足见吴对毛彦文的信任。吴宓有诗云:"吴宓苦恋毛彦文,三洲人士共惊闻。离婚不畏圣贤讥,金钱名誉何足云。"
⑤ 《苏雪林作品集·日记卷》第13册,台湾成功大学教务处出版组,1999年版,第285页。

及毛后嫁熊希龄趣事①。

8月17日　侄儿经书接中文系唐亦男电话后来告:"文建会"与"文工会"(指国民党"文化建设委员会"与"文化工作委员会")闻老作家苏雪林跌断腿,住院治疗,高龄退休教授,生活清苦,分别汇来五万与三万台币至成功大学中文系,嘱请苏雪林签字领取。"叫经书回亦男,款已到,可退回,未到更好,但云苏雪林自己有钱,养病已够,不敢再领公家钱。"②

8月26日　晨起,饶有兴趣读曾虚白《中西先哲为爱因斯坦铺路》长文。"曾文谓'爱氏发明原子说,遂为原子时代之领导人,而二千数百年前希腊特氏已创原子学说。又,伏羲之太极图亦含原子学理'。余知伏羲乃神话人物非历史人物,伏羲八卦固不可信,盖太极图更无其事,太极图乃宋初陈抟所传,至周敦颐乃成定局。然彼等之太极图虽有阴阳之分,与我们所常见之太极图阴阳拥抱者大是不同,不知此阴阳拥抱太极图为何人所首创。"③

8月30日　开始校对台湾"商务印书馆"寄来的《玉溪之谜正续编》书稿。

9月26日　午后动写作兴趣,撰《断腿记》,记叙三个月前跌断腿及就医、疗伤情况。

9月27日　应台北大陆出版社《文艺辞典》编辑所邀,撰写自传及著作表,忙了一个上午,写了二千余字,下午寄出。

10月2日　晚年独居,甚为孤寂,以养猫为乐,写作之余,以逗猫为趣,撰《我家的"麻猫酸丁"》。文章俏皮、幽默,尽现晚年散文风格与特色:"梁实秋先生家有'白猫王子''黑猫公主',想必还有什么'公',什么'侯',我记不清。听说梁太太韩菁清每天为各猫洗澡、梳毛、整窝。梁先生亲自上街买鱼,他太太拌猫饭,还要将鱼刺一根根挑出,所费光阴一日数小时。梁家猫生来猫运亨通,故生活能如此贵族化,像我这样一个穷酸主人,猫也穷酸,哪里够得上荣膺什么王子公主的尊贵徽号,只好叫它

---

① 吴宓因恋毛彦文与陈心一离婚后,毛彦文也因朱君毅与其解除婚约于1929年赴美留学,获密西根大学硕士回国。在遭受表兄悔婚的打击下,毛精神几近崩溃,后于1935年2月与曾任民国时期总理的熊希龄结婚(熊已六十六岁了)。熊的门生刘辅宣联祝贺:"凤凰于飞,祥兆'熊'梦;琴瑟静好,乐谱'毛'诗。"吴宓闻熊、毛结婚,也有诗:"渐能至理窥人无,离合悲欢各有缘。侍女吹笙引凤去,花开花落自有年。"
② 《苏雪林作品集·日记卷》第13册,台湾成功大学教务处出版组,1999年版,第287页。
③ 《苏雪林作品集·日记卷》第13册,台湾成功大学教务处出版组,1999年版,第291页。

'麻猫酸丁',它的毛色本来白少麻多,我想这个名字,倒很恰当。"①

10月29日 自8月初从医院回家,所读书有冯冯著《慧眼、法眼、天眼》二册、《现代最新科学与佛法之印证》二册、《科学与人生观》上下二册、《梁任公文选》、《吴雨僧诗集》、《文坛先进张道藩》、《胡适晚年谈话录》,张秀亚译《回忆录》、马相伯译《灵心小史》,读自译《一朵小白花》及校阅《玉溪诗谜正续合编》二十余万字。

11月4日 早餐后读报,惊悉梁实秋昨日上午十一时因心肌梗死逝世。不由想起在台北师范学院相处往事,拟撰文悼念。

11月5日 上午撰写《悼梁实秋先生》。文章回忆20世纪30年代梁实秋在《新月》上发表《文学有阶级性吗?》一文的时代背景:当时鲁迅及左派文人认为,文学是有阶级性的,由无产阶级写出来的才是真正的文学,那些自由主义者、布尔乔亚们写的都是虚伪、矫揉造作,毫无价值的东西。正当左派文人把普罗文学鼓吹得震天响时,梁实秋独独反对这种论调,发表《文学有阶级性吗?》,大意是说"社会制度容或有阶级的存在,文学则没有。文学所表现者为人性,人性则为人所共有。一个布尔乔亚和一个劳动者同有生老病死无常的感想,同有怜悯恐惧的情绪,同有伦常观念,同有爱情的要求,同样保持身心愉快,同有安全的顾虑,他们写成表现恰当的文章,便是文学,文学所代表的是基本的人性。因此,代表无产阶级的文学是文学,其他则不是,这种理论是万难成立的"②。

11月11日 收到美国梅维恒教授英文信一封,"谓与其学生读到我之《天问正简》,颇为欣赏,要我再寄他们一些出版品。尤其关于域外文化甚早进入中国问题,要我详细解说"③。

11月17日 今日将所撰《动物形体之大小》一文誊毕,暂不寄出,放置一二天,润色或增补。

11月21日 读秦贤次所编《刘英士纪念文集》,"很大的一本,看来好吃力。余与英士民国十九年曾在省立安徽大学共事一年,他来台湾在'教育部'服务,从不通信,前闻其死,今读纪念集,乃知他亦是留美七年之学生,且为新月社人,文学与才干皆不错"④。

---

① 见台湾《新闻报》1987年10月19日副刊。
② 《苏雪林作品集·日记卷》第13册,台湾成功大学教务处出版组,1999年版,第321页。
③ 《苏雪林作品集·日记卷》第13册,台湾成功大学教务处出版组,1999年版,第323页。
④ 《苏雪林作品集·日记卷》第13册,台湾成功大学教务处出版组,1999年版,第329页。

11月24日　日前接《联合报》苏伟贞信,嘱作《我读书的习惯》,字数限制三四千字。今开始专心在书房撰写。

11月26日　《"中央"日报》登载蒋复璁写关于徐志摩与陆小曼婚姻秘事。"谓是在上海拿错凌叔华与小曼信而起,王赓亦在座,同看陆信,陆信有对志摩亲密语,王赓色大变,遂决定与小曼离婚,而志摩乃得小曼矣。此事太简单,殊不可信。"①

11月30日　"读《徐志摩日记》,即与陆小曼恋爱之日记,始于一九二五年八月,然与小曼开始相恋则为一九二五年三月间,正我第一次留法,自法回国之时也。彼时凌叔华似尚未与陈通伯结婚,然已进入热恋及订婚阶段,徐诗人固爱叔华,而与通伯为好友,曾有君子协定不相争。既见陆小曼则争取叔华之念绝矣。蒋复璁乃谓陆凌同时来信,徐错拿陆信而致王赓决计与她离婚,似他二人恋爱完全系于此事上,则未免太简单,陆才华胜叔华十倍。"②

12月24日　昨日将《新闻报》嘱写《新年愿望》写毕,以限信寄出,以便魏端安排于新年刊出。

12月29日　写信与林海音,告知凌叔华想来台湾,说是作短期旅游,其实是想来台养老——女儿小滢出嫁后,她一人居住甚感孤独。

1988年　九十一岁

1月1日　收到《"中央"日报》《新闻报》各为对开六大张。"工商业时代,人们忙碌,光阴宝贵,各事应取精简,今反加繁,殊为不当。虽报费并未增加许多,但纸张之消耗则加倍,又何苦哉?"③

1月13日　晚看电视,突然中断节目,有记者播报新闻,蒋经国先生逝世。

1月19日　《新生报》刘静娟诚约写"龙年谈龙"。"自十三日看参考资料,摘抄及撰写完毕,共费时五天……刘静娟本来说只要三四千字以内,现竟有六千数百字,未知《新生报》肯要否?"④

1月20日　台湾"商务印书馆"寄来《玉溪诗谜正续合编》样书十册。此书自七

---

① 《苏雪林作品集·日记卷》第13册,台湾成功大学教务处出版组,1999年版,第331页。
② 《苏雪林作品集·日记卷》第13册,台湾成功大学教务处出版组,1999年版,第333页。
③ 《苏雪林作品集·日记卷》第13册,台湾成功大学教务处出版组,1999年版,第351页。
④ 《苏雪林作品集·日记卷》第13册,台湾成功大学教务处出版组,1999年版,第360页。

十五年十二月将全稿交印书馆,拖了整整一年才得以出版。

  1月25日 今日《联合报》上刊发历史学家顾颉刚①先生致苏雪林的一封信。苏雪林日前应《联合报》副刊编辑之约,在台南家中接受采访。该报拟在副刊上辟"我的书房生活"及"文人书简"专栏,请一些老作家写自己读书、写作的生活,以飨读者。苏雪林在与记者谈及研究屈赋时,无意间说出她曾与顾颉刚先生有过交往,并出示顾写给她的信。善于发现新闻的记者,征得苏雪林的同意,在《联合报》上发表了这封信,并请她在顾颉刚信后写了一段附识的文字。

顾颉刚致苏雪林函

雪林先生:

  我万分地对不起你。大作两册久久未检还,致万里外这般的盼望。我这一年来,备受经济压迫,以致兼职不能不多,可是职务一多了之后,我的空闲就没有了,不但不能作序,连信也写不成了。

  大作在比较神话学上,在中国神话史上,在中西交通史上,都有极大的贡献与启发。我们从前只就中国的史料里研究中国古代史,无论如何解释总不能圆满,联系,总不能灵活,而且也讲不出一个究竟来,这是久闷在心头的。自读大作,焕如发蒙,知道许多正统的古代史是由西亚的神话变成的,这怎么不叫人高兴。我十年前游甘肃、青海,愈走愈高,不知其极,恍然于传说中昆仑山高一万一千里之故,久想对是题作一探讨。读大作更遏不住这兴趣,草为《昆仑传说与羌戎文化》一文,将大作摘要写入,并特立《昆仑在巴比伦》一章,宣扬尊见。只因事务苦忙,到今一年此文迄未作完,而大作已不能不寄还,于是竭数日之力,摘抄完毕,交令叔寄回。将来倘能成篇,且倘能印发,即当寄上,请求教正。你在法国,参考书必多,极望把埃及、巴比伦、亚述、阿剌佛、希伯来、印度诸国神话及其神话的背景作详密的探讨和记述,使我辈居于井底的人得有昂首天外之乐。

  《天问正简》一书,何日可以写定,至念。我们仍住上海武东路280弄九号,但也说不定搬。如蒙赐书,乞寄上海四川北路八号大中国图书局,即可收到。匆上,即祝

---

  ① 顾颉刚(1893—1980):江苏苏州市人,原名诵坤,字铭坚。北京大学文科哲学系毕业,历任厦门、中山、燕京、北京等大学教授,主持《二十四史》点校,著名的历史学家,"古史辨"派的创始人。

撰祉,并问旅居安好

弟顾颉刚拜上
内子张静秋附笔问好
一九五〇年十一月十一日

大作序文,得暇必作

附识:

　　这封信是一九五〇年冬间,顾颉刚先生写给我的。我前曾以《昆仑之谜》及《天问里的三个神话》稿子呈他请求指正和作序。到法国巴黎大半年,尚未得到复音,请家叔继庼先生亲赴顾寓讨回原书,顾先生始于百忙中给我此信。

　　他信中说,他从中国史料研究古史,解释总不能圆满,读我书始知中国古代那些帝王都是由域外神话人物变成的。他这几句话使我疑讶,自揣我书中并无这一种观念,不知他何以如此说。因我探讨屈原《九歌》那些歌主的来历,仅弄清楚一二位,并未知那些神道有何连系的关系。《天问》夏史部分,神话气氛极浓,但我对于《古史辨》中心问题的禹、鲧,尚不知其究竟性质。经过十余年之久,我的《天问正简》写成了,才知道禹、鲧和三皇五帝,果系由域外神话人物转变而来。顾颉刚先生很早便察觉这一点,可见他头脑之明敏,观察力之透彻和强大,真不愧为一代大史学家了。我那四本"屈赋新探"出版后,也曾托人带给顾颉刚先生,作为交卷,惜他已归道山,未知曾览及否? 政治关系暌隔,阻止了学术的流通,实令人叹,息痛恨不置。

苏雪林
一九八八年一月十七日

1月27日 撰悼念经国先生文章,题为《那一夜,我含泪看电视》。文章回忆与蒋经国先生的两次晤见,一次是1953年冬,台北文艺界三十余人应邀出席蒋经国餐叙;一次是1963年蒋经国参观成功大学,邀请成大教授座谈。

2月20日 《龙年谈龙》已在《新生报》2月11日至12日分两天刊出。虽为应景之文,却考证精详。全文分六大段,一、龙为帝王象征;二、关于史籍中龙的形态及种种传说;三、龙的寄生、藏身与变化;四、龙生九子;五、笔记与小说中有关龙的记载;六、剖析国人自称为"龙的传人"之不当。苏雪林在文中说:"这几年来,大家忽自称为'龙的传人',即龙的子孙,形之艺文,沾沾自喜。龙固是我国人最所崇敬、影响力最强而普遍性最大的神物。但以前从无人以龙的子孙自命,恐怕还是受外国影响。美国女作家赛珍珠虽生长中国,在中国生活多年,对中国文化实罕有深入的了解,她也懂得一点中国文字,其程度仅能读《水浒传》,是否全懂,尚是问题。她写了一部以抗战为题材的小说叫作《龙种》,说中国人自称为龙的子孙。传到国外,那些碧眼儿对中国这个'谜之国'的一切,也是仅识皮毛,遂都相信赛珍珠的谬解,称中国人为'龙种'了。这个称呼,倒灌到我们中国,我们便有了'龙的传人'的观念吧?其实'龙种'二字乃指帝王子孙,杜甫《哀王孙》'高帝子孙尽龙準,龙种自与常人殊',这也像世俗所谓'龙子龙孙'一样,不过比喻而已。真正'龙种'是指马。西域出名马,青海尚未归入我国版图时,名吐火罗,境内有大湖,广数百里。西域称湖皆以海子,青海二字的省名即由这个海子而来。相传海中有龙,士人每于春夏时,纵牝马湖畔,使与海中龙交合,有孕即收归,产马皆汗血,日行千里,称为'龙种'。如此龙种二字指马无疑了。我们现在自称为'龙的传人'其实就是'马的传人'。今闻人言己为'龙的传人'莫不欣然为喜,言为'马的传人'则莫不怫然以怒,可是事实如此,怒也无用。"①

2月21日 "晨起,中文系马森教授陪张晓风②女士来访,久仰大名,今始识荆,其人圆脸微胖,颇肖孟瑶③。"④

3月1日 收到叶蝉贞信及寄来的《笔会月报》⑤,知第八届笔会会员大会一致通过,选举资深作家苏雪林、曾虚白、陶希圣、马长野、谢冰莹等十余位为荣誉委员。

3月4日 花了近三天时间,将悼念蒋经国的长文写完,题为《亲民爱民勤民在

---

① 《苏雪林作品集·短篇文章卷》第2册,台南财团法人苏雪林教授学术文化基金会,2006年版,第112页。
② 马森(1932—):山东齐河人,台湾成功大学教授,当代戏剧家。马森毕业于台北师范学院,为苏雪林先生台北师院四位高足之一,其他三人为王淮、唐亦男与谢一民。张晓风(1941—):江苏铜山人,生于金华,九岁时随母去台湾。张为台湾第三代散文大家,代表作有《地毯的那一端》《乡愁石》等。
③ 孟瑶(1919—2000):原名杨宗珍,湖北武昌人。南京中央大学历史系毕业,1949年去台。1952年开始文学创作,代表作有《美虹》《柳暗花明》等70余部,是以长篇小说创作及高产而著名的女作家。
④ 《苏雪林作品集·日记卷》第13册,台湾成功大学教务处出版组,1999年版,第376页。
⑤ "笔会"为台湾文艺家组织,1987年2月在台北成立,刊物有《笔会月报》《台湾笔会专栏》。

上者所致的感召》。

3月7日　日前晓云法师携信定法师造访,晓云赠自著《觉之教育》及茶叶、西点。今日阅报毕,作《浣溪沙》二阕赠晓云。

其一　一别灵山岁月新,难凭鱼雁寄殷情。每思道范起逡巡。仙侣连翩来访我,寒斋寂寞忽生春。何时再接笑言温?

其二　曾记茅庵把盏时,茶香浓冽透重帷。从容挥就写梅枝。展卷哲思惊奥博,披图灵境叹灵奇。释门才子舍我谁?

3月13日　上月28日,民进党又借"二二八"事件,举办游行集会,再度挑起事端,引发社会矛盾。苏雪林观察台湾当时之乱象,思考多日,决定写文章,题目暂拟为《我也要纪念"二二八"》。文章以自己在武汉认识的好友王君(王君在武汉公卖局任出纳会计,后调至台湾公卖局,其妻孙女士为苏雪林的太平老乡)夫妇,在"二二八"事件中,被暴动的市民群殴致死的惨剧,厘清"二二八"事件的来龙去脉,揭露民进党借"二二八"这一不幸事件,推行"台独"的不良用心。

3月30日　读《"中央"日报》,民进党又率其党羽上街游行示威,时局动荡,不可预测,恐"美丽岛"事件又将重演,不胜焦灼。

4月7日　女作家朱秀娟,在《"中央"日报》上发表《我心中的祖国》。这篇文章是针对"台独"狂热分子欲分裂台湾与祖国的关系,有感而发的。"读了不禁心中大快,竟一连读了三遍,此等文字多发表几篇,则可慑奸邪之胆,伸正义之气,惜明哲保身者多不敢附和耳。"①

4月9日　苏雪林对民进党一意孤行、频频闹事,忧愤不已。撰《为朱秀娟喝彩》一文②,一气呵成,毫不费力。

4月14日　收到"古剑寄来三本书。一、《施蛰存短篇小说》;二、《水浒连环画》;三、《棘心》。""此本《棘心》③乃北新书局出版,乃知北新书局仍存在,但不知李

---

① 《苏雪林作品集·日记卷》第13册,台湾成功大学教务处出版组,1999年版,第397页。
② 此文刊《"中央"日报》副刊,1988年4月13日。
③ 古剑寄给苏雪林的《棘心》,是上海书店1988年影印1929年北新书局版的《棘心》。苏雪林年纪大了,看到版式与1929年相同,误以为北新书局仍在出版她的书,实际上北新书局1953年就不存在了,北新书局老板李小峰也于1971年9月3日去世了。

小峰尚在否?《棘心》一书于抗战胜利后,由天主教雷鸣远司铎出重资购回版权,北新今日仍然印行,不守信约乃至于此,可怪!"①

5月13日　从报上知,沈从文已于5月10日病逝,同一天台湾学人毛子水也去世了。20世纪二三十年代就出名的作家和学者逐渐凋零,慨叹自己不久也要"回老家"了。

6月20日　收到马森寄来的《联合文学》,此种杂志为大开本,甚厚,但印刷精美,专论五四以来诸位文学家。杂志中收苏雪林散文集《绿天》里《未完成的画》一篇。文章写于1928年,距今已一个甲子。

6月24日　大陆与台湾本月又有两位重要人物去世:一为中国最后一位儒家梁漱溟先生,6月23日逝世,寿九十五;一为台湾女教育家江学珠(台北女一中校长,苏雪林北京女高师的同班学妹,从事中学教育六十年),6月23日因癌症病逝,享年八十八岁。在报上读到此消息,不胜悲悼。

6月29日　"看放翁诗,那首'江阁欲开千尺丈,灵庵先试此规模。斜阳徙倚空三叹,尝试成功自古无'②,为胡适所反对,故而题其白话诗集为尝试者,此乃谓四川乐山县凌云渡之大佛样也。余原不知此诗出处③,今得之,甚喜。"④

7月1日　连日读陆游诗,顿生作诗之念。昨日收到很久未有信来的作家柳浪大函⑤,信中感时忧国,痛恨"台独"分子搞分裂。遂有感作二律,附于寄陈信中,现搞录其中一首。

纷纷闹剧又登场,万马皆暗恣彼狂。
黠贼那容空口击,顽凶端赖铁拳张。
家居惧怕纤儿坏,鸿业愁为巨寇伤。
怪事问天天不语,书空绕室独彷徨。

---

① 《苏雪林作品集·日记卷》第13册,台湾成功大学教务处出版组,1999年版,第400页。
② 苏雪林所引陆游诗,诗题为《能人院》,但原诗与苏引用有异,原诗为:"江阁欲开千尺像,云龛先定此规模。斜阳徙倚空三叹;尝试成功自古无。"陆游诗意是赞颂唐代开元年间海通和尚劈山造佛,先依据能人寺的弥勒佛做样子,最后大佛凿成,他尝试成功了,这是自古以来所没有的。
③ 指胡适在新文化运动时出版的新诗命名为《尝试集》,"尝试"二字取自陆游的诗。
④ 《苏雪林作品集·日记卷》第13册,台湾成功大学教务处出版组,1999年版,第435页。
⑤ 此君名陈善新,笔名柳浪,为台湾"青年党"的一支健笔,经常在报刊上发表感时忧国的文章,其反对"台独"观点,甚得苏雪林欣赏。

7月3日　《新闻报》副刊上,登载台湾作家张放文章,文中言大陆作家萧军于6月21日病逝。张放在文中录萧军生前旧体诗一首,云:"滥竽同流习未能,茫茫孑遗一狂生。世人欲杀庸论罪,众口铄金辨底从？唯有此身堪自许,尚余三寸赖呼灵。千秋功罪知无怵,保得丹心照汗青。读后觉'习未能''习当为'惜'字之误,'辨底从'三字欠通,'赖呼灵'亦不通。一首五十六字律诗,平仄尚调,然韵脚错误百出,'能'属十三侵,'生'属八庚,'从'属二冬,'青'属九青。"①

7月6日　偶阅放翁诗,顿生诗兴,言"余自幼好武,若为男子,当为军人"。作诗二首:

　　其一　毛锥三寸号能文,争及云台百战勋。
　　　　　羡煞幽并游侠子,宝刀骏马唱从军。
　　其二　生作闺人错入行,不能热血洒沙场。
　　　　　金山擂鼓破强虏,白首犹希红玉梁。

7月9日　下午收到马森来信,并送来杨绛书二册,"杨乃杨荫杭大律师之女,钱钟书之妻,余在苏州曾与认识,其姊启明毕业,信天主教甚虔,曾出家当修女,后以修院院长故意刁难,不能堪而返俗,今不知如何矣"②。

7月23日　连日阅读陆放翁诗,诗兴甚浓,"少时常欲结庐铜湖畔③,今则成为梦想矣"。得绝句三首。

　　其一　门前百亩碧琉璃,绕舍青青竹万枝。
　　　　　山水有灵能助兴,九华影里好题诗。
　　其二　不图名贵八缸车,不羡重茵绣帷家。
　　　　　只愿置身山水地,三间茅屋一园花。
　　其三　偏爱铜湖景色幽,当年赋圣此曾游。

---

① 《苏雪林作品集·日记卷》第13册,台湾成功大学教务处出版组,1999年版,第437页。
② 《苏雪林作品集·日记卷》第13册,台湾成功大学教务处出版组,1999年版,第441页。
③ 铜湖:即昔日太平铜波湖,今为黄山市黄山区太平湖。

二千年事飞灰尽,只有陵阳二字留。①

7月24日 今日文思较活跃,撰《夏窗闲笔·种菜》。又将昨日所写《种树》,补了一大段,拟再撰《种花》,每篇皆有二千字。日记中写道:"诗思已消灭,得三篇闲适文字以自娱。"

7月26日 嘉南平原久未下雨,太阳炎炎高照,南部亢旱,农田枯焦。昨夜落雨,檐溜如瀑布,旱象顿消,有《喜雨》一律:

沛然一雨感天公,万禾照券庭院中。乐见长空飞白羽,快当牖北受凉风。
只嫌水库储存少,未是农田灌溉功。切盼再来三两次,家家户户庆年丰。

8月8日 许平来,送代购葡萄二斤。抄《嘉南苦旱》四首赠她。

其一　止渴何如饮鸩杯,事当无奈不暇哀。
　　　台风岁岁为灾祸,今日盼它能一来。
其二　雨旸天意本无私,错乱阴阳孰致之?
　　　捉得乖龙应断首,区区割耳太便宜。
其三　只求一雨润焦枯,大地喘吁渴死休。
　　　孰料"华伦"又改道,炎炎红日又当头。
（今夏第一次台风名"华伦",群盼惠临,忽又改道而去——作者自注）
其四　团团电扇不停挥,静坐仍然汗湿衣。
　　　三伏自来称毒暑,今年此毒百年稀。

8月10日 得苏淑年信,云谢冰莹丈夫贾伊箴于7月28日因心脏病发作病逝美国。谢等丧事毕,由其女陪伴来台湾小住。嘱淑年代为慰唁。

8月18日 接到马森限时信,云《联合报》将派摄影记者周相露南下,18日上午来寓拍摄家居及生活照片,以便编书及展览之用。早起即理发,更衣。十时半记者

---

① 秦将白起将破郢,楚襄迁陈,屈原潜自沅湘谪所回郢,护送眷属沿江东下,至今日皖境之陵阳安顿眷属。至陵阳必渡铜波湖,今陵阳镇属青阳县。

周某来,在书房、客厅、院中拍了四五十张照片,一直弄到午后一时始辞去。

9月19日　上午读报毕,即入书房写关于鲁迅的文章。"这几天算已将文之头绪理出,故写作较易,未起稿,一路写下去。"①

9月27日　《新闻报·西子湾》登苏雪林《大陆刮起反鲁风》一文。

10月12日　读报上宣建人《蝶王吴鸿业》一文。宣言吴为道光时人,尤擅画蝴蝶,且报上附有蝶图一帖,果然妙美。"以前读袁枚诗话,某诗人有'春风欲拓滕王阁,蝴蝶入帘飞一双',以为甚佳,而本诗作者嫌为少作,删去。乃知人能留得几首好诗,亦是命运。余初不知蝴蝶与滕王有何关系,今及知滕王为李渊子元婴,善画蝴蝶,王建《宫词》'拓得滕王蛱蝶图'即指其事。人年九十二岁乃知此典出处,可谓至晚,然知之总比不知好。"②

10月14日　九歌出版社要编一套"新文学大系",来函索借文稿十篇,由出版社从十篇稿中选择。

10月19日　成功大学尉素秋③教授八秩华诞,撰《恭贺尉素秋教授八秩大庆》四律④祝贺。

  其一　词家今见女坡仙,领袖骚坛五十年。
     绮丽金荃能抗手,新清漱玉可随肩。
     谈锋快若并州剪,思绪澄如历下泉。
     喜见华筵开八秩,祝君福寿更绵绵。
  其二　如山师道屹岧峣,岂许纷纷恶俗摇⑤!
     百炼精金宁断折,千重魔障自潜消。
     杏坛风气全清肃,簧舍弦歌更乐陶。
     一代女师圭臬正,台瀛处处仰清标。

---

①　《苏雪林作品集·日记卷》第13册,台湾成功大学教务处出版组,1999年版,第473页。
②　《苏雪林作品集·日记卷》第13册,台湾成功大学教务处出版组,1999年版,第483页。
③　尉素秋(1907—2003):安徽砀山人,中央大学毕业,在校时被誉为才女。1971年至1974年任成功大学中文系主任,是著名词人,有《秋声集》等著作。
④　此四律刊于台湾《新闻报》1988年10月24日副刊。
⑤　指成大中文系曾发生一件不幸事件,时任系主任的尉素秋,秉持公义,不怕得罪人,以无畏气概化解矛盾,赢得口碑。

其三　案头课卷积如林，批抹随心实费心。
　　　始信灵思生慧腕，能教顽铁变精金。
　　　当年病友荷恩重，此日青衿受益深。
　　　绛帐春风吹拂处，万千桃李蔚成阴。
其四　杖履陪游杜若汀，师生同乐欲忘形。
　　　一生癖好唯风月，到处湖山养性灵。
　　　只恨关河成阻隔，遂教踪迹类浮萍。
　　　昨宵庭际观乾象，耿耿文星是婺星。

10月26日　台北开拓出版社黄晞祥来函，"云要编中学国文辅佐教材选，拟选《绿天》里《绿天》《收获》《扁豆》三篇征求我同意，我回信《收获》一文，一甲子以来已被选烂，与《秃的梧桐》均不可再选，另选一篇吧！若不能，只有听便"①。

10月27日　《"中央"日报》副刊今日刊出《陆放翁与纪晓岚的夜光眼》。苏氏在文中引《剑南诗稿》卷四十五《道室书事》诗："五十余年读道书，老来所得定何如？目光焰焰夜穿帐，胎发青青晨映梳（自注：二事皆纪实）。"古稀之龄的陆游，老来出现生理奇迹，胎发重生，两目夜间发光如炬。又引纪昀所著《槐西杂志》："余四岁时，夜中能见物，与昼无异。十六七岁后至今，则一两年或一见，如电光石，弹指即逝。"由此可证，苏雪林读书处处留意，积累所得，形诸文字，并以现代科学来剖析这一超常现象："夜行动物如猫犬等，夜间眼能见物，并能发出如炬的光。据生物学家说，是因为它们眼睛里，有一种'鸟粪素'（Guanine）的细胞，又有一种杆状的特殊细胞，一遇外界刺激，便瞳孔放大，摄取各种细微光线。"

11月7日　台北《"中国"妇女》杂志社寄函来，邀请参加11月26日建刊三十周年酒会，并约撰稿一篇，以示庆祝。

11月10日　读报毕，专心撰《"中国"妇女》刊庆文。

11月24日　上月十六日，《"中央"日报》副刊记者林蕙娥偕程素芬来寓访问，拟在副刊辟"访问记"专栏，刊发资深教育、文化界人士近况及对年轻一代的关注。今日《"中央"日报》副刊已刊出《关怀篇——苏雪林专访》一文。

11月30日　誊抄昨日所撰《"国"字解答某投书人》。此文怒斥"台独"分子企

---

① 《苏雪林作品集·日记卷》第13册，台湾成功大学教务处出版组，1999年版，第490页。

图分裂台湾的卑鄙用心,文末写道:"今日'台独'已万口交詈……末日已经到来,不必提他。但世间尚有若干无知的人士,想攀附'台独'的尾巴,一心要分裂,割据自雄,不但为世人所不容,也为中共所斥弃,我敢请那位投书人,把与我强辩国字问题的精神用来对这类人绝不容情,严加挞伐,那才是正当的举动!"①

12月20日　上午在书房写贺卡,贺卡上有简短附言者,有近期诗作抄寄者,寄重提②一卡,附诗二首:

　　其一　将军能武亦能文,百首新诗气吐云③。
　　　　　更喜中闺有良伴,木兰当日也从军④。
　　其二　八载艰难抗巨强,行程一一纪篇章。
　　　　　少陵诗史原无两⑤,稍得风神亦胜常。

1989年　九十二岁

1月1日　将昨日所撰《生平知己袁兰子》誊清,六百字稿纸写满三大页,约二千字。

1月3日　台湾著名国画大师吕佛庭先生到大陆访问,曾专程赴成都拜谒杜甫草堂,见草堂"被蔓草埋没,屋宇也将倾圮,他怵然心伤,立志在台湾重建一座"。后吕佛庭先生花数年时间到处物色兴建地点。他的重建杜甫草堂之志,感动台中庄炎(文勤)先生,自愿捐出私家园林亚哥花园两公顷土地,并承担美化环境的一切费用。1988年12月30日,吕佛庭先生驰函将这消息告知苏雪林时,她当即撰《杜甫草堂在台之重建》一文,文末又附赠吕佛庭⑥先生六绝,其中四绝云:

---

① 见1988年12月14日《"中国"妇女》第1544期。
② 重提,即施重提,苏雪林好友,她的丈夫蒋志平将军,能诗擅文。
③ 指蒋志平的诗集。重提曾将丈夫诗集寄苏,请她为丈夫诗集作序。
④ 重提在抗日战争爆发后从军八年,与抗战相终始,苏雪林称她为"真正的女兵"。
⑤ 世人称杜甫诗为诗史,尤以记述"安史之乱"诗为著,悲风满纸。
⑥ 吕佛庭(1911—2005):河南泌阳人。八岁习画,北平美专毕业,1949年去台后茹素,自号半僧。曾画《长江万里图》《长城万里图》《黄河万里图》《横贯公路万里图》四幅长卷,为其传世之杰作。

  其一 先生画笔世间无,手绘《长江万里图》。
     更有余情存古迹,草堂精筑胜成都。
  其二 濯锦江边访草堂,三径埋没草莱荒。
     鲲鲥重建新规格,数载殷勤觅地忙。
  其三 花果飘零叹近贤,国魂将绝有谁延?
     搜罗文物供观览,道义承担赖铁肩。
  其四 尽是诗人第一流,古人精爽此间留。
     游人瞻拜应兴感,志上元龙百尺楼。

  1月23日 看香港寄来《良友》,上面刊印林风眠像及所作画数幅,始知林居香港,晚年仍在作画。感叹与林氏杭州一别,几逾一甲子矣①!

  1月30日 整理报刊已发表杂稿,分类编排,拟编辑两本,每本约十五万字。

  2月4日 午后读《说岳》,颇有心得。认为此书不能视为二流小说,其铺叙简洁,描绘生动,文笔颇佳,塑造岳飞形象亦极成功。岳飞成为民族英雄,此书功莫大焉。《说岳》宜作军中读本,对军人人格之塑造有极大之力。

  3月15日 张晓风、陈幸蕙、吴鸣编辑《"中华"文艺大系》,收苏雪林《我的读书习惯》《我的园艺生活》《树的沧桑》散文三篇。

  4月13日 看《"中国"时报》转载大陆电视文学《河殇》。前一阵外界盛传此文,叫好不迭。"看《河殇》始终不知其好处何在?黄河固有百害,然为地理关系非人力所可挽救,然中国文明发源于此河,何可忘记?至万里长城为夷夏之防,若无此城,中国久沦为氈庐酪饮之民,甚至消灭于地球之上矣!至谓我民族唯知筑长城自据,缺乏向外进取之气概亦复不然。中国疆土至大,无待向外侵略,王道文化于焉产生,此亦地理关系也。"②

  4月23日 香港四妹袁苏燕生"转来沈晖信,乃知他是合肥安徽大学教师,我写信给他不必由香港转,径寄合肥安大可矣,写了两页航笺……他前日致我信,但言

---

① 1934年8月,苏雪林在上海度暑假期间,曾到杭州一游,并探望在杭州国立艺专的堂妹苏爱兰、王干民夫妇。有一天在王干民的家宴上见到艺专校长林风眠。
② 《苏雪林作品集·日记卷》第14册,台湾成功大学教务处出版组,1999年版,第47页。

选集①五十余万字,打字已完,可以出版,出后将寄我一册"②。

4月25日　女作家琦君与台北几家报社记者专程南下采访苏雪林,拟为纪念五四运动七十周年准备专访于报纸发表。

5月10日　母亲节将到,入书房撰《我主张以萱花作为母亲节花》,写得很顺畅,千余字文章,一蹴而就。写一页信致吕润璧,连同文稿寄《"中国"妇女》报。

5月20日　本年为五四运动七十周年,《联合报》《"中华"日报》,先后发表采访苏雪林的报道,称她为"五四健将""五四硕果仅存的一人"。对于记者们在报纸上发表关于她的一些评论,她深觉"芒刺在背,大感不安"。为此,她花了两天时间,撰长文《我与五四》。文中说道:"记者们既抱着浓厚的兴趣来谈五四,就要谈到五四那天学生运动的情形……说我也是那天人群中奔走呼号、热血沸腾的一个。所以人们一提到我,便是'五四健将''五四硕果仅存的一人'。不知五四运动产生在民国八年五月四日的北京城里,我那时在安徽省会的安庆当我母校(一女师)附小的教员,既无分身术,如何能在北京参加'五四运动'?所以这类荣耀的封号,我是万万不可当的。"

"不过我与五四虽无直接关系,却有间接关系,那就是我在安庆城里响应五四的事件。那事件倒也值得一提。那时五四运动的宗旨是要求政府电阻在巴黎的我国代表勿签山东主权归日本之手,再罢免陆、曹、章三个卖国贼的职位,北洋政府唯唯否否,未有明确的表示,学生于是派代表赴津沪及各城市联系,策动学商工各界罢课、罢市、罢工。安庆商界为了本身利益,迟迟不肯响应。本城学界遂日日发传单、粘海报,力加鼓励。我也上了街跟他们一同游行,帮着他们散发这宣传品,并到各商店作简短演说,晓以爱国大义……我那几天的活动,真也慷慨激昂之至,'热血沸腾,奔走呼号'八个大字,确也形容得不错,我可受之无愧。"③

6月5日　读新到《汉声》。"《汉声》有大陆画家黄胄作品,画得极好,比张大千、齐白石都好,比徐悲鸿也超过"。④

---

① 沈晖编的《苏雪林选集》被列为"现代皖籍名作家丛书"之一种,于1989年6月由安徽文艺出版社出版,此选集为1949年后,首次在大陆出版的苏氏作品。
② 《苏雪林作品集·日记卷》第14册,台湾成功大学教务处出版组,1999年版,第52页。
③ 《苏雪林作品集·短篇文章卷》第2册,台南法人苏雪林教授学术文化基金会,2010年版,第137页。
④ 《苏雪林作品集·日记卷》第14册,台湾成功大学教务处出版组,1999年版,第71页。

6月13日　《"中央"日报》《"中国"时报》皆以整版报道赵丽莲①逝世的消息。赵丽莲一生以推广英语教育为职志,1919年,曾任教北京女子高等师范,教授英文、音乐,苏雪林为其学生。今闻赵师患血癌辞世,不胜悲悼。撰《记我与鹅妈妈的一段因缘》悼念文章,回忆与赵丽莲先生从认识、受教到来台后的交往。

6月22日　午后收到赵丽莲治丧委员会寄达的讣闻一份,介绍赵师生平行状,当即致回函,并寄赙仪两千元新台币致哀。今天《新闻报》上已将《记我与鹅妈妈的一段因缘》刊出。

6月29日　今日《新闻报·西子湾》副刊,刊发日前撰《记我倾慕吴贻芳师可笑举动》一文。

7月4日　自赵丽莲老师谢世后,时常念及七十年前在女高师受业时,受到吴贻芳、赵丽莲二师之教诲恩泽。上午未读报,入书房撰《敬悼赵丽莲老师九绝》,现摘录其中四首。

其一　广栽桃李蔚成阴,为国储才费尽心。
　　　一代人师今往矣,高山仰止涕难禁。
其二　少年燕京曾受业,积年消息付浮沉。
　　　台瀛重晤难相识,师弟霜华各满头。
其三　桐凤曾经陷罗网②,只缘爱国抗强倭。
　　　铁椎虽碎睢阳齿,耿耿丹心永不磨!
其四　夷齐莫道蕨薇甘,饿死阳山事岂堪。
　　　三日绝粮耳目废,井边无李可供探。

7月6日　将敬悼赵师诗,用大格稿纸誊抄,并附一页信寄赵丽莲家属。

---

①　赵丽莲(1899—1989):广东新会人,出生于美国。父赵仕北,孙中山挚友,中国同盟会会员,母白藏熙,德裔美籍,医学博士。赵丽莲早年任教北京女高师、燕京大学,1948年受许寿裳先生之邀,赴台任教台大外文系,退休后在"华视"开办《鹅妈妈室》节目,自己扮演"鹅妈妈",教授儿童英语,以此普及英语教育,培养人才。

②　抗日战争中,赵丽莲在南京参加秘密抗日组织,不幸被日寇逮捕,惨无人道的日本法西斯敲去她三十颗牙,仅存一两颗,她都宁死不屈。下句"睢阳齿"即以唐名将张巡被俘不屈,以比赵丽莲。

7月19日　今日《新闻报·西子湾》副刊,已将《敬悼赵丽莲老师九绝》发表。

7月24日　《"中央"日报》出版部出版苏雪林著《遁斋随笔》,收文二十八篇,约十七万言。全书分三辑,第一辑为"文艺思想及评论之部",收《民族与民族文化》等十一篇;第二辑为"宗教神话民俗杂论之部",收《由紫河车谈到吃人肉》等八篇;第三辑为"人物纪念之部",收《巨人与我》等九篇。

9月13日　上午读报毕,撰《谈北极玄天上帝》。"文思稍活泼,然所用无非旧资料,不能推陈出新。写毕此文,尚想写一篇天庭多帝及瑶池王母与玉帝关系。王母不知为玉帝母抑为玉帝妻,从来无人提及,古籍论小说,如《西游记》《镜花缘》亦不提,似两不相属之二神并存于天界耳。"①

10月17日　《论天庭多上帝及王母与玉帝同关系》一文,写了好几天,自信无人写过。因近日文思稍畅,终于写完。文中解释人间帝王与天庭上帝的关系:"人间帝王只许存一,有二,则视为叛逆,而天庭上帝则林林总总,不计其数。岂天庭为多头政治耶?实际又不然,此谜无人能解。余谓:帝指天神,不专指上帝。观人王死,上天亦称帝,如帝乙(即纣王父)、帝辛(即纣王)可知矣。故此文对中国文化颇有贡献。"②

11月30日　由成功大学中文系唐亦男教授及马逊教授陪同,赴台北"行政院"接受颁奖。"行政院"文化奖本年度获奖者为刘真与苏雪林,皆皖籍人士。

12月1日　出席"行政院"文化奖颁奖盛典。由李焕院长授予获奖者金质奖章一枚、奖状一张及奖金四十万新台币。出席颁奖典礼来宾的有天主教罗光总主教、多位台北女作家和蒋复璁等数十位学术界人士。

12月2日　《"中国"妇女》杂志社社长吕润璧邀妇女写作协会女作家王琰如、叶蝉贞、丘秀芷等在台北酒家聚会,贺苏雪林先生获奖。

12月3日　"行政院"新闻局丘秀芷派车送唐亦男、苏雪林一行回台南。

12月25日　看沈晖寄达的《苏雪林选集》,厚厚一册,几近五十万言。"初以为乱编,及看《绿天》选文,始知他也看了改编本,也真难为他了。"③

---

①　《苏雪林作品集·日记卷》第14册,台湾成功大学教务处出版组,1999年版,第115页。
②　《苏雪林作品集·日记卷》第14册,台湾成功大学教务处出版组,1999年版,第132页。
③　《苏雪林作品集·日记卷》第14册,台湾成功大学教务处出版组,1999年版,第163页。

1990 年　九十三岁

2月15日　收到大陆女作家赵清阁托访问上海的台湾学人秦贤次寄达的《皇家饭店》一本①。赵清阁在《皇家饭店·后记》中提及她当年编辑此书的过程,以及回忆苏雪林1948年离开大陆前,二人同赴上海陆小曼寓探访的往事。

2月23日　写信致女作家赵清阁,谢托人寄《皇家饭店》一书。

"清阁女士:你好。此间有秦贤次者,寄来大陆版《皇家饭店》一本,是你所编《无题集》的改版,其中收我《黄石斋在金陵狱》一篇。

"我们在上海相见,记得你曾引我到翁某②寓中拜访陆小曼。记得她病恹恹地躺在一张长椅上,不能起身,满口牙齿脱光,牙龈也漆黑,不过她自有一种天然风韵。听说她后来戒除毒瘾,肆力中国画,还在上海开过画展。她的中国山水,的确有功夫,比凌叔华强得多。现在叔华对去访她的人说,小曼的画是她传授的,令人不平。小曼现归泉壤,无法抗辩。我倒想有小曼一本画册,至少有一二帧她山水的影印,恐怕此愿难达吧。

"在此书跋中,承你挂念及我,感谢感谢。你说袁昌英、冯沅君、王莹(此人不认识),在红卫兵造反后,被清算斗争折磨死了。袁是我好朋友,她的死我知道。但受斗争死,则直到最近二年始知其详。冯沅君原名冯淑兰,北京女高师中文班同学,数年前,听说她和丈夫陆侃如都去世了,我以为她因老病而死,却不知遭斗争折磨而死……我今年已九十四岁了,老而不死,令人奇诧,但现在也不行了,不久归泉。"③

3月2日　唐亦男偕成功大学中文系校友二人(皆任教大学,已是教授)来访,"国科会"将作"苏雪林研究",分为三个课题组:一、苏雪林屈赋研究成果及主张;二、苏雪林《中国文学史》研究;三、苏雪林的散文。回复访问者:散文无可研究,不如

---

①　赵清阁(1914—1999),河南信阳人,20世纪30年代即开始文学创作。1947年主编一本《无题集——现代中国女作家小说专集》由上海晨光出版公司出版,集中收冰心、苏雪林、袁昌英、冯沅君等12位女作家代表作,以冰心小说《无题》作书名,苏雪林历史小说《黄石斋在金陵狱》入选该集。1989年湖南文艺出版社将《无题集》易名《皇家饭店》出版。

②　翁某,指翁瑞午(1899—1961),字恩湛,江苏吴江人,翁同龢门生翁绶祺之子,擅长医术及绘事,徐志摩死后,翁照顾陆,二人在沪同居。

③　苏雪林晚年写给赵清阁的信约有六封。1997年10月3日,赵清阁先生知道笔者在编《苏雪林书信集》,从沪上给笔者寄来四封,此为第一封。

研究《中国二三十年代作家》。

3月7日　对昨日《"中央"日报》陈明雄报道《精致人生苏雪林》一事耿耿于怀,文章中"所记颇多误点。下午睡起,写了四页函,提出四点更正:(一)去年"文工会"想送我每月三万元补贴生活,我不愿无功受禄,坚决辞谢,该报云我月领三万五千元,皆捐给赵丽莲作医药费,误。(二)我赠送卧病医院之赵丽莲师仅一万元,赵师逝后,由其义子刘宜思带来还我。(三)胡适曾于民国八年来北京女高师国文部教中国哲学史,我曾承教,并非如该报所言并未承教,但凭仰慕。(四)我年虚岁九十四,该报云健笔耕耘八十年,则我在十三四岁时便已开始写作生活。其实那时虽已认一二千字,自修为小诗小文,并未发表。正式写作则开始于三十岁以上"①。

3月17日　应《明道文艺》②陈宪仁社长之邀,为提高今天中学生的语文水平,撰《我自修国文的经过》。"此文约一万三千字,十九为已说过话,成稿甚易,定稿则难,改订所费光阴几与写稿同。盖从本月七、八日写起,十四、十五完事,改订又费了五天。"③

苏雪林在《我自修国文的经过》的最后一段,总结自己自修语文的体会说:"读者读我此文,则知我幼小时并未读过那些高文大册的《十三经》之类,也没有遇着名师传授我驰骋文场的秘诀和授予我开启学术宝库的钥匙,我这一点子寒伧的国学知识初由新旧小说,后由旧诗得来。我从旧诗中得到许多'辞汇''藻翰'及无数典故,今虽十忘八九,尚可勉强应用。我对那些古诗人又如何能不感谢不已呢?"④

4月10日　日前收到大陆安徽文艺出版社来函,函中云侄苏经世来安徽文艺出版社索要《苏雪林选集》稿酬,文艺社特致函苏先生,征询苏先生对此事的处理意见。苏雪林决定不要出版社支付稿酬,致函云:

安徽文艺出版社:
　　敬启者　三月廿五日赐示收到,谢谢。沈晖先生费数年之力搜集拙文,编成选集五十万字,曾蒙其寄来一册,现又蒙贵社赐赠五册,虽目前尚未寄达,谅不

---

①　《苏雪林作品集·日记卷》第14册,台湾成功大学教务处出版组,1999年版,第194页。
②　《明道文艺》,是台中私立明道中学发行的、风靡全台的一本面向青年的文学刊物,时任社长陈宪仁毕业于成功大学,为苏雪林先生的高足。
③　《苏雪林作品集·日记卷》第14册,台湾成功大学教务处出版组,1999年版,第197页。
④　《明道文艺》第169期,1990年4月号。

致乔误。

贵社为出版此书,亏损人民币至二万之巨,不胜感纫。闻舍侄苏经世云:此书初版已售罄,致预约及拟与图书馆交换者皆无以应,未知贵社拟再版否?如再版则或可稍弭损失。至于版税一事,鄙人向不重视,况贵社为此书费钱费力,我不酬谢,反要版税,实无此理。现将全部版税概赠贵社,以表微意。惟沈晖先生为编纂此集,实费心力不少,且闻渠曾出钱预订多册,此书始能面世。若对彼少作酬劳,是所望也。惟此事均凭贵社裁酌,本人并不敢干预。专此奉复敬颂

台祺

苏雪林拜上
一九九〇年四月十日

5月11日　成功大学历史系王琪教授带录音机及助手三学生至苏寓,为苏雪林作口述历史,先拟出提纲,由苏口述,因苏方言太重,整理成文字后错误百出,再由口述者一一订正。"看来此项口录传纪,要几个月才能弄毕,耗费我光阴太甚,殊不值。"①

5月17日　王琪教授率一男二女学生来录音。精神甚旺,自下午三时至五时许,滔滔不绝讲了两个多小时。

5月24日　王琪来寓,录音一个半小时。临别言下次来谈对胡适、陈独秀之观感。

5月26日　读《联合报》,知凌叔华已于本月22日病逝北京某医院,享年八十六岁。如今"珞珈三女杰"②仅苏雪林健在,"五大女作家"也只剩她与冰心了。正在感伤之际,又接到《联合报》编辑苏伟贞限时信,信中云"您与凌叔华交游甚久,请在数日内,写一篇与她往还及回忆之文"。遂入书房援笔著文。"若述昔日过从,实易着笔,若述叔华文章、绘画上成就则较难,若述其平日性情习惯则更难矣。然人生在

---

① 《苏雪林作品集·日记卷》第14册,台湾成功大学教务处出版组,1999年版,第224页。
② 自1931年起苏雪林任教武汉大学文学院,其时外文系的袁昌英及住在武大的凌叔华(其夫夫陈源教授为武大文学院院长)三位女作家,当时已在文坛享有盛名,被人称"珞珈三女杰"或"珞珈三剑客"。

世,为文岂能无曲笔? 今其人已死,言其短实不该,唯有舍其短而言其长矣。"①

5月27日　将昨未写完的《悼念凌叔华》写毕,并誊抄于稿纸上。全文约四千字,写与凌叔华在武汉、乐山及离开大陆后,在欧洲数度相晤以及在宝岛的交往。文中回忆初识凌叔华时说:"回忆我与叔华初相晤是在袁昌英(兰子)家。袁与她丈夫杨端六先生时住上海,我常在《现代评论》上读到叔华的小说,甚佩其文笔之轻隽美妙,袁也常对我谈及叔华之为人。有一次叔华偕她新婚的夫婿陈源(通伯,笔名西滢)来到袁家。我见叔华果然面貌秀丽,举止高雅,可谓文如其人,名不虚传,我同叔华初晤的日期已记不得,好像是民国十五年吧。"文中还对外界盛传凌叔华曾为武大教授一事,做了令人信服的解释:"人说叔华曾为武大教授那是不确的。叔华随夫住武大十余年,未尝一日任教职。论学力她是燕京大学外文系毕业,可教英文;她既能撰写相当好的小说,在中文系也可教中文。不过她丈夫陈源先生身为文学院院长怕人闲话,说他任用私人,便始终不使叔华在武大教书。"②

5月31日　上午在书房拟王琪教授访谈提纲,预备下午来录音。《新生报》编辑刘秀娟已将本月25日刊发于该报副刊的长文《人生的第一次》的剪报寄来。此文系回忆三四岁时亲历的几件事:一、第一次在祖父衙署中看戏;二、婴儿时仆人拉着学步;三、第一次喝外国鹰牌牛奶;四、四岁时第一次手被玻璃划伤;五、幼时贪玩,跑到衙署外,在街上失踪;六、第一次听猫头鹰说人话。孩童的人生经验第一次最为新鲜、深刻,故老来还能栩栩如生地写出。

6月9日　收到在杭州行医的堂弟苏绍丹③来信。信中告诉苏雪林:他即将赴美探望儿子,并打算在美国居住。去年苏雪林曾写信告诉绍丹,"民进党把台湾搞得乌烟瘴气,顿生回大陆了其残生的念想"。因晓林弟是医生,又在宜居的杭州居住。今见堂弟决定赴美,不禁黯然。"余只想能生回大陆,故乡既不可居,则取杭州,庶获晓林弟照料,他若赴美则此绝望矣。"④

6月11日　近日报上有好几篇关于少帅张学良九十诞辰的文章,有的文章提出要给张学良平反,还他自由。向来敢于坚持己见、表达观点的苏雪林立即草就六千

---

① 《苏雪林作品集·日记卷》第14册,台湾成功大学教务处出版组,1999年版,第230页。
② 《珞珈》1990年7月1日,第104期。
③ 苏绍丹(1922—　):小名"晓林",是苏雪林二叔苏锡衡(均平)的小儿子,他与香港的袁苏燕生是同胞姐弟,北京大学医学院毕业,是苏雪林仍健在的唯一堂弟,目前定居在美国旧金山。
④ 《苏雪林作品集·日记卷》第14册,台湾成功大学教务处出版组,1999年版,第236页。

余字长文《由张少帅的九十诞辰谈西安事变》,在高雄《新闻报》上发表。畅谈自己对张少帅、对西安事变的看法。

7月2日 秦贤次至台南公干,上午顺道赴东宁路访苏雪林。

秦云:8月中旬将再到大陆购书并访问一批老作家。秦出示拟访问者名单有冰心、巴金、吴祖光、萧乾。苏云:可增加施蛰存,他是熟人,且冰心、萧乾也熟,请代问好。秦当即表示如果苏雪林要给冰心带点礼物,他可以转交。苏遂取精装《中国二三十年代作家》一册、《遁斋随笔》一册赠冰心,并在扉页上题签。又赠秦贤次《遁斋随笔》及《苏雪林选集》各一册。

7月8日 读《张荃诗文集》。"知张荃即1959年,余请假一年到台北寄居师大第六宿舍,冰莹亦自南洋返台,与余言一女友遇人不淑病死事,甚详。余初不甚注意,今乃知即张荃,浙江之江大学毕业,文才之高更胜潘琦君,亦胜于余,英年殂谢,甚为可惜。余阅其遗著,趣味极浓,不忍释手。"[1]

7月9日 阅《张荃诗文集》毕。"张荃国学胜我……不能与此人为友,殊属憾事。"[2]

7月20日 自7月17日起,读新购龚弘《历史人物论》四册,极有兴致,其他书暂不读,非将四册读毕不可。

7月27日 王琪偕男女二生来录音。决定以后每周五下午来,先拟好所讲述提纲摘要,至时可按事先准备的提纲,有序而不乱也,亦便于文字整理。

8月11日 收到陈致平信,内有讣闻一通,乃知其夫人袁行恕逝矣,寿七十四。遂致一函慰之,寄赙仪并挽联。联云:"狮城清谈成永忆,邓林抛杖有余悲!"

8月16日 上午"收到李立明自美来信。李即研究新文学专家,曾赠我以其全新著作者也。今来信想要沈晖为我所编选集,不得不寄"[3]。

8月28日 上午"取刘永济《屈赋通笺》阅之,自《九歌》至《天问》而止,未及《九章》。知这些老派楚辞学家都是白费心力,没有几句话能说得对,惜我的屈赋新探出版太迟"[4]。

---

[1] 《苏雪林作品集·日记卷》第14册,台湾成功大学教务处出版组,1999年版,第249页。
[2] 《苏雪林作品集·日记卷》第14册,台湾成功大学教务处出版组,1999年版,第249页。
[3] 《苏雪林作品集·日记卷》第14册,台湾成功大学教务处出版组,1999年版,第265页。
[4] 《苏雪林作品集·日记卷》第14册,台湾成功大学教务处出版组,1999年版,第270页。

9月16日 秦贤次自大陆回,带来冰心赠书及通讯地址。上午"看冰心读本①,简体字太多,看来吃力。写《我与冰心》一小文②,尚想写几篇,无奈时间不够"③。

9月30日 写信致成功大学历史系王琪,告知口述自传每周一次进展太慢,每周提要一篇,学生认为字变潦草,且因口述者乡音太重,听不懂,整理有困难,决定趁早自己撰写,嘱将以前交与之提纲送来。

10月2日 开始集中精力撰自传。"今日写自传第一章,《我的家世及母亲》。行文颇快,说过多少次的话,说来当然容易。若自传归我自写,则可了一大事,几个毛丫头哪有资格写我自传。"④

10月13日 下午睡起,写自传第二章《家塾读书及自修》。

10月16日 寓美学者夏志清应成功大学之邀作学术演讲,下午由中文系教授吴达芸陪同来寓访问。送夏志清《天问正简》《楚骚新诂》《犹大之吻》《屈赋论丛》四本书,笔谈甚久。夏云:他亦反鲁敬胡适,引苏为同志。

10月19日 "秦贤次寄来朱雯一文⑤,忆念英文老师陈君及我,写得甚好。"⑥

10月27日 上午阅报毕,"有男女二人来访,初以为成大同人,后乃知不是,出沈晖申请来台相访信及致我一信。沈说他想写两本书,一为苏雪林评传,一为苏雪林学术研究,期以二年、四年告成,但大陆觅资料困难,想来台见我,当面请教,我说我正在写自传,可供他,学术书可寄他,不必来"⑦。

11月1日 "下午睡起,盼信无一到,写了一点传记资料,乃我在里昂城中寄宿舍受补习老师海蒙之劝化,皈依天主教事。我打算将张宝龄事完全隐去不说,盖我已立志不言彼过,婚姻不如意就不如意,算了!世上多不婚者,遇人不淑者,我有文

---

① 冰心赠苏雪林两本书,一为《冰心文集》,一为《冰心读本》,两本书上款都题"雪林吾姊正",下款签"冰心",笔致挺秀可爱。
② 《我与冰心》写作者初次与冰心在上海谋面的情形,以及抗战末期在重庆冰心编《妇女新运》月刊时,与冰心通信撰稿的回忆。
③ 《苏雪林作品集·日记卷》第14册,台湾成功大学教务处出版组,1999年版,第276页。
④ 《苏雪林作品集·日记卷》第14册,台湾成功大学教务处出版组,1999年版,第281页。
⑤ 朱雯(1911—1994):笔名王坟,上海师大中文系教授,著名翻译家。苏雪林任教东吴大学时,朱雯、冒舒諲、姚克、舒适等皆为苏雪林的学生。朱雯寄给苏雪林的文章是《我最难忘的两位老师》。
⑥ 《苏雪林作品集·日记卷》第14册,台湾成功大学教务处出版组,1999年版,第288页。
⑦ 《苏雪林作品集·日记卷》第14册,台湾成功大学教务处出版组,1999年版,第291页。

学、学术自慰,何必婚姻!"①

11月2日　收到大陆杨静远寄达杨润馀②讣闻,知她无疾而终,逝世之日为10月16日。"我本月十五日去信及照片,她当然未收到。余得此噩音,心甚悲伤。"③

11月4日　上午吕天行、李季谷夫妇及子允思来台南,邀出游市内名胜。先参观成大旧校区及新校区,后到市内文庙参观。从前陈旧颓唐,今收拾得焕然一新,扶架行走甚多路,心情极好,尚不觉劳累。中午在市内一素菜馆就餐,本欲做东,允思抢在前付了账。

下午唐亦男偕《国文天地》连文萍小姐来访,邀请苏雪林为该刊写稿。

11月5日　《文讯》来函,希望能给刊物写关于纪念胡适的文章,因本年12月17日为适之先生百龄冥诞。

11月6日　上午开始撰写纪念胡适文章。"不过写他两件事。其一南京危急,他不肯走,意图等日兵来杀,以激举世学术界公愤;其二即珍珠港事变,太平洋形势大变,我始获最后胜利。"④

11月8日　费时四天,终将《文讯》笔债偿还。题为《胡适百岁冥诞感言》,约三千字。

11月9日　阅报十时毕,"《写〈国文天地〉》所提六大款问题,并未起草,写得尚不慢。下午睡起,又写至五时许,共三千字左右,我写《胡适百岁冥诞感言》亦仅三千字,而费了足足四天工夫,自以为江郎才尽,大限将到,今写答案,虽平铺直叙之文,但不用起草,一挥而就,则我脑力尚未大坏也。"⑤

11月10日　向中文系谢一民主任推荐安徽大学沈晖及淮阴师专萧兵,邀请二位来台参加研讨会。

11月11日　台静农先生逝世,孙立人又入加护病房,想是病重,二位皆为皖省乡贤,声望卓著,殊为忧之。

---

① 《苏雪林作品集·日记卷》第14册,台湾成功大学教务处出版组,1999年版,第293页。
② 杨润馀(1896—1990):湖南长沙人,著名经济学家杨端六的胞妹,早年与向警予、蔡畅等加入新民学会。1921年与苏雪林等15名从京、粤、沪招考的女生赴法留学。逝世前一直在广东工作、居住。
③ 《苏雪林作品集·日记卷》第14册,台湾成功大学教务处出版组,1999年版,第293页。
④ 《苏雪林作品集·日记卷》第14册,台湾成功大学教务处出版组,1999年版,第295页。
⑤ 《苏雪林作品集·日记卷》第14册,台湾成功大学教务处出版组,1999年版,第296页。

11月12日　撰自传。此文须早日赶写完毕,不然排印不及。此章为在北京两年女高师学习、生活回忆,特别怀念与陈独秀的相识及胡适师在女高师授课情况。

11月14日　收到"冰心信及照片,(照片是)两年前生日所摄,甚清瘦,与秦贤次合照则丰腴多矣"①。

11月15日　上午写信给冰心,并附照片一帧。现每天坚持写两页纸自传(指《雪林回忆录》),争取早日能完工。

12月2日　谢冰莹自11月中旬自南洋回台北,居停一些日子后,联络一群女作家王琰如、丘秀芷等7位来台南探望苏雪林,同行的还有男士王蓝及袁暌久②,于下午二时到东宁路苏寓所。谢冰莹见到苏雪林,热烈拥抱,对采访的记者说:"我们已经十二年未见面,每天都很想念她,看到她笑容满面,精神很好,高兴得不知说什么好,愿她健康长寿!"

晚六时,一行赴台南饭店餐叙,熙熙攘攘,热闹非凡。宴毕,谢、苏回东宁路苏寓,久别重逢,连榻而眠。

12月3日　昨日谢冰莹与文坛耆宿苏雪林亲密拥抱的照片已在各大报上刊出。上午九时,在台南《"中华"日报》社楼上会场,台北文艺家协会及台南各界100余人为文坛耆宿苏雪林祝福。王蓝代表"文协"祝苏雪林长寿康宁,苏雪林致答辞,感谢文艺界圣诞节前南下探视并赠礼金。老朋友谢冰莹讲话时,特别强调苏雪林热爱写作,耄耋之年,笔耕不辍,足为年青一代作家楷模,并深情回忆与苏雪林半个世纪的友谊。

12月14日　读《"国文"天地》"纪念胡适专号",《胡适百岁冥诞感言》已在本期刊出。

12月16日　撰回忆录,回忆在苏州及安徽教书事。文中特别提到婚后,夫妻二人在东吴大学教书的往事。学校分配半幢(在校内天赐庄)中西合璧的楼房给他们住。"苏州天赐庄一年岁月尚算美满,但以后便是维持夫妇名义而已。"③

12月17日　在回忆录中,披露丈夫张宝龄性格孤僻,脾气暴躁,尤其对苏雪林每月贴补寡嫂及胞姐生活费不满而致怨恨、争吵。苏雪林索性"将张宝龄真事一一

---

①　《苏雪林作品集·日记卷》第14册,台湾成功大学教务处出版组,1999年版,第298页。
②　王蓝(1922—2003):天津人,笔名果之。小说《蓝与黑》被誉为"四大抗日小说"之一。袁暌久(1922—2001):湖南宁乡人,成都中央军校17期毕业。去台后,任"中国"广播公司总编辑。
③　《苏雪林作品集·日记卷》第14册,台湾成功大学教务处出版组,1999年版,第310页。

叙出,不再为隐耳,盖等别人乱猜乱说,不如自己写"①。

12月20日　多年来养成习惯,有卡必复,连日来忙写贺卡,耽误大量时间。无暇写回忆录。"希望于旧历年前弄好,但未知天从人愿否耳?"②

12月24日　上午唐亦男来告,"云大陆鲁迅纪念馆馆长陈漱渝来台,至台南欲见我。我原想换上装,而客已入门,同来者数人。陈赠我绸丝巾一条,笔谈知我之《中国二三十年代作家》及《我论鲁迅》大陆均有。问:大陆对之有反感否?答云:言论自由,各抒己见,无妨也。坐一刻钟而去"③。

本年12月,上海文艺出版社出版的《中国新文学大系·短篇小说》第二卷中,收苏雪林历史小说《回光》;以及同年出版的《中国新文学大系·散文》第十卷中,收苏雪林抗战期间创作的《人生三部曲》④之《中年》。

1991年　九十四岁

1月1日　新年第一天,写了四封长信,共数千字。一致南京干女儿秦传经,一致合肥侄儿苏经世。在致上海赵清阁的信中,请赵为其打听昔日旧同学蒋粹英的消息。苏云,蒋粹英去年曾有信来,后断消息。

致安徽大学沈晖的长函,其中有一段写道:"闻成功大学校长马哲儒先生有函请你来参加今年4月8日我生辰的学术研讨会,闻之甚为欢喜。但届时能否入境,尚要看政府意向,此刻不能预卜。如获准呢,可住成大招待所,校中办有餐厅,可以解决吃饭问题……我如今又聋又盲,见客只靠笔谈,见了我怕也问不出什么,你单单为见我,取得我传记及学术方面资料,一定会失望。"⑤

1月11日　唐亦男来,询问写回忆录进度,学校拟在生日研讨会上印发,看来要抓紧。检视手稿,发觉行款太密,字亦潦草,担心录入打字为难,不甚焦灼。

1月12日　收到沈晖寄来参加研讨会论文,题为《苏雪林早期创作管窥》,约一

---

① 《苏雪林作品集·日记卷》第14册,台湾成功大学教务处出版组,1999年版,第311页。
② 《苏雪林作品集·日记卷》第14册,台湾成功大学教务处出版组,1999年版,第312页。
③ 《苏雪林作品集·日记卷》第14册,台湾成功大学教务处出版组,1999年版,第314页。
④ 苏雪林创作的长篇散文《人生三部曲》,依次为《青春》《中年》《老年》(见《屠龙集》)。
⑤ 苏雪林自1987年至1997年与沈晖通信以来,致沈晖信共有二十三函,按时间编辑,此为第二函。

万二千字。

1月13日 晨起,写信致朴月。"她昨日寄大著《古典情漫漫》一本,一年三百六十天都引古典诗词一段,颇有趣味。"①

2月7日 "下午睡起,写信与香港能仁书院白冠云,共二大页,与其论李义山诗谜。白书昨晚看完,取材皆为中山大学出版之《李商隐诗研究论文集》,无多材料,但对我则甚推崇,谓在李诗研究中,我之《玉溪诗谜》为最贯通②、最周延,余甚感之。"③

2月11日 今日为农历腊月二十七日,上午"文工会"郑贞敏偕大批报馆记者来访,云代表李登辉、祝基滢致慰问,赠红包一万元及鲜花、水果等,提前贺春节,笔谈片刻,辞去。

2月14日 "上午阅报。今日为除夕,我一人在家吃残菜,无人来,甚为寂寞。"④

2月23日 一整天改高雄师范大学史墨卿教授论文《从泰山看〈九歌〉》。"上午改了一点,下午睡起又大改,整个下午报销。盖史文原题为《从泰山看〈九歌〉》,《九歌》并不产于泰山,仅《大司命》一篇勉强可以说,故改为《泰山——升天下地的处所》。"⑤

3月1日 上午台北姜龙昭、柯玉雪夫妇造访。

"姜为辅仁大学戏剧学教师,柯亦在戏剧界活动,现想以李义山恋史为题材写小说或戏剧,又想向余要求屈赋研究的书。余送精装《天问正简》一本。"⑥

3月3日 上午陈泰明先生携礼品自桃园来访,与之笔谈。俄而唐亦男伴《明道文艺》陈宪仁主编及宁小然女士至,共笔谈至午刻,足足消磨了两三个小时宝贵光阴。不禁慨叹:"人若出名便成公物,大家都来分享你的光阴,无法推却,此胡适之所以改写《西游记》八十一难,大家都想吃唐僧肉,唐僧只好持刀自割肉布施之也。"⑦

---

① 《苏雪林作品集·日记卷》第14册,台湾成功大学教务处出版组,1999年版,第323页。
② 《玉溪诗谜》:指苏雪林所著《玉溪诗谜正续合编》,1988年台湾"商务印书馆"出版。
③ 《苏雪林作品集·日记卷》第14册,台湾成功大学教务处出版组,1999年版,第332页。
④ 《苏雪林作品集·日记卷》第14册,台湾成功大学教务处出版组,1999年版,第335页。
⑤ 《苏雪林作品集·日记卷》第14册,台湾成功大学教务处出版组,1999年版,第340页。
⑥ 《苏雪林作品集·日记卷》第14册,台湾成功大学教务处出版组,1999年版,第343页。
⑦ 《苏雪林作品集·日记卷》第14册,台湾成功大学教务处出版组,1999年版,第344页。

3月6日　早起,撰回忆录第十七章:赴星洲任教南洋大学一年半的经历。对照日记记载,写得颇顺。研讨会临近,需抓紧时间撰写,决定以后每天早起一小时撰文。

3月13日　研讨会临近,一切事暂不做,一心写回忆录。唐亦男晚至寓,将已写好的稿子挂号寄台北三民书局发排。

3月16日　连日来,上午也不看报了,专心赶写稿子。写完《楚辞研究》一章,又写《姊逝及退休》——乃最后一章,两章约有三万字。

3月17日　"余今日已将《浮生九四——雪林回忆录》赶完。唐亦男来,当即取去,寄三民书局。她又交下排好的稿子五六万字,她已代校一遍,须我自己再校一二遍。"①

3月19日　上海赵清阁寄来九十五华诞贺寿文《隔海寄雪林》,文中亲密地称"我与苏雪林女士是忘年之交,我视她亦师亦友"。

3月21日　好友陈秀喜逝世,"写一唁信与其子女,附奠仪一千元,明日夏裕国来,当命其带去付邮"②。

3月29日　连日来,集中精力校《浮生九四——雪林回忆录》,总算完毕,命女工送唐亦男处。今日稍闲,看姜龙昭《香妃考证与研究》。"费一整天工夫看完,观郎世宁为香妃绘与乾隆同猎、同游行乐如此之多,香妃不肯顺从且阴怀复仇计未确。香妃即容妃可信,她死于太后崩十一年后,非太后赐死也。陶然亭畔之香冢,我亦见过,谓香妃初葬处亦无据。若容妃即香妃,则香妃薨后葬于皇陵寝,礼节异常隆重,何至草草葬陶然亭畔?墓碑背题词乃民初始刻,不知何人所作,曰:'浩浩愁,茫茫劫,短歌终,明月缺。郁郁佳城,中有碧血,碧亦有时尽,血也有时灭,一缕香魂无断绝,是耶?非耶?化为蝴蝶!'当是文人弄狡狯,隐指香妃耳。总之,香妃不屈,太后赐死,开始见于闿运之文。彼乃湘人,曾在京师住过,闻父老谣传,好奇心重,遂著之简编,不意竟成信史。夫以百年后之三湘文士论列宫省秘事,谁则信之?"③

4月3日　《浮生九四——雪林回忆录》由台北三民书局出版。苏雪林在该书《自序》中坦言:"我是一个自卑感相当重的人,不重视自己的为人及自己的作品,本

---

① 《苏雪林作品集·日记卷》第14册,台湾成功大学教务处出版组,1999年版,第350页。
② 《苏雪林作品集·日记卷》第14册,台湾成功大学教务处出版组,1999年版,第352页。
③ 《苏雪林作品集·日记卷》第14册,台湾成功大学教务处出版组,1999年版,第355页。

书也曾述及。当各报刊的编辑们要求我写点自传或回忆录什么的,我总是推诿……但去年为某种情势所迫,非写不可。初请两位学生每周一次到我寓所,由我口述而由她们笔录,备有录音机录音,更由我每周写提要一篇,供其参考。谁知自二月闹到五月,成绩毫无,说我的乡音太重,听不懂,提要字迹,又太潦草,难于辨认,白白耗费我四个整月的光阴,无可奈何,只有由我自己来执笔。

"自去年八月到今年三月,整整八个月,全书始得告成。年龄太老,江郎才尽,写的文字质朴无华,且多委琐重复之处,也只好强颜交出了……我今年已九十五岁,所以名回忆录为'浮生九四'者,是因我今年的年龄是虚岁。今年阴历二月二十四日才属足龄,是照西洋人的算法。况'九五'这两个字引起朋友们什么'龙飞九五''九五之尊'的话头来开玩笑,那不是把我当皇帝看待了吗?深为可厌,故按我的实龄为此书名。"

4月8日 成功大学马哲儒校长偕中文系苏雪林门生故旧,在台南饭店为苏雪林贺九十五嵩寿。

《"中央"日报·长河》副刊以《文坛耆宿苏雪林 九五岁月百万言》通栏大号标题发两整版贺寿文章,其中有成功大学中文系主任谢一民教授《记雪林师二三事》,唐亦男教授《那"坐忘"的身影》,尉素秋教授《寒梅著雪益精神》及作家彭歌、丘秀芷、吕润璧等著文祝贺。远在美国的老作家、苏雪林的好友谢冰莹也从美国发来《为雪林姊祝福》的专稿:"时间过得真快,转眼和雪林姊分别,有三个多月了,我回到金山后,常常想念他,几次在梦中和她相聚……雪林是一位节俭的人,可是并不小气,她一生很刻苦,在穿、吃、住三方面,从来不讲究;在饮食方面,她没有什么菜最爱吃,或者不喜欢吃的,自己尽管一生节俭,但在抗战期间,谁也忘不了她,半辈子用心血卖稿费,和口讲指画辛辛苦苦得来的薪水,买了五十两黄金献给国家!"

4月11日 "庆祝苏雪林教授九秩晋五华诞暨国际学术研讨会"在成功大学国际会议厅隆重开幕。苏雪林在中文系师生的扶掖下,亲临研讨会会场,众人起立欢迎,场面感人。本次研讨会海内外多位研究苏雪林的知名学者,向研讨会提交论文。如韩国高丽大学许世旭、日本西南大学王孝廉、法国国家科学院陈庆浩、马里兰大学西德分校龙应台、中国香港岭南书院梁锡华、中国大陆安徽大学沈晖与淮阴师范学院萧兵。台湾高校出席研讨会的有台北师大缪天华、丘德修,成功大学周行之、陈怡良,高雄师大史墨卿,东海大学杨承祖,淡江大学傅锡壬。研讨会收到论文十四篇。两天共安排七场报告会,对苏雪林创作及研究做多视角深入研讨。

4月12日　台北"故宫博物院"院长秦孝仪,为表达对苏雪林先生九秩晋五华诞的祝福,特向苏雪林先生敬赠该馆精印之《华夏文化与世界文化之关系》展览图录一册,图录封面烫金楷书印上"'故宫博物院'为苏教授雪林大家九秩晋五大庆上寿"字样。

4月13日　《"中央"日报》《新闻报》皆有大量篇幅关于成功大学举办苏雪林教授学术研讨会报道。

苏雪林第一天赴会场后,回来感到甚疲乏,第二日居家休息。读《浮生九四——雪林回忆录》及翻阅本次研讨会论文集。

4月16日　上午唐亦男教授带来苏州大学丁瑜《论苏雪林创作》一文,此篇文章是在研讨会期间,丁瑜寄给马哲儒的,马哲儒校长嘱唐亦男转交给苏雪林。

4月17日　读丁瑜文后,苏雪林甚不悦。"将大陆苏州大学丁瑜寄马哲儒校长一文寄还,并加按语。以丁根据《棘心》《绿天》二书,将我划归'闺秀派'而不满。寄丁著作表一份,问屈赋百五十万字,是否'闺秀派'所能作?又婚姻及恋爱,丁亦有谬论,皆驳之,为此写二信①。"②。

4月21日　"下午睡起,寄出《浮生九四》七本,题签也,装封套也,用尼龙线捆扎也,贴邮票也,顿觉得甚为劳累。"③

4月28日　"今日写一信答毛彦文,附《记我私慕吴贻芳师的可笑举动》影印一份,昨寄王琰如一份,今寄彦文一份。"④

5月8日　《文讯》杂志来函征文,意谓辛亥革命至今八十年,糅合个人事迹,写八十年风雨岁月。此次《文讯》与妇女写作协会邀请的名作家有苏雪林、林海音、徐钟佩、琦君、罗兰等。

5月9日　"今晨醒于五时二刻,即起床,未取报,入书房写《文讯》社所需《我们的八十年》稿……下午将文写完,本限三千字,我写五千字。"⑤

上午收到台南市长送来艺术奖章一座,乃一铜版上刻二牛,盛以木盒,外又有奖状一纸。

---

① 苏雪林对丁瑜文章甚为不满,在丁文上批加按语,写两信分别致马、丁,并将丁文寄还。
② 《苏雪林作品集·日记卷》第14册,台湾成功大学教务处出版组,1999年版,第365页。
③ 《苏雪林作品集·日记卷》第14册,台湾成功大学教务处出版组,1999年版,第367页。
④ 《苏雪林作品集·日记卷》第14册,台湾成功大学教务处出版组,1999年版,第369页。
⑤ 《苏雪林作品集·日记卷》第14册,台湾成功大学教务处出版组,1999年版,第374页。

5月13日　上午看大陆作家石楠的作品《画魂》。至下午四时读毕,发现书中错误甚多。为求证,特此"到书房椅子上寻出《青鸟集》,以其中有关于玉良画评一篇,乃1928年作,即民国十七年也。《画魂》谓玉良第一次留法为民国六年,在外九年。实则玉良于民国十年与余同舟赴法,十七年已在中央大学任教,先在刘海粟艺专任教二年,则十五年回国矣,石楠写得殊不甚确。"①

5月14日　石楠写《画魂》,将潘玉良留学及回国时间弄错,书中很多人物也张冠李戴,凭空臆造,拟写读后感,指出其中错误。

5月15日　"今日写《忆一位传奇人物潘玉良》,不知何故,甚为酸楚,为其不幸命运叹息,渠幼年不幸堕落烟花,虽努力奋斗,终不能胜利,痛苦可想。"②

5月18日　《"中央"日报》副刊5月17日、18日两天连续刊发苏雪林《浮生九四录》第一、二两章,编辑在按语中说:"作者近日所写之回忆录,虽衰年之作,质朴无华,而字字真实,无一虚构之词,足称信史。作者过去虽以应各报刊编辑要求,写有自传式文字多篇,检视之下,每有舛误,盖即记忆力甚强者,岂能记忆七八十年之生命史,况作者自言自己记性自幼欠佳者耶! 现作者写此书,即先以大半年目力,遍览自己全部著作,检查所保存之日记,更参考当时世局之沧桑,有关人事之变迁,自己文学创作之抒写,所研究学术问题之解决,及其所有著作出版之年月,一一记录,故条理分明,事迹翔实,以后若有人思研究作者之生平,以此书为根据,庶无大失。"

5月20日　将回忆潘玉良文写完。"此文共十六页,每页四百字,为六千四百字,加以若干眉书,不止此数。此文恨不能使玉良复起九原而观之,若能睹,必认我为知己也。"③

誊清稿件,以限时信寄章君穀主办的杂志。

5月31日　台湾"行政院"院长郝伯村(伯春)至台南巡察,亲至东宁路苏雪林寓所探望文坛耆宿,赠慰问金一万元、燕窝二盒,并在宿舍庭院中合影留念。苏赠郝院长《浮生九四》一册。

6月10日　在书房给居住在上海的赵清阁、朱雯写信。

致赵清阁的信甚长,摘录其中的几段:

---

① 《苏雪林作品集·日记卷》第14册,台湾成功大学教务处出版组,1999年版,第376页。
② 《苏雪林作品集·日记卷》第14册,台湾成功大学教务处出版组,1999年版,第376页。
③ 《苏雪林作品集·日记卷》第14册,台湾成功大学教务处出版组,1999年版,第379页。

清阁：

　　成功大学中文系寄你我的《浮生九四》那本书收到没有？那本书是我受成大当局再三邀请才撰写的。初命一历史系的教授、两个学生每周一次到我家，由我口述，她们笔录，自去年五月搞到八月，足足消耗了四个月的光阴，成绩毫无，不得已由我自己执笔，自去年八月至今年三月底，又消耗了八个月的光阴，才得成书。像我这龙钟衰老的人，还能写出什么文章，无非把以前说过的话连缀成文而已，别无新义。不过也有好处，就是以前被各报逼迫所写自传性零碎文字，颇多错误，现皆一一改正，以后若有人想研我，以此为根究，庶无大失。

　　由一位一甲子前所认识的人朱雯信中，知你与他都住上海吴兴路，你尚到他家吃饭，可见你们友谊不错。现故请他转这页信。

　　你说冯沅君、黄白薇都在"文革"中遭红卫兵批斗致死。黄白薇我也认识，文章写得并不如何好，人品尤不足观。冯沅君则是我北京女高师的同班同学，文笔优美，学术湛深，她丈夫是陆侃如，两人都是有名学者。①

6月18日　成大中文系教授吴达芸带领夏志清②先生的研究生杜森（美籍）来访，杜森小姐的研究论文为《论中国五四后之女作家》。上午在寓所与之笔谈。"余云五四后女作家仅谢冰心、黄庐隐出名，我与冯沅君皆后起。二女士亦未多问，我赠书：（一）《中国二三十年代作家》；（二）《中国文学史》；（三）《袁昌英文选》；（四）《孔雀东南飞及其他独幕剧》；（五）《中国现代作家与作品》；（六）我的著作表及《冰心与我》一文的剪报。"③

　　下午睡起，审读并修改柯玉雪寄来两幕剧《春蚕到死丝方尽》。

6月25日　老来喜欢读杂书，除神话、民俗之类，天文、哲学也经常寓目。"晨起，读张君劢《科学与人生观》。张君劢这个劢字，简单的字典查不到，查《康熙字

---

① 沈晖收藏苏雪林致赵清阁的通信共五函，此信为第三函。
② 夏志清(1921—2013)：江苏吴县人，上海沪江大学毕业，赴美国耶鲁大学留学，1952年获耶鲁大学英文系博士学位。生前为耶鲁大学教授，文学评论家，主要著述有《中国现代小说史》《中国古典小说导论》等。
③ 《苏雪林作品集·日记卷》第14册，台湾成功大学教务处出版组，1999年版，第392页。

典》《辞源》《辞海》方可。又阅他与丁文江（论战）之辞，论学问实在丰富，非常钦佩①。张之夫人似为我女高师同班生王世瑛②，以难产亡。"③

7月2日　一周来沉湎于读科学与玄学的论战文章。1923年张君劢在《清华周刊》上发表《人生观》一文，指出"人生观出于人类的良心与直觉，绝非科学所能解决"。丁文江写了一篇《玄学与科学》加以反驳，于是引发一场论战，参加论战的有朱经农、张东荪、任叔永、梁启超、胡适等。这场论战的押阵大将是国民党元老吴稚晖，他写了一篇洋洋七万言的长文《一个新信仰的宇宙观与人生观》。此文发表后，历经一年的论战，就此停止。

上海亚东图书馆收集此次论战文章，于1928年出版《科学与人生观》，苏雪林所读即为该书。

7月8日　为《文讯》征文所写的纪念辛亥革命八十周年专稿，在《"中央"日报》副刊登出，题目为《"老冬烘"与"新青年"》。文章系统回忆自己在1911年辛亥革命后所走过的艰辛道路，谦称自己受旧式教育是"老冬烘"教出的"小冬烘"，直到五四后赴京求学，才变为接受"科学""民主"新思想的"新青年"。

7月15日　连日都在阅读吴稚晖《一个新信仰的宇宙观及人生观》。觉得像吴氏这样的奇人及伟人，有如此深邃的思想，不可不作介绍，遂驰函致《"中央"日报》编辑林黛嫚，请她在该报副刊《长河》版上着力摘登、介绍吴稚晖的文章。

7月20日　自前日就决定要写一篇文章评析吴稚晖的《一个新信仰的宇宙观及人生观》，今日定下文章题目《一篇玄科之战押阵的大文章——再读吴稚老〈一个新信仰的宇宙观及人生观〉》。文章分为七个部分：

一、玄学与科学之战的缘起；二、稚老的宇宙观；三、稚老的人生观之一——清风明月吃饭的人生观；四、稚老的人生观之二——神工鬼斧生小孩的人生观；五、稚老的人生观之三——覆天载地招呼朋友的人生观；六、稚老宇宙观的矛盾；七、人生观

---

① 张君劢(1887—1969)：名嘉森，字君劢，上海宝山人。近代著名学者、哲学家，中国早期新儒家的代表。著作有《人生观》《主国之道》《新儒家思想史》。
丁文江(1887—1936)：字在君，江苏泰兴人，著名地质学家。1918年与张君劢随梁启超赴欧洲考察，曾与张君劢先生就"科学与人生观"进行过论战。
② 王世瑛(1899—1945)：福建福州人，为苏雪林在北京女高师读书时同班学妹，她与同班的黄庐隐、陈定秀、程俊英被苏雪林戏称为"女高师战国四公子"。王世瑛初与郑振铎相恋，因其母不同意，遂于1925年与张君劢结婚，为张生了五个孩子，1945年3月，因难产重庆逝世。
③ 《苏雪林作品集·日记卷》第14册，台湾成功大学教务处出版组，1999年版，第395页。

关乎生命之谜。文章结尾评骘吴稚晖:"我觉得稚老是一代伟人,也是天生的圣贤,他一生对国家民族,不知干了多少事业,自己却清风两袖,明月一肩,不取丝毫回馈,不谈他别的,即这廉洁性情,请问世间更有几个?"①

7月24日　晨起,将评吴稚晖长文写毕,誊清。"从头至尾看了一遍,改题曰《一篇玄科之战押战的大文章》以原题为子题。稚老原文长七万余字,我之文浓缩为五千余字,加自跋一千数百字,全文七千字。"②

7月28日　今日无信,报纸也无甚消息。"取十余年前在中文系所购《中国近代史思想史》一厚册阅之,看了一整天,共阅六万余字,也算迅速。此书作者郭湛波③不知何人?极有学问,看书宜看此等书,甚杂乱之文艺品,枉费光阴,对人无益有损。"④

8月2日　"今日看完郭著《中国近代思想史》,共四十万余字,七月廿八日看起,共看了六天,亦云速矣。"⑤

8月4日　"女工送来《新闻报》,其后《'中央'日报》乃自取。感觉浑身绵软无力,双脚之骨松脆,缺少钙质,虽服钙片无效。自知末日将届,年已九五,亦届遐龄,可以死矣。"⑥

收到《联合报》苏伟贞约稿函,嘱写"文人呆事",二千字即可。因自幼有"木瓜"之称,呆事不少,但需回忆整理,待写。

8月6日　"午睡起,入书房写《联合报》苏伟贞所索之'文人呆事',数小时完稿,共一千五百字,寄出。"⑦

8月8日　"看《大同书》,康南海甚关心我辈妇女,其书论妇女委屈篇幅独多,余甚感之。"⑧

---

① 此文载1991年8月27日、8月28日《"中央"日报》副刊。
② 《苏雪林作品集·日记卷》第14册,台湾成功大学教务处出版组,1999年版,第408页。
③ 郭湛波:河北人,原名郭海清,现代唯物主义哲学家,1932年北京大学毕业,1949年到台湾。主要著述有《中国中古思想史》《中国近代思想史》《近五十年中国思想史》《伦理学十六讲》等。
④ 《苏雪林作品集·日记卷》第14册,台湾成功大学教务处出版组,1999年版,第409页。
⑤ 《苏雪林作品集·日记卷》第14册,台湾成功大学教务处出版组,1999年版,第412页。
⑥ 《苏雪林作品集·日记卷》第14册,台湾成功大学教务处出版组,1999年版,第413页。
⑦ 《苏雪林作品集·日记卷》第14册,台湾成功大学教务处出版组,1999年版,第414页。
⑧ 《苏雪林作品集·日记卷》第14册,台湾成功大学教务处出版组,1999年版,第415页。

8月16日　看沈晖编《苏雪林选集》。"其序文对我散文备极恭维。余在大陆四十多年,无人提及,等于死灭,今忽被人揭发,大肆揄扬,亦意想不到之事也。"①

8月23日　"今日气候仍甚燠热,正当旧历七月初,前人虽于七夕诗有'天阶夜色凉如水',及秦观'金风玉露一相逢'之句,实则七夕何尝凉爽哉……浑身仍无力,自知挨不过今年,但尚有未了之事,死去尚有不甘,未了之事者,全部文字付印,不知何时。"②

8月24日　自台海局势和缓,加之两岸民众往来探访,尤其自感四十多年在大陆无人知晓,现在居然能在大陆出版著作,特驰函告知天主教神父顾保鹄。

8月25日　应成功大学校庆六十年征文③,撰《我在成大》。文章深情地回忆自1956年来在中文系教书,至1973年退休,在成大服务十七年,最终在成大完成自己研究屈赋的使命,出版"屈赋新探"系列巨著《屈原与九歌》《天问正简》《楚骚新诂》《屈赋论丛》。"我在成大教书十余年,唯有屈赋研究全书告成,最值得纪念。"④

9月3日　从《新闻报》上获悉,武大昔日校长王雪艇(王世杰)长子王纪五因糖尿病导致目盲,居家养病数年,卒以病亡,享寿仅六十四,不禁为之悲悼。因二十余年前,雪艇公次子在台北乡下横死,尸入海中,不知所往,那时雪艇夫妇尚在世,曾致函慰藉。"长子纪五貌肖父,人亦贤才,竟及花甲殂谢,幸老夫妇皆已逝,不然将何以为情?今唯二女存,长曰雪华,在美为医,谅已退休,次曰秋华,在台北营建筑业,一门皆靠之矣。"⑤

9月11日　"王纪五先生今日公祭,寄上千元奠仪致其夫人张忠琳女士,以示一花⑥之敬。"⑦

9月30日　凌叔华自伦敦寄来英文本《古韵》。书中多写幼时家庭生活,未及

---

①　《苏雪林作品集·日记卷》第14册,台湾成功大学教务处出版组,1999年版,第418页。
②　《苏雪林作品集·日记卷》第14册,台湾成功大学教务处出版组,1999年版,第421页。
③　成功大学创立于1956年,其前身为1931年成立的台湾高等工业学校,后改为台南工业专科学校。
④　苏雪林:《我在成大》,载《成大六十年》校庆纪念特刊,台湾成功大学,1991年版,第133页。
⑤　《苏雪林作品集·日记卷》第14册,台湾成功大学教务处出版组,1999年版,第428页。
⑥　一花:谓微薄,指铜钱五枚。旧时计数,常以"五"进。明李翊《俗呼小录》:"数钱以五文为一花。"
⑦　《苏雪林作品集·日记卷》第14册,台湾成功大学教务处出版组,1999年版,第432页。

上燕京大学及与陈源相识、结婚事。"叔华其父有六妾,叔华母乃第四妾也,究竟为何出身,不知。我在珞珈看见过一次,貌亦不美,为其父生女四人,未生子,抗战初期死于北平,叔华曾去奔丧。那时北平(生活费)高昂,一袋米须黄金一两,生活不下去,乃万里寻夫于伦敦,历久始至。从此居英国四十余年,中间亦来台湾数次。"①

10月11日 "林风眠在港逝世,时为八月某日,享寿九十二岁。林于民国十年间赴法习画,并未入艺校,自己绘作。有《摸索》大油画一幅,其中孔子、释迦、苏格拉底、耶稣等其自如人,皆以手置案上摸索什么,实则案上空无一物,他们摸索当无所得,林氏成名作即此幅也。林又工于中国花鸟,乃岭南派画法。回国后为蔡元培所欣赏,荐为西湖艺专校长,其妻为法国女郎,今不知仍此人否?"②

10月21日 "菲列宾潘葵村及其女一连寄来二信,葵村年已九十余,摄护腺肿大开刀,今已愈。其女年亦花甲,名亚暾,在南洋华文报上为余撰一长文,将《"国文"天地》某期余答客问数条完全写入,并称余为女作家之最,谓冰心仅能称文学家,而无学术著作,又无旧文学基础,故不及余,此言殊使我愧。冰心精通楔行文字,余则昧于此道,安能居其上耶。"③

10月29日 读李清照、朱淑真评传。读后,对女词人李清照再嫁问题,历举数端理由,断定其绝无可能:"余于清照再嫁张汝舟事,总不信其为真,盖其夫赵明诚死未久,数清照年龄已四十九矣,尚何再嫁之有?如谓乱世思得依恃,则清照弟远亦为宦,又何不可依恃?其《投翰林学士綦公崇礼启》大意谓:方大病垂死,昏瞆无知,为张汝舟所骗,则张何以娶此垂死之老妇?其再嫁重要证据在投綦崇礼启,而此启何来,则殊可疑:清照《漱玉词》刻于其生前,此启附词集耶?则夫死未久而再嫁,三月又仳离,甚不名誉,何肯刻词集中?乃出于他人之书耶?则宋人笔记惯作伪,如《碧云騢》(梅尧臣作)之托他名《辨奸论》,居然混入老泉集也。当时虽《苕溪渔隐诗话》《碧鸡漫志》《李心传系年要录》,皆互相抄袭之作耳,可信为真耶?"④

11月2日 读吴天任《梁任公年谱》,其中材料极为丰富。"余始知任公留日时,思想亦一度改变,倾向排满,并上书南海,劝之归隐,勿再过问政治,后受各种刺

---

① 《苏雪林作品集·日记卷》第14册,台湾成功大学教务处出版组,1999年版,第443页。
② 《苏雪林作品集·日记卷》第14册,台湾成功大学教务处出版组,1999年版,第448页。
③ 《苏雪林作品集·日记卷》第14册,台湾成功大学教务处出版组,1999年版,第451页。
④ 《苏雪林作品集·日记卷》第14册,台湾成功大学教务处出版组,1999年版,第455页。

激,又幡然改。"①

11月7日 "看梁谱,此书共四大册,资料极其丰富。余从第三册起即略去若干无关文件,但未知民国十七年任公何以在沪?余托陆侃如送他一本'玉谜'②,陆按下不送,而任公又回北方,此书未载是年行止,成为一谜。"③

11月14日 "姜龙昭、柯玉雪合著《李义山情史》请我改。先看姜所著《香妃考》,他又得见郭志诚以一千八百万元购买之《宝月尝荔图》,称郎世宁绘,兆惠题诗,内有香妃字样。但余总疑此图乃近人所作,非出郎手。又,香妃从乾隆狩猎持箭,与帝身穿西洋中世纪武士盔甲,香妃图穿服,何也?在猎场写真,应穿中式盔甲,何得西洋武士盔甲而服之?且香妃持箭与乾隆状甚亲晓,亦不类怀抱家国恨,而欲行刺清帝者?日人所得钥匙更可疑。乾隆妃嫔更多,岂有以香妃次于太后王后之理。"④

11月21日 在美国旅行的史墨卿来信询问,"美国哈佛大学所见中国之驮碑龟为何物?我在教楚辞课中曾屡言,《天问》中且有图,史曾听吾课尚不知,可见他对我楚辞课实未彻底了解。乃取《天问》'鳌戴山抃'⑤及《列子》'龙伯大人一钓五鳌而致三神山沉没'与印度大龟负地⑥图联贯为一,告知其缘由。"⑦

12月20日 林海音之女夏祖丽12月初写信告诉苏雪林,她的好友墨尔本大学中文部的孟华玲⑧(中文名)女士将要来台南采访。

上午成大中文系助教赖丽娟陪同孟华玲访问苏雪林。孟华玲多次到大陆,并在北京大学进修,能说一口流利的中文。与苏雪林笔谈数小时,主要话题是询问苏雪

---

① 《苏雪林作品集·日记卷》第14册,台湾成功大学教务处出版组,1999年版,第457页。
② 玉谜:指苏雪林出版的第一本学术著作《李义山恋爱事迹考》(上海北新书局,1927年5月出版)。
③ 《苏雪林作品集·日记卷》第14册,台湾成功大学教务处出版组,1999年版,第458页。
④ 《苏雪林作品集·日记卷》第14册,台湾成功大学教务处出版组,1999年版,第461页。
⑤ 鳌戴山抃:鳌,大龟。刘向《列仙传》:"有巨灵之鳌,背负蓬莱之山而抃舞,戏于沧海之中。"此龟又名赑屃。
⑥ 大龟负地:印度古人想象:大地安于四象身上,四象立于一巨龟背上。今驮碑龟指威武有力,龟能负大地,驮一碑何难。
⑦ 《苏雪林作品集·日记卷》第14册,台湾成功大学教务处出版组,1999年版,第464页。
⑧ 孟华玲(1946—):澳大利亚人,供职墨尔本大学亚洲研究院中文部,原名Diane,中文名孟华玲(取孟子之"孟"为姓,名"华玲"谓爱中华文化之义),能说流利的中文。她多年来致力于中国女作家研究,与笔者是多年好友,1997年曾到合肥访问笔者。

林过去及现在与女作家交往的情况。

12月21日 圣诞将至,每年此时都要大写贺卡,今年也不例外。文艺界寄王蓝、张漱菡、陈纪滢等,宗教界寄成世光、彦文等,还有老朋友曾虚白、毛彦文等,以及宋楚瑜、刘真、陈立夫等,不知节前来得及寄出否?

1992年 九十五岁

1月1日 元旦日天气转暖,人体甚感舒适。自1911年以来,内战频仍,民不聊生。今台湾民众"修宪"呼声鼎沸。读报知:"'立委'自己调高待遇,每月各种名义之薪水至三十万元之多,可谓骇人听闻。"①

1月2日 唐亦男来,与之笔谈。唐云:本年度《"中央"日报》文艺奖一致推选苏雪林,2月中旬要赴台北领奖,成大派派车送至台北,唐作陪。在台北居停二日,返程由《"中央"日报》派车送返台南。

1月7日 读《"国文"天地》,"其中资料如《黄遵宪传》《醒世姻缘传》颇引人注意,读之。又著作甲骨文的《胡厚宣传》②,亦非读不可。知胡尚在大陆,年已从心所欲不逾矩也。余书房柜中有他所著《商史论》,未知此人尚在否?"③

1月19日 农历春节将至,应报刊编辑之邀,撰幼时过年回忆的文章。

2月16日 苏雪林自青年时代就喜欢袁枚诗,至老兴趣不减。每次读袁枚《小仓山房诗集》,都觉得其诗有趣味。"袁枚诗在其生时声名甚重,身后毁谤交集,盖为多情所累也。又生前喜交达官贵人,遂有疑其品格不高者。其实他人为诗,皆不出古人窠臼,袁独一空依傍,实千古一人。"④

2月18日 唐亦男陪同赴台北,入住来来饭店。

下午二时,在台北来来饭店金龙厅出席《"中央"日报》颁发文学成就奖,获奖金十万元新台币及奖状。《"中国"妇女》报社社长吕润璧偕王琰加、叶蝉贞等十余位

---

① 《苏雪林作品集·日记卷》第15册,台湾成功大学教务处出版组,1999年版,第1页。
② 胡厚宣(1911—1995):河北望都县人,幼名福林,1934年北京大学史学系毕业,我国著名的甲骨文学家与史学家。曾任教齐鲁、复旦等高校,毕业后从事甲骨文与上古史研究,晚年任职中国科学院考古所,1995年4月15日病逝。
③ 《苏雪林作品集·日记卷》第15册,台湾成功大学教务处出版组,1999年版,第4页。
④ 《苏雪林作品集·日记卷》第15册,台湾成功大学教务处出版组,1999年版,第23页。

作家至颁奖会场祝贺。

2月21日　"得大陆李育来信,言武大同事端木锡良①尚在人世,寿已九十四,惟常入医院,现想印行其画作,找出我所写序言一篇,想我重写,若不能则改正错误亦可。其实其文无错可改,叫我今日写,已写不出矣。"②

2月28日　"读袁枚、刘霞裳同游天台、黄山诗。刘不仅陪枚,且与之同衾共枕。子才固喜牵鄂君③衣者,则身死之后,士论哗然,群攻霞裳,不许同席,霞裳至否认与子才师生关系,亦无怪也。余少时在岭下读小仓诗,似无与霞裳诸诗,想被删去。今广文本诗集乃有之,实为白璧之玷也。"④

3月8日　为王琰如之女晓茹书稿《再聚的时候》作序。

3月25日　为喜欢李商隐诗歌的同道、女作家柯玉雪⑤的剧本写了一篇序文。"下午以数小时之力,将柯玉雪剧本序写完,明日付邮,全文共一千二百余字,算写得尚满意。"⑥

4月2日　"成舍我之女成之凡在巴黎颁成之凡文学奖金,《'中央'日报》林黛嫚(副刊编辑)以《孤独之旅》获奖,将赴法一行,之凡供来往机票及十日食宿,花钱不少。之凡前数年说要竞选总统,这次又办文艺奖,可见其财力不凡,未知系自钢琴得来,抑由其他道路也。"⑦

4月4日　《"中央"日报·艺文》副刊,刊登徐悲鸿、蒋碧微、张道藩、孙多慈四人复杂感情纠缠的恋爱关系文章。

因蒋碧薇去台后,与苏雪林是好友,故苏对蒋之家庭及子女情况较为熟悉,因而对报上刊发的有关文章,颇有共鸣。

---

①　端木锡良(1900—2000):字梦锡,河南南乐人,1932年毕业北京私立美术学院,生前任武汉大学事务组职员,善绘花鸟,抗战时在乐山开过画展,苏雪林曾为他写过画评,题曰《书端木梦锡画集后》。
②　《苏雪林作品集·日记卷》第15册,台湾成功大学教务处出版组,1999年版,第24页。
③　鄂君:指鄂君子晳,楚王母弟,越人悦其美,作《越人歌》而赞美,后因以"鄂君"作美男子的通称。"子才固喜牵鄂君衣",意谓袁枚有同性恋之嫌。
④　《苏雪林作品集·日记卷》第15册,台湾成功大学教务处出版组,1999年版,第29页。
⑤　柯玉雪(1965—　):台湾嘉义县人,台湾新生代作家。苏雪林为其作序的是广播剧《锦瑟恨史》,写诗人李商隐的爱情故事。
⑥　《苏雪林作品集·日记卷》第15册,台湾成功大学教务处出版组,1999年版,第42页。
⑦　《苏雪林作品集·日记卷》第15册,台湾成功大学教务处出版组,1999年版,第46页。

4月7日　近年来,不断接到大陆及海外团体或个人索取"屈赋新探"系列的四本书之请求。因《楚骚新诂》《屈赋论丛》二书已将版权卖给"国立"编译馆,"故请台北文津出版社用照相制版翻印《屈原与九歌》及《天问正简》,个人出资从'国立'编译馆购《楚骚新诂》与《屈赋论丛》各一百本,凑成全套,以应急需。后二册的封面与前二册不一样,就是这个原因"(《"屈赋新探"再版序》)。

4月16日　"昨日得姜龙昭《香妃续考》,阅了整个下午。相传郎世宁于香妃戎装像外,共作有十一幅《从猎图》《宝月尝荔图》皆是。唯香妃若未获封号①,何以诸臣题诗称之香妃,若未从乾隆,何以与之并猎?"②

4月30日　"不知何故,浑身酸痛,知大限将到,尚有许多事未了,颇不甘。理书房杂物,恐'台视'来拍照。今日下午睡起,收拾书房地上杂物,乃知都为数年来所积之信,将大陆及欧美的信收捆一起,台湾之信则付之纸篓,居然有百封以上。"③

5月15日　"王赞尧来,出大陆彭明朗编辑《袁昌英、凌叔华、苏雪林散文选》三本,刘宝熙小照片二张,信一封。那小照片乃民国二十一年胡适先生来武大讲演后与同人共摄,可辨认者为珞珈三杰、胡适、刘秉麟、王世杰、李儒勉、陈源,其他均昧然。"④

5月29日　"阅《'中央'日报》。剪了几条,见有小记事,历史小说家高阳⑤(即许晏骈),病危入荣民总医院。其病为酒精肝炎及肺病等,医院正极力挽救,未知能救其生命否?高阳故甚骄傲,与余亦有两次笔墨冲突,一为董小宛与董鄂妃,一为李义山与姨妹之恋爱,然余甚爱其才,殊不愿其死也。"⑥

---

①　据故宫档案馆资料:1760年6月19日,乾隆举办赏赐鲜荔枝宴,定边将军兆惠携额色尹、图尔都、伊帕尔汗兄妹等平版有功者赴宴,伊帕尔汗身上的异香引起乾隆关注,当着群臣的面,册封伊帕尔汗(香妃)为贵人。
②　《苏雪林作品集·日记卷》第15册,台湾成功大学教务处出版组,1999年版,第52页。
③　《苏雪林作品集·日记补遗》,台南财团法人苏雪林教授学术文化基金会,2010年版,第201页。
④　《苏雪林作品集·日记补遗》,台南财团法人苏雪林教授学术文化基金会,2010年版,第205页。
⑤　高阳(1922—1992):原名许晏骈,字雁冰,浙江杭州人,一生嗜酒,自诩"高阳酒徒",并以"高阳"为笔名发表历史小说,闻名天下。一生创作历史小说90多部,以《慈禧全传》《胡雪岩》《红顶商人》等最为知名。
⑥　《苏雪林作品集·日记补遗》,台南财团法人苏雪林教授学术文化基金会,2010年版,第211页。

6月7日　读《新闻报》。获悉高阳于昨日(6日)下午三时四十分病逝于台北荣民总医院,享寿刚过七十岁,不胜惋惜。又《"中央"日报·长河》副刊,详记高阳死因:此君乃烟、酒、书三者不离手之人,其病为酒精中毒,可见病为酗酒所致也。

6月8日　"我与高阳亦有一面之缘,彼时所见之高阳甚年轻,所谈为《红楼梦》问题。余与高阳亦有小小笔墨交涉,如董小宛问题、李义山《无题》数首乃与小姨恋爱问题,彼自信甚坚,不容人之反驳,我则不以为然。"①

6月11日　晨起读唐亦男昨晚送来的《联合报》副刊登载悼高阳文字。"高之历史小说诚为第一手,所作旧诗词,字之平仄多不辨,如谓伶人程艳秋三字皆平声,不知艳字乃仄声;谓马连良连字为仄声,不知连乃平声也。用典亦随意,其作《满江红》词中:'大明正历','中华民国'岂可称'大明'?'一战我军皆火散',火散二字无出典,或'散伙'之误耶?然军败不能谓为散伙也。"②

6月12日　晨起已六时,看《"中央"日报·长河》副刊有关高阳的文字。"高阳诞生于1922年,与余1959年台北求目疾治疗时,会过一面,彼时年龄为三十六七。高阳虽秉绝代之才华,而性情执拗至极,喜与人持相反之意见。如:(一)他之倾向《红楼梦》置文渊阁出版之脂四本为未睹;(二)清代十大奇案如董小宛入宫、雍正夺嫡及其暴卒乃为吕留良之女吕四娘所刺,乾隆乃海宁陈阁老子等。此种无聊野史本不足辩,而高阳偏以为真实史事而辩之;又如龚自珍与顾太清之暧昧关系,本子虚乌有,他偏主为真实。至其董小宛入宫、李商隐与小姨恋史皆言之凿凿,一口咬定,皆其天性,喜与人拗之故也。"③

6月18日　作家尹雪曼办了一份文学艺术杂志,简称《作联》,登载绘画、雕刻、小说、散文,聘请苏雪林、陈纪滢、郎静山、谢冰心、刘海粟、萧乾等为杂志顾问。

8月10日　读《"中央"日报·长河》副刊,有高炳安所写《八仙传奇》。"余对此问题怀疑已久,但思想未成系统,疑八仙来自域外,为酒神与弥诺王一段交涉,亦与盘恩与阿波罗比赛乐技有关。那钟离权当是盘恩;张果老倒骑驴,当是山魈领袖

---

① 《苏雪林作品集·日记补遗》,台南财团法人苏雪林教授学术文化基金会,2010年版,第216页。
② 《苏雪林作品集·日记补遗》,台南财团法人苏雪林教授学术文化基金会,2010年版,第217页。
③ 《苏雪林作品集·日记补遗》,台南财团法人苏雪林教授学术文化基金会,2010年版,第217页。

西勒纽士;李铁拐当是天上铁匠浮尔甘。"①下午开始撰中国八仙传说与西方神话之渊源。

8月11日 "下午午睡起,誊清《中国八仙西方来——八仙中希腊神话的影子》。昨日见《长河》版高炳安《八仙传奇》甚感兴趣,余对此问题本想写一文,今有机会安可不写?写时文思畅达,约二千八百字完稿。"②

8月29日 《"中央"日报·长河》副刊将两周前寄去稿件发表,"编辑改题目为《中国八仙西方来》,并增插图多幅,又加了许多小标题。余自己看了几次,此乃文人常态,自己的东西总是宝爱。"③

9月10日 开始动笔写《谈伏羲》。找了藏书中的有关资料,感觉皆为陈言,决心要挖掘一点新资料,撰写此文。

9月14日 日前翻检资料,自感费力费神,停了两日未动笔。

晨起,将《谈伏羲》誊清,以限时信寄《"中央"日报》副刊主编梅新。还想再写嫦娥奔月、日食等故事之来龙去脉。

9月16日 取书架上郝懿行笺疏《山海经》检索,想寻出翟羽所引嫦娥奔月错误而不得,仅有《月母及浴月》或相近。

9月18日 "今日写解释翟羽嫦娥奔月事完,为女娲逐月。逐月者,为夺回不死药也。"④

9月19日 午后收到《"中央"日报》副刊部转来一封信,为花莲县读者梁寿山写给报社的,此君对苏雪林"中国八仙西方来"一说,持怀疑观点,报社转此信,恳请给予答复。苏雪林当即挥毫,至下午五时许,写满五页稿纸(每页500字)寄出。

9月27日 唐亦男受邀赴大陆安徽铜陵出席青铜文化学术研讨会,苏雪林托其带"屈赋新探"系列四本《屈原与九歌》《天问正简》《楚骚新诂》《屈赋论丛》及《遁斋随笔》一本赠沈晖,并附长函一通,其中一段云:

---

① 《苏雪林作品集·日记补遗》,台南财团法人苏雪林教授学术文化基金会,2010年版,第236页。
② 《苏雪林作品集·日记补遗》,台南财团法人苏雪林教授学术文化基金会,2010年版,第236页。
③ 《苏雪林作品集·日记补遗》,台南财团法人苏雪林教授学术文化基金会,2010年版,第242页。
④ 《苏雪林作品集·日记补遗》,台南财团法人苏雪林教授学术文化基金会,2010年版,第249页。

"拙著屈赋研究所以不蒙重视,以致销路毫无者,以我主张世界文化同出一源,中国文化亦世界之一支。我且宣言:世界文化内容相同,盖出于西亚,而我中国则所蒙西亚色彩独浓,与印度、希腊比,可居长房地位。但一般读者不满足'长房地位'四字,一定要说'祖宗地位'才可。这是民族自尊心的表示,未可厚非。但文化之形成与进步需要时间,我国历史仅四千数百年,距五千年的整数还不到。人家已有万年之谱。但观埃及金字塔,建于公元前五千年;荷马史诗早于我们《诗经》六百年。《诗经》除《大雅》几篇史诗外,国风全是些四环调,极为简单,而盲马史诗则结构宏伟,色彩烂然,叙事曲折细腻,入情入理,《诗经》何足与之相比?我也是中国人,我何尝不想推中国为世界文化之祖,奈时间老人不允许呵!"①

10月13日　唐亦男自大陆铜陵参加青铜文化学术会议返台南,携来沈晖托唐转赠苏雪林礼物:太平产蕨菜干一包,黄山烟一条,大陆产各种名酒样酒(二两装)数瓶。

10月15日　成功大学中文系二年级男生,"欲申请奖学金,拟写论文一篇,题目为《〈诗经序〉及〈大小序〉存废问题》,向我请教。我说我对《诗经》无研究,《诗·大序》相传乃孔门弟子所作,恐靠不住。《大小序》有大毛公、小毛公、卫宏等,皆汉人伪撰,说的话大都不合诗之原意。劝其改题,撰写别的论文"②。

11月9日　"午后收到信件四份,有上海大学新文学研究人员要撰写《苏雪林评传》,向我索取资料,真是要命",耄耋垂老之人,如何能受翻检之累!③

11月15日　自感骨质疏松症困扰,行走无力,数日内连摔跌三次,最后一次摔得很重,整个人坐跌在地上,被送成功大学附属医院检查,发现尾闾骨末端裂开一厘米,需住院治疗。

12月28日　自摔伤住院回家后,身体状况大衰,看书、写作暂停止,连日记也无心思记了。上午接待台南市教育局长叶及荣一行来寓慰问。

---

① 苏雪林致沈晖信共有二十三函,按时间顺序,此为第三函(1992年9月27日)。
② 《苏雪林作品集·日记补遗》,台南财团法人苏雪林教授学术文化基金会,2010年版,第259页。
③ 《苏雪林作品集·日记补遗》,台南财团法人苏雪林教授学术文化基金会,2010年版,第266页。

1993年　九十六岁

2月20日　自去年11月扑跌摔伤后，留院治疗一段日子，回家休息。在2月20日致合肥侄儿苏经世①信中谈道："我的骨质疏松，乃年龄过老必有之现象。我到台湾四十年，入医院三次。第一次是跌裂左腿骨，入院医治两月，回家休养月余，也就好了。第二次即1987年，跌得较重，把那条裂开复合之左腿完全跌断了，入逢甲医院开刀治疗，安进了一条钢更坚的塑胶板，用四根长钉钉入腿骨，回家后未曾练习走路，便不能走了。但扶着铝质助行器，走了几年，诸事全凭两手，只好算半残废。这次因骨质疏松，数日内摔跤三次，最后一次较重，尾闾骨末端裂开一公分……回家近三个月，病况毫无进步，比前反不如，已成全残废，想大限将到。"（苏雪林致侄儿苏经世的信，共有七十封，按年份编辑此为第四十函。）

3月15日　自从由"成功大学医学院出院近四个月，居家读书、看报外，每日只是坐在客厅看书，不想做正事，不知如何是好"②！

4月2日　上午成功大学文学院老师带领新加坡、菲律宾作家访问团一行，来到东宁路苏雪林寓所，向她颁发由亚洲华文作家文艺基金会授予的"资深作家敬慰奖"③。

奖牌为红木，上面镌刻：

> 苏雪林女士著作等身，作品广受读者喜爱，历久不衰，堪称文坛瑰宝。本会仅代菲华庄子长先生致赠纪念牌一座，以表敬意。
>
> 亚洲华文作家文艺基金会
> 一九九三年四月二日

---

① 苏经世（1924—2003）：苏雪林二兄苏绍章的长子，晚年定居合肥。
② 《苏雪林作品集·日记补遗》，台南财团法人苏雪林教授学术文化基金会，2010年版，第272页。
③ "亚洲华文作家文艺基金会"，于1991年成立，总部设在菲律宾首都马尼拉。该基金会的宗旨是致力团结亚洲地区华语作家，传播、弘扬中华文化。成立以来已向巴金、冰心、苏雪林等资深作家颁发终生成就纪念奖奖牌及奖金。

当天在日记中记道:"十一时半,新加坡、菲列宾华文作家团男女十余人来访,拍照、录音、赠奖牌一座,红包五万元,未久留即辞去。"①

4月22日 从好友许平(天主教教友)在上海的胞兄来信中获悉:北京女高师同班同学程俊英于2月20日逝世,享年九十二岁。最后一位"公子"也归泉壤了,不胜唏嘘。

4月28日 1993年4月17—18日,成功大学文学院中国文学系举办第二届"魏晋南北朝文学思想学术研讨会",大陆学者赴台参会者,一为中国社会科学院宗教研究所余敦康研究员,一为中央民族大学裴斐教授。研讨会结束后,余、裴二位在唐亦男教授陪同下,至苏雪林寓所拜访。余、裴带来冰心赠苏雪林小照一帧、《冰心选集》一本,并托访问者向苏雪林大姐问候。

5月7日 国民党"中央"文工会主任祝滢基与《"中华"日报》社长及记者一行,南下拜望苏雪林。《"中华"日报》社长聘请苏雪林为该报顾问,月赠台币一万元顾问费。

5月14日 收到谢冰莹自美国旧金山来信,云记忆力衰退,眼睛也感模糊,视物不清,语甚悲观。

6月2日 读自著《试看〈红楼梦〉的真面目》。又检出胡适《〈红楼梦〉考证》对照阅读,后又取胡适所得十六回本读之,觉得文理比庚辰本远胜,遂于日记中有感而发:"世间之事,劣者常在前,优者常在后。今甲戌本为乾隆十九年,公元1754年;庚辰本为乾隆二十五年,即公元1761年。庚辰本落后七年,文理反比甲戌本差十倍,决无此理。胡适之先生自夸其甲戌本为最初《红楼梦》本,宝贵异常,出重价收买,不知其上当了!"②

6月5日 收到张漱菡来信。信上说:"承赠各书③,十二万分感谢,家青姐姚宜润,现居美国洛杉矶,她是桐城姚永朴④之孙女、周至柔的小弟媳,她也一直是您的崇

---

① 《苏雪林作品集·日记补遗》,台南财团法人苏雪林教授学术文化基金会,2010年版,第277页。
② 《苏雪林作品集·日记补遗》,台南财团法人苏雪林教授学术文化基金会,2010年版,第301页。
③ 苏雪林寄张漱菡书共五本:一、《浮生九四——雪林回忆录》,二、"屈赋新探"系列(《屈原与九歌》《天问正简》《楚骚新诂》《屈赋论丛》)四本。
④ 姚永朴(1861—1939):字仲实,现代桐城派泰斗,1930—1931年曾与苏雪林在安徽大学文学院共事。

拜者。此次返台小作勾留,买了不少好书携美,您这些巨著,我也介绍她各购一部,带回去平日可以拜读。我获赐大作,实在惊喜不胜,一定恭恭敬敬地研读。"①

6月16日 "自感身体软弱之极,想今夏挨不过去,须预写遗嘱。至于存银行保险柜之黄金无法去取,因装钥匙小盒,置大寝室柜上层,无法取下,即取下亦无法至银行取物。即取到,亦不能托人带到大陆分给苏张两家侄辈,看来只有便宜此间侄甥三家矣。"②("侄甥三家",指台南苏经书——苏雪林二哥之子、高雄的欧阳建业——苏雪林胞姊苏淑孟之子、台北的苏经元——苏雪林大哥之子。)

6月21日 收到昔日同事兼好友陈致平所寄来信及诗作。"自到信箱取信四封,陈致平一信及《燕京行》长歌一首。始知他今年是八十四岁,春间曾往大陆北京一行,北京乃他生长之地。余在北京读书二年,性不喜出游,游历之地甚少,故于所言不大懂。"③

7月16日 唐亦男教授与成功大学教务长翁正义陪同宋楚瑜先生拜访苏雪林,宋楚瑜以文山包种茶一盒、红包两万元致敬。

7月22日 开始给大陆安徽大学沈晖写信。④

7月25日 致沈晖的信写了三天,满满四页信纸,约四千言。此信内容及要点如下:

> 域外文化之来我国,我主张有两度,一度尚在夏商前,一度则在战国中叶屈原时代。第一度来华,当由苏末⑤民族遭受亡国之祸,遗民避难而逃来者。
>
> 我曾主张世界几支古文化同出一源,中国也是世界的一支,而以中国与苏末最为相似。其他如希腊及较晚的罗马、印度则颇有变化。认为苏末人来我国

---

① 此函见《逝水浮云曾照影——名家与苏雪林书信选》,2007年版,第210页。
② 《苏雪林作品集·日记补遗》,台南财团法人苏雪林教授学术文化基金会,2010年版,第306页。
③ 《苏雪林作品集·日记补遗》,台南财团法人苏雪林教授学术文化基金会,2010年版,第308页。
④ 沈晖1993年7月1日致长函给苏雪林先生,就四川广汉三星堆发掘青铜面具、青铜神树(生命树)等,向苏雪林先生请益有关巴蜀文化与域外文化渊源的问题。
⑤ 苏末:Sumer的汉译。苏雪林信中的"苏末"民族,今天通译为"苏美尔",是居住在两河流域美索不达米亚平原上的人类文明的始祖,距今约六千年。

较早之故,遂说中国实居长房地位,这话是因为我说"域外文化"四字,颇伤国人自尊心及自信心理,故意说长房的话安慰安慰,其实希腊、罗马、印度历史都比我们古,他们才是真正的长房,我们只算小弟弟。

有些人因地下发现一些原民遗迹,遂说中国文化不止五千年,应有八千年。我的中国文化受"域外文化"影响论,应该推翻。我以为所谓文化者,必须有文字、图书及各种较高级的资生之具始可称。仅有几柄石刀、石斧及粗陋陶器,那是不能算数的。若算数,则我们五十万年前的北京人(山顶洞人)已知火食,石制武器更不待论,遂说中国文化已有五十万年可乎不可?

先生为我写评传,须注意三点:(一)学术性的文字,善于发现,如《玉溪诗谜》中论李商隐与女道士宋华阳恋爱;与官嫔飞鸾、轻凤恋爱;屈赋中域外文化来华的来龙去脉。(二)文艺性文字,善用美文,如《绿天》中三篇象征文字,《人生三部曲》《天马集》《鸠那罗的眼睛》等。(三)自幼学习旧体诗,及壮能为数百字五古,所作虽不多,而一般女作家无出其右。先生既有我之《灯前诗草》,可自玩索。①

7月27日 "晨起阅报,见李登辉发表一文,自称爱'中华民国',人称他'台独''独台'。余对李登辉非常不满意,盖怪他太纵容民进奸党,又太软弱无刚断。"②

7月30日 "晨五时三刻起床,天色尚未大明,拆白皮鞋破处,先缝补,后上色。此鞋乃1950年在香港真理学会工作期间,托一鞋店所制,距今已四十三年……唯此鞋合脚,自来女子穿鞋之节省,未有如我者。"③

8月12日 写信致大陆冰心④。

---

① 苏雪林致沈晖信第五函,1993年7月25日。
② 《苏雪林作品集·日记补遗》,台南财团法人苏雪林教授学术文化基金会,2010年版,第320页。
③ 《苏雪林作品集·日记补遗》,台南财团法人苏雪林教授学术文化基金会,2010年版,第321页。
④ 沈晖收藏苏雪林致冰心函(1993年8月12日)。

冰心吾姊惠鉴：

近获大陆亲属寄来剪报，说你病入医院，使我十分担心，但该报又说你不久即康复回家，又使我庆幸不已。你家有子女同住，还有一匹可爱的猫儿作伴，又叫我羡慕你的幸福……那张剪报也提到我，说我收到你亲题上下款著作两本，视为莫大光荣，每有客来必搬出炫耀一番，也是真的。

嘱成功大学寄上拙著"屈赋新探"四册，收到没有？我对这个研究，费了三十多年的心力。书出版，无人屑于阅读，只说是野狐外道，并非正法眼藏，所以毫无销路。前数年成大为我举行九十五岁寿诞盛典，各界都有捐款。庆典举行后，尚有余款若干万元，我嘱印屈赋研究前二册①，后二册②因已售版权，无法翻印，只好购买凑成全套，故版本不一。

你若有暇，请宠赐披览，赞成或反对，能把意见告我，一律欢迎。专此敬颂
文祺

苏雪林拜上

一九九三年八月十二日

8月15日 写信至香港四妹袁苏燕生，"又写一页与画家黄永玉③，想他替我的屈赋研究写篇评价"。④

8月24日 台湾"文化建设委员会"与"新闻局"拟拍摄电视专题片《智慧的薪传——大师篇》，遴选郎静山、苏雪林、吴大猷、顾正秋、余英时等10位大师，准备在"华视"频道播映。8月24日上午，摄制组一行在丘秀芷女士带领下，来到苏雪林寓所的书房、客厅、院子取景拍摄，并录音访谈三个主题：一、求学简述；二、治学经验；三、晚年生活。足足忙了一个上午。

8月26日 写信给上海女作家赵清阁，询问北京女高师老同学的情况。"……

---

① "屈赋新探"系列共四本，前二册为《屈原与九歌》与《天问正简》，分别于1973年、1974年由台湾广东出版社出版。

② 后二册为《楚骚新诂》与《屈赋论丛》，分别于1978年、1980年由台湾"国立"编译馆出版。

③ 袁苏燕生与黄永玉是好友，袁曾将苏雪林赠给她的"屈赋新探"四本书转赠给黄永玉，黄永玉得书后，画《山鬼》一幅，由袁苏燕生寄给苏雪林。

④ 《苏雪林作品集·日记补遗》，台南财团法人苏雪林教授学术文化基金会，2010年版，第326页。

前闻一赴大陆探亲者说北京女高师我同班同学程俊英①死了。现又听你说陆晶清②3月间病故了。晶清是否女高师同学？若是，则是我离校后事，故仅闻其名，并未晤面。我同班蒋粹英住上海长满路821弄2号（是个养老院），以前与我通信颇勤，后忽中断，不知其故，请你电话那家养老院打听一下。谢谢！"③

  8月29日 "得香港画家黄永玉及四妹函④。四妹将余赠她之"屈赋新探"四册赠送了黄。黄函自称研究屈赋，看过王逸、洪氏（按：洪兴祖）、朱熹及近代许多楚辞注家，现日夜不停看我'屈研'，称为难得，如此亦知己，在台湾能阅半本者，尚无此人。"⑤

  9月1日 收到画家黄永玉寄来的长函，内有所绘《山鬼》缩小图片。"其画法果与众不同，甚细，画山鬼作女子形。"⑥

  9月8日 收到冰心来信。

雪林大姐：

  "屈赋新探"四卷拜领，我读了好几天，真是深入！

  我不是个学问家，不会研究，尤其是深奥的屈赋，您真是教育了我！病了一个月（肺炎）刚刚出院，心乱腕弱不能多书。老了只有多保重！亲您！

冰心
一九九三年八月三十日⑦

---

  ① 程俊英(1901—1993)：生前为华东师范大学教授，1993年2月20日去世。

  ② 陆晶清(1907—1993)：云南昆明白族人，1922年秋考入北京女高师（此时苏雪林已赴法留学），生前为上海财经大学教授。

  ③ 沈晖收藏苏雪林致赵清阁的信（第四函），1993年8月26日。

  ④ 黄永玉(1924—)：湖南凤凰县人，中央美术学院教授，当代著名画家（苏在日记中称其为香港画家，不确。黄永玉在香港置有一宅，位于太平山半山腰，称其居为"山之半居"），20世纪90年代初在"山之半居"作画时，黄与影视界知名人物袁仰安、袁苏燕生夫妇相识（苏日记中的"四妹"，即指袁苏燕生——苏雪林二叔的次女）。

  ⑤ 《苏雪林作品集·日记补遗》，台南财团法人苏雪林教授学术文化基金会，2010年版，第331页。

  ⑥ 《苏雪林作品集·日记补遗》，台南财团法人苏雪林教授学术文化基金会，2010年版，第332页。

  ⑦ 《逝水浮云曾照影——名家与苏雪林书信选》，台湾成功大学中国文学系，2007年版，第42页。

11月12日　台湾综合性、文史性《"中"外杂志》第54卷第5期刊登苏雪林回忆长文《再谈薄命画家潘玉良》①。撰写此文的初衷,是读了该杂志第54卷第3期上刊发美国檀香山女画家林蔼所写《充满传奇的苦命画家——我为潘玉良不平》一文,苏雪林认为林蔼的文章有些段落失实,尤其文中对潘玉良容貌的描写"极近丑化",比如林文中写到她到潘玉良画室拜访时的印象,"只见画家披了件长毛外套,站在窗前,好像一只大猩猩,把人吓了一大跳",又比如"林蔼在其他报刊所发表一些关于潘玉良的文字,总说她丑而且是奇丑,好像玉良是个青脸獠牙的恶鬼,不具人形"。众所周知,潘玉良是苏雪林的同学、画友、姊妹,她们二人自从在中法大学相识,到潘玉良1977年去世,二人维持了半个多世纪的亲密友谊与书信往来。今见林蔼在杂志上这样贬损潘玉良,就按捺不住自己的脾性,撰文以正视听了。文章内容是以真实的片断、深刻的了解,展现了潘玉良不平凡的一生:一、寂寞画家复活银幕(指近年大陆、台湾皆拍摄关于潘玉良的电影);二、为玉良容貌鸣不平;三、潘玉良对音乐、戏剧也有研究;四、潘玉良身体强壮且有武术功底。尤其是该文结尾,有一段议论(针对社会上有人指责潘玉良被卖到妓院的经历),令人感动。"若说这种不光荣的历史是她自愿取的,那也罢了。不知那是她被一个狼心狗肺的亲娘舅所促成的。这能怪她吗?若说娼妓这一行,也出过若干名流。六朝时苏小真娘、唐代的薛涛、鱼玄机,宋代的李师师、梁红玉等,清初的柳如是、李香君。那梁红玉还是一个爱国女英雄,擂鼓金山、大破金兵数十万,许多男子汉还不及她呢!"

1994年　九十七岁

4月19日　收到沈晖寄来长函,告知大陆安徽文艺出版社意欲请他编辑出版一套《苏雪林文集》,拟定四卷本,第一卷为创作集,收苏雪林成名作小说《棘心》与散文集《绿天》(30万字);第二卷为各个时期所写的散文合集(35万字);第三卷为文艺评论集(36万字);第四卷为学术研究集,遴选苏雪林最具代表性的《玉溪之谜》《昆仑之谜》《屈赋之谜》《清代男女两大词人恋史之谜》各类文章二十余篇(39万字)。

---

①　此文刊1993年11月《"中"外杂志》第54卷第5期。题目冠以"再谈",是指苏雪林1991年8月曾在《"中"外杂志》第50卷第2期上,发表过《七十年前的女强人:潘玉良的悲剧》一文。

5月20日　台湾"文化建设委员会"林金悔一行,偕摄影师李山明伉俪,南下拜望苏雪林,录音、摄像,以抢救、保存民国重要人物影像资料。是日,甚为高兴,在前院合影留念时,苏对林说:"老病侵寻,恐不久于世,贵会倘能将吾一生爱好绘画之作刊行,生前能看到,聊以存念也。"林金悔情急生智,轻问同行的台南市小东山传道上人可否赞助? 道人爽声应答:"可以!"乐得苏老哈哈大笑。

7月5日　林金悔致函苏雪林,报告画册出版进展。"五月二十日探望教授,决定出版《苏雪林山水》画册,二十一日,即请'中央'研究院院士陈奇禄先生题字。五月底即向'行政院'文化建设委员会主任委员申学庸女士报告,六月五日晚上邀唐亦男教授、吴三连、文艺奖得主张伸熙先生(专攻山水画)、'国家文艺奖'得主杨明迭先生(专攻版画及绢印)等,在妙心寺研究画册分工……晚辈于六月九日率团赴欧考察。您在师大任教的同事朱德群教授及文化参事赵克敏博士等海外朋友,均关心画册祝百龄华诞之事。二十三日回国后,碰到王蓝先生,他已准备为画册之出版撰文,推崇您的画作,唯王先生提及教授另有油画作品,可有此事? 另唐教授推荐傅申、刘国松等撰文,将积极联系,以竟事功。"①

10月13日　今天是重阳,台湾称之为老人节,《苏雪林山水》选在此日举行出版发行仪式(在东宁路苏寓前院),含有尊老敬老之意。"余知下午二时半前院有会,换了衣服,上午即有吴京校长派人送花一大捧,后知二门外亦有花两大钵……二时半后客大集,吴京偕本校五位院长及教职员数位莅临,蛋糕大小两个,由余切开,吴京校长与余笔谈一阵,报馆男女记者二三十人亦到,余之画册乃法国纸张所印,单面印刷又精装②,甚大而重,出余意外。传道法师赠余十余册,被记者一抢而尽。"③

10月14日　晚饭后,唐亦男来看望苏雪林,谈到此次出版、印刷《苏雪林山水》画册的事。唐云:此次印画集,台湾"文建会"出资台币五十万,台南市传道法师④出

---

①　《逝水浮云曾照影——名家与苏雪林书信选》,台湾成功大学中国文学系,2007年版,第88页。

②　《苏雪林山水》画册,由台湾"行政院"文化建设委员会主委申学庸担任发行人,执行主编为台南小东山妙心寺传道法师、林金悔,编辑顾问有唐亦男、杨明迭、王玲等,承印单位为台湾秋雨印刷股份有限公司。画册收苏氏不同时期山水画37幅。

③　《苏雪林作品集·日记卷》第15册,台湾成功大学教务处出版组,1999年版,第57页。

④　传道法师:台南市永康乡小东山妙心寺住持,"以出世精神,做入世事业",推动慈善、文化、教育等公益事业,参与策划并襄助《苏雪林山水》画册的出版。

资三十万,共计八十万。苏雪林闻听后大骇:"如此则每册成本为八千元矣①,除去放大的筒画及封套等,每本亦有六七千元②,其实何必花费如此巨款?"③

10月15日 "晨起较早,入书房寻出几本写过少许文字的直行册子,将空白页扯下,凑成日记本,到客厅用锥钻孔,白棉线缝之,居然有不甚厚的日记二册了,可以记年余矣。"④苏氏一生节俭,从不浪费一丝一缕,年近百龄,尚一以贯之,足令世人敬仰。

10月25日 整理三十年前在新加坡南洋大学讲授《诗经》的讲义与心得,以及陆续刊登在杂志上的有关《诗经》的论文,竟然有近二十万言,拟名《诗经杂俎》,交台湾"商务印书馆"出版。连日来,思考、撰写序言。"此序本月十六日写起,昨始写毕,共四千字许,费时九日,可见余脑力之钝,去死不远矣。"⑤

但她也颇为自信地在序中说:

此书对《诗经》也有若干新发现,可补时下流行颇广诗学之缺失,譬如陆侃如夫妇所著《诗史》,坚主二南为楚风,即如胡适之大师亦为所惑,以二南中有江汉、长江诸语,谓周民族虽在长江流域分封子姓,未几时那些国家即尽为楚国所灭,所谓"江汉诸姬,楚实尽之"即是,故二南应为楚风。陆侃如惯为早计,如陈国后为楚灭,他即把陈风当作楚风即其一例。而不悟《召南》中有《甘棠》一首,称美召伯虎,楚国有召伯吗?《何彼秾矣》有"平王之孙,齐侯之子",明明是周平王以孙女降齐襄公之事,史有明文,楚国有这件大事吗?此种文字明明摆在目前,他们却都睁着眼睛看不见,居然乱说,实为可怪。⑥

10月30日 读了《"中央"日报》副刊长篇文章《曾国藩》后,颇生感慨,对这对晚清重臣两兄弟(国藩、国荃)的际遇,发了一通议论:

---

① 《苏雪林山水》画册精印1000册,花费台币80万,平均每册8000元。
② 出版画册的同时,又挑选《九老图》《翠谷春深》等得意之作数幅,印制56×38厘米单页,以装帧精美的画筒置之,馈赠友人。
③ 《苏雪林作品集·日记卷》第15册,台湾成功大学教务处出版组,1999年版,第57页。
④ 《苏雪林作品集·日记卷》第15册,台湾成功大学教务处出版组,1999年版,第58页。
⑤ 《苏雪林作品集·日记卷》第15册,台湾成功大学教务处出版组,1999年版,第63页。
⑥ 《诗经杂俎》,台湾"商务印书馆",1995年版,第4页。

曾国荃竭尽全力攻下南京,反被清廷切责,令其开缺回籍。对国藩亦无好脸色相对。置身异族朝廷,立身如此之苦,殊为罕见,令余对满洲政府更加一层憎恨矣。然国藩兄弟受此恶气,仍鞠躬尽瘁者,则以他们对于太平天国那种不伦不理之基督教信仰,与过去黄巾五斗米道、白莲八卦、吃菜事魔①无异。若放纵他们成了气候,不但孔孟之道扫地以尽,老百姓亦将大受其苦。而他们兄弟在满清覆亡后,自己只有自杀,决不能作黄冠归故乡之望,更不能觍颜为此等政权之民也,既同一无可生之望矣,则忍气吞声受异族君皇之气,反比较好点,此曾氏兄弟始终不纵贼贻害清廷之故也。②。

11月2日　翻检旧藏手稿,居然寻到《悼念方豪神父》及昔日翻译的文稿一包,虽劳累,很欣慰。

11月6日　写三页长信致师范大学研究生赵淑萍,答复赵询问"民初女子教育及女权运动"。信中以自己切身感受谈到"今日台湾男女虽已平权,学术研究之事,则女性常遭男性轻视嫉视"。

11月10日　拟出应赠送《苏雪林山水》画册人的姓名及地址,竟达50余人,其他外地者尚未计算在内,如此大量抄写,眼昏而头晕。

11月18日　报载章孝慈在大陆中风病危,其孪生兄弟孝严自美国乘飞机赴北京探望。"蒋家人多不幸,如希腊神话之某一系族者然。殆风云变色,如日中天之运气,已被蒋公介石作尽耶?"③

11月29日　晚餐后,看沈晖编的《苏雪林文集》第2卷,读《母亲》《记袁昌英》《青春》《中年》《屠龙》等篇。半个世纪前自己所写的文章,今日读了犹如与老友晤对,自五时半看到十一时,足足五个半钟头,倒也不感觉累。

12月14日　澳大利亚墨尔本大学孟华玲(中文名),在成功大学中文系助教赖丽娟小姐陪同下访问苏雪林。孟为研究现代中国女作家。当日日记有云:"她打字二大页,又带有小收音机(即录音机),我身体虽不好,说话的精神却好,同她滔滔不绝自十点谈到十一点半,如她问石评梅事,似乎想以石评梅为博士论文题目,我答:

---

① 吃菜事魔:宋代民间的明教推举一人为魔头,结党营事,只食菜(茹素),不吃荤,故称"吃菜事魔"。
② 《苏雪林作品集·日记卷》第15册,台湾成功大学教务处出版组,1999年版,第66页。
③ 《苏雪林作品集·日记卷》第15册,台湾成功大学教务处出版组,1999年版,第75页。

石考人女高师时,我已赴法,故不认识其人,又答了许多问题,乃辞去。"①

12月20日　读《教友生活》,其上载陆达诚《谈前世今生》一文。"我始知三毛②乃天主教友,然她虽为教友而迷信碟仙③、钱仙,又自己发明一种书写通灵术,常对其亡夫荷西通话,以后卒自缢而死④,当是迷信邪术召来恶魔也。"⑤

12月21日　大陆学者二人赴台访问,特至苏雪林寓所拜访。苏雪林就不久前台湾《'中'外杂志》刊胡适父亲胡铁花下葬时无头一事,与二位访者交流,其当天日记记述颇详。摘录如下:

>　　有大陆学者二人,一姓耿,一姓欧阳⑥,自言研究胡适博士,出书二本,余问带来否?答云出书已多年,今已无卖处。我询问胡父铁花先生尸体失头事,彼云,铁花先生实病死厦门,无被杀事,坊间盛传胡铁花失头事,乃石某在《中外杂志》上误以传闻为事所致。我提二疑点:
>
>　　(一)刘永福乃铁花先生好友,胡返大陆时,过其驻防地,刘苦苦要求他帮忙,胡辞以病重,乃放行,刘岂有杀好友之理?即云刘永福想做民国总统,以胡忠于满清,不与合作,乃称胡为军人身份,斩之,悬其头于电线杆。胡家属为胡收殓,亦可请其头,连缀其颈上以殓,即说请不回,中国人重全尸,以为刻一木首以葬,何以竟以无头之尸运回故乡?
>
>　　(二)彼时资讯极不发达,铁花先生在台被斩,其故乡安徽绩溪之胡氏宗族何以知道?此外尚谈了许多话及鲁迅之性格等等。⑦

---

　　①　《苏雪林作品集·日记卷》第15册,台湾成功大学教务处出版组,1999年版,第89页。
　　②　三毛(1943—1991):原名陈平,笔名三毛,现代作家,出生于重庆,1948年随父母到台湾,1967年赴西班牙留学。1973年与荷西结婚,1979年丈夫潜水意外死亡。主要作品《撒哈拉的故事》《滚滚红尘》等。
　　③　碟仙:从欧洲传入中国的一种迷信。其法是将一碟覆于杂写的文字之纸上,碟底画一箭头以为标志,三人各以一指按碟使之转动。转动停止,视箭头所指之文字,以臆测其意,此种玩法20世纪30年代流行于广东、上海。
　　④　1991年1月4日凌晨,在台北荣民总医院妇产科特等病房的卫生间里,三毛用尼龙丝袜吊挂在点滴架的吊钩上自缢(三毛是因子宫内膜肥厚,住院治疗,1月3日已完成手术)。
　　⑤　《苏雪林作品集·日记卷》第15册,台湾成功大学教务处出版组,1999年版,第92页。
　　⑥　此二人为耿云志,中科院学部委员;欧阳哲生,北京大学教授。
　　⑦　《苏雪林作品集·日记卷》第15册,台湾成功大学教务处出版组,1999年版,第92页。

1995年　九十八岁

1月9日　收到四川乐山罗笃熹主教来信,信中称与苏雪林为旧识。"我只记得乐山圣堂有两位神父,其姓名完全记不得,须检查乐山日记,但我之乐山日记未带来台湾,当在上海巨泼来斯路家中被毁矣。"①

1月13日　晨起床,见一条毛巾掉落床侧,侧身捡拾,重心失衡,跌仆于地,头破血流,以不洁之毛巾擦拭,血染毛巾一大片,跌坐地上,无力站起。直到看护林妇人至,才叫来救护车送医院。经消毒、缝合跌破额头头皮。因神志清晰,坚请医院放其回家休息。有记者数人闻讯来医院。"报馆记者来了甚多,余再三嘱毋登报,在院勾留十小时回家。"②

1月27日　旧历腊月廿九。上午成功大学校长吴京前来拜早年,向苏雪林转赠"教育部长"郭为藩年敬五万元新台币。

吴达芸③携女前来探望。"询余信仰天主教事,提出三个问题,我实告自己是挂名教友,立身行事一如世俗人,并不受教规约束,譬如星期五照样吃肉,星期日照样工作,唯不满之婚姻,尚能照教规不忚离而已。"④

2月11日　近日晚间不看电视,翻出在武大所写的词论、诗论稿。检读《黄庭坚的诗》《九歌人神恋爱问题》及词论数篇,十时许才就寝。

3月24日　苏雪林生于1897年农历二月二十四日,按中国人习俗,婴儿落地即为一岁,故1995年3月24日(农历二月二十四日),苏雪林教授实为九十八周岁,虚为九十九岁,中国人自来做寿有"做九不做十"之例,年初成功大学就筹办先生百龄之庆。由成功大学主办,《文讯》杂志社、《"中华"日报》协办,在成功大学国际会议厅隆重举办"庆祝苏雪林教授百龄华诞暨学术讨论会"。

---

① 巨泼来斯路:即今安福路,为苏雪林丈夫张宝龄之父张馀三在沪购买的房屋所在地。1949年5月离沪赴港前,张家人将苏雪林藏书及部分手稿、讲义、日记装入一木箱中。"文革"中,养子张卫害怕木箱中日记引起祸端而焚烧了。见《苏雪林作品集·日记卷》第15册,台湾成功大学教务处出版组,1999年版,第102页。

② 《苏雪林作品集·日记卷》第15册,台湾成功大学教务处出版组,1999年版,第104页。

③ 吴达芸(1947—　):女,江苏吴县人,台湾大学中文研究所硕士,成功大学文学院教授,与苏雪林先生关系亲密,同为天主教教友。

④ 《苏雪林作品集·日记卷》第15册,台湾成功大学教务处出版组,1999年版,第112页。

晚五时,吴京校长、文学院阎振瀛院长、中文系宋鼎宗主任,偕成大中文系同人,于教师联谊厅为寿星苏雪林教授举办祝寿宴。宴会前,吴京校长致祝寿辞:

> 夫士无显赫之功,其名独能远播于时,而得寿绵长者,厥惟皖之太平苏梅雪林教授,足以当之……德而不孤,贫而乐道,是才女,是高士,是文学家,是爱国者。在学术界,是传人,在道德中,是哲士。居无矜饰,平易近人,论古道今,谈笑风趣,生活淡泊,智虑清明,得古今之未曾有,各方奉为大老,胥称邦国之宝,成大之光,欣闻百龄寿诞,其有不肃然起敬者哉!①

3月25日　在成功大学国际会议厅举办三场学术研讨会。

上午第一场为文艺讨论会,由成功大学中文系马森教授提交论文《画家之眼,诗人之笔——恭祝苏雪林教授百龄华诞》。马教授亲受苏教授教诲,与唐亦男、谢一民、史墨卿等为先生高足,他在论文中说:"苏教授一生,……长达一个世纪,可以说本身就是一部活的历史。幸而苏教授受了胡适先生倡导传记文学的影响,除了以散文小说的假托形式写下了个人的'拟传记'以外,又在《我的生活》一书中直接现身说法,记下了她生活经历中的关键事迹,使我们对苏教授的家庭背景、情感生活、思想抱负、交游治学等,都有相当的了解,同时也使我们觉得苏教授的生活本身就是一本丰赡的文学创作!"②

上午第二场为学术讨论会。高雄师范大学史墨卿教授提交论文《苏雪林教授与学术》。史教授重点探讨了苏雪林治学、研究方法的"独特"与"发现"。论文以《楚辞》为例,认为一般学人治《楚辞》,皆以中国经史为依据,即所谓正经正史的官方文化,而苏教授除了重视正经、正史之外,对稗官野史等民间文化中的神话传说特别关注,钩沉了许多有研究价值的资料,对揭开《楚辞》的神秘面纱,做出了不朽的贡献——这方面独特发现颇多。比如,先生穷四十年之力,出版"屈赋新探"系列大作180万言,以中外比较宗教学、文化学的新视野,对屈原25篇辞赋做了新的令人信服的疏解,提出"域外文化在夏商及战国两度来华"的见解及"世界文化同源"的观点,

---

①　《庆祝苏雪林教授百龄华诞专集·吴京〈苏雪林教授百龄寿序〉》,台湾成功大学,1995年版。

②　《庆祝苏雪林教授百龄华诞专集》,台湾成功大学,1995年版,第18页。

被学林称为我国楚辞学上的"发现"与"独见",曾孟朴先生曾戏称她是"学术界的福尔摩斯"。①

下午第三场为绘画讨论会。台南师范学院美术系教授刘文三提交论文《苏雪林教授的山水艺术》。刘教授在论文中着重指出:

> 苏雪林教授之山水画作,蕴涵中国文人的情怀与气质,在她文学研究的熏陶中,作品呈现富有中国文化的内涵,以淡泊名利,自我抒情为主的绘画风格。
>
> 苏雪林教授的山水画,用笔以披麻皴为主,并兼有米点皴,设色淡雅纯熟,笔趣横生,俨然有大家风范。
>
> 她的作品构图与取景,均属称心顺手之意,以能抒发她的心情与感怀为主,并未刻意去构筑绘画的课题内容……每幅画作,均能营造出绘画的气氛,以她婉约的笔意,溶入墨色的淡雅分布,整幅作品的完整性结构依然完美,这可能是因为她曾入学法国艺术学院,所修得的对绘画气质的掌握,有充分的体会,才能悟出这样美好的文人画的写意境界。②

除此三篇论文外,还有大陆安徽大学沈晖教授提交的论文《以毕生的精力去兑换艺术的完美——〈苏雪林文集〉序》。在论文结语部分,沈晖评说:

> 她的一生跨越的两个世纪,在已走过的百年人生历程中,杏坛执教五十春,创作生涯八十年,出版著作六十部,现代文学史记录了她人生的非凡业绩。她在小说、散文、诗歌、戏剧、翻译、文艺批评和学术研究等领域的辉煌建树,令人瞩目。五四新文学运动以来,女作家脱颖而出,能称为作家兼学者的寥寥无几,集作家、学者、教授于一身者,大概仅苏雪林先生一人而已,故在现代女作家群中,她是一位极具魅力与个性特征的人物。人们不禁要问:是什么力量促使她有这种与时代精进的非凡毅力和创造力呢?用先生自己的话来说,是"文艺之神,拨醒我心灵创作之火"(《中年》),是"学术研究与文学创作的使命,迫我矢志以求"(《浮生九四——雪林回忆录》),"要把自己最后一滴精力都绞沥出

---

① 《庆祝苏雪林教授百龄华诞专集》,台湾成功大学,1995年版,第19页。
② 《庆祝苏雪林教授百龄华诞专集》,台湾成功大学,1995年版,第19—20页。

来","以宝贵的生命去兑换艺术的完美"(《读与写》)。综观她的一生,她正是以这种豪迈的激情,赤诚的信仰,勇往直前的殉道精神,为我们抒写了她百年的心路历程,奉献给世人的是哲理与智慧结晶的一本本华章美文。①

另有美国爱丁堡大学李绍昆博士提交的论文《屈赋新探与屈原精神》、中国台湾成功大学中文系吴达芸教授提交的论文《另一种阅读——女性自传小说〈棘心〉》。

5月11日　自2月26日后至5月10日止,日记中断未记。原因是年初摔伤住院,尚未完全复原,就参加百龄寿诞的各项活动,身体虚弱,既不能看书又不能写文章,连每天动笔记日记的习惯也中断了,自感大限将至。

5月12日　写信[②]致冰心。

冰心吾姊:
　　你好。
　　此间报纸记载你的消息颇多,说你因病住院,教我不胜惦念。天佑吉人,想必痊愈回家了。我去年春奉到你收到拙著"屈赋新探"的谢函,竟未复,因为我一直患病没有精神的缘故,尚望垂谅。
　　你自谦不是做学问的人,对拙著"屈赋新探"一辞莫赞。我这部书台湾也无人赞成,说我是野狐外道,非正法眼藏。倒是香港及海外读者有二三人谬加赞许,但他们并不能写文章。你是冰雪聪明人,是天挺诗坛的奇葩,我不敢望你写长篇评论,只望你说一句褒扬的话,我便如膺九锡之荣了。
　　我自知年龄太老,不久归泉(我今年是九十八足龄,台湾文化界强为我举办一个百岁庆祝大会,实在无谓)。只希望未死前能得绝代天才女诗人一言嘉许。北云遥望,企盼无穷。敬颂
吟祺诸维
荃照
　　　　　　　　　　　　　　　　　　　　　　　苏雪林拜上
　　　　　　　　　　　　　　　　　　　　　　　一九九五年五月十二日

---

① 《庆祝苏雪林教授百龄华诞专集》,台湾成功大学,1995年版,第31页。
② 沈晖收藏苏雪林致冰心的信(第二函)。

5月22日　近一周来,每晚都在看袁枚《小仓山房诗集》。袁子才乃清代著名诗人,又是一位性情中人,苏自幼就喜爱他的诗。日记中曾言:"余喜袁诗,惜未能为作文评论,今年老垂死,无能为矣。"①

5月25日　读《新闻报》副刊,有刘俊馀一篇文字《耶稣的手》,大意是说:罗马教廷反对女性当神职,英国则有女牧师,现代教堂人手不足,则女子当神职并无不可。"我则谓女子天性仄狭,哓舌,不能守秘,若当神父,行告解必不能守秘,故反对也。"②

5月28日　近两年来,喜写信(凡收到来信,必及时奉复),很少作文。早晨兴起,入书房写《读〈耶稣的手〉有感——请教刘俊馀先生》,约三千字,"似觉脑子又渐活了,体气也比以前好了"。此文寄《新闻报·西子湾》副刊,首次用"杨柳青"为笔名。

5月29日　"今日上午阅报毕,知邓丽君乃天主教友,其猝死泰国,尸体运回……其死也,天主教神职多往其家,为公教丧礼,而其母则相信佛教,欲召僧来为举行佛教丧礼,不知此问题如何解决?"③

6月15日　"午睡起,想写文章,拟题为(一)失书记,(二)文病记,(三)未婚妈妈之家(付中妇④),(四)中国人亦会创造宗教(西子湾)。"⑤

6月19日　中文系助教赖丽娟小姐送来林海音致苏雪林信。林在信中转告苏雪林:谢冰莹在美国孩子处生活,晚境不好。自患老年痴呆症后,不幸又跌伤臀骨。其小女欲将冰莹接至家中侍奉,无奈洋女婿不肯,坚持将冰莹送到养老院。

6月24日　安徽大学沈晖教授应台湾成功大学校长吴京之邀,赴台拜会苏雪林,昨晚经香港至台南。上午九时,唐亦男教授陪同沈晖至东宁路苏雪林寓所,拜谒文坛前辈、乡贤苏雪林先生。

台湾多家报社及电视台派来十多名记者,将苏雪林先生的客厅的空间占满了。

---

① 《苏雪林作品集·日记卷》第15册,台湾成功大学教务处出版组,1999年版,第132页。
② 《苏雪林作品集·日记卷》第15册第134页,台湾成功大学教务处出版组,1999年4月出版。
③ 《苏雪林作品集·日记卷》第15册,台湾成功大学教务处出版组,1999年版,第135页。
④ 付中妇:指文章写好后,寄给吕润璧社长主办的《"中国"妇女》报。下文中的"西子湾",指高雄《新闻报·西子湾》副刊。
⑤ 《苏雪林作品集·日记卷》第15册,台湾成功大学教务处出版组,1999年版,第145页。

沈晖与苏雪林坐在茶几两侧,以纸笔交谈(苏因重听,访问多采用笔谈)。

沈晖此次赴台前,曾专程赴苏雪林故乡安徽太平岭下苏村,拍摄苏氏故居、苏氏宗祠以及住在祖屋的苏雪林侄子(苏雪林二兄之子)苏经检夫妇与儿女们的照片。当沈晖把这些照片呈给她看时,只见她用放大镜仔细端详照片,倍觉神伤:自1925年秋从法国回故乡完婚,以后就再也未回岭下故居,距今整整七十年了。世事变幻,岁月沧桑,令人感怀。百岁老人的目光久久凝视手中的照片,记者们及时捕捉到她观看照片的瞬间。

沈晖向苏雪林递上他经五年编辑、即将由安徽文艺出版社出版的140万字的《苏雪林文集》四卷本分卷目录。苏雪林看后,对记者们说:"沈先生六年前在大陆为我出过一本50万字的《苏雪林选集》,现在又要出四卷本文集,大陆读者因此知道我苏雪林还活着,他是我的知音。"

6月25日 上午沈晖至苏雪林寓所,就此次赴台访问与苏雪林商谈,希望利用每天上午三个小时,向苏雪林请益有关研究过程中遇到的问题。初步商议访问三个半天,苏雪林愉快地答应了。

唐亦男买来当天出版的几份报纸,台湾几家大报同时都在重要的新闻版面上,图文并茂地报道了昨天沈晖拜访苏雪林的事。

《联合报》第16版刊发记者吴振福采访报道,文章的大字标题为"沈晖会见苏雪林 相见恨晚",配发二人交谈的彩色照片。

《"中央"日报》在第9版发表记者田志刚采写的新闻稿件:主标题为"会见苏雪林 畅谈心得",副标题"大陆学者沈晖一偿夙愿",文附二人交谈的照片。

《"中华"日报》第13版,记者刘晓欣台南报道"大陆知音沈晖拜访苏雪林",配发沈晖向苏雪林介绍故居的照片。

《民生报》第15版,记者沈尚良报道"研究她的作品 两岸仅此人——苏雪林 昨天欢晤知音沈晖"。报道中写道:"百岁作家苏雪林昨天非常高兴,因为目前两岸唯一研究她的作品、为她编纂文集的大陆安徽大学汉语言文学研究所的沈晖教授,昨天上午来拜访她。见到这位'知音',令她极为兴奋。"

此外《新闻报》《民众日报》《台湾日报》等多家媒体均有报道,足见苏雪林在文坛的地位及在人们心中的影响。

上午沈晖与苏雪林交谈,询问其在苏州东吴大学、上海沪江大学、安庆安徽大学授课、写作及和文友(如冰心、庐隐、袁昌英、凌叔华、徐志摩、朱湘等)来往的一些鲜为人知的问题。谈话至中午十二时,沈晖见苏谈兴甚浓,遂说:"先生长年孤独用餐,中午陪您吃中饭。"苏雪林当天日记记道:"沈君说要在我家陪我吃一顿,遂命李太太①为炒蛋饭一大碗,桌上仍是陈菜三色,实在不成样子。"②

告别时,苏雪林赠沈晖新作《诗经杂俎》,旧著《唐诗概论》,译著《梵赖雷童话集》《趣味民间故事》。

6月26日　上午读自己早年出版的《读与写》一书,下午致信给好友李季谷女士(吕天行夫人)。

6月27日　上午与沈晖谈在北京女高师读书时,与同学周寅颐、杨致殊为《益世报·女子周刊》③做编辑事。

苏雪林说:"《女子周刊》随《益世报》发行,每周出一期,四个版面,成舍我当时在该报做编辑,报馆方面要求《女子周刊》最好由擅长写作的女性担任编辑比较符合办刊宗旨。成舍我的女友杨致殊,时在女高师数学系读书,成自然就想叫女友来《女子周刊》担任编务,杨又拉上同寝室同学周寅颐,一齐参加。因周寅颐念的是生物系,二人非国文系出身,担心力不胜任,而周寅颐是我安庆第一女师同学,才找到我。于是我们三人,自1920年秋开始主持《女子周刊》的编辑,每月《益世报》支付二十银圆。《女子周刊》自1920年10月30日创刊,我到第二年6月才离开(准备去考海外中法大学)。"

苏雪林接着说:"那《女子周刊》,虽说只有四个版面,但内容很丰富,每个版面有多个栏目,稿源少,为了应付版面,我'每个月需写二三万字的文章'(小说、散文、诗词等文学稿件),可惜那时'随意换个笔名在《女子周刊》上的文章,一篇也未保存。若《益世报》今日尚保存我编的全部《女子周刊》,拿到我面前,我尚能辨识哪篇是我所写'。"④

沈晖表示,本年利用暑假将去北京国家图书馆查阅《益世报·女子周刊》,希望能复印先生当年所撰写的各类文章,只是不知先生除了用"倾伽""苏梅"外,还用了哪些笔名?

---

① 李太太是苏雪林请来的钟点工,每天上下午来一次,照顾苏的饮食、起居。
② 《苏雪林作品集·日记卷》第15册,台湾成功大学教务处出版组,1999年版,第151页。
③ 《益世报·女子周刊》在《发刊词》中云:"此周刊之计划既决,乃欲以女子主任编撰,幸女高师周泌秋(周寅颐字泌秋)、苏倾伽(苏雪林笔名)、杨致殊(名璠,字致殊)诸君,概许担任。"
④ 《忆写作》(苏雪林遗作,去世后第二天发表),《联合报》1999年4月22日,第37版。

苏雪林答："不记得了。"①

沈晖说："等以后复印了，有些文章确定不了时，再写信向您请教。"

6月28日 沈晖今日带来拟撰写的《苏雪林评传》提纲的打印稿，请苏雪林审读并斧正。

苏雪林看了评传的提纲后，对沈晖说："传记部分，可以参阅我'文星十书'中回忆性散文集《我的生活》及《浮生九四——雪林回忆录》的内容；评论部分，要把我研究屈赋、揭秘域外文化两度来华的学术观点提出来，让大陆读者知道。你的评传如尽快写出来，可寄到台湾来，让我看看好吗？"沈晖回答："我会寄给您的。"

沈晖向苏雪林提出："您前后给我寄过二十多本旧著，但仍有《欧游猎胜》《风雨鸡鸣》《文坛话旧》和《灵海微澜》第一集、第二集、第三集，至今我都没有读到，不知您书架上有无复本？如果没有复本，我想借您的保留本去复印。"

苏雪林从座椅上站起，扶着铝制助行器，招呼沈晖随她来到南边的书房。在书房门口右边的墙角，堆着一摞半人高的、敝旧的老式拍纸簿及用牛皮纸做封面自订的本子，这些都是苏雪林写的日记，有五六十本之多。沈晖见日记本上是苏雪林一笔流畅的钢笔字行书，字迹秀美，遂用携带的照相机拍摄了几页。苏雪林遂问："拍这作何用？"沈答："我一直知道您有记日记习惯，拍几张以后用作研究您的资料图片。"②苏雪林接着说："这是写《浮生九四》时，找出来做参考资料用的，现在书已出版，这些日记都没用了，将来会付之一炬的。"沈晖当即提出万万不可烧掉，可以由他来整理，并在大陆出版这些日记。苏雪林欣然同意。③

6月29日 沈晖上午赴东宁路向苏雪林辞行，并送还昨日借去复印的几本著

---

① 笔者从国家图书馆复印了《女子周刊》，苏雪林发表在该刊上有"小说""诗歌"（格律诗、词、白话诗、译诗）、"论说"等57篇，用了"苏梅""雪林""天婴""儠伽""病鹤""旁观""不平"七个笔名。

② 1995年6月28日上午，沈晖在苏雪林东宁路寓所书房发现苏雪林历年所写的日记（1948—1993），这才衍生出1997年4月2日苏雪林当面将日记交给沈晖整理之事。1997年4月14日下午，成功大学文学院院长王三庆通过唐亦男、苏雪林，婉转地表达了要沈晖先生将日记留下，等将来请沈晖到成大，与中文系共同整理（实则后来成大单方面整理）之意。

③ 1997年3月27日，沈晖偕安徽省社会科学院人物研究所所长宋霖研究员赴台南市美德中医院附设安养之家（苏雪林因身体衰弱，于数月前住进安养之家），对苏雪林进行半个月的访谈。1997年4月2日，唐亦男教授之子王照穿车载苏雪林、唐亦男、沈晖、宋霖至东宁路寓所，苏雪林亲自指点，将日记、手稿等打包，交沈晖带回大陆，以做出版《苏雪林全集》之用。

作。沈晖表示,回去后抓紧《苏雪林文集》的编辑、校对,争取在明年先生期颐寿诞前面世。

7月12日 为好友李季谷女士夫君吕天行①先生的《现代应用文》作序。苏雪林在序文中开宗明义地说:"这十几年来,我在台湾也看见有几种应用文的出版,大概都是教人如何写信,体裁都采用白话,学是容易得多,可惜范围仄狭。我的朋友吕天行先生这部书却不然,他曾替应用文下了一个定义道:'何谓应用文?应用文乃是公私生活中实际应用之文字。凡是处理公务、洽办业务之文书、法规、契约、书信函件、名片、便条,乃至社交柬帖、礼品题词、各类对联,以至启事、广告等等,皆属于应用文范畴。'"

7月18日 近日自觉身体逐渐衰弱,症状为大小便有时会失禁,十分恼人,倘若请的用人不在身边,则需自己强撑着清洗除污,更换衣裤。但越是这样,头脑却是灵活异常,自谓"为死亡之回光返照"。

午后突心血来潮,撰《谈评剧〈宝莲灯〉》,起草行文甚速,将中国民间祭典与传说中"二郎神"、"劈山救母"、评剧《宝莲灯》的来龙去脉一一厘清,并联系到西亚创世史诗中水王之子哀亚亦为天神,同中国二郎神亦有关联,此文洋洋洒洒,竟达五千言。"一面写一面修改旧作《论九歌少司命》及《屈原与九歌》,同题文亦有新见解,如二郎神本水王首生子,苏末灭亡,巴比伦代兴,以马杜克的国家神,夺其长子位,且遂居次变为二郎矣,射日后羿亦为二郎。"②

8月4日 拟写信寄沈晖。两天前收到沈晖寄达关于编辑《苏雪林文集》中的一些问题的信件。信③中云:

> 先生频年忙碌编纂拙著,使我在大陆起死回生,万分感谢。先生继《苏雪林选集》之后,又编辑《苏雪林文集》四本,我的著作无论其为文艺性的、学术性的,在台湾均无销路,想大陆亦不例外。顶好发行预约,以预约之多寡,作印数之多寡,否则出版社必至吃亏蚀本。先生谓文集之第四本为学术研究,是《玉溪诗谜》及《楚辞研究》,两种书合起来有二百万字,想都是提要钩玄吧?如何办

---

① 吕天行(1919—1996):字健甫,湖南人,"中国"文艺协会理事,《自由青年》主编,在大专院校讲授应用文写作三十余年。四十万言的《现代应用文》,1996年4月由台湾巨流图书公司出版。
② 《苏雪林作品集·日记卷》第15册,台湾成功大学教务处出版组,1999年版,第162页。
③ 苏雪林致沈晖信第十函,1995年8月7日。

法,我想知道。我那"屈赋新探"系列,台湾没一个人懂,中国人不喜欢神话,而古代传下来的神话,又多有头无尾的断片,更为不解。至于域外神话更昧然不知,所以读我的书,便诋为野狐外道,不屑寓目,我想作提要也不容易吧。

我近来已死的脑子似稍稍复苏,可以写点烂文章,但身体则忽大坏,两脚更无力,扶着助行器歪歪欲倒,几不能举步。自知这是老,不是病。我今年虽无百岁,也有九十八足龄,实在太老,死期已届了。先生为我所编文集本年10月始能出版,恐我不能及见。奈何!

8月16日　收到杨绛8月2日的来信。谢苏雪林所寄的《诗经杂俎》,详细回答苏雪林询问大姊杨寿康的境况。杨绛在信中云:

雪林吾师:

您好!蒙赐书甚感,我大姐虽然身在人间,却好像与世隔绝。她最初不能写信,看信时,还督促同住一家的三姐给我写信,以后她性格愈内向,不复问起我,每日眠食外,但卧床祈祷。她前曾对我说,每日为至亲好友祈祷。她的好友只您一人了。她许多妹妹①,如今只有我一个了(小的两个妹妹先去,三姐去年去世),还有个弟弟八十一岁,也住在上海,但离她很远。寿康姐现在和我三姐的儿子儿媳同住,我郑重嘱咐我那个外甥:高工资雇一好女佣,专门服侍她(生活费用不叫他们负担)。我知道她胃口还不错,睡眠也好,看来她对亲友的怀念,都溶和在她的祈祷里了。②

复信致杨绛,请转告其姊:"台湾长你两岁的苏梅问候她,算起来我们二人有一个甲子没有谋面了。"

8月23日　晨入书房,将昨日《悼公教诗人严蕴梁③神父》文写完。因近日顾保

---

① 杨绛先生有三个姐姐,两个妹妹、两个弟弟,她排行老四。杨绛原名杨季康,"季康"二字,在无锡话中略作"绛"音,故名。

② 杨绛信见《逝水浮云曾照影——名家与苏雪林书信选》,台湾成功大学中国文学系,2007年版,第308页。

③ 严蕴梁(?—1994):上海人,徐家汇神修院神师,后晋升为神父。著作有《玫瑰集》《福音中的圣母像》《苦路集》《与造物者八日游》等。

鹄神父写信来,告诉严蕴梁神父在上海蒙召升天了,遂引起她回忆离开大陆前与严蕴梁神父交往的一桩桩往事。苏雪林在悼文中,盛赞严蕴梁博学多才。20世纪30年代他在徐家汇神修院做修士时,即显露其拉丁文、法文的造诣,曾用法文为苏雪林翻译一篇有关公教的论文(四千余字,严一夜之间用法文译出)。此外,严蕴梁还用中国古典诗歌的体裁,写出歌颂圣母的诗篇《玫瑰集》(计75首,由商务印书馆1948年出版),该书的序文就是苏雪林撰写的。

9月1日　收到沈晖8月23日来信,征询《苏雪林文集》第四卷编辑内容的安排。早餐后入书房写信复沈晖。

"先生于编拙著第四本为'四谜'(按:即玉溪之谜、昆仑之谜、屈赋之谜、清代男女两大词人恋史之谜)甚好。唯《玉溪诗谜》正编乃半世纪前的旧作,数年前曾作续编与正编合刊,皆归'商务印书馆'出版,先生何不取之?"①

9月7日　收到杨绛来信,知钱锺书患癌症,进食恃鼻灌流汁,恐将不起矣。冰心也住院,与钱在同一家医院同一层楼。杨绛告诉苏雪林:"启明女校校长理姆已于1938年去世,我1938年秋曾见她一面,不久她倒地即逝。"(理姆为法国修女,来华多年)

9月9日　《"中国"时报》载:"女作家张爱玲在美国加州赁居处逝世。死后七八日,始被人发现,现在於梨华、夏志清等将为治丧。"②

9月23日　"报纸连日来大登特登有关张爱玲的资料,曾虚白、夏元瑜、高阳万所不及,亦人类好奇之过。看她作品,其小说皆在一书,平平而已,不及琼瑶远甚,谓为女作家中第一,我所不解。"③

10月7日　"看张爱玲少作《金锁记》,无非《红楼梦》笔调,不及台湾名女作家远甚,夏志清誉为女作家第一,实因他在美国看不到台湾文艺作品之故,其所作文学史当无价值。"④

11月17日　吴达芸教授来告诉苏雪林:苏念兹在兹要重印早年在香港翻

---

① 苏雪林致沈晖信第十一函,1995年9月2日。
② 《苏雪林作品集·日记卷》第15册,台湾成功大学教务处出版组,1999年版,第189页。
③ 《苏雪林作品集·日记卷》第15册,台湾成功大学教务处出版组,1999年版,第197页。
④ 《苏雪林作品集·日记卷》第15册,台湾成功大学教务处出版组,1999年版,第204页。

译的圣女小德兰自传《一朵小白花》①,天主教台南教区成世光主教已决定出资请台南闻道出版社出版。

11月25日 近三个月来与台北王琰如②书信来往频繁。"自9月至今,近三个月,看琰如的文章及其长信,费时不少,今尚欠其序文一篇,也算对得住琰如了。"③

12月7日 上午校长吴京陪省长宋楚瑜来探望,宋赠红包一万元以示敬意。

12月8日 誊抄日前所撰的《一朵小白花》跋文。简述从初版到重版四十余年间,此书在宗教界流传的情形:"1952年,我到台湾,任教省立师范学院有许多公教女学生,闻我曾译圣女婴仿小德兰自传,争来索阅,我无以应。他们想到香港真理学会买,又买不到,无不惆怅! 我也忙于教书编讲义与屈赋研究,不再理会此事,荏苒四十余年过去了。今成盐斋(成世光)主教愿出资重印此书,叫我将书中错误一一校正。以后再校及付印之事,一概由吴达芸教授代劳。我虽老病侵寻,也乐于效力。"

12月12日 女作家王琰如勤勉写作,自今年4月发愤撰写与己交往而又稔熟的男女作家,半年多时间竟写了近30位知名度非凡的作家们的逸闻趣事,现结集为《文友画像及其他》④一书。苏雪林自始至终都关心此书的写作,书中许多文章都经她寓目。王琰如每写完一篇,都以限时信寄至台南,征询苏的意见。故为该书写序,苏雪林义不容辞,虽老眼昏花,握管艰难,仍勉力为之,洋洋洒洒,写了二千余言。苏雪林在《文友画像及其他·序》中说:

---

① 苏雪林晚年对台湾社会世风日下、道德沦丧的前途担忧,希望世人能以圣女小德兰为楷模,完善自己的道德修养。诚如成世光在《一朵小白花·序言》中写道:"苏教授的译作《一朵小白花》,不只有助于基督徒,亦宜裨益于时下男女青年走向纯正的人生道路。"
② 台海省妇女写作协会早期会员与总干事王琰如女士,与苏雪林相交五十年,在苏先生的鼓励下,已逾八旬的王琰如女士,在不到一年的时间内,写了与其交往的三四十位男女作家的轶事、趣事,由台湾大地出版社结集出版为《文友画像及其他》一书,苏雪林先生为该书作序。
③ 《苏雪林作品集·日记卷》第15册,台湾成功大学教务处出版组,1999年版,第228页。
④ 王琰如:《文友画像及其他》,台湾大地出版社,1996年版。

琰如这回所写的本是中国妇女写作协会会员李宜涯的构想:"作家话作家"或"作家写作家",她怕与人雷同(林海音有《文坛剪影》之作,刘枋也著《非花之花——当代作家别传》一书,亦作家写文友之书),而且所写仅是她相熟的二三十位作家,其他尚有许多人未及,故改题为"文友画像",系指她的朋友而言,在书中列为第一辑;第二辑则为琰如自称敝帚自珍的零星之作,部分亦可作为她的自画像。

……

我偏爱琰如,她也同样偏爱于我,相交四十余年,结了这样一段"善缘"。她在本书《盛况空前》一文中,一再揄扬,推崇不已,使我惶愧万分。其实,我并不算什么,于今年老久病,去死不远,人已死了半个,脑子先死,再也写不出什么文章了。琰如这样推重我,徒令别的作家齿冷,我是万不克当,万不克当,只有感谢而已。

12月13日 "昨日收到北京杨绛来信,其姊寿康于十一月廿三日无疾而终,我复绛信,附一耶稣真容,命置锺书侧①,必有灵效。"②

12月19日 凌晨醒来,将三时误为五时,在书房写信四封:致北京杨静远、冰心,致杭州董太和,致湖南俞润泉,直至八时钟点工来,才回到客厅。

12月25日 这两天都在忙给朋友们写贺卡。致本校的有吴京校长、宋鼎宗主任、马森教授、谢一民教授;台北的张漱菡、王琰如、叶蝉贞等。在致大陆沈晖的贺卡背面写有"久未通候,实缘老病日重,无法执笔,尚希曲谅……看大陆亲友寄来的剪报,谢冰心将发行全集了,很是羡慕"③。

1996年　九十九岁

1月1日 新年第一天,读报后写了一封信给汪珏。自感老眼昏花,写字也歪歪扭扭,今年怕是挨不过去了。

---

① 据杨绛写给苏雪林信,"锺书去岁七月底重病住院,卧床将近九个月","锺书病很复杂,主要是癌症,每日低烧"。故苏雪林寄耶稣真容像一帧,请杨绛置于病人床侧,以求耶稣祈福给他。
② 《苏雪林作品集·日记卷》第15册,台湾成功大学教务处出版组,1999年版,第237页。
③ 苏雪林致沈晖的信第十三函(1995年12月25日)。

1月20日　昨日中文系来告,说李登辉将来看望。

"无数新闻记者将茶几搬开,上面书籍乱搬到餐桌上,以便他容身拍照,李登辉果然来了,与我握手为礼,并签名为纪念,赠我一万元并酒一瓶,并与共摄一影,少坐而去。今日来者有吴京校长、陈金雄主任秘书、宋楚瑜省长,其余我皆不认识,明天报纸一定热闹了。"①

1月23日　上午唐亦男与"台视"摄影人员到客厅访问。记者张大春执话筒向苏雪林提了若干问题(由唐亦男坐苏身边相告),无非是关于晚年生活及平时看书、写作问题。后又找出以前手稿、照片、书籍逐一拍摄,并转入书房,请苏雪林做伏案写作状——握笔在稿纸上写了一行字。折腾了两个小时才离开,走时云:三星期后十点半至十一点半播出。

下午收到合肥沈晖寄来的影印往昔旧作二:一为在《语丝》上与周作人"关于菜瓜蛇的通信"②;一为发表在《语丝》上的翻译的法国作家都德的小说《戆仪老丈的秘密》③。

1月30日　收到王琰如信,并寄来卢月化④《莱梦湖畔》散文一本,此书是1981年台湾正中书局出版,为卢月化旅欧杂记,文字明净易读,从下午一直看到晚上九点。

1月31日　收到"中国"妇女写作协会朱婉清来信,嘱本年3月9日赴台北社教馆领奖。

2月1日　继续读卢月化《莱梦湖畔》。"写得很不错,她在巴黎大学曾得博士学位,精英法文,中文也通顺,惜当时与文坛隔膜,所译人名地名都不照中国习惯,譬如巴黎她译为颇梨,谁知其为法国首都?伦敦她译为嫩顿,谁又知为英国首都?廿余年前她写有法国文学两巨册,张晓峰为之出版,她想我为作评介,我遍摘其误。她赴欧后十余年,在《"中央"日报》《联合报》《'中'外杂志》写了许多游记,集成此书,

---

① 《苏雪林作品集·日记卷》第15册,台湾成功大学教务处出版组,1999年版,第254页。
② 见《语丝》第44期,1925年9月14日。
③ 见《语丝》第29期,1925年6月1日。
④ 卢月化(1906—?):浙江嵊县人,中央大学外文系毕业,法国巴黎大学文学博士。苏雪林文友,台湾省妇女写作协会会员,有《西洋文学介绍》《十九世纪法国文学》《红楼梦女性研究》等著作。

所译人名地名皆照中国传统译法,可见她惩于前失,已留心改正了。"①

3月12日　收到王琰如自台北寄来"妇协"奖牌一座,乃玻璃制品,途中已碎,故弃之。

3月20日　李登辉夫人曾文惠女士来台南为选举拉票,前来拜访苏雪林。下午二时半,"唐亦男先来,言来访者李之夫人,成大高级人员来了几个,俄而各报记者陆续来,共有二十来个,客厅不能容,多在前院拍照,'总统'夫人年貌似三十许人"②。

3月22日　写信致王琰如。慰问其因废寝忘食专注写作《文友画像及其他》一书而累病住院,嘱其好好调养,早日康复。信中还告诉她,托她代领的"妇女写作协会的奖牌在寄台南途中破碎③,一点不要紧,我本不以此为重,而且东西太多,无陈列处,破了正好"。此外,还向老朋友说了一些推心置腹的话:"本月二十日下午二时半,李'总统'的夫人曾文惠女士曾来敝寓相访,成大高级人员数人,报馆记者二十余人,把我客厅几乎挤破了。'总统'夫人是来台南各处拉票,并非专为我而来。她执着话筒说了一些话,又要我说对'总统'印象如何。我只说了几句恭维李的话,全是违心之论,报纸刊出,读者以为我是拥护李的,观念一改,恐怕要投他的票了。英国赫胥黎说'一个人说话,要心里认为真的才说',现想心口如一也难。我现在实在难过,你母女千万勿投他票。"④

3月26日　近十余天,除看报纸上选举闹剧外,专注阅读《史记》,时发议论。如"看列传比世家有趣,看《伯夷列传》,史公叹息天道无知,盖亦自悼";"看《史记》第七册,觉得太史公文笔并不甚佳,不如唐宋八大家远甚,以宋称龙门笔法⑤为不及。归有光一生,崇拜史公,其于《史记》用五色笔圈点,不知好处何在? 当看始知"⑥。

3月31日　"午睡起,将《史记》第十册粗略看完,有若干问题:有谓史公写孝景孝武本纪,多言其短,武帝览之怒,皆删,后借李陵事下迁蚕室死。列传数篇皆褚少孙补,又有许多说法。我谓史公此书生前已成,共五十二万六千三百字,共抄写二

---

① 《苏雪林作品集·日记卷》第15册,台湾成功大学教务处出版组,1999年版,第260页。
② 《苏雪林作品集·日记卷》第15册,台湾成功大学教务处出版组,1999年版,第282页。
③ 妇女写作协会1995年3月9日,在台北社教馆,为表彰百龄老作家苏雪林,向她颁发资深作家奖,因苏雪林不能去台北领奖,委托王琰如代领。
④ 沈晖收藏苏雪林致王琰如的信第二十四函(1996年3月22日)。
⑤ 司马迁生于夏阳龙门(今陕西韩城),所著《史记》为后世史传文学典范,史称"史家之绝唱,无韵之《离骚》",故称太史公笔法为龙门笔法。
⑥ 《苏雪林作品集·日记卷》第15册,台湾成功大学教务处出版组,1999年版,第284页。

份,正文大约交其婿杨敞,副(本)在京师。此书初不名《史记》,名《太史公书》,后经廿多人更改,乃定名《史记》。史迁之死似在武帝尚在时,亲见巫蛊案件,其《报任安书》可知也。"①

4月11日　日前接到大陆、台湾和海外亲友的赠花、贺卡等,祝贺生日。今天是农历二月二十四日,九十九足岁,吴京校长送来鲜花一束,唐亦男送燕窝一盒示庆。

4月20日　自4月初读唐浩明的历史小说《曾国藩》后,每天读数小时,此书上、中、下三册一百二十万字,二十天内读完,对于百岁老人实属不易。并将读书心得记在日记中,更为难得。如"我所阅者乃再版,曾传捧太平军,隐去韦昌辉受伪天王命,杀杨秀清、石达开全家,入朝辅政。伪天王因众心不服,又杀韦及其全家,金陵城内血流满地,尸横处处,此等内讧丑剧,曾传一字不提。……幸曾宝荪姊弟②已逝,不然看见曾传,岂不气煞!""唐浩明此书材料非常丰富,但对洪杨甚为同情,对曾虽未敢菲薄而字里行间流露曾工于心计、冷酷无情、好杀等等,我看了深为不平"③。

4月27日　住高雄的姨甥欧阳建业来探视,"与他谈曾国藩与欧阳一家关系,始知欧阳旭德(欧阳建业的祖父)乃曾国荃外孙,抗战时旭德一家住章士钊处,章赠旭德七绝一首。今日与建业谈较久,甚快"④。

5月7日　"曾文惠(李登辉夫人)捐我台币一百万元,作为研究我学术之用⑤,未知能印我全集否? 今日物价高,印全集恐怕百万元仍不足也。"⑥

5月21日　下午在书房扑跌,额头碰触铁书架边沿,登时鲜血四溅,地上和衣服

---

① 《苏雪林作品集·日记卷》第15册,台湾成功大学教务处出版组,1999年版,第287页。

② 曾宝荪(1893—1978):湖南湘乡人,字平芳,号浩如,上海务本女校毕业后,赴英国留学,入剑桥习理科,毕业后从事教育。她是曾国藩次子曾纪鸿之子曾广钧的长女,为曾国藩曾孙辈中年龄最长者,与苏雪林在巴黎相识,来台湾后过从甚密。曾约农(1893—1986):曾国藩的长子曾纪泽五子曾广铨的长子,伦敦大学博士,曾任台湾东海大学校长。这对堂姐弟在伦敦留学时,立下"贡献自己为国家"的誓言,二人终身未婚,相依为命。

③ 《苏雪林作品集·日记卷》第15册,台湾成功大学教务处出版组,1999年版,第290—291页。

④ 《苏雪林作品集·日记卷》第15册,台湾成功大学教务处出版组,1999年版,第299页。

⑤ 1995年3月,成功大学召开"庆祝苏雪林教授百龄华诞暨学术研讨会",会上筹备设置"财团法人苏雪林教授学术文化基金会",用于研究苏雪林学术文化之费用。1997年3月,苏雪林百龄晋一华诞后,成功大学文学院正式宣布,"苏雪林教授学术文化基金会"成立,并募集到基金台币五百万元。

⑥ 《苏雪林作品集·日记卷》第15册,台湾成功大学教务处出版组,1999年版,第303页。

血染一片,努力爬起,血流仍不止。幸好钟点女工至,见状大惊失色,电话召校医来,校医谓伤重,必须赴医院。缝了二十针,清理创面,担心脑震荡,留院病房观察。

5月28日　在成大医院住院八天。5月28日拆线。当日下午回家,接到一大堆书、信、包裹,其中沈晖寄达两大捆《苏雪林文集》。虽身体衰弱,但看到文集终于在大陆出版,遂精神为之一振,拆包后,迫不及待阅读。

6月5日　晨五时起床,赴书房写信致沈晖,表达感激之情。

6月14日　"晨起,写信与史墨卿①,寄《消夏杂咏》十余首②,皆两年前手抄,尚有五绝,当再寄五律。"③

6月28日　花了近二十天,将沈晖编的《苏雪林文集》读完,写长函致沈晖,其中云:"你这四本文集,编得非常之好,我一生著作的精华都在这四本书里表出了……再者我还有些精彩文艺品如《天马集》(神话小说)、《鸠那罗的眼睛》(戏剧)、《犹大之吻》(为胡适辩诬),也可在大陆翻印,再出一套《苏雪林文集》,大陆书价太便宜,运到台湾来卖,销路必好。我这些意见,不知先生以为如何?"④

7月4日　上午读武汉大学"四川校友会王抚五纪念刊⑤,资料丰富,似乎王之铜像设立珞珈,非乐山。王当武大校长十余年⑥,受尽周党⑦之气,将他排斥,改调广州中山大学做了二年,受压迫辞职,以胃病赴沪就医,逝于医院,享寿六十一,亦可怜矣"⑧。

8月15日　两位韩国学生一姓郑一姓金,在大陆买到沈晖所编《苏雪林文集》,因他们是研究《楚辞》的,特至台南访问苏雪林。与苏笔谈两小时,临别苏向他们赠送《屈原与九歌》《天问正简》二书。

---

① 史墨卿(1930—　):高雄师范大学中文系教授,《"中国"国学》总编。史墨卿是苏雪林任教成功大学所带的第一届学生之一,晚年的苏雪林曾得史墨卿的多方照顾。
② 《"中国"国学》1996年10月(第24期)刊发苏雪林《消夏杂咏》诗计五十一首,这些诗是苏雪林1988年夏季所写。
③ 《苏雪林作品集·日记卷》第15册,台湾成功大学教务处出版组,1999年版,第312页。
④ 苏雪林致沈晖的信第十六函(1996年6月28日)。
⑤ 王抚五(1888—1949):即王星拱,字抚五,安徽怀宁人,早年留学英国伦敦大学,当代化学家、教育家。抗战时武大西迁乐山,他艰苦办学,深受学生爱戴。
⑥ 王星拱于1933—1945年担任武大校长。
⑦ 周党:指武大以周鲠生(1889—1971)教授为一派的教授团体,与王星拱在办学问题上有矛盾,1945年后,周鲠生挤走王星拱,由周担任武大校长。
⑧ 《苏雪林作品集·日记卷》第15册,台湾成功大学教务处出版组,1999年版,第320页。

9月5日　上午补昨日日记一篇，入客厅看报。"台中某寺开设一佛学讲座后，竟有百十青年剃度出家，其家父母至寺索人，挂满白布条，大书'还我亲情'，并控告某寺方丈和尚，而剃度之子女藏匿不出，佛教蛊惑力其大如此，匪夷所思。此为历史关系，佛教自汉时传入我国，信众甚多，建寺度僧，甚至以帝王之尊，如梁武帝者亦出家三次，知识分子纷纷皈依，普通民众更不必说，以二千年之长久时间，全民族沉溺其中，势力庞大如此，亦无怪也。"①

9月28日　早晨起得很早，入书房写日记一篇，记徐志摩与陆小曼相恋事。

"志摩未留学时，本已与张姓女子结婚，育二子，及见林长民之女，惊为天人，与张离婚而追求林。林为梁启超预定媳，梁乃徐之老师，不便追求其媳，又与陈通伯同恋凌叔华，陈成功而徐失败，乃爱王赓将军之妻陆小曼。小曼貌美多才，精英法文，擅绘画，其画胜叔华远甚，小曼卒与王赓离而嫁徐。昨夜看徐志摩散文及日记：徐师梁任公大不以为然，证婚时当众将小曼痛斥一顿。民国二十年冬，志摩泰山飞机失事而死②，亦可说被小曼所害。盖小曼挥霍无度，又有阿芙蓉③癖，家用不足，志摩南北奔走，赚钱供之，卒遇祸而死，小曼果如任公预言乃祸水也……我非冷酷人，但亦不喜志摩如一蓬烈火之爱情，今日始知诗人之性格。"④

10月19日　自中秋节后，身体逐渐衰弱，扶架走路摇摇晃晃，手握笔无力，尤其是肾衰引起小便失禁，痛苦不堪。每天写日记的习惯，至今天就将中断了。

10月25日　在寄给王琰如的信中，谈及自己近况与身后打算。

"……你不许我说大限小限的话，三四年来虽未卧床，一直病恹地，不能振作。今年五月二十一日跌伤头皮，卧医院九日。你是知道的，跌后健康又坏一度。近两月二腿扶架而行，忽变得更无力，扶架几不能举步。前二日又跌了两跤，一次甚重，一次较轻，二腿更无力了。自知逃不过今年，后事自己准备了：骨灰置缸，置故乡慈母坟侧。"⑤

11月5日　中餐仅食数口，即命女工扶至寝室休息。晚餐未进食，睡到天将黑，

---

① 《苏雪林作品集·日记卷》第15册，台湾成功大学教务处出版组，1999年版，第346页。
② 苏雪林所记有误，非在"泰山飞机失事"，应是1931年11月19日，徐志摩在南京乘飞机去北平，途中遇大雾，触撞离济南不远的开山而坠机身亡的。
③ 阿芙蓉：即鸦片。
④ 《苏雪林作品集·日记卷》第15册，台湾成功大学教务处出版组，1999年版，第357页。
⑤ 沈晖收藏苏雪林致王琰如的信第三十二函(1996年10月25日)。

"忽念二门未锁,遂挣扎起床锁门。回寝室时用手推门,因一手离助行器上扶架,身体失衡,仰跌一跤,仆跌地上。当时如有人在旁,拉起即可。因在夜间,女工早已离去,无奈坐于地上,慢慢挪动身体到床前,试了数次皆不能立起攀上二尺高的床。后来毕竟登上了,视桌上钟,已十一点半。自六时起至此时,我艰苦奋斗已足足五个钟头了。次日起身,尚如平时,又过一日,忽觉肋骨如脱节一般作痛,知系前夜奋斗求登床所致,卧床不能起。成大唐亦男、天主堂同道许平来视,想再送到成功医院,我摇头不允,想送我安养院,又不知安养院光景如何。适有姻亲彭小姐来访,盛称'安南中医院'又称'美德安养中心'如何如何好,亦男及许平乘车亲自去看过,果然满意,我遂被送来此间了"①。

11月21日　离开住了四十年的东宁路旧居,一下子到了全是老人及护士的安养院,尤其是一生养成须臾不能离开书房的习惯,其寂寞难捱可想而知。她只能在轮椅前放一块木板,写信给亲人、文友来打发时光。在致台北好友王琰如的信中,详细谈了安养院的近况:

"……我来此院十几天,只躺在床上,不能坐起,幸这院护士虽不多,人人尽职,病人男女皆有,都是七老八十的人,吃、喝、拉、撒,都需要护士协助,护士亦为之不厌,故整日整夜,忙碌不堪。院长姓詹,精岐黄术,兼通西法,用电疗针灸,为人疗病或为病人诊脉用中药,不辞劳瘁,实仁人仁术。我来此十余日,已受电疗四次,针灸六次,饮中药十余帖。唯我年龄已近百岁,名医医病不医老,且我病已久,虽扁鹊华佗复生于今日,恐亦难为功。琰如,你不许我说大限、小限,无奈凡人有生必有死,若医能救死,则人皆成为永恒不死之神仙,有是理乎?我所关心者,你的《文友画像及其他》,本钱捞回没有?余再谈。你有复信,可寄台南市安南区北安路三段80号可也。"②

12月25日　今日是圣诞节,成功大学中文系吴达芸教授偕部分天主教友,至安南中医院附设之安养院看望苏雪林。

---

① 苏雪林致沈晖的信第二十函(1997年1月14日)。
② 沈晖收藏苏雪林致王琰如的信第三十四函(1996年11月21日)。

1997年 一百岁

1月5日 收到大陆重庆师范学院黄中模①教授寄达的征稿函,该院拟举办"楚辞研究学术研讨会",恭请海内外研究楚辞的名家提交论文来渝,共襄盛举。收到征稿函后,苏雪林即开始酝酿写论文。

1月6日 在一无书籍二无资料的安养院病房中,苏雪林请护士从院方要来水笔及复印纸,开始《我与楚辞》一文的撰写。

护士每天在她午睡后,抱她下床,坐到轮椅上,推着轮椅到光线明亮柔和的窗下,苏伏在轮椅前放置的一块木板上,写作二三个小时,直到光线昏暗才搁笔。她以坚忍的毅力,连续写了半个月,密密麻麻写满十张复印纸②,虽行距歪歪扭扭,但每个字仍遒劲有力,语言老辣,如开篇云:"我与楚辞发生关系,系得之意外,不意楚辞竟成了我学术研究的中心,虽非朝夕夕夕,孜孜不倦地研究这个问题,但心里总会念念不忘地想到它,唯恐不能及身完成这个重大非常的研究。"又如文后《自跋》云:"我已寿将百龄的老人,病重垂死,现住台湾台南市美德中医诊所附设安养院治疗。成功大学陈怡良教授出示四川重庆师范学院楚辞研究室征文信,要求我与陈君各写《我与楚辞》一篇,限定8000字。我病居院两个多月,身边无一参考资料,仅凭记忆,以十余日之功,撰成此篇,自多谬误,唯为我一生研究楚辞之成绩,至为重要,请勿以过长而忽之。"

3月14日 生于光绪二十三年(1897)农历二月二十四日的苏雪林先生,本年四月一日(农历二月二十四日)是她真正意义的百龄华诞。由"新闻局"顾问丘秀芷牵头,组织"中国"妇女写作协会王琰如、刘枋、姚宜瑛、朴月、林黛嫚等作家及《"中华"日报》副刊主编应平书、三民书局总编辑黄国钟、《文讯》杂志总编辑封德屏等,自台北乘飞机到台南美德安养中心,提前祝贺苏雪林先生百龄寿诞。

---

① 黄中模(1933—):重庆江津人,重庆师范学院教授,《楚辞研究成功之路——海内外楚辞专家自述》一书的主编。该书于2000年12月出版,收苏雪林《我与楚辞》一文。此文长约八千字,为苏氏一生中最后一篇学术论文。

② 笔者1997年3月下旬赴台拜谒苏雪林先生,访谈期间,复印了《我与楚辞》的手稿。此文用A4纸直行书写,每页29—30行,每行25—26字,共十页,约7800字。对于百岁老人凭记忆引经据典,写出如此长的论文,可谓海内外学人中罕有,弥足珍贵。

苏雪林着一件紫红色寿袍,坐在轮椅上与诸位文友见面,笑容满面,精神矍铄。

中午在台南市"天下饭店",由成功大学中文系为百岁人瑞苏雪林庆生,席开三桌,主桌上放置九层生日蛋糕。中文系主任宋鼎宗致辞:"苏先生受到学林的尊敬,在于她毕生对学术永不休止的探索!"成大校长翁政义说:"大人者不失赤子之心,正因如此,苏教授才能成就别人所不能成就的伟业。"

3月27日　应成功大学中文系宋鼎宗主任邀请,安徽大学沈晖偕安徽省社会科学院人物研究所宋霖所长赴台访问。此次访问的主要目的有:鉴于苏雪林先生年逾百龄,必须趁先生健在时,抓紧整理、编辑《苏雪林全集》的工作。沈晖与宋霖建议,此项浩大工程如果能由两岸高校与学术研究机构(安徽大学、台湾成功大学及安徽省社会科学院人物研究所)合作完成,善莫大焉。沈晖与宋霖3月27日拜会宋鼎宗主任时,口头陈述了以上建议,宋鼎宗代表个人表示支持,提出可将建议形成文字,作进一步商讨。

3月28日　沈晖与宋霖在台南市郊美德安养中心拜会苏雪林先生。

先生当天精神极好,面带喜色,据陪伴的护士说,这是自来安养中心后少有的兴奋情绪。沈晖与宋霖以笔谈(先生双耳重听)的方式与先生交流,简要地回答先生提出的如"你们俩住宿何处?""在台湾能待多久?""有没有和成大方面接触?"等问题。

安养中心的董事长蔡明辉先生,为了沈晖、宋霖随时能向苏雪林教授请益,在该中心的二楼提供了一间宿舍供二人居住,给此次访问带来极大的便利。

3月29日　上午华梵大学创始人晓云法师[①]与华梵大学校长马逊教授探望苏雪林。

晓云法师出资新台币一万元供苏雪林安养身体,苏坚辞不受,马逊教授建议将该笔钱转入苏雪林先生学术文化基金会。

3月30日　今日为耶稣复活节。天主教教友二十多位姊妹,专程前往台南美德安养中心,为教友苏雪林教授举办隆重的庆生感恩弥撒。

弥撒仪式由天主教台南教区郑再发主教主持,在安养中心门诊大厅举办,红色横幅绸带上书写"苏雪林教授百岁嵩寿感恩弥撒",横幅两端悬挂彩色气球。苏雪林

---

① 晓云法师(1912—2004):台湾知名的佛教教育家,一生发愿不建寺院、不任住持,推行"觉之教育"的佛教教育理念。1990年在台北大仑山创办华梵人文科技学院,1997年改为华梵大学。马逊,曾任台湾成功大学、台湾"清华大学"教授。1997—2005年应晓云法师之聘任华梵大学校长,2006年出家,法号释龙迅,她与晓云法师是苏雪林的多年好友。

先生身着一袭粉色衣衫,坐在轮椅上,笑容可掬地看着大家,十分高兴。郑再发主教致辞。专程由大陆赴台的学者沈晖、宋霖也即席发言,除祝苏雪林教授健康长寿外,并表示竭尽全力与成功大学合作,早日将苏教授毕生著述整理出版,让世人分享。

3月31日　沈晖、宋霖拜望苏雪林,并呈上用大字写就的两岸合作编辑、出版《苏雪林全集》的建议书。

苏先生仔细阅读完建议书后,主动拿病床边茶几上的签字笔在建议书后签了"蘇雪林"三个大字。

4月1日　4月1日为农历二月二十四日,按常规计算年龄,今年应是苏雪林足龄一百周岁。因1995年3月24日(农历二月二十四日)是苏雪林虚龄九十九岁,按照中国人做寿"做九不做十"的传统,成功大学为苏雪林举办了"苏雪林教授百龄华诞庆祝会",照惯例,不应因前年提早过百岁,今年即跳过,故今年4月1日顺延为一百零二岁华诞。

此次苏雪林生日庆典,由台南市政府、台南市立文化中心、台南市文化基金会共同主办,邀请了台湾成功大学、台南市文艺界人士及大陆学者沈晖、宋霖等90位人士出席。

庆典会在台南市文化中心大厅举行,会场正中摆放六层大蛋糕,顶层蛋糕上插着三支蜡烛,分别写有"1""0""2"三个数字,代表苏雪林百龄晋二生日庆典。台南市长施治明致辞说:"首先祝福苏教授生日快乐,身体健康!大家今天齐聚一堂,除了为苏教授庆生外,最大意义是发扬苏雪林先生毕生所追求的文学精神——手中有笔、心中有爱、肩上有担的奉献精神,希望诸位以文学前辈为楷模,共同弘扬文学精神,这才是送给苏教授的最好生日礼物。"苏雪林当天精神振奋,她由护士推着轮椅到麦克风前说:"感谢大家厚爱,已经活到一百岁,太老了,而在座的都很年轻,趁年轻多努力,多做事。"

随后大家高唱生日歌,并向苏教授行鞠躬礼。主办单位邀请苏先生及来宾驱车至台南"新光三越"①赴寿宴。

4月2日　上午,沈晖与宋霖在美德安养中心苏雪林住处,用笔谈方式对苏进行访谈。

苏雪林先生对编辑、出版自己的著作表示支持,尤其感到高兴的是大陆有庞大的

---

① 新光三越:为台南市超大型购物、娱乐、餐饮商场,地下六层,地上九层,占地七万余坪。

读者群,比台湾受众面广泛,为自己的文学主张与学术思想能被更多的人了解而异常激动。表示如果成功大学方面同意,此事可立即着手进行,希望沈、宋二位能在台湾住上几个月或半年,早日完成。她担心自己年龄太老,怕看不到全集问世的那一天。

下午,苏雪林通知唐亦男教授,她要回东宁路家里。唐亦男教授的三子王照穿开车来到安养院,载苏先生及唐、沈、宋到东宁路寓所。

苏雪林坐在轮椅上指点唐、沈,将离开大陆到台湾后写至1996年的日记,一一检出,装入一纸箱中,运回安养中心。宋霖抓住难得机缘,用相机拍摄东宁路寓所外景、前院、后院、花草、树木、客厅、书房以及墙上悬挂的奖状、油画等,以备日后编辑苏雪林作品集做资料图片。

4月3日　沈晖征得苏雪林先生的同意,开始细心整理日记,按年代顺序(1948年10月至1996年10月)编了一份简单的目录,注明某年有几本,某年某月缺失,并交苏雪林过目。看了目录后,她简单谈了日记不全与缺失的原因①。

沈晖向苏雪林提问:"苏先生,你在武大、在四川乐山期间的日记放在大陆何处?"

苏答:"1948年离开上海到香港时,走得非常匆忙,从武大带到上海的几箱书籍、资料、日记等,除极少一部分携至香港外,大部分书籍、日记、重要的参考资料都装入一个特制的大木箱中(其中有在乐山八年间所写的日记),存放于张宝龄父亲在上海的巨泼来斯路家中。'文革'期间,养子张卫担心所藏的书籍、日记惹起祸端,特地从东北赶到上海,将一部分书籍与全部日记烧毁了。"②

4月5日　清明节。安养中心组织院中老人赴台南县北门乡近海滨的南鲲鯓春游③,并参观当地的香期庙会。

沈晖陪同苏雪林乘车前往。下车时沈晖推着轮椅,陪苏雪林游览各处景点与观看庙会上的各种表演,这一天苏雪林过得很开心。

4月15日　成功大学文学院王三庆院长、中文系主任宋鼎宗及唐亦男教授在安养

---

①　苏雪林日记缺损的原因:一、数次搬迁(由中国内地至中国香港、由法国至中国台湾、由台北至台南),导致丢失;二、生病住院期间,成功大学总务部门派工人维修房屋、打扫卫生,被当作废纸(苏的日记多数为自用纸张装订的,外表看起来像草稿纸)丢弃;三、常年放在墙角,摞在一起,被白蚁吞噬而毁损了一部分。

②　苏雪林日记被养子张卫烧毁之事,是两岸可以通信往来时,张卫写信告诉苏雪林的,详见《苏雪林作品集·日记卷》第15册,成功大学教务处出版组,1999年版,第102页。

③　南鲲鯓:台南市古迹保护区,是康熙元年兴建的代天府(又称五王庙,奉祀李、池、吴、朱、范五王),有大小庙宇近千座,每年4、6、8、9月,为香期庙会。

中心一楼会客厅就沈晖、宋霖提交的建议书,答复沈晖、宋霖。

王三庆院长说:"苏雪林学术基金,目前募集到的基金数额很少,仅有二百万台币生息之金额数万元,对出版苏雪林著作帮不上什么忙。'文建会'得知大陆要出版《苏雪林全集》,觉得没有面子,愿意拨专项资金资助出版,前提是有关苏雪林的资料(包括日记)不能带到大陆,留在台湾(成功大学)。我们文学院正在申报,争取'文建会'给予资助。"接着王三庆院长又说,"关于两岸合作编辑《苏雪林全集》的计划是可行的,至时我们可邀请多年研究苏先生作品的沈晖先生参与其事,来台湾成功大学住一学期或几个月。"唐亦男教授插话:"宋霖先生也可与沈晖先生一齐来,这样有个伴,也便于开展工作。"①

之后,沈晖与宋霖呈送成功大学中文系宋鼎宗的建议书,未有下文,是同意还是不同意,不得而知。好在呈送前复印了一份,上面留有苏雪林、沈晖、宋霖三人签名的副本。

4月16日　沈晖、宋霖将日记、部分文稿送到苏先生病房,并向先生告辞。苏大惊,急促地说:"你们要走了?不编了,这怎么行?"沈晖说:"昨天唐教授嘱咐今天要把日记等送还你。"苏又说:"东西不带走,怎么编?"为了安慰老人,沈晖只好说:"我与宋霖以后会来,参与编辑之事。"原计划沈晖与宋霖明日要到台北,只得延后一日,与成大中文系作进一步磋商。

5月1日　寄信给台北的文友王琰如。信中有《我与楚辞》一文的复印件。

我于前日挂号寄你《我与楚辞》……求你介绍《"中央"日报》副刊发表,但太长,怕人家不要,则《"中国"妇女》或你认识的若干刊物,但我想都难通过。报刊不能通过,则不如印成一本小书。你估量一下,二三万字的小书,印费我自出,需费多少?若真付印,此文尚需扩充。关于《九歌》部分,我已扩充完毕,不幸那几页失坠于地,被院方清洁员当废纸扫出了,尚须重写。关于《天问》部分,须扩充处尚多。

我去年十一月初因跌伤搬入这个中医院,匆匆已大半年没有回家,因为双腿

---

① 沈晖在《台岛履痕——二访苏雪林》4月15日的日记中感慨:"一份建议书,一箱苏雪林亲手交给我的日记,竟然引出这么大的动作:'文建会'是国民党管辖的文化机构,党派参与此事,这与我们建议书的初衷,由两岸三个学术机构共同玉成此事,大相违背。如此观之,对编辑全集之事,要作不乐观的预测——可能要流产。"

已失扶架行走能力,只有待死于此院了。①

5月16日　收到朱介凡②先生寄来的一大厚册回忆录《寿堂杂忆》。写信告诉王琰如,回忆四十多年前她与朱交往的琐事。这封信更难辨认字迹了,也是苏雪林寄给王琰如的最后一封信。

6月4日　在无资料的安养院中,除上午治疗外,其余时间都用作扩充《我与楚辞》一文的内容,完全凭记忆写出毕生研究《九歌》及《天问》的不同一般楚辞学者的心得与体会。

8月2日　因离开东宁路寓所,住进安养院后,信件明显少了,有文友及大陆亲友寄到东宁路的信件,都是唐亦男教授来探视她时带来的。除了偶尔给大陆的几个侄儿们写信外,与外界已没有书信联系了。

12月25日　病房经护理员打扫、整理后焕然一新。圣诞节几位教友由市里来探望,苏雪林脸上露出近年难得显现的笑容,这是来此度过的第二个圣诞节。

1998年　一百零一岁

1月1日　在噼噼啪啪的爆竹声中,迎来了新年。上午一缕阳光照射到病室东边的墙上,镜框中有一幅群峰竞秀、云蒸霞蔚的黄山摄影作品,这是从东宁路寓所带来的,以慰病中的寂寞与强烈的思乡之情。

紧靠门边的墙上有一副嵌名联,是台湾联圣张佛千③先生为苏雪林百龄华诞所赠,岛内书法名家周澄用洒金红色宣纸书写:

　　梅萼喜看红映雪

---

① 沈晖收藏苏雪林致王琰如的信第四十函。
按:此信写的字歪歪扭扭,大小不一,多处字因写时停顿被水笔洇得难以辨认,足见先生的腕力、视力急剧下降。
② 朱介凡(1912—?):湖北武昌人,字寿堂,民间文艺学家。毕生从事民谣、谚语研究,台湾"商务印书馆"曾出版朱介凡《中华谚语志》十册。
③ 张佛千(1907—2003):本名张应瑞,安徽庐江人,上海中国公学大学部毕业。早年在北平办《老实话》旬刊,在上海办《十日》杂志,宣传抗日。去台后任《联合报》顾问。他是知名报人、作家及制联名家,曾为海内外华人作嵌名联逾万,人称"联圣"。

海桑已见绿成林

倚靠在床头的苏雪林,看到这些景物时,感到无限落寞与伤感!

1月28日 唐亦男教授携子王照穿来安养院给苏雪林拜年(今天是农历正月初一)。交谈中,得悉她近日常做梦,梦到家乡太平的人和事,流露出浓郁的"叶落归根"的思乡情结。

3月22日 今天是农历二月二十四日,为苏雪林虚龄一百零二岁(足龄一百零一岁)生日,安养院买来蛋糕为她庆生。她对前来探望的唐亦男说:"亦男,你带我回一趟太平老家吧!"看到老师眼中的祈求神情,相处四十余年、不是母女胜似母女的唐亦男教授不禁鼻酸①。

4月10日 安徽大学沈晖接到唐亦男从台南打来的长途电话:为了满足老师回故乡的愿望,她已决定陪苏雪林作跨海峡故乡行,并请沈晖在合肥做好接待工作。另外,唐亦男还告诉沈晖,她已经向成功大学翁政义校长书面报告此事,一俟校方同意,即具体安排行程。

4月15日 沈晖在接到唐亦男电话后,对在合肥接待苏雪林的大陆行,考虑了很久,主要顾虑有两点:其一,唐亦男教授年近七旬,苏雪林已逾百岁,两位老人如何经得起台湾—香港—合肥—太平数千公里的长途旅行,且苏雪林还是要坐轮椅上下飞机?其二,苏雪林是两岸知名人物,自1925年秋离开故乡距今已七十三年,距1949年春离开大陆也近五十年。此番回归故土,表明老人心系祖国及故乡的一片深情②,表明她对大陆改革开放后的政治、经济局面有了新的认识,才不顾一切要回到故乡的决心。沈晖想到这一年是安徽大学建校七十周年校庆,苏雪林在安大初创时,受杨亮功校长之聘,在安徽大学文学院任教一年,苏雪林一行途经合肥,顺访安徽大学,对安大师生来说,在校庆期间恭迎百岁文坛耆宿、知名教授苏雪林校友的光临,是多么有意义的一件盛事呵。于是沈晖就苏雪林的大陆行,向时任安徽大学常务副校长的华泉坤作了详细的汇报。华泉坤副校长同意沈晖邀请苏雪林来安大的建议,并指示沈晖迅速拟写邀请函,以安徽大学名义向苏雪林教授正式发出邀请,请她以校友身份来安大访问。

---

① 唐亦男(1932—)是湖南常德人。1953年就读台湾省立师范学院中文系时,苏雪林是她老师。苏雪林任教台南成功大学时,唐亦男也到成大执教,师生相处四十余年,尤其是在苏雪林退休后,唐亦男是她晚年生活、精神方面的唯一依靠。

② 苏雪林晚年在台南已买了墓地,曾表示今生不回大陆了,要将骨灰埋在台湾。

4月24日　经安徽大学校务会议研究,一致同意由沈晖拟写邀请函,恭请苏雪林教授来安大参加校庆并访问。

5月4日　唐亦男教授致台湾成功大学校长翁政义护送苏雪林教授回大陆故乡的报告获准,苏雪林又收到安徽大学的邀请,一切都顺理成章,当她在安养院见到操办回大陆事宜的唐亦男,不禁喜形于色,高兴地说:"终于可以回家了!"

5月12日　唐亦男教授预订中华航空的机票,于5月22日下午一点由高雄小港机场飞香港,再转机由香港飞合肥。华航高层主管对一百零二岁(虚龄)的苏教授搭乘飞机高度重视,须经严格体检,检查心脏、大脑是否承受得了。所幸苏雪林虽然身体虚弱,但经成功大学附属医院体检后表明"乘飞机无碍",一切都天遂人愿。

5月20日　沈晖电告唐亦男教授:已在距离安徽大学一箭之遥的安徽中医学院住院部九楼,租了一间病房,并配备了一名住院医生及两名护士,专职接待苏雪林教授。

5月21日　上午安南中医院(即美德安养之家)为苏雪林举办赴安徽之行欢送会,大批记者赶赴会场采访。前来欢送的有成功大学前校长吴京,中文系杨文雄、江建俊等教授及部分天主教教友等30余人。唐亦男教授说:此次决定护送百龄老人回故乡,目的其实很单纯,就是要满足老师最后一个心愿,她要克服困难,坚定不移圆老师这个梦。她还对护理之家董事长、医师蔡明辉表达谢意,蔡明辉不仅同行,还指派护士曾淑贞一路照顾苏雪林先生。

明天就要踏上归乡路,苏雪林异常兴奋,回到病房后,不肯上床休息。原来她以为开完欢送会就要到机场去,无奈护士只好请唐亦男教授劝她,唐亦男告诉她再等一天,第二天就出发。

5月22日　台湾的《"中国"时报》当天在显要版面以《重回故园　文坛耆老苏雪林圆梦》大字标题报道昨日欢送会及苏雪林一行今日启程赴大陆的盛况。台湾《"中华"日报》以《苏雪林归乡路　意味重获大陆肯定》为主标题、以《多年来撑起她活着的力量　正是文学的梦》为副标题,《联合报》以《苏雪林　今启程访大陆》为主标题,以《参加安徽大学校庆　近乡情怯》为副标题都给予了报道。

苏雪林在机场兴奋地用浓重的太平口音对采访记者说:"今天我要回大陆,很高兴。"

苏雪林教授赴大陆一行的人员,除蔡明辉医生及医院护士曾淑贞外,唐亦男心细如发,还叫上小儿子王照穿与其女友蔡孟娟同行,长途旅行,有两个年轻人做帮手,以应不测。当晚六时,合肥骆岗机场,自香港飞合肥的东方航空MU5014航班,在霏霏细雨中平稳降落。蔡明辉先生双手托抱起苏雪林走下舷梯,立即坐进停放在舷梯下方的中巴车上——这是沈晖提前安排的安徽大学的接机专车。当天骆岗机场特别照顾,允许接机汽车进入停机坪;同时更高的礼遇是,此次台湾大陆行共6人,唯有百岁老人苏雪林享受绿色通道——海关免检放行(这是合肥骆岗机场开通以来,唯一一次不需本人验证的通关)。

在驶往安徽中医学院附属医院住院部的车上,唐亦男教授对采访的安徽电视台记者舒翎[①]女士说:"这次带老师回大陆,动机很单纯,就是要实现她老人家最后一个愿望,圆她一个回家乡的梦。"接着她问老师:"到家了,高兴吗?"苏雪林连连说:"高兴!非常高兴!"

5月23日 安徽中医学院附属医院住院部九楼病房。一大早,苏雪林教授就醒来,等待着与养子张卫一家、干女儿秦传经以及居住在合肥的侄儿苏经世一家、居住在南京的侄女苏经传、上海的侄儿苏经逸、杭州的外甥方子汉等苏家、张家亲属20余人见面(沈晖事先分别电话通知苏雪林的各地亲属)。

上午九时,远在黑龙江齐齐哈尔的养子张卫携妻姜韵怡、子张洵,下了火车后,顾不上用早餐,急匆匆赶到医院与母亲见面。

苏雪林抬眼见到离开大陆时才十四五岁的毛毛(张卫小名,幼时过继给二叔张宝龄、苏雪林夫妇),如今已是两鬓染霜的老人,怀疑地问道:"你是张卫?""我是你的儿子张卫。"张卫随即在纸上写下:"思念在心中,相逢在梦里。"苏雪林看了纸上两句话,脱口而出:"梦中常相见!"聚拢在苏雪林周围的亲属都为百岁老人敏捷的反应而惊奇,更为相别五十年的重逢一幕而感动。

5月24日 苏雪林一行访问安徽大学。安徽大学方面本拟请苏雪林作简短的演讲,征询苏雪林本人意见后,她表示只想到安徽大学校区看看,演讲就免了。苏雪林向安徽大学赠送"屈赋新探"系列四本《屈原与九歌》《天问正简》《楚骚新诂》《屈赋论丛》及山水画集《苏雪林山水》。

晚上七点,时任安徽大学常务副校长的华泉坤设宴招待苏雪林教授一行。沈晖推着轮椅让苏雪林坐在主宾席。华校长致辞说:"安徽大学的发展离不开许多知名教授

---

① 舒翎:安徽省电视台编导。此次苏雪林故乡行,考虑到一百零二岁老人的身体状况,最好能不受媒体采访,以便顺利旅行。沈晖与唐亦男商定:苏雪林一行(苏住医院,其他人住安徽大学招待所)的大陆行暂不向媒体披露,沈晖仅向安大校友舒翎女士告知。舒翎女士带领摄像张庆军、工作人员林宿建独家随苏雪林一行,全程追踪拍摄。

的奉献,苏先生是安徽大学初期最杰出的教授。"当坐在身旁的唐亦男附耳把"你是安徽大学最杰出的教授"转述给苏雪林听时,她会意地笑了,脸上漾出喜悦的神情。

5月25日　游览合肥市景点。乘车循环城公园绕一圈,当车子停在稻香楼一段时,沈晖向苏雪林介绍:此处水面现称雨花塘,远处绿荫一片、红房掩映的是稻香楼宾馆。清初合肥籍名诗人、"江左三大家"之一的龚鼎孳辞官后,就在此建稻香楼、水明楼以为别业。苏雪林反应敏捷,立刻应答道:"哦,此人诗写得不错,但没有民族气节。"到了包公墓园,她坐在轮椅上远眺清风阁,可能疲乏了,未进墓园参观。

晚上,安徽省台湾事务办公室诸葛石主任、张瑾副主任在安徽饭店宴请苏雪林教授一行,沈晖与宋霖作陪。

5月26日　上午,苏雪林教授一行离开安徽中医学院附属医院。临行前院方请苏雪林题辞留念,她握住签字笔写下"故乡人,故乡情,中医学院暖我心"。

原计划上午走合铜高速经太平湖大桥到太平,未料到芜湖安徽师范大学闻讯苏雪林访问安徽大学,校方指派一年轻的刘副校长及工作人员于25日连夜赶到合肥,几经打听,才得知苏雪林住宿中医学院附院住院部。26日清晨,刘副校长找到唐亦男,请求苏雪林一行,取道芜湖,顺访安徽师范大学①。征询苏雪林意见后,她同意到安徽师范大学访问,因芜湖曾是她的旧游之地。

中午乘轮渡过江,面对滔滔的江水,苏雪林无限感慨:"看到江水,我到家了!"

安徽师范大学在学校大礼堂举行极简短的欢迎仪式,就安排苏雪林到专家楼(接待外籍教师的宾馆)休息、用餐。

饭后,苏雪林在专家楼会见该校物理系张先基教授。年逾九十的张教授用浓重的桐城口音说:"苏老师,我叫张先基,当年是《塔铃》主编,你为刊物写的稿子,是用毛笔写在宣纸上,还记得吗?"②看着满头银霜的老学生,苏雪林一脸茫然,陷入沉思,毕竟时光已流淌了六十七年……

---

① 安徽大学与安徽师范大学的历史沿革:1928年成立的省立安徽大学,在抗战胜利后易名为国立安徽大学。1949年10月,华东局文教部决定将在安庆的国立安徽大学迁往芜湖,与芜湖赭山的安徽学院合并,成立新的安徽大学;1952年高校院系调整,芜湖的安徽大学的部分院系合并到沪、宁高校,安徽大学成立了两个独立学院,即安徽师范学院留在芜湖,安徽农学院迁往合肥。1972年12月,安徽师范大学校名正式启用。合肥的安徽大学是1958年成立的,与历史上的安徽大学,没有传承关系,仅与1928年的安徽大学同名而已。

② 张先基:桐城人,安徽大学理学院物理系第一届毕业生,在校期间是安徽大学《塔铃》文学社主编,曾向苏雪林约稿,苏雪林翻译的雨果长诗《海崖畔之散步》,发表在《塔铃》第2号上。

在校史馆,学生指着刘文典的雕塑头像、指着墙上历任教授"苏雪林"三个字时,看着大铜印"国立安徽大学关防"时,苏雪林仿佛从记忆中寻到了她 1930—1931 年受杨亮功校长之聘来安大文学院执教的难忘岁月。

晚七时,苏雪林教授一行抵达黄山区(即原太平县),入住黄山国际大酒店。

5 月 27 日　苏雪林今天要回的故乡岭下苏(今属黄山区永丰乡),距太平县城有五十华里。"倦鸟恋旧林,池鱼思故渊。"一大早苏雪林就醒了,嘱咐身边的护士曾淑贞,早一点用早餐,她迫不及待要回到魂牵梦绕的故乡。

车队于中午到达永丰乡乡政府,接待单位安排在这里用餐,唐亦男对苏雪林说:"到家了,我们下车吃午饭。"苏雪林看了看车窗外的景物,说:"还没有到,这是到岭下必经之地卓村①,到岭下苏还有五里路。"唐亦男闻言,对沈晖说:没有想到老太太反应这么敏捷,记忆如此清晰。在台湾安养院,有时她半天不说一句话,精神仿佛有些恍惚。回家了,她的精神振奋,话也多了。

山区的石板路高低不平,轮椅推行颠簸得很厉害,乡民们就地取材,砍伐毛竹,绑在轮椅上,做了一副简易的滑竿,抬着苏雪林进村。附近近千名老老少少一齐拥到岭下苏村口,迎接这位从海峡对岸来的老寿星,一睹她离乡七十三年后返回的风采②。

在苏氏宗祠的天井中,苏雪林会见了侄儿苏经检(苏雪林二哥苏绍章之子)、侄女苏玉果(苏绍章的小女儿)两家,毕竟相隔了七十三年,记忆中毫无印象。因为苏雪林 1925 年秋回到故乡时,苏经检才两岁,侄女苏玉果尚未出生。

在故居海宁学舍,沈晖指着门前的桂花树,对苏雪林说:"这就是我带到台湾给你看的照片——老屋门前的桂花树。"苏雪林印象很深,说:"这是我祖父栽种的。"

在岭下苏村,苏雪林还进到她结婚时住过的房子③,坐了一会儿。唐亦男问她:"老师,这是你当年结婚的房子?"苏答:"是的,我住过。"

下午五点,苏雪林仍坐在当年结婚住过的房子,唐亦男催了几次请苏雪林走,她就是不愿走,眼眶中满是泪水,喃喃地说:"我不想走,这里就是我的家!"

---

① 卓村:又名杜家村,是苏雪林母亲杜浣青娘家的村庄,今为永丰乡乡政府所在地。

② 苏雪林 1925 年由法国归来,于当年秋,与从上海到岭下的张宝龄结婚。二人在岭下住月余,又赴上海、苏州教书,此后就再也没有回到岭下。

③ 徽州风俗,女儿在本村结婚,新婚夫妇不能用女方家的房屋做新房(可能是担心女婿把岳父家财气带走),必须由夫家另租赁一间房子结婚,且要有租约。1925 年秋,张宝龄就租了岭下荆乐堂的一间房子,作为他们结婚的新房。

也难怪,可能是触景生情吧,她的慈母、祖父都埋骨在岭下,难道她也想终老故土?

就要告别故乡了,苏雪林在苏氏宗祠前,与岭下的苏氏宗亲们合影留念。唐亦男要老师说两句话,已逾百岁的苏雪林用家乡话说:"家乡的山和水,比以前更美了。"

5月28日 可能是回乡的梦圆了,苏雪林昨晚睡得很香甜。清晨护士曾淑贞来到唐亦男的房间,告诉她苏先生起床后精神很好,并问今天有什么活动。唐亦男当即来到苏雪林的房间,把昨晚与蔡明辉医师、沈晖等商量乘缆车登黄山的消息告诉老师,苏雪林脸上漾出兴奋、喜悦的笑容。

初夏的黄山风景区,云淡风轻,景色幽美。位于太平县境内的黄山北麓的太平索道[1],距离太平城区仅20公里。仿佛上苍特意安排,一年前才架好的登山索道,今天迎来一位登索道最年长的游客——阔别黄山六十二年的苏雪林[2]。

当登上缆车车厢,以每秒10米的匀速攀升时,在距地面数百米的高空,唐亦男看着车厢外云天雾海,山峰叠嶂起伏在眼前呈现,附在苏雪林耳边说:"老师,我们今天像庄子在《逍遥游》里所说是'御风而行,泠然善也'。"沈晖一旁插话:"亚洲最长的太平索道,乘坐了一位一百零二岁的老人,这个纪录是要载入黄山旅游史册的。"

缆车北海景区索道站设在美丽景点排云亭右侧的松林峰,索道站工作人员推着轮椅缓缓移动,把苏雪林推到索道站休息室,捧出水果,献上黄山香茗。一大群跟着上山的记者簇拥过来,闪光灯闪个不停,都争着把这珍贵的场景摄入镜头。

索道站站长拿出一本纪念册,请求苏雪林留下墨宝。当把站长意图告诉苏雪林时,她看着眼前的纪念册,没有说话——可能老人还沉浸在刚才登山的妙境中,一时还未从近乎"梦境"中走出来。

喝了茶,吃了水果。侄孙苏玉伦[3]扶着苏雪林的右手——在纪念册上写下:

游黄山 写黄山 画黄山 梦黄山 今日重登黄山

苏雪林
公元一九九八年五月廿八日

---

[1] 黄山风景区太平索道于1997年建成,全长3709米,距地面1059米,从黄山北麓乘索道缆车登北海区,仅用10分钟,为亚洲最长索道之一。

[2] 1936年夏,苏雪林与在安徽省立第一女子师范读书时的老同学周莲溪、陈默君相约到黄山避暑,游慈光阁、云谷寺、松谷庵等景点,游山观景,写诗画画,度过她人生最惬意的一个暑假,后来还用散文、诗歌、绘画记录这次难忘的假期。

[3] 苏玉伦(1948—):苏雪林二哥苏绍章三子苏经世长子,供职于中国科学技术大学出版社。

登上黄山北海松林峰,干女儿秦传经①推着轮椅,在松林峰上留影。安徽电视台编导舒翎女士,叫摄像张庆军拍摄了几张珍贵的照片——苏雪林坐在轮椅上,头戴红色的毛线绒帽,身披紫红色寿袍(一百零一岁生日时穿的),以黄山松为背景,面向远处云雾缭绕的山峦。一百零二岁的老作家圆了七十三年的归乡梦,登黄山梦。后来舒翎制作的"苏雪林故乡行"纪录片,在安徽电视台《安徽人》栏目,分上、中、下三集播放,这部纪录片在安徽卫视播出后,这几幅照片给观众留下强烈的印象。

5月29日 黄山机场餐厅。一周繁忙的故乡行,即将结束,两点十五分就要乘东方航空经香港飞高雄。吃过中饭,苏雪林坐在轮椅上与干女儿秦传经脸贴脸在交谈……

自5月22日晚到合肥,在肥居停期间,会见从全国各地赶来的晚辈、参观安徽大学、出席几次宴请;26日渡长江访问芜湖安徽师范大学,27日回岭下苏氏宗祠、海宁学舍省亲,28日又乘兴登上黄山北海松林峰,对于一百零二岁的老人来说,一路舟车劳顿,身体、精力的付出是很大的,但强烈的归乡喜悦情绪,抵消了连日的奔波与劳累。临上飞机前,她动情地对送行的人说:"我不要回去,台湾不是家,这里才是家!"过了一会儿,又喃喃地说道:"武汉大学、兰溪还没有去!"②

29日晚十一时,苏雪林一行抵达高雄小港机场。台湾的电视台与几家报社记者已等候多时,记者们询问苏教授此行的感受,她直说:"很高兴、很快乐、很感动,我想见的人都见到了!"③

5月30日 当天是中国传统佳节端午节。一大早美德安养之家的老人争相传告苏雪林从大陆回来的消息④。

上午台湾成功大学主任秘书黄定鼎、中文系主任廖美玉携鲜花与香粽前来慰问探

---

① 秦传经(1927—2006):安庆人,母亲李文杰是1914年苏雪林在安庆第一女师读书时最亲密的同学。1931年苏雪林任教省立安徽大学时,李文杰让四岁的秦传经磕头叫苏雪林"干妈",自此苏雪林认秦传经为干女儿。

② 苏雪林晚年在日记与文章中经常回忆武汉大学及兰溪。自1931年至1949年,她在武大任教十八年,她把人生最好的年华奉献给这个华中最著名的学府。苏雪林出生于浙江瑞安,但幼年到十岁这段时间,是在祖父任金华、兰溪县令的县衙里度过的,童年的美好记忆是终生难忘的,甚至连她一生说话的口音,都是浙江兰溪腔调,可见印象之深。

③ 见《台湾时报》1998年5月30日第12版报道。

④ 台南市安南区中医院附设美德护理之家(即安养院),两个机构一个牌子,当地人习惯称安养院。

亲回到安养院的苏雪林教授。廖美玉教授剥了一个糯米豆沙粽子,用筷子分成几小块喂食,苏雪林吃得津津有味,场面温馨感人,记者将此画面摄入镜头,刊发于5月31日的《自由时报》上。

6月2日　住高雄左营的外甥欧阳建业携子紫宸来安养院探望姨娘苏雪林。临行,苏雪林对外甥说:"我在台南买的墓地送给你,百年后你去陪你妈(苏雪林胞姐苏淑孟的墓地是苏雪林买的,当时买了双穴,拟作姐妹二人埋骨之所),我死后骨灰要回大陆,葬在岭下祖父和母亲的墓旁。"

6月15日　唐亦男教授拜望苏雪林,并询问护士,详细了解苏的饮食起居。唐亦男发现她消瘦了,精神也不如回大陆时好。

苏向唐坦露:她希望去世后能把骨灰运回大陆葬在岭下。唐亦男意识到老师回乡愿望已了,现在着手安排后事了。

8月16日　1998年"国际徽学研讨会"在安徽绩溪县召开①。时任安徽大学副校长的韦穗作为主办方代表出席。会议期间,由沈晖引荐,韦穗副校长与出席此次研讨会的台湾成功大学中文系唐亦男教授、台湾高雄财团法人亚太综合研究院人文研究所杜英贤所长见面,并商谈乘苏雪林故乡行、促进两岸文化交流的有利之机,仿效此次国际徽学研讨会的模式,拟于明年8月份在黄山太平举办"海峡两岸苏雪林学术讨论会"。会议主办方为安徽大学、台湾成功大学、台湾高雄财团法人亚太综合研究院人文研究所,协办方为黄山高等专科学校及太平县文化局。

在绩溪开会期间,三方达成共识,认为联袂发起、并举办这场为五四文坛耆宿苏雪林教授而召开的学术讨论会,必将对促进海峡两岸学人之间的人文交流,起着巨大的推动作用。

9月20日　由沈晖起草的《关于海峡两岸苏雪林学术讨论会的报告》,在安徽大学校务会议通过,由常务副校长华泉坤分管研讨会筹备事宜,安徽大学科研处储育明、安徽大学外事办公室黄晓明、安徽大学中文系沈晖为筹备组成员,并在科研处设"研讨会"办公室。

11月15日　沈晖接到唐亦男从台南打来电话,告知苏雪林身体违和,苏雪林请唐转告沈晖,务必替她办两件事:

---

① 此次国际徽学研讨会,由中国社会科学院历史研究所、安徽大学、安徽师范大学、安徽省绩溪县人民政府联合举办,时间为1998年8月16日—20日,出席会议的中外学人有60余位。

一、苏雪林已请在美国的侄媳王庆娥寄三千美元至太平文化局詹来寿局长,请詹局长用这笔钱,维修岭下海宁学舍。

二、另寄五千美金给詹局长,此款用作维修岭下苏家祖坟。苏雪林已决定终老后,骨灰运回岭下,葬于祖茔母亲墓旁。

唐亦男在电话中对沈晖说:"苏先生一定请你要去一趟岭下,叮嘱并交代詹来寿局长,请工人近期抓紧完成这两项事务。"

11月24日　苏雪林连续发烧,不能进食,由安养院转赴成功大学附属医院救治。

1999年　一百零二岁

1月1日　20世纪最后一年的元旦,苏雪林躺在病床上听护士小姐读报,神志时而清晰,时而迷茫。

1月18日　一生喜爱油腻重盐味的苏雪林对安养院清淡少盐的蔬菜、馄饨、面条(从老人健康考虑,不宜油腻、太咸)毫无兴趣,每顿吃得很少,身体非常不好,现在已经不能下床,整日卧在床上。

1月30日　因严重营养不良及感染发烧,入成功大学附属医院内科病房治疗——这是从大陆回到台湾后第三次住院了。

2月6日　国民党"文建会"主委林澄枝南下主持"腊月迎新写愿景"的活动。在台南活动结束后,匆匆赶到成功大学附属医院看望苏雪林。

当林以签字笔写下"文建会林澄枝祝苏教授身体健康"的纸条递给她看时,只见她的眼光му随着纸条上的字上下移动,却不发一语。据主治医生说:"苏教授因数月来营养不良[①],加之感染,身体极度衰弱,现在靠输液补充营养。"

2月8日　自6日晚因发烧出现气喘急促症候,X光透视为肺部感染,除以特效抗生素治疗外,还配以氧气罩。

经过两天治疗,下午病情稳定。护士将唐亦男送来的干女儿秦传经的信展开给她看时,她的眼神似乎与平常不同——因为信的天头上有"亲爱的妈咪"这五个字,好像强心针激活了她衰弱的神经。

---

① 据唐亦男写给沈晖信云:"自去年五月大陆探亲回来后,她觉得一生心愿已了,年纪也大,多次表示没有求生意志,不愿意活了,故不食不言,因而导致营养不良,身体极度衰弱。"

4月9日　今天是农历二月二十三日,苏雪林虚岁一百零四岁(实为一百零二周岁)生日前一天。成功大学翁政义校长率领中文系唐亦男教授及其他相关人员,携带鲜花与生日蛋糕,前往成大附属医院加护病房,为苏雪林暖寿。

4月10日　上午十时,在成大附属医院五楼会议室举办"苏雪林教授百龄晋四华诞暨《苏雪林作品集·日记卷》发表庆祝会"①。成大校长翁政义、台南市市长张灿鍙、"文建会"林金悔等文艺界人士到会共襄盛举。时任台湾地区领导人的李登辉致送百朵盛开的蝴蝶兰,连战以"崇龄锡嘏"寿匾、萧万长以"松鹤嘏龄"寿匾致贺。苏雪林在加护病房未能出席盛会,但护士与主治医生在她清醒时告诉了她庆生会场景,并将15巨册日记放在病床茶几上。

4月21日　因败血性休克并发心律不齐,苏雪林于下午三时五分病逝于成功大学附属医院,享年一百零二周岁。年初(2月28日)冰心在北京逝世(享年九十九周岁),至此,五四元老派五大女作家全部去世了,苏雪林以一百零二周岁成为中国现代女作家的长寿锦标。

---

①　《苏雪林作品集·日记卷》计十五册,约四百万言。日记自1948年至1996年,是苏雪林在法国、新加坡以及中国香港、台湾地区生活、写作、教学的真实记录。成大中文系师生费时年余编辑出版,赶在苏雪林生日前完成。

附 记

4月22日　新华社主办的《参考消息》当日第8版在《著名女作家苏雪林去世》的标题下刊发500多字的报道,这是近年纸媒报道海外知名人士去世消息所罕有。消息云:"享誉国际文坛耆宿苏雪林,于昨日下午三时五分病逝成功大学附属医院,享年一百零四岁。她是五四新文化运动以来,两岸迄今最长寿的作家……"

4月27日　由台湾地区时任领导人李登辉、萧万长签发的褒扬令颁发[①]:

> 中国文坛大师苏雪林教授,天资颖秀,学养深淳。早岁卒业北京女子高等师范学院,旋负笈游法。返国后,历任苏沪皖各大学教席,木铎传薪,成材蓁众。课余笔耕不辍,创作勤奋,以小说《棘心》、散文集《绿天》,蜚声文坛,菁英秀发,时论钦崇。神州色变,辗转来台,任教台湾省立师范学院、"国立"成功大学,授业解惑,启迪功宏。复潜力学术研究,发皇屈赋精奥,撰述宏富,著作等身。曾荣获"国家"文艺奖、中兴文艺奖、"行政院"文化奖,誉流当代,士林共仰。综其生平,弘艺传薪,尽瘁学术,鸿儒女宗,典范淑世。遽闻凋谢,轸悼殊深,应予明令褒扬,用示政府崇礼宿学之至意。

4月30日　上午十时,在台湾成功大学光复校区中正堂举办"苏雪林教授追思弥撒暨联合公祭"大会。因苏雪林是台湾成功大学资深教授,又是虔诚的天主教徒,故追悼仪式,以两种仪式联合举行。

连战、萧万长、林澄枝、马哲儒、吴京、翁政义等任治丧委员会主任,副主任委员是郑再发主教、贾彦光主教、成世光主教等11位,另由李哲修、杨照明两位神父担任"苏教授雪林(玛利亚)追思殡葬弥撒"礼仪成员[②]。

联合公祭开始由郑再发主教主持追思弥撒,举行播放圣乐进堂曲、奉献曲、为亡者

---

① 此褒扬令在1999年4月30日公祭大会上由萧万长宣读。
② 苏雪林1925年在法国皈依天主教,教名为玛利亚·苏。

祈祷、告别礼等仪式。十时四十分瞻仰仪容。十时五十分公祭开始,主祭者就位,披红、上香、献花、献果,萧万长宣读褒奖令,成大翁政义校长恭读祭文。

翁政义校长在宣读的祭文中说:

> 今天是我们来为您送别的日子,各界贵宾、成大师生、天主教的神长教友、您的亲戚,甚至许多您认识与不认识的朋友,都从各地赶来,为的是要见您的最后一面,向您诚心地道别。
>
> 您的一生,百四高龄,几乎跨过三个世纪,已经是人中之奇。而您的个性朗健,爱憎分明,又才情敏锐,卓然自立,每每见人之所未见,发人之所未发。虽然长期独守清寂的生活,而长达五十余年诲人不倦,有教无类,使您桃李满门。您又创作丰沛,八十余年间著述不断,留下许多宝贵的生命结晶,成为大时代的见证,让我们享受无穷。您的一生,真可谓丰实圆满,了无遗憾。
>
> 敬爱的苏教授,您是五四运动的硕杰先进,也是儒家的信奉者,正气凛然:慷慨陈词、捐输爱国情操,足以警顽立儒;护持真理正义的道德勇气,足以戒贪止薄。而生活简朴,律己严,待人宽,禀性直,无娇饰,重视传统亲情,是为能情感与理性兼顾者。您刚毅的风骨,谦冲的襟期,不为威武屈,不以贫贱移,历历明见。您是德行的实践家,正是我们最好的典范。
>
> 苏教授,您一生极虔信天主,服膺基督牺牲奉献博爱的情怀,您最爱读的《圣经》说:"这场好仗,我已打完;这场赛跑,我已跑到终点;这信仰,我已保持了。而今而后,正义的冠冕已为我预备下了,这就是主,正义的审判者,到那一日必要赏给我的。"是的,敬爱的苏教授,您的确已经赢得了这一切,请安息吧!

1999年8月21日—23日,在苏雪林先生逝世四个月后,由大陆安徽大学、黄山高等专科学校,台湾高雄亚太综合研究院人文社会研究所、台湾成功大学苏雪林学术文化基金会联袂举办的"海峡两岸苏雪林教授学术研讨会",在苏雪林的故乡太平县(黄山区)隆重召开。两岸60多所大学(台湾17所、大陆46所)和科研机构近百位专家、教授应邀赴会,会上发表论文54篇(台湾提交21篇、大陆提交33篇),与会者畅所欲言,就苏雪林先生不一生不凡的创作与学术研究,进行了全面深入地研究与探讨。两岸学者提交了许多视野开阔、见解独到的高质量、有见地的论文,给苏雪林这位五四元老级才女作家,民国以来知名学人应有的现代文学史地位、现代学术史地位,同时也廓清了长期以来现代文学史及读者对苏雪林先生的误读。而此次盛会的召开,又恰逢五四运动八十周年,这对发扬和继承"科学""民主""自由"的五四精神,对弘扬中华优秀文化遗产更具现实意义与历史意义。

  8月23日上午,出席会议的100多位专家学者,分乘三艘游船,穿过太平湖,前往苏雪林的故乡岭下苏(村),参观苏雪林故居"海宁学舍"——苏雪林祖父为儿孙们读书所建的家塾。上午十一时四十分,与会的全体代表登上距"海宁学舍"一箭之遥的凤形山,为苏雪林先生举行隆重的骨灰安葬仪式。苏雪林养子张卫将苏雪林的骨灰坛放入墓穴,安葬在苏母墓旁。唐亦男教授将一束玫瑰放在墓碑前,含泪说:"老师,您回到故乡了,我今天实现了您生前的遗愿。"苏雪林墓园上的墓碑,正面黑色大理石上镌刻"苏雪林教授之墓",墓碑背面,自右至左竖排两行,镌刻的是沈晖题写的"棘心不死 绿天永存"八个宋体大字[①]。

---

  ① 苏雪林迈入文坛的两部成名作,蜚声文坛,闻名遐迩,一为自传体长篇小说《棘心》,书名取自《诗经》名句"棘心夭夭,母氏劬劳";一为散文名著《绿天》。这两部作品,在中国现代文学史上,可谓青史留名,影响了后世无数写作者。取苏雪林小说成名作"棘心",来表达她爱国爱家的浓烈情怀,用她脍炙人口的散文集"绿天",来表明她的散文,世代芬芳,永留史册,以此来概括苏雪林的一生,至为恰当。

附　录

苏雪林著作一览

小说

《棘心》　上海北新书局 1929 年 5 月出版。

《蝉蜕集》　重庆商务印书馆 1945 年 7 月初版,1967 年台湾传记文学出版社易名《秀峰夜话》出版。

《天马集》　台湾三民书局 1957 年 11 月出版。

散文

《绿天》　上海北新书局 1928 年 3 月出版。

《蠹鱼生活》　上海真美善书店 1929 年 10 月出版。

《苏绿漪创作选》　上海新兴书店 1936 年 9 月出版。

《青鸟集》　长沙商务印书馆 1938 年 7 月出版。

《屠龙集》　重庆商务印书馆 1941 年 11 月出版。

《苏绿漪佳作选》　上海新象书店 1947 年 3 月出版。

《归鸿集》　台湾畅流半月刊社 1955 年 8 月出版。

《雪林自选集》　台湾神州书局 1956 年 5 月出版。

《欧游猎胜》　台湾光启学社 1960 年 6 月出版。

《人生三部曲》　台湾文星书店 1967 年 3 月出版。

《眼泪的海》　台湾文星书店 1967 年 3 月出版。

《闲话战争》　台湾文星书店 1967 年 3 月出版。

《苏雪林自选集》　台湾黎明文化事业公司 1975 年 12 月出版。

《风雨鸡鸣》　台湾源成文化图书供应社 1977 年 10 月出版。

《趣味民间故事》　台湾广东出版社 1978 年 3 月出版。

《灵海微澜》第一辑　台湾闻道出版社 1978 年出版。

《灵海微澜》第二辑　台湾闻道出版社 1979 年出版。

《灵海微澜》第三辑　台湾闻道出版社 1980 年出版。

《灵海微澜》第四辑　台湾闻道出版社 1996 年 3 月出版。
《灵海微澜》第五辑　台湾闻道出版社 1996 年 4 月出版。
《抗战时期文学回忆录》　台湾文讯月刊杂志社 1987 年 7 月出版。
《遁斋随笔》　台湾《"中央"日报》出版部 1989 年 7 月出版。
《苏雪林选集》　安徽文艺出版社 1989 年 6 月出版。
《苏雪林文集》　安徽文艺出版社 1996 年 4 月出版。
《苏雪林作品集·短篇文章卷》第 1 册　台南财团法人苏雪林教授学术文化基金会 2006 年 10 月出版。
《苏雪林作品集·短篇文章卷》第 2 册　台南财团法人苏雪林教授学术文化基金会 2006 年 10 月出版。
《苏雪林作品集·短篇文章卷》第 3 册　台南财团法人苏雪林教授学术文化基金会 2007 年 10 月出版。
《苏雪林作品集·短篇文章卷》第 4 册　台南财团法人苏雪林教授学术文化基金会 2010 年 3 月出版。
《苏雪林作品集·短篇文章卷》第 5 册　台南财团法人苏雪林教授学术文化基金会 2010 年 9 月出版。
《掷钵庵消夏记》　INK 印刻文学生活杂志出版有限公司 2010 年 10 月出版。
《苏雪林作品集·短篇文章卷》第 6 册　台南财团法人苏雪林教授学术文化基金会 2011 年 12 月出版。

传记文学

《南明忠烈传》　重庆国民出版社 1941 年出版。
《我的生活》　台湾文星书店 1967 年 3 月出版。
《浮生九四——雪林回忆录》　台湾三民书局 1991 年 4 月出版。

诗词

《灯前诗草》　台湾正中书局 1982 年 1 月出版。

戏剧

《玫瑰与春》　上海北新半月刊 1927 年 8 月出版。
《鸠那罗的眼睛》　上海商务印书馆 1946 年 1 月出版。

翻译

《一朵小白花》　香港真理学会 1950 年 10 月出版。

《梵赖雷童话集》 台湾正中书局 1954 年 7 月出版。

学术研究

《李义山恋爱事迹考》 上海北新书局 1927 年出版。

《唐诗概论》 上海商务印书馆 1933 年 12 月出版。

《辽金元文学》 上海商务印书馆 1934 年出版。

《1500 种近代中国小说与戏剧》（与善秉仁合编） 北平怀仁学会 1948 年 7 月出版。

《昆仑之谜》 台湾文物供应社 1956 年出版。

《论中国旧小说》 台湾闻道出版社 1967 年 10 月出版。

《试看红楼梦的真面目》 台湾文星书店 1967 年 3 月出版。

《九歌中的人神恋爱问题》 台湾文星书店 1967 年 3 月出版。

《中国文学史》 台湾光启出版社 1970 年 10 月出版。

《屈原与九歌》 台湾广东出版社 1973 年 4 月出版。

《天问正简》 台湾广东出版社 1974 年 11 月出版。

《楚骚新诂》 台湾"国立"编译馆 1978 年 3 月出版。

《屈赋论丛》 台湾"国立"编译馆 1980 年 12 月出版。

《中国二三十年代作家》 台湾纯文学出版社 1983 年 10 月出版。

《玉溪诗谜正续合编》 台湾"商务印书馆" 1988 年 1 月出版。

《诗经杂俎》 台湾"商务印书馆" 1995 年 2 月出版。

其他

《蠹鱼生活》 上海真美善书店 1929 年 10 月出版。

《读与写》 台湾光启出版社 1959 年 5 月出版。

《最古的人类故事》 台湾文星书店 1967 年 3 月出版。

《文坛话旧》 台湾文星书店 1967 年 3 月出版。

《我论鲁迅》 台湾文星书店 1967 年 3 月出版。

《犹大之吻》 台湾文镜文化事业有限公司 1982 年 11 月出版。

绘画

《苏雪林山水》 台湾"行政院文化建设委员会" 1994 年 10 月出版。

《绿漪风韵——苏雪林及文友书画集》 台南财团法人苏雪林教授学术文化基金会 2010 年 9 月出版。

日记

《苏雪林作品集·日记卷》(15 册) 台湾成功大学教务处出版组 1999 年 4 月出版。

《苏雪林作品集·日记补遗》 台南财团法人苏雪林教授学术文化基金会 2010 年 9 月出版。